A EXPLORAÇÃO DA INFRAESTRUTURA AEROPORTUÁRIA NO BRASIL:

A INFRAERO E AS CONCESSIONÁRIAS DE SERVIÇO PÚBLICO

CONTRACORRENTE

BRUNO AURÉLIO

A EXPLORAÇÃO DA INFRAESTRUTURA AEROPORTUÁRIA NO BRASIL:
A INFRAERO E AS CONCESSIONÁRIAS DE SERVIÇO PÚBLICO

São Paulo

2017

CONTRACORRENTE

Copyright © **EDITORA CONTRACORRENTE**
Rua Dr. Cândido Espinheira, 560 | 3º andar
São Paulo – SP – Brasil | CEP 05004 000
www.editoracontracorrente.com.br
contato@editoracontracorrente.com.br

Editores
Camila Almeida Janela Valim
Gustavo Marinho de Carvalho
Rafael Valim

Conselho Editorial
Augusto Neves Dal Pozzo
(Pontifícia Universidade Católica de São Paulo – PUC/SP)

Daniel Wunder Hachem
(Universidade Federal do Paraná – UFPR)

Emerson Gabardo
(Universidade Federal do Paraná – UFPR)

Gilberto Bercovici
(Universidade de São Paulo – USP)

Heleno Taveira Torres
(Universidade de São Paulo – USP)

Jaime Rodríguez-Arana Muñoz
(Universidade de La Coruña – Espanha)

Pablo Ángel Gutiérrez Colantuono
(Universidade Nacional de Comahue – Argentina)

Pedro Serrano
(Pontifícia Universidade Católica de São Paulo – PUC/SP)

Silvio Luís Ferreira da Rocha
(Pontifícia Universidade Católica de São Paulo – PUC/SP)

Equipe editorial
Carolina Ressurreição (revisão)
Denise Dearo (design gráfico)
Mariela Santos Valim (capa)

Dados Internacionais de Catalogação na Publicação (CIP)
(Ficha Catalográfica elaborada pela Editora Contracorrente)

A927 AURÉLIO, Bruno.

A exploração da infraestrutura aeroportuária no Brasil: a Infraero e as concessionárias de serviço público | Bruno Aurélio. 1ª ed. – São Paulo: Editora Contracorrente, 2017.

ISBN: 978-85-69220-25-1

Inclui bibliografia

1. Direito Administrativo. 2. Direito Público. 3. Aeroportos. 4. Concessões públicas. 5. Licitações. I. Título.

CDU – 342.9

Impresso no Brasil
Printed in Brazil

Ao meu avô Olavo Vianna Cabral
À minha família

AGRADECIMENTOS

Muitos foram aqueles que me impulsionaram e incentivaram na execução deste trabalho, a todos eles, nominados ou não, deixo meu agradecimento.

Agradeço, em primeiro lugar, a meus mestres. À minha orientadora, a sempre presente Dinorá Adelaide Musetti Grotti, a quem devo essa realização. Aos Professores Celso Antônio Bandeira de Mello e Carlos Ari Sundfeld, a quem devo minha devoção ao Direito Administrativo. Aos Professores Márcio Cammarosano, Silvio Luís Ferreira da Rocha, Weida Zancaner, Letícia Queiroz de Andrade, Jacintho Arruda Câmara, Maurício e Carolina Zockun e Vera Monteiro pelos ensinamentos e incentivos constantes.

Agradeço aos meus amigos, a quem pouco pude atender neste período de estudo. Ao Eduardo e Andrea Barros, Felipe Morbelli e Itamar de Carvalho Junior que, com paciência, entenderam minha ausência. Agradeço ao André Luiz Freire, Rafael Valim, à Inês e ao Francisco de Almeida Prado, Augusto Dal Pozzo, Luciano Ramos, Eduardo Souza e demais amigos que a atividade acadêmica e profissional me presenteou.

Agradeço à Gabriela Silvério Palhuca, Renan Sona e João Imparato Spörl, equipe responsável pelas minhas vitórias diárias. À Andréa Vasconcelos que contribuiu na pesquisa e formação desta tese.

Agradeço à minha amada família, a quem dedico este trabalho. Aos meus pais, Mario e Miriam Aurélio, a quem devo a vida. À Amanda, minha irmã, que segue radiante a trilha do Direito. Aos avós Olavo e Manuela Cabral, responsáveis pelos meus mais importantes ensinamentos. Ao Claudionor e Marcia Goes, que me acolheram como filho.

Por fim, pela importância, agradeço à minha companheira de vida, minha esposa, Lívia Pimenta Goes Aurélio. Minha maior incentivadora, fonte de inspiração e força nos momentos mais tortuosos e solitários que um trabalho acadêmico proporciona.

SUMÁRIO

AGRADECIMENTOS 7

PREFÁCIO 15

INTRODUÇÃO 19

CAPÍTULO I – NOÇÃO DE INFRAESTRUTURA 23

1.1 FACETA JURÍDICA DA NOÇÃO DE INFRAESTRUTURA ... 28

CAPÍTULO II – INFRAESTRUTURA AEROPORTUÁRIA 33

2.1 EVOLUÇÃO HISTÓRICA DO SETOR AÉREO E OS REFLEXOS SOBRE A INFRAESTRUTURA 33

2.2 DELIMITAÇÃO DA INFRAESTRUTURA AEROPORTUÁRIA 43

2.3 NOÇÃO JURÍDICA DA INFRAESTRUTURA AEROPORTUÁRIA 48

2.4 AEROPORTO: UMA ESPÉCIE DE AERÓDROMO 56

    2.4.1 Aeródromos privados 60

    2.4.2 Aeródromos públicos 61

CAPÍTULO III – EVOLUÇÃO NORMATIVA DA INFRAESTRUTURA AEROPORTUÁRIA NO BRASIL 67

3.1 DO DECRETO N. 16.983/1925 AO CÓDIGO BRASILEIRO DE AERONÁUTICA 68

3.2 NORMAS REGENTES DA INFRAESTRUTURA AEROPORTUÁRIA 89

CAPÍTULO IV – EXPLORAÇÃO DA INFRAESTRUTURA AEROPORTUÁRIA 117

4.1 DEVER DE EXPLORAÇÃO E AS FORMAS DE PRESTAÇÃO DO SERVIÇO 127

4.2 PRINCÍPIOS DO SERVIÇO PÚBLICO APLICADOS À PRESTAÇÃO DO SERVIÇO 143

CAPÍTULO V – A EXPLORAÇÃO PELA EMPRESA BRASILEIRA DE INFRAESTRUTURA AEROPORTUÁRIA – INFRAERO 151

5.1 CONSTITUIÇÃO E EVOLUÇÃO DA INFRAERO 152

5.2 RETRATO DA INFRAERO 156

    5.2.1 Organização da Infraero 158

5.3 REGIME DE EXPLORAÇÃO DA INFRAESTRUTURA AEROPORTUÁRIA PELA INFRAERO E RELAÇÕES JURÍDICAS CONSEQUENTES 160

    5.3.1 Incidência do regime jurídico-administrativo 167

        5.3.1.1 Considerações gerais 167

        5.3.1.2 Sujeição ao controle da Administração Pública 169

        5.3.1.3 Regime de pessoal 171

        5.3.1.4 Dever de licitar 172

        5.3.1.5 Regime de bens 178

        5.3.1.6 Regime de responsabilidade civil 182

5.4 ANÁLISE DAS RELAÇÕES JURÍDICAS DA INFRAERO 186

    5.4.1 Relação jurídica com entidades ou órgãos da Administração Pública 187

    5.4.2 Relação jurídica com os usuários da infraestrutura aeroportuária 199

5.4.2.1 Considerações comuns aos usuários do serviço
público 199

5.4.2.1.1 Infraero e os passageiros do transporte
aéreo 203

5.4.2.1.2 Infraero e os operadores de aeronaves..... 209

5.4.3 Contratos da Infraero 220

5.4.3.1 Contratos de serviços 222

5.4.3.2 Contratos de fins econômicos.................................. 225

CAPÍTULO VI – CONCESSÃO DE SERVIÇO PÚBLICO PARA EXPLORAÇÃO DA INFRAESTRUTURA AEROPORTUÁRIA 233

6.1 CONSIDERAÇÕES GERAIS: O INSTITUTO DA CONCESSÃO DE SERVIÇO PÚBLICO.. 235

6.1.1 Concessão comum.. 241

6.1.2 Decreto n. 7.624, de 22 de novembro de 2011................. 244

6.2 PROCEDIMENTO E CARACTERÍSTICAS DA CONCESSÃO PARA EXPLORAÇÃO DA INFRAESTRUTURA AEROPORTUÁRIA 248

6.2.1 Rito para outorga do serviço.. 248

6.2.1.1 Aeroporto de São Gonçalo do Amarante 250

6.2.1.2 Aeroportos de Guarulhos, Campinas e Brasília....... 257

6.2.1.3 Aeroportos de Confins e Galeão........................... 266

6.2.1.4 Aeroportos de Salvador, Fortaleza, Porto Alegre e
Florianópolis.. 272

6.2.2 Definição do modelo jurídico 276

6.2.2.1 Concessionárias como SPE e a presença da Infraero
como acionista 276

6.2.2.2 Infraero como acionista das concessionárias:
histórico e disposições contratuais 281

    6.2.2.2.1 Considerações gerais e críticas ao modelo adotado 291

    6.2.2.2.2 Regime da Infraero como acionista das concessionárias 291

    6.2.2.2.3 Críticas ao modelo de participação da Infraero nas concessionárias..................... 293

    6.2.2.2.4 Adequação da motivação exposta à finalidade pretendida 296

 6.2.3 Definição do objeto da outorga... 301

 6.2.4 Equilíbrio econômico-financeiro das concessões................ 309

  6.2.4.1 Regras de remuneração das concessionárias 311

 6.2.5 Composição da equação econômica dos contratos............. 331

  6.2.5.1 Definição do quadro de riscos e o dever de reequilíbrio dos contratos... 331

  6.2.5.2 Regras para a revisão extraordinária e o método de restabelecimento do reequilíbrio econômico-financeiro..339

6.3 ANÁLISE DAS RELAÇÕES JURÍDICAS DECORRENTES DA EXECUÇÃO DOS CONTRATOS DE CONCESSÃO............... 347

 6.3.1 Relação jurídica com entidades ou órgãos da Administração Pública.. 348

  6.3.1.1 Relação entre a ANAC e as concessionárias........... 348

  6.3.1.2 Demais relações com órgãos e entidades públicas... 359

 6.3.2 Relações jurídicas com os usuários da concessão................ 365

  6.3.2.1 Regras contratuais à prestação adequada do serviço e à satisfação do usuário 367

 6.3.4 Relação entre a concessionária e os operadores de aeronaves. 377

 6.3.5 Relações jurídicas com os contratados da concessionária.... 385

  6.3.5.1 Contratos de serviços 390

  6.3.5.2 Contratos de fins econômicos................................. 395

CAPÍTULO VII – SÍNTESE E CONCLUSÃO 403
7.1 SÍNTESE 403
CONCLUSÃO 416
REFERÊNCIAS BIBLIOGRÁFICAS 423

PREFÁCIO

Conheci o jovem e talentoso jurista Bruno Francisco Cabral Aurélio na graduação da Faculdade de Direito da Pontifícia Universidade Católica de São Paulo, na qual já revelava clara aptidão para a investigação científica, destacando-se pela agudeza de raciocínio, pela intensa participação nas aulas e pela pertinência das intervenções e questionamentos feitos ao longo do Curso.

Não foi surpresa, portanto, quando, ao concluir o Mestrado na mesma instituição, defendeu, com brilhantismo, sua dissertação "Atos administrativos ampliativos de direito: revogação e invalidação", já publicada.

A solidificação de seus conhecimentos na área de Direito Administrativo, aliada à sua expressiva capacidade de reflexão sobre temas instigantes, foi reproduzida em inúmeros artigos em revistas especializadas na área do Direito Público.

Agora vem à luz mais uma primorosa monografia – "A exploração da infraestrutura aeroportuária no Brasil: a Infraero e as concessionárias de serviço público" –, com a qual o autor, após cumpridas todas as exigências curriculares, obteve sua titulação como Doutor em Direito na mesma instituição, tendo recebido amplos e merecidos encômios que lhe foram dispensados pela banca examinadora por mim presidida, na qualidade de orientadora, e integrada pelos Professores Jacintho Silveira

Dias Arruda Câmara, Letícia Queiroz Andrade, Eduardo Hayden Carvalhaes Neto e Rodrigo Pagani de Souza.

Acresce-se que o contato do autor com a matéria pode aportar ao trabalho as luzes de sua experiência profissional advindas do exame de casos concretos e como Diretor do Instituto Brasileiro de Estudos Jurídicos da Infraestrutura – IBEJI.

Enfrentando um setor extremamente complexo e pouco explorado na literatura jurídica pátria, Bruno Aurélio assumiu este dificílimo encargo de traçar o contexto da infraestrutura aeroportuária brasileira, investigando os mecanismos de sua exploração através da Empresa Brasileira de Infraestrutura Aeroportuária (Infraero) e das atuais concessionárias de serviço público e as relações jurídicas consequentes com o mais pleno sucesso.

Para tanto, o tema, com rigor metodológico, se desenvolve em seis capítulos, precedidos de uma introdução e seguidos por uma síntese e conclusão.

Após a introdução, voltada a delimitar o âmbito do estudo e levantar as hipóteses e proposições de trabalho, os dois primeiros capítulos focalizam o conteúdo e os elementos que compõem a infraestrutura aeroportuária, buscando precisar os significados de expressões equívocas (*v.g.*, infraestrutura, infraestrutura aeroportuária, aeródromo e aeroporto).

Na sequência, para melhor percepção da evolução dos modelos jurídico-institucionais, é feita uma exposição cronológica da legislação incidente sobre a infraestrutura aeroportuária e à sua exploração e, no quarto capítulo, identifica a natureza jurídica da atividade como serviço público, os princípios regentes da atividade estatal bem como suas formas de exploração.

A Infraero, seu regime jurídico-administrativo, competências, responsabilidades, contratos e relações jurídicas travadas com entidades ou órgãos da Administração Pública, com os usuários da infraestrutura aeroportuária e com os seus contratados, seja para prestação de serviço em seu favor ou direcionado à obtenção de receitas financeiras mediante a exploração de atividades econômicas são analisados no quinto capítulo.

O capítulo final se debruça sobre as atuais concessões de serviço público firmadas pela União Federal para a operação dos aeroportos de São Gonçalo do Amarante, do Aeroporto Internacional Presidente Juscelino Kubitschek, Aeroporto Internacional Governador André Franco Montoro, Aeroporto Internacional de Viracopos, Aeroporto Internacional do Rio de Janeiro/Galeão – Antônio Carlos Jobim e do Aeroporto Internacional Tancredo Neves.

Partindo da noção de concessão e da descrição do procedimento administrativo que antecede as diferentes outorgas, passa a pontuar as normas regentes das concessões, culminando com a avaliação das relações jurídicas decorrentes ou derivadas do cumprimento da atribuição pública, com especial atenção aos terceiros contratados e aos usuários do serviço.

As considerações finais configuram uma primorosa síntese do pensamento do Autor, seguida de pontuais e perspicazes críticas aos modelos de exploração da infraestrutura aeroportuária adotados, concluindo com a apresentação de proposições dedicadas à sua revisão e conformação na atualidade, onde enfatiza que "a utilização da descentralização por colaboração revela-se como medida adequada para a obtenção de investimentos em prol da modernização dos aeroportos e expansão da operação aeroportuária face ao retorno de longo prazo".

Este estudo traz uma significativa contribuição para a área jurídica, pela sua excelente qualidade, pela clareza da linguagem, pela atualidade do tema, examinado com elevado nível de profundidade e esmero impecável nos mais diferentes aspectos, amparado em rica e selecionada indicação bibliográfica e pesquisa jurisprudencial, e pela segurança das conclusões, todas muito bem fundamentadas, o que confere a esta monografia o grau de indispensabilidade de sua consulta e reflexão pelos estudiosos desta matéria.

São Paulo, 08 de setembro de 2016

Dinorá Adelaide Musetti Grotti
*Professora de Direito Administrativo
da Faculdade de Direito da PUC/SP*

INTRODUÇÃO

As estruturas destinadas ao pouso e decolagem de aeronaves datam do início do século XX, desenvolvidas no bojo do surgimento da aviação civil como novo modal para o transporte de pessoas e cargas.

À medida que o transporte aéreo foi ganhando importância, impulsionado pelas grandes guerras e evolução da indústria da aviação, tornou-se um dos principais meios de transporte de longa distância. Em paralelo, impunha-se a consequente expansão e desenvolvimento da infraestrutura e operação aeroportuária. Contudo, no Brasil, seu progresso ficou aquém da velocidade do transporte aéreo, cujo modelo de gestão havia sido implantado nos anos 1970, com a criação da Empresa Brasileira de Infraestrutura Aeroportuária (Infraero).

Em virtude da falta de investimentos e do sucateamento das instalações nacionais, carência estatal mais sensível, tornou-se premente a adoção de medidas variadas em prol da recuperação do setor. Parte das mudanças percebidas nos últimos anos teve caráter normativo, importando revisão organizacional na Administração Pública Federal. Todavia, para a atração e aplicação imediata de vultosos recursos nas instalações aeroportuárias, foram adotadas soluções de descentralização administrativa, concedendo à iniciativa privada os principais aeroportos brasileiros em número de movimentação de pessoas e cargas.

Essa medida criou um novo cenário prestacional no país, marcado pela atuação concomitante estatal e de particulares na exploração concorrente de estruturas dedicadas aos serviços aéreos públicos.

Esta recente revisão sobre o modelo brasileiro de exploração da infraestrutura aeroportuária é fonte de novos questionamentos, passando a exigir atenção de diferentes segmentos e campos da ciência.

Sob a perspectiva das ciências exatas, especialmente da engenharia e da economia, a produção acadêmica é vasta no enfrentamento de temas relacionados à exploração da infraestrutura aeroportuária, contudo são poucos os estudos jurídicos dedicados a esse objeto. Os trabalhos identificados apenas focam em determinado aspecto ou tema ancilar ao setor. Há uma reduzida reflexão sobre legislação aplicada à infraestrutura aeroportuária, as formas de sua exploração e as relações jurídicas consequentes. Essa constatação evidencia um campo fértil de pesquisa sob a perspectiva de um trabalho acadêmico em direito.

PLANO DE TRABALHO E METODOLOGIA ADOTADA

Trata-se de estudo jurídico dedicado exclusivamente à exploração da infraestrutura aeroportuária no Brasil, embasada no direito positivo brasileiro, inclusive com a verificação da jurisprudência dos Tribunais Superiores e do Tribunal de Contas da União, bem como nas experiências resultantes na exploração dos aeroportos nacionais. Não será dedicada atenção às normas de direitos estrangeiros ou se pretenderá teorizar sobre as formas de exploração realizadas em outros países.

Coloca-se como hipótese o conhecimento e reflexão das normas regentes do exercício de competência da União Federal e das relações jurídicas decorrentes das diferentes formas de exploração dos aeroportos de maior movimentação de pessoas e cargas. A tese proporá o enfrentamento de dúvidas e debates provenientes do conhecimento e incidência do regime jurídico-administrativo, bem como da avaliação das competências e formas de atuação dos agentes envolvidos.

Para atingir o pretendido, os dois primeiros capítulos ocupar-se-ão do conteúdo e dos elementos que compõem a infraestrutura aeroportuária, com a compreensão de expressões cujo significado disseminado não é unívoco (*v.g.*, infraestrutura, infraestrutura aeroportuária, aeródromo e aeroporto).

O terceiro capítulo é dedicado à exposição cronológica da legislação aplicada à infraestrutura aeroportuária e à sua exploração, para a compreensão dos avanços e mudanças dos modelos jurídico-institucionais.

O quarto capítulo aborda a natureza jurídica e os princípios regentes da atividade estatal, bem como suas formas de exploração.

Os demais capítulos são dedicados ao estudo dos principais operadores de aeroportos brasileiros – a Infraero e as concessionárias de serviço público –, assumindo características analíticas e normativas. Por opção metodológica foram incluídos tópicos comuns nestes capítulos e definidas três categorias distintas dentre as possíveis relações jurídicas resultantes dessa prestação. Serão estudadas as relações das operadoras com os diversos órgãos e entidades da Administração Pública, com os usuários do serviço e com os seus contratados, seja para prestação de serviço em seu favor ou direcionado à obtenção de receitas financeiras mediante a exploração de atividades econômicas.

O quinto capítulo estuda a Infraero, entidade da Administração Pública Indireta Federal, operadora aeroportuária com maior destaque no cenário brasileiro desde sua constituição. A avaliação passará pela verificação do regime próprio ao exercício de sua competência e à exposição das respectivas relações jurídicas.

O capítulo final se concentrará sobre as atuais concessões de serviço público de titularidade da União Federal. Em maior detalhamento, em razão dos contratos celebrados, serão expostas as operações dos aeroportos de São Gonçalo do Amarante, do Aeroporto Internacional Presidente Juscelino Kubitschek, Aeroporto Internacional Governador André Franco Montoro, Aeroporto Internacional de Viracopos, Aeroporto Internacional do Rio de Janeiro/Galeão – Antônio Carlos Jobim e do

Aeroporto Internacional Tancredo Neves. Adicionalmente, considerando estarem em procedimento licitatório enquanto da formulação deste livro, serão expostas questões relacionadas ao certame e as regras atinentes aos contratos do Aeroporto Internacional de Porto Alegre - Salgado Filho, Aeroporto Internacional de Salvador – Deputado Luís Eduardo Magalhães, Aeroporto Internacional de Florianópolis – Hercílio Luz e do Aeroporto Internacional de Fortaleza – Pinto Martins.

O texto será iniciado com a delimitação da noção adotada para o instituto da concessão e a descrição do procedimento administrativo antecedente às diferentes outorgas. Em seguida, serão esclarecidas as normas regentes das concessões, com especial destaque ao exame detalhado dos contratos firmados entre o concedente e as concessionárias. Por fim, seguir-se-á à avaliação das relações jurídicas eleitas neste estudo.

A conclusão desta tese terá dupla função: retomará aspectos relevantes descritos ao longo do texto e pontuará as proposições formuladas ao longo da exposição.

Capítulo I
NOÇÃO DE INFRAESTRUTURA

O termo *infraestrutura* não é unívoco. Induz à compreensão de certo conteúdo aparente, porém impreciso. Sob esta realidade e tendo por objeto de análise normas e relações travadas em vista de uma dada infraestrutura, crê-se importante a compreensão de seu conteúdo para a fixação de uma noção própria ao estudo.

A origem da expressão remete à atividade militar dos períodos das grandes guerras,[1] especialmente à Segunda Guerra Mundial. Segundo memorando da Organização do Tratado do Atlântico Norte (OTAN), datado de 30 de agosto de 1950, a noção originalmente utilizada em

---

[1] "Em suma, o conceito esteve, no início, intimamente relacionado a instalações com fins militares, conceito este que evoluiu para tornar as infraestruturas as fundações necessárias para o desenvolvimento de um país. Reimut Jochimsen, um dos principais teóricos sobre infraestruturas no mundo, explica: o uso atual do conceito de infraestrutura adveio da terminologia militar. Ele descreve o conjunto de todas as construções, equipamentos e redes de comunicações para os serviços de suprimentos, em especial no que se refere aos transportes de mercadorias e envio de informações. O termo é emprestado das línguas românicas, as quais utilizam a palavra para definir as partes imóveis do sistema de transporte, como as subestruturas das estradas de ferro ("dormentes") e as redes de rotas aéreas (aeroportos). Recentemente, 'infraestrutura' refere-se também, em geral, às 'bases de uma organização'" (CARVALHO, André Castro. *Direito da Infraestrutura*: perspectiva pública. São Paulo: Quartier Latin, 2014, pp. 95/96).

planos do Grupo de Planejamento Regional da Europa Ocidental seria: "a palavra 'infraestrutura' é utilizada para definir itens estáticos de despesas de capital, que sejam exigidos para conceber apoio material a planos operacionais necessários para permitir que o alto comando funcione e as várias forças operem com eficiência".[2]

No contexto deste documento da OTAN, a infraestrutura militar seria composta, por exemplo, pelos quartéis-generais permanentes, os sinais de comunicação, os hospitais, as oficinas, além de rodovias, ferrovias, portos, aeroportos, canais, pontes. Por outro lado, as pessoas e unidades que estivessem servindo nestas instalações, bem como os equipamentos necessários, além das lojas para consumo das forças armadas e seus estoques, não comporiam esta noção.[3]

A terminologia foi incorporada por diversas áreas do conhecimento, ganhando especial destaque na engenharia e na economia. Desde os anos 1960[4] as ciências econômicas empregam muitos termos na tentativa de atribuir um determinado conteúdo à expressão[5], contudo, mesmo em vista de vasta produção, inexiste consenso.[6]

---

[2] "The word "Infrastructure" is used to define the static items of capital expenditure which are required to provide the material backing for operational plans necessary to enable the higher command to function and the various forces to operate with efficiency" (*Report by the working teams to the Standing Group on Definition of "infrastructure"*. S.G. 68, Copy n. 24. 30 ago. 1950). Disponível em http://archives.nato.int/uploads/r/null/1/1/111610/SG_068_ENG_PDP.pdf. Acesso em 04 nov. 2015.

[3] *Report by the working teams to the tanding group on definition of "infrastructure"*. S.G. 68, Copy n. 24. 30 de agosto de 1950. Disponível em http://archives.nato.int/uploads/r/null/1/1/111610/SG_068_ENG_PDP.pdf. Acesso em 04 nov. 2015.

[4] TORRISI, Gianpiero. *Public infrastructure*: definition, classification and measurement issues, pp. 10-13. Disponível em https://mpra.ub.uni-muenchen.de/12990/1/survey_infra_def.pdf . Acesso em 04 nov. 2015.

[5] Um dos conceitos mais repetidos pela doutrina econômica é a de Reimut Jochimsen (JOCHIMSEN. Reimut. *Theorie der Infrastruktur:* Grundlagen der marktwirtschaftlichen Entwicklung. Tubingen, 1966, p. 100).

[6] "Até hoje não dispomos de uma definição bem fundamentada e útil para o termo infraestrutura ("infra" deriva do latim, significando abaixo, portanto, "infraestrutura" pode ser tomada para expressar "fundação"). Numerosas formulações foram postas à prova, levando a uma substancial diversidade e complexidade de sugestões e problemas

CAPÍTULO I – NOÇÃO DE INFRAESTRUTURA

Os entraves enfrentados, inclusive de ordem terminológica,[7] revelaram posições distintas, porém com traços recorrentes, cujas diferenças remetiam a certas perspectivas ou interesses do autor.[8] Concentrando-se sobre as características comuns identificadas nas ciências econômicas, constata-se que o vocábulo infraestrutura é utilizado, predominantemente, para identificar a reunião bens de capital vinculados à realização de necessidades sociais e econômicas próprias ao desenvolvimento.[9] Esses bens, materiais e imateriais, seriam os meios exigidos à

---

que não devem ser descritos aqui em detalhe (*cf.*, por exemplo, Jochimsen/Gustafsson 1970a, 1970b, Frey 1972, 1978, 1986 Biehl, Nijkamp 1986, Lakshmanan 1989, Aberle 1995, Rietveld/Bruinsma 1998, Haughwout 2000b, Nijkamp 2000)". Tradução livre de: "Until today we cannot dispose of a well-founded and useful definition of infrastructure ("infra" stems from the Latin language, meaning below, thus "infrastructure" can be taken to express "foundation"). Numerous formulations have been put to the test, leading to a substantial diversity and complexity of suggestions and problems which shall not be described here in detail (*cf.*, for example, Jochimsen/Gustafsson 1970a, 1970b, Frey 1972, 1978, Biehl 1986, Nijkamp 1986, Lakshmanan 1989, Aberle 1995, Rietveld/Bruinsma 1998, Haughwout 2000b, Nijkamp 2000)". (BURH, Walter. "What is infrastructure?" *Discussion Paper n. 107-03*. University of Siegen, Germany. Disponível em http://www.wiwi.uni-siegen.de/vwl/research/diskussionsbeitraege/pdf/107-03.pdf. Acesso em 04 nov. 2015).

[7] CARVALHO, André Castro. *Direito da infraestrutura*: perspectiva pública. São Paulo: Quartier Latin, 2014, p. 103.

[8] "A razão para esta situação insatisfatória está na realização simultânea de três objetivos analíticos difíceis de compreender e não necessariamente compatíveis uns com os outros como se objetivara. Estes objetivos são – a formulação de um conceito para o termo "infraestrutura"; – a incorporação de abordagens teóricas (por exemplo, a teoria dos bens públicos); e – a descrição da realidade do fornecimento da infraestrutura". Tradução livre de: "The reason for this unsatisfactory situation is that the simultaneous realization of three analytic objectives difficult to grasp and not necessarily compatible with each other has been aimed at. These objectives are – the formulation of a concept for the term "infrastructure", – the incorporation of theoretic approaches (for example, the theory of public goods), and – the description of the reality of infrastructure provision)." BURH, Walter. "What is infrastructure?" *Discussion Paper n. 107-03*. University of Siegen, Germany, p. 2. Disponível em http://www.wiwi.uni-siegen.de/vwl/research/diskussionsbeitraege/pdf/107-03.pdf. Acesso em 04 nov. 2015.

[9] "Um consenso geral é alcançado em torno da ideia de que as instalações de infraestruturas básicas são características importantes relacionadas ao desempenho econômico". Tradução livre de: "A general consensus is achieved around the idea that

realização de atividades relevantes à sociedade e à economia, não se confundindo com a própria atividade-fim.[10]

Em vista de sua repercussão econômica,[11] tornou-se recorrente a utilização do termo *infraestrutura* em alusão às instalações essenciais,[12] alcançando o que se compreenderia por *infraestrutura material*.[13] Tornou-se recorrente a coincidência da acepção de infraestrutura como os bens de capital que servem de base ao desenvolvimento.[14] Como exemplo,

---

basic infrastructure facilities are important features related to economic performance". "Apesar destas dificuldades atributos comuns e as funções de infra-estruturas – sendo essencialmente um bem público de capital com a função de tornar possível a abertura e desenvolvimento das atividades dos agentes econômicos – são ilustrados na secção 2". Tradução livre de: "Despite these difficulties general attributes and functions of infrastructures – essentially being a capital public good with the function of rendering possible the opening and development of the economic agents' activities – are illustrated in section 2". TORRISI, Gianpiero. *Public infrastructure*: definition, classification and measurement issues, 2009. Disponível em https://mpra.ub.uni-muenchen.de/12990/1/survey_infra_def.pdf. Acesso em 04 nov. 2015.

[10] BURH, Walter. "What is infrastructure?" *Discussion Paper n. 107-03*. University of Siegen, Germany, p. 13. Disponível em http://www.wiwi.uni-siegen.de/vwl/research/diskussionsbeitraege/pdf/107-03.pdf. Acesso em 04 nov. 2015.

[11] TORRISI, Gianpiero. *Public infrastructure:* definition, classification and measurement issues, 2009. Disponível em https://mpra.ub.uni-muenchen.de/12990/1/survey_infra_def.pdf. Acesso em 04 nov. 2015.

[12] "A palavra infraestrutura se refere a um conjunto de bens indispensáveis ao atendimento de necessidades coletivas e individuais, que se tornaram essenciais no âmbito da civilização capitalista. Um projeto nacional de infraestrutura pressupõe a adoção de esquemas de (i) propriedade; (ii) financiamento; (iii) planejamento; (iv) desenvolvimento; (v) gestão; (vi) utilização; (vii) regulação; e (vii) recapacitação (ou renovação) da infraestrutura. A infraestrutura, nessa acepção sistêmica, contempla invariavelmente projetos de (i) eletricidade e gás; (ii) petróleo; (iii) água, esgoto e lixo; (iv) construção pesada; (v) transporte terrestre; (vi) transporte aquaviário; (vii) transporte aéreo; (viii) atividades auxiliares de transporte e entrega; e (ix) telecomunicações. (NÉBIAS, Diogo; WARDE Jr., Walfrido Jorge. "Breves notas sobre o *project finance* como técnica de financiamento da infraestrutura". *In:* BERCOVICI, Gilberto; VALIM, Rafael (coords.). *Elementos de direito da infraestrutura*. São Paulo: Contracorrente, 2015, pp. 53-86).

[13] CARVALHO, André Castro. *Direito da infraestrutura:* perspectiva pública. São Paulo: Quartier Latin, 2014, pp. 105/106.

[14] "(...) infraestrutura é um bem de capital (disponível em grandes quantidades) no sentido de ser originado em razão do dispêndio de investimentos e caracterizado pela

CAPÍTULO I – NOÇÃO DE INFRAESTRUTURA

podem ser destacados os portos, aeroportos, rodovias, ferrovias e demais aspectos ligados ao transporte; o setor elétrico, essencial à atração de investimentos e instalação de indústrias; o saneamento básico, saúde e educação e outros vinculados ao desenvolvimento social e à qualidade de vida da população etc.[15]

A produção descrita influenciou a concepção abstrata do vocábulo. Desta feita, e não tendo qualquer pretensão de mapear os confins da expressão, para este estudo o termo infraestrutura *designará os bens de capital em rede, físicos ou tecnológicos, materiais ou imateriais, contínuos ou não, essenciais ao desenvolvimento de certas atividades econômicas e sociais.*

Como aspecto relevante à noção exposta, destaca-se a utilização da expressão *em rede* para qualificar os bens. Sua inclusão pretende diferenciar a mera referência atribuída a um dado bem, obra ou equipamento de fruição isolado, não integrante de um enlace vital à operacionalidade de certa atividade.

---

longa duração, indivisibilidade técnica e elevada relação capital-produto (...)". Tradução livre de "(...) i) infrastructure is a capital good (provided in large units) in the meaning that it is originated by investment expenditure and is characterised by long duration, technical indivisibility and a high capital-output ratio (...)". TORRISI, Gianpiero. *Public infrastructure*: definition, classification and measurement issues, 2009 p. 08. Disponível em https://mpra.ub.uni-muenchen.de/12990/1/survey_infra_def.pdf. Acesso em 04 nov. de 2015.

[15] Sobre o tema, verificar BURH, Walter. "What is infrastructure?" *Discussion Paper n. 107-03*. University of Siegen, Germany, p. 8. "Este tipo de infraestrutura é compreendida para representar os bens de capital em forma de transporte, educação, e serviços de saúde, equipamentos de energia e abastecimento de água, instalações para esgoto, coleta de lixo e purificação do ar, da construção e da habitação, instalações para fins administrativos e para a conservação dos recursos naturais (por subdivisões *Cf.* Biehl, 1986: 100-111). Devido à sua prestação pública muitas vezes dada na realidade, na literatura a infraestrutura material é também tida como capital social, despesas gerais, equipamentos sociais, ou instalações públicas". Tradução livre de: "This type of infrastructure is understood to represent capital goods in the form of transportation, education, and health facilities, equipment of energy and water provision, facilities for sewage, garbage disposal, and air purification, building and housing stock, facilities for administrative purposes and for the conservation of natural resources (for subdivisions *Cf.* Biehl 1986: 100-111). Due to its public provision often given in reality, in the literature material infrastructure is also referred to as social overhead capital, social amenities, or public facilities. Disponível em http://www.wiwi.uni-siegen.de/vwl/research/diskussionsbeitraege/pdf/107-03.pdf. Acesso em 04 nov. 2015.

A acepção apresentada objetiva restringir o espectro de sentidos ou conteúdo, pautando o texto em vista de qualquer outro significado, permitindo o avanço da avaliação sobre os aspectos jurídicos relacionados à expressão.

1.1 Faceta jurídica da noção de infraestrutura

À semelhança de outras ciências, inexiste uma noção jurídica única para a expressão *infraestrutura*.[16] Porém, em razão da presença do termo em variados textos normativos, a definição de seu conteúdo guarda utilidade ao Direito.

A Constituição Federal de 1988 empregou o vocábulo em duas passagens: no artigo 21, XII, alínea "c", ao definir a competência da União Federal para, diretamente ou mediante autorização, concessão ou permissão explorar a *infraestrutura* aeroportuária; e no artigo 177, § 4º, II, alínea "c", introduzido pela Emenda Constitucional n. 33/2001, ao estabelecer a destinação da contribuição de intervenção no domínio econômico relativa às atividades de importação ou comercialização de petróleo e seus derivados, gás natural e seus derivados e álcool combustível ao financiamento de programas de *infraestrutura* de transportes.[17]

A avaliação do texto constitucional denota o emprego do termo quando da atribuição de competências públicas, atraindo ao vocábulo as finalidades impostas pelo regime jurídico-administrativo.[18] Esta posição

---

[16] "Em suma, não há – e, decerto, não haverá, justamente pela sua dificuldade – um conceito jurídico unívoco de 'infraestrutura' na doutrina brasileira, o que conduz a uma caracterização como base nas diversas peculiaridades existentes, sobretudo na econômica e na social". (CARVALHO, André Castro. *Direito da infraestrutura*: perspectiva pública. São Paulo: Quartier Latin, 2014, p. 117).

[17] Sobre o tema: BERCOVICI, Gilberto. "Infraestrutura e desenvolvimento". *In*: BERCOVICI, Gilberto; VALIM, Rafael (coords.). *Elementos de direito da infraestrutura*. São Paulo: Contracorrente, 2015, pp. 17-26.

[18] Considera-se a noção empregada por Maria Sylvia Zanella Di Pietro: "Já a expressão regime jurídico administrativo é reservada tão-somente para abranger o conjunto de traços, de conotações, que tipificam o Direito Administrativo, colocando a Administração

CAPÍTULO I – NOÇÃO DE INFRAESTRUTURA

poderia resultar em questionamento sobre a existência de um regime jurídico único, como categoria jurídico-positiva vinculada à função administrativa.

Como resposta, entende-se que o uso pelo texto constitucional da expressão infraestrutura quando da imposição de deveres ao Estado não permite inferir que sua utilização estará sempre vinculada ao regime público, excluindo seu emprego da designação de estruturas exclusivamente particulares, oriundas da liberdade da iniciativa privada. Conclui-se, apenas, que a expressão é gênero que comporta espécies distintas, não sendo possível afirmar a existência de um regime jurídico único que sempre a caracterizará.

Por sua vez, a junção da noção de infraestrutura com a finalidade de atendimento da função administrativa[19] resultou na concepção da espécie nominada de *infraestrutura pública*,[20] ora designando os *bens de*

Pública numa posição privilegiada, vertical, na relação jurídico-administrativa". (DI PIETRO, Maria Sylvia Zanella. *Direito administrativo*. 24ª ed. São Paulo: Atlas, 2013, p. 61).

[19] Este estudo adota o conceito de Celso Antônio Bandeira de Mello: "[f]unção administrativa é a função que o Estado, ou quem lhe faça as vezes, exerce na intimidade de uma estrutura e regime hierárquicos e que no sistema constitucional brasileiro se caracteriza pelo fato de ser desempenhada mediante comportamentos infralegais ou, excepcionalmente, infraconstitucionais, submissos todo a controle de legalidade pelo Poder Judiciário". (BANDEIRA DE MELLO, Celso Antônio. *Curso de direito administrativo*. 32ª ed. São Paulo: Malheiros, 2015, p. 36).

[20] "Não há uma definição precisa de quais seguimentos ou equipamentos da economia fazem parte da infraestrutura de um país. Existem, no entanto, alguns elementos definidores que estão presente em todos: (1) A infraestrutura pública tem uma característica básica: é formada por um conjunto de equipamentos e serviços que são necessários para a criação e funcionamento de uma organização qualquer para viabilizar uma atividade econômica. (2) Toda a infraestrutura de um país é uma obra ou uma instalação, no sentido de que foi artificialmente criada. (3) A infraestrutura pública encontra-se geralmente vinculada à exploração de um serviço público (serviço de utilidade relacionado à infraestrutura pública) ou está destinada ao uso público em geral. (4) A Administração Pública é geralmente titular da infraestrutura pública". (FRÓES, Fernando. "Infraestrutura pública: conceitos básicos, importância e a intervenção governamental". *In*: CARDOSO, José Eduardo Martins *et al.* (coords.). *Curso de direito administrativo econômico*. vol. 2. São Paulo: Malheiros, 2006, p. 223).

capital em rede, físicos ou tecnológicos, materiais ou imateriais, contínuos ou não, essenciais ao desenvolvimento de políticas públicas e demais funções atribuídas à Administração Pública pela Constituição Federal ou pela Lei, seja para sua execução direta pelo Estado ou por quem lhe faça as vezes.[21]

O regime constitucional brasileiro determina que é dever do Estado o desenvolvimento das infraestruturas que permitam o cumprimento dos objetivos fundamentais da república descritos no artigo 3º da Constituição Federal, especialmente para garantir o desenvolvimento nacional, a erradicação da pobreza, da marginalização e a redução das desigualdades sociais e regionais.[22] Mais precisamente, a manifestação da função administrativa dar-se-á por meio da implantação de estruturas pertinentes à execução de serviços públicos e ao desenvolvimento nacional, visando contribuir com o crescimento econômico e a promoção do pleno emprego.[23]

---

[21] "A significação do vocábulo infraestrutura varia de acordo com a ciência que o estuda. Simplificadamente, porém, quando se pensa em direito administrativo, direito econômico e direito ambiental e urbanístico, infraestrutura representa o aparato físico, tecnológico e humano fundamental para que as funções estatais ou atividades econômicas socialmente relevantes sejam devidamente exercidas. Assim, os recursos humanos de que dispõem as entidades administrativas, bem como seus edifícios, mobiliários, redes e outros aparatos físicos constituem a infraestrutura essencial para o seu funcionamento. Em sentido ainda mais restrito, poder-se-ia excluir o fator humano do conceito, deixando-o somente como conjunto de elementos físicos materiais e imateriais, contínuos e descontínuos, necessários a uma atividade econômica ou serviço público de caráter econômico-industrial ou social". (MARRARA, Thiago. "Regulação sustentável de infraestruturas". *Revista Brasileira de Infraestruturas* – RBINF, Belo Horizonte: Fórum, ano 1, n. 1, pp. 95-120, jan./jun. 2012, p. 96).

[22] "Na realidade, toda e qualquer grande infraestrutura sempre assume inegável papel social, uma vez que, por seus efeitos direitos ou indiretos, condiciona o exercício de direitos fundamentais básicos pelos cidadãos. Em muitas situações, o aparato infraestrutural, na prática, é imprescindível para a concretização de direitos individuais e sociais fundamentalíssimos. Os direitos à saúde, à educação, à locomoção, à reunião, à comunicação, ao consumo de serviços essenciais como telefonia, energia e saneamento básico jamais seriam serviços faticamente viáveis caso o Estado não garantisse ou estimulasse a distribuição equânime de infraestrutura à sua população em quantidade e qualidade compatível com suas necessidades humanas e sociais". (MARRARA, Thiago. *Regulação sustentável de infraestruturas* – RBINF, Belo Horizonte: Fórum, ano 1, n. 1, jan./jun. 2012, pp. 96/97).

[23] "A infraestrutura exerce uma função de integração que é essencial para o Estado. A atribuição de responsabilidade pela infraestrutura ao Estado é dada pela Constituição,

CAPÍTULO I – NOÇÃO DE INFRAESTRUTURA

Sob tal premissa, é possível agrupar diferentes infraestruturas públicas em razão de aspectos comuns provenientes das diversas finalidades perseguidas pelas distintas redes de bens públicos.[24]

O conjunto das infraestruturas voltadas à realização dos serviços de relevância ao indivíduo, subespécie nominada de *infraestrutura social*, incluirá, *v.g.* as instalações dedicadas à promoção do ensino e cultura (universidades, centros de pesquisa, escolas e creches); o sistema de saúde (hospitais, centrais de atendimento e diagnósticos); e o sistema habitacional. Em complementação e sem classificação própria, os demais

---

ao prever um Estado intervencionista, prestador de serviços públicos e que deve promover o desenvolvimento. Deste modo, a Constituição determina por meio de seus dispositivos ser um dever do Estado ter uma política ativa de desenvolvimento da infraestrutura. "(...) No caso brasileiro, por sua vez, a administração da infraestrutura também está vinculada não só à prestação dos serviços públicos ou atividades econômicas correlatas. Além disso, não podemos deixar de lado o fato de que o Estado brasileiro é comprador monopsônio de infraestrutura, das grandes obras públicas, que são mercadorias não disponíveis no mercado, pelo contrário, precisam ser feitas sob uma série de especificações". (BERCOVICI, Gilberto. "Infraestrutura e desenvolvimento". *In:* BERCOVICI, Gilberto; VALIM, Rafael (coords.). *Elementos de direito da infraestrutura*. São Paulo: Contracorrente, 2015, pp. 24/25).

[24] A qualificação "em rede" guarda utilidade junto ao regime jurídico-administrativo, pois diferencia a noção de infraestrutura da simples obra pública, considerada aquela que prescinde de outros equipamentos para atender ao pretendido com a sua construção. Neste sentido: "Não se deve confundir o conceito de uma simples obra pública, como a construção de um hospital, uma praça ou um monumento, com o de uma infraestrutura pública. A infraestrutura pública agrega os seguintes elementos (a) itens não tangíveis – por exemplo, a infraestrutura de telecomunicações envolve o uso de serviços de informática e de ondas de rádio para a transmissão; (b) o conceito de rede, devendo ser diferenciados os três tipos existentes – as rodovias e ferrovias, exemplos de redes contínuas; os portos e aeroportos, exemplos de redes descontínuas; os sistemas de abastecimento de água e de energia elétrica, exemplos de redes únicas, que geralmente não são duplicadas, por razões técnicas ou econômicas. A infraestrutura pública permite alcançar os distintos pontos de uma rede para uma finalidade concreta. As obras públicas, ao contrário, são pontuais, portanto não constituem uma rede, no sentido de que não estão conectadas a outros equipamentos; (c) a vontade do Poder Público de exercer um domínio especial e específico, estabelecido em lei, para os equipamentos, investimentos e serviços propiciados pela infraestrutura pública, tendo em vista ser de interesse geral da população". (FRÓES, Fernando. "Infraestrutura pública: conceitos básicos, importância e a intervenção governamental". *In:* CARDOSO, José Eduardo Martins *et al.* (coords.). *Curso de direito administrativo econômico*, vol. 2. São Paulo: Malheiros, 2006, p. 222).

bens de capital destinados ao cumprimento do dever estatal de implantar as estruturas essenciais à economia do país, em atenção ao artigo 21 da Constituição Federal, são representados, por exemplo, pelo sistema de telecomunicações, o sistema elétrico e todo aparato destinado ao transporte, incluindo as rodovias, ferrovias, portos, navegação aérea e aeroportos.[25]

Desta feita, em razão das diferentes naturezas das atribuições do Estado, seja como agente promotor, prestador ou regulador, pertinente identificar as normas incidentes sobre as distintas *infraestruturas públicas*. Seu conteúdo será formado pelas imposições gerais do regime jurídico-administrativo somado às disposições atinentes ao campo sob avaliação, qual seja ele, *v.g.*, das telecomunicações, do setor elétrico, de saneamento básico, dos portos, aeroportos etc.

Portanto, considerando o objeto de estudo, a compreensão da *infraestrutura aeroportuária* e a identificação das normas regentes de sua exploração dependerão do conhecimento e das disposições normativas próprias do setor, aplicável sob as bases do regime jurídico-administrativo.

---

[25] Nesse sentido, o Decreto n. 7.603, de 9 de novembro de 2011, ao regulamentar as condições para aprovação de investimentos em infraestrutura, prescreveu: "Art. 1º Este Decreto regulamenta as condições para aprovação dos projetos de investimento considerados como prioritários na área de infraestrutura ou de produção econômica intensiva em pesquisa, desenvolvimento e inovação, para efeito do art. 2º da Lei n. 12.431, de 24 de junho de 2011. Art. 2º São considerados prioritários os projetos de investimento na área de infraestrutura ou de produção econômica intensiva em pesquisa, desenvolvimento e inovação, aprovados pelo Ministério setorial responsável, que visem à implantação, ampliação, manutenção, recuperação, adequação ou modernização, entre outros, dos seguintes setores: I – logística e transporte; II – mobilidade urbana; III – energia; IV – telecomunicações; V – radiodifusão; VI – saneamento básico; e VII – irrigação. Parágrafo único. No caso dos projetos de investimento na área de produção econômica intensiva em pesquisa, desenvolvimento e inovação, quando não consistirem também em projetos de investimento na área de infraestrutura, considera-se como Ministério setorial responsável o Ministério da Ciência, Tecnologia e Inovação".

Capítulo II
INFRAESTRUTURA AEROPORTUÁRIA

2.1 Evolução histórica do setor aéreo e os reflexos sobre a infraestrutura

Esse tópico objetiva apresentar o cenário fático sob o qual teve origem a infraestrutura aeroportuária. O entendimento da evolução deste segmento contextualizará a adoção de uma dada noção ao estudo, contribuindo com a compreensão do desenvolvimento do regime jurídico incidente e das formas de exploração presentes no setor.

A evolução da infraestrutura de aeródromo está intimamente ligada ao avanço da aviação, especialmente à civil. Só existem aeroportos por existirem a aviação e o transporte aéreo.

O primeiro voo regular da história ocorreu em 1914, nos Estados Unidos da América, entre as cidades de São Petersburgo e Tampa, ambas no Estado da Flórida. Contudo, a Primeira Guerra Mundial, entre os anos de 1914 a 1919, interrompeu os voos civis, com a utilização dos aviões para fins militares. Superado o período de guerra, surgiram as primeiras linhas e companhias aéreas, empregando os aviões militares na atividade comercial. Esse impulso dado ao setor motivou a Convenção de Paris, firmada em 1919, que criou a Comissão de Navegação Aérea, bem como os Estados Unidos da América, com o surgimento do

Departamento de Comércio estadunidense, voltado a disciplinar o transporte aéreo por meio do *Air Commerce Act* de 1926.[26]

Apesar de o primeiro voo em solo brasileiro datar de 1911, a década de 1920 marca o início da aviação comercial no Brasil com a criação da Inspetoria Federal de Viação Marítima e Fluvial.[27] Em seguida, foram aprovados os primeiros atos normativos aplicados ao transporte aéreo, com a publicação, em 1925, do Decreto n. 16.983, que aprovou o Regulamento para os Serviços Civis de Navegação Aérea.[28] O surgimento das primeiras linhas aéreas no Brasil data de 1927,[29]-[30] com a presença de duas empresas estrangeiras[31] e a Viação Aérea Rio-Grandense – VARIG.[32]

---

[26] *Estudo do setor de transporte aéreo do Brasil*: relatório consolidado. Rio de Janeiro, McKinsey & Company, 2010, p. 337.

[27] GURGEL, Marcus Vinicius do Amaral; COSTA, Maria Dionni dos Santos. *A evolução da regulação do transporte aéreo regular brasileiro*. 2007. 126 f. Monografia (Especialização em Gestão de Aviação Civil). Universidade de Brasília, Brasília, 2007, p. 66.

[28] Alguns autores divergem sobre a norma inaugural. Segundo Newton de Castro e Philippe Lamy, o ato normativo inaugural do setor é atribuído ao Decreto n. 14.050, de 5 de fevereiro de 1920, atribuindo à Inspetoria Federal de Navegação a fiscalização do transporte aéreo, mesmo que inexistente na época. Sobre o tema: CASTRO, Newton de; LAMY, Philippe. *A desregulamentação do setor de transporte*: o subsetor transporte aéreo de passageiros. Texto para discussão n. 319. IPEA, outubro de 1993, p. 1.

[29] Segundo Gilson de Lima Garófalo, o Decreto n. 13.244, de 23 de outubro de 1918, concedera a primeira licença outorgada a particulares, para exploração de ligação entre cidades por meio de aeroplano. (GARÓFALO, Gilson Lima. *O mercado brasileiro de transporte aéreo nacional*. São Paulo: Instituto de Pesquisas Econômicas, 1982, p. 24).

[30] *Estudo do Setor de Transporte Aéreo do Brasil*: relatório consolidado. Rio de Janeiro: McKinsey & Company, 2010, p. 337.

[31] "O setor de transporte aéreo no Brasil surge na segunda metade da década de 1920, dominado por duas subsidiárias de empresas estrangeiras – a Compagnie Générale Aéropostale e a Condor Syndikat". (BIELSCHOWSKY, Pablo; CUSTÓDIO, Marcos da Cunha. "A evolução do setor de transporte aéreo brasileiro". *Revista Eletrônica Novo Enfoque*, vol. 13. n. 13, pp. 72-93, 2011. Disponível em http://www.castelobranco.br/sistema/novoenfoque/files/13/artigos/7_Prof_Pablo_Marcos_Art4_VF.pdf. Acesso em 16 jan. 2016).

[32] "S.A., Empresa de Viação Aérea Rio Grandense – VARIG: fundada em Porto Alegre (RS), em 07.05.27, foi autorizada a estabelecer tráfego aéreo comercial no litoral do Estado de Santa Catarina e em todo o território do Rio Grande do Sul, podendo

CAPÍTULO II – INFRAESTRUTURA AEROPORTUÁRIA

Os primórdios da aviação foram marcados pela presença de aeronaves leves e de baixa potência, razão pela qual os aeródromos não passavam de planícies com boa drenagem.[33] O cumprimento e tipo de solo das pistas eram determinados pelo espaço exigido para decolagem e pouso, ao passo que a sinalização era reduzida, bastando marcações visuais que contribuíssem para a aproximação e a manutenção em pista.

Este período foi marcado pela transferência das atribuições de construção e administração dos aeroportos pela União Federal às companhias aéreas.[34] Esta decisão prejudicou o investimento em novas instalações e a expansão da oferta do transporte. Sem os investimentos adequados, foram adotadas medidas comercias que privilegiaram a utilização de meios alternativos ao transporte, especialmente a utilização de hidroaviões e a destinação das rotas aos aeródromos militares, gerando dificuldades financeiras às primeiras empresas aéreas instaladas no Brasil.[35]

Na contramão aos parcos investimentos em aeródromos, era crescente a ideia de que a aviação seria meio apto à promoção da integração

---

estender suas linhas até a cidade de Montevidéu, caso o Governo do Uruguai o permitisse (Decreto n. 17.832, de 10 de junho de 1927)". (GARÓFALO, Gilson Lima. *O mercado brasileiro de transporte aéreo nacional*. São Paulo: Instituto de Pesquisas Econômicas, 1982, p. 27. Informações adicionais em CASTRO, Newton de; LAMY, Philippe. *A desregulamentação do setor de transportes*: o subsetor transporte aéreo de passageiros. Texto para discussão n. 319. IPEA, outubro de 1993).

[33] LEÃO E SILVA, Celso José. *Transporte aéreo, infraestrutura aeroportuária e controle urbano*: o estudo de caso do aeroporto internacional do Recife/Guararapes-Gilberto Freyre. 2010. 150 f. Dissertação (Mestrado em Engenharia Civil). Faculdade de Engenharia, Universidade Federal de Pernambuco, Recife, 2010, p. 32.

[34] "A Aeropostale havia iniciado suas atividades em novembro de 1927, tendo existido até 1933, ano em que é incorporada à Air France. Embora, comercialmente, nunca tenha operado no Brasil, o fato de seus aviões necessitarem de campos de pouso distantes entre si, em média, 500 km, fez com que a própria Aeropostale se visse obrigada a construí-los entre Natal e Buenos Aires". (GARÓFALO, Gilson Lima. *O mercado brasileiro de transporte aéreo nacional*. São Paulo: Instituto de Pesquisas Econômicas, 1982, p. 30).

[35] A decisão pública acelerou o término das atividades de algumas empresas aéreas da época, como ocorrido com a francesa Aéropostale. Sobre o tema: CASTRO, Newton de; LAMY, Philippe. *A desregulamentação do setor de transportes*: o subsetor transporte aéreo de passageiros. Texto para discussão n. 319. IPEA, outubro de 1993, p. 9.

nacional.[36] Este pensamento motivou a criação do Departamento de Aviação Civil em 1931, vinculado ao Ministério da Viação e Obras Públicas; a publicação, em 1938, do Código Brasileiro do Ar; e a criação do Ministério da Aviação em 1941.[37]

Em paralelo às mudanças do cenário nacional, o tema da aviação e sua imprescindível infraestrutura ganhavam relevância global, motivando, em 1944, a reunião de representantes de 53 (cinquenta e três) países em Chicago, nos Estados Unidos da América, para discussão sobre o setor. Esse encontro resultou na Convenção de Aviação Civil Internacional, ou Convenção de Chicago, e na fundação da Organização Internacional de Aviação Civil (OACI), Agência Especial das Nações Unidas desde 1968.[38]

A OACI, desde sua constituição, tem por objetivo ampliar a uniformização e regulamentação dos países signatários da Convenção de Chicago, além do aprimoramento do setor.[39] O Brasil promulgou essa Convenção por meio do Decreto n. 21.713, de 27 de agosto de 1946. Desde então, as regras técnicas brasileiras seguem os parâmetros definidos por essa organização.[40]

---

[36] "O transporte aéreo ganhou importância, em um efeito de integração e de desenvolvimento, em função do amplo território do país (o que promove continuidade e similitude com o processo americano), da precariedade do transporte rodoviário e da dificuldade de acesso a pontos longínquos do território, em especial a região norte do país". (GURGEL, Marcus Vinicius do Amaral; COSTA, Maria Dionni dos Santos. *A evolução da regulação do transporte aéreo regular brasileiro*. 2007, 126 f. Monografia (Especialização em Gestão de Aviação Civil). Universidade de Brasília, Brasília, 2007, p. 66).

[37] *Estudo do setor de transporte aéreo do Brasil*: relatório consolidado. Rio de Janeiro: McKinsey & Company, 2010, p. 43.

[38] Conforme artigo 57 da Carta de 1968 da Organização das Nações Unidas.

[39] A Organização da Aviação Civil Internacional, sediada em Montreal, Canadá, hoje possui 190 países membros.

[40] "Os padrões são especificações de características físicas e de configuração de cumprimento compulsório, cuja aplicação uniforme é considerada necessária para a segurança operacional ou regularidade da navegação aérea internacional e como os Estados Signatários estarão em conformidade, de acordo com a Convenção. Já as práticas recomendadas são apenas sugestões de medidas de segurança, ficando a cargo dos Estados

CAPÍTULO II – INFRAESTRUTURA AEROPORTUÁRIA

Este período, em muito marcado pelo término da Segunda Guerra Mundial, deu origem a uma nova fase de crescimento às empresas de aviação civil no Brasil. O desenvolvimento foi facilitado pela oferta de aeronaves utilizadas no período de guerra e que, naquele momento, perderam função.[41] Neste momento, a União Federal retomou o controle dos aeródromos, assumindo a gestão das bases militares americanas instaladas no Nordeste.[42] Nas décadas de 1940 e 1950, o Brasil possuía uma malha aérea que abrangia 300 (trezentas) cidades, sendo mais de 20 empresas aéreas atuando no país.[43]

A evolução tecnológica das aeronaves e a expansão das operações civis exigiram avanço equivalente dos aeródromos. A ampliação de

---

a decisão de sua adoção ou não". (LEÃO E SILVA, Celso José. *Transporte aéreo, infraestrutura aeroportuária e controle urbano*: o estudo de caso do aeroporto internacional do Recife/Guararapes-Gilberto Freyre. 2010. 150 f. Dissertação (Mestrado em Engenharia Civil). Faculdade de Engenharia, Universidade Federal de Pernambuco, Recife, 2010, p. 43).

[41] "Entre 1943 e 1945 foram criadas diversas empresas de transporte aéreo no Brasil. Segundo Sonino (1995), isto só foi possível pela facilidade de aquisição de aviões de transporte de tropas utilizados na Segunda Guerra Mundial, associado aos relativamente baixos investimentos (o custo de aquisição de um avião DC4 era de 400 contos de réis) e, muitas vezes, com a contração de um único piloto". (BIELSCHOWSKY, Pablo; CUSTÓDIO, Marcos da Cunha. "A evolução do setor de transporte aéreo brasileiro". *Revista Eletrônica Novo Enfoque*, vol. 13. n. 13, pp. 72-93, 2011, p. 76. Disponível em http://www.castelobranco.br/sistema/novoenfoque/files/13/artigos/7_Prof_Pablo_Marcos_Art4_VF.pdf. Acesso em 16 jan. 2016).

[42] "É importante destacar, correlacionado com a Segunda Guerra Mundial, que, durante esse conflito, os norte-americanos construíram considerável número de bases no nordeste brasileiro, as quais serviam de apoio à sua força aérea e que hoje são os principais aeroportos da região. Por outro lado, observa-se, ainda nos primórdios da década de quarenta e, dessa maneira, durante a Segunda Grande Guerra, mas sem nenhum relacionamento com esse evento, a tentativa governamental de impor um maior disciplinamento ao setor aéreo brasileiro. Com esse propósito, o principal mandatário do país, Getúlio Vargas, expediu o Decreto-Lei n. 2.961, de 20 de janeiro de 1941, criando o Ministério da Aeronáutica ao qual competia "os estudos e pareceres, bem como o poder decisório de todos os assuntos relativos à atividade da aviação nacional, civil e militar, dirigindo-a técnica e administrativamente". (GARÓFALO, Gilson Lima. *O mercado brasileiro de transporte aéreo nacional*. São Paulo: Instituto de Pesquisas Econômicas, 1982, pp. 38/39).

[43] GARÓFALO, Gilson Lima. *O mercado brasileiro de transporte aéreo nacional*. São Paulo: Instituto de Pesquisas Econômicas, 1982, pp. 41-54.

oferta da aviação civil ocasionou o incremento das infraestruturas terrestres, especialmente em pistas de pouso e decolagem, vez que a regularidade e a eficiência operacional se mostraram fundamentais ao transporte aéreo. Neste sentido, em 1951, a Comissão de Estudo do Plano Nacional de Viação recomendou a realização do primeiro Plano Diretor de Transporte Aéreo.[44]

A partir dos anos de 1960, as empresas aéreas dos países das economias mais desenvolvidas passaram a investir na construção de aviões comerciais maiores para atender a centenas de passageiros concomitantemente.[45] A ampliação desse segmento atribuiu celeridade na configuração dos aeródromos, exigindo sua renovação, notadamente no parque de abastecimento dos aviões e dos terminais de embarque e desembarque.[46] O transporte de cargas passou a despontar, exigindo um novo tipo de equipamento de apoio, seja para o embarque/desembarque, seja para sua recepção e armazenagem.

A despeito da evolução da indústria de aeronaves, as décadas de 1960 e 1970 foram marcadas pela crise na aviação comercial brasileira,[47]

---

[44] CASTRO, Newton de; LAMY, Philippe. *A desregulamentação do setor de transportes*: o subsetor de transporte de passageiros. Texto para discussão n. 319. IPEA, outubro de 1993, p. 9.

[45] Segundo Celso José Leão e Silva, a introdução de jatos como o B7470-100 em 1970, com capacidade de transporte de 452 (quatrocentos e cinquenta e dois) passageiros, influenciou fortemente os aeródromos, vez que não só bastavam investimentos em pátio e pista, mas também na ampliação da capacidade do terminal. (LEÃO E SILVA, Celso José. *Transporte aéreo, infraestrutura aeroportuária e controle urbano:* o estudo de caso do aeroporto internacional do Recife/Guararapes-Gilberto Freyre. 2010. 150 f. Dissertação (Mestrado em Engenharia Civil). Faculdade de Engenharia, Universidade Federal de Pernambuco, Recife, 2010, p. 35).

[46] BARAT, Josef. "Notas sobre a modernização da infra-estrutura aeroportuária brasileira". *Revista de Administração Pública*, Rio de Janeiro, vol. 7, n. 4, p. 55-72, jul./set. 1973, p. 57 e ss.

[47] "Tratava-se do chamado regime de competição controlada, implantado desde a década de 1960, com um conjunto de encontros setoriais, denominados de Conferências Nacionais Aviação Comercial (CONAC), e fortalecidos a partir do Decreto n. 72.898, de 9 de outubro de 1973, onde às quatro grandes companhias aéreas de âmbito nacional era atribuída toda a operação do sistema". (OLIVEIRA, Alessandro V. M. *A experiência*

CAPÍTULO II – INFRAESTRUTURA AEROPORTUÁRIA

provocada pelos elevados custos de manutenção e forte concorrência no mercado.[48] O número de cidades brasileiras atendidas pelas companhias aéreas foi bastante reduzido, passando de próximo a 400 (quatrocentas) no início dos anos de 1960, para cerca de 100 (cem) unidades em menos de uma década, fator que resultou na redução dos investimentos nos aeródromos remanescentes.[49]

Como reação, foram publicadas normas voltadas à construção e exploração de aeródromos públicos,[50] culminando na definição da nomenclatura e relação dos aeroportos no Plano Nacional de Viação.[51] Ato contínuo, em 1970, por meio do Aviso n. 011-GM/7, foram apresentadas novas diretrizes para um Plano Aeroviário Nacional com horizonte de dez anos, tendo sido relacionados 392 aeroportos, classificados em quatro grupos de prioridade.

Em paralelo, membros importantes da Aeronáutica, observando o descompasso entre o desenvolvimento da indústria da aviação civil e a infraestrutura aeroportuária nacional, decidiram criar uma nova estrutura de gestão aos aeroportos, externa à Administração Direta.[52] A

---

brasileira na desregulamentação do transporte aéreo: um balanço e propositura de diretrizes para novas políticas. núcleo de estudos em competição e regulação do transporte aéreo. Instituto Tecnológico de Aeronáutica – ITA. Secretaria de Acompanhamento Econômico do Ministério da Fazenda. Documento de Trabalho n. 45, 2007, p.10). Mais informações: MONTORO FILHO, André Franco. "A aviação no Brasil: estudo econômico da demanda de transporte aéreo para passageiros". *Revista Brasileira de Economia*, Rio de Janeiro, vol. 25, n. 2, pp. 39-74, abr./jun. 1971.

[48] MALAGUTTI, A. O. *Evolução da aviação civil no Brasil*. Brasília: Câmara dos Deputados, 2001.

[49] BIELSCHOWSKY, Pablo; CUSTÓDIO, Marcos da Cunha. "A evolução do setor de transporte aéreo brasileiro". *Revista Eletrônica Novo Enfoque*, p. 79.

[50] CASTRO, Newton de; LAMY, Philippe. *A desregulamentação do setor de transportes*: o subsetor transporte aéreo de passageiros. Texto para discussão n. 319. IPEA, outubro de 1993, p. 9.

[51] Lei Federal n. 4.592, de 29 de dezembro de 1964.

[52] "Enquanto as obras do aeroporto internacional eram tocadas, a comissão presidida por Araripe Macedo discutia um modelo de gestão aeroportuária que pudesse ser estendido a todo o País. Ele considerava fundamental que os aeroportos deixassem de ser geridos diretamente pela Aeronáutica. Só um modelo de administração indireta teria

decisão e implantação foram amplamente motivadas pelos novos instrumentos normativos voltados à reforma administrativa da época, propriamente pelo Decreto-Lei n. 200, de 25 de fevereiro de 1967, e Decreto-Lei n. 900, de 29 de setembro de 1969.

Foi criada a ARSA – Aeroportos do Rio de Janeiro S.A., uma sociedade de economia mista cuja autorização de constituição foi dada pela Lei n. 5.580, de 25 de maio de 1970.[53] Tratava-se do embrião do pretendido para a gestão externa, concebido para a administração do que seria o novo Aeroporto Internacional do Rio de Janeiro – Galeão. Como consequência deste movimento, fortemente impulsionado pelo desejo de desenvolvimento do setor foi autorizada a criação da Empresa Brasileira de Infraestrutura Aeroportuária – Infraero,[54] vinculada ao Ministério da Aeronáutica.[55]

Mudanças na política econômica do país a partir dos anos 80 refletiram no transporte aéreo. A despeito da redução dos investimentos nos aeródromos, foi instituído o Programa Federal de Desregulamentação voltado à abertura econômica gradativa para o transporte aéreo, ocorrida entre os anos de 1990 e 2001. Apesar dessas medidas, esses anos

---

flexibilidade e dinamismo para modernizar a infraestrutura então existente". (SECRETARIA DE AVIAÇÃO CIVIL. *Infraero: 40 anos serviços pessoas, empresas e o Brasil*, 2013. Disponível em http://www.infraero.gov.br/images/stories/Infraero/INFRAERO40ANOS.pdf. Acesso em 16 jan. 2016).

[53] "Art. 2º A ARSA terá por objeto implantar, administrar, operar e explorar, industrialmente, o nôvo Aeroporto Internacional do Rio de Janeiro, bem como realizar quaisquer atividades correlatas ou afins, podendo estender as suas atividades a outros aeroportos existentes ou que venham a ser criados na região geoeconômica do Estado da Guanabara e Estado do Rio de Janeiro.

§ 1º A exploração, administração, manutenção e expansão do Aeroporto Internacional do Rio de Janeiro, pela Sociedade, obedecerão a planos por ela organizados, aprovados pelo Ministério da Aeronáutica, em nome da União.

§ 2º Não se incluem nos serviços aeroportuários previstos neste artigo os pertinentes à Proteção ao Voo, às Telecomunicações e à Meteorologia Aeronáuticas".

[54] Autorizada pela Lei Federal n. 5.862, de 12 de dezembro de 1972.

[55] O artigo 8º da Lei de criação da Infraero determinou que a ARSA – Aeroportos do Rio de Janeiro Sociedade Anônima fosse absorvida pela estrutura da nova empresa, passando à condição de subsidiária.

CAPÍTULO II – INFRAESTRUTURA AEROPORTUÁRIA

foram permeados por severas crises nas empresas tradicionais do setor, cuja saúde financeira havia se deteriorado nos anos anteriores.[56]

O Programa Federal de Desregulamentação teve início com a redução substancial das políticas de monopólio regional e de companhias nacionais, permitindo o ingresso de novas empresas aéreas; seguiu com a abertura de preços com variações em banda, em substituição ao sistema de preços controlados, mantida certa ingerência sobre os valores praticados;[57] foi concluído, enfim, com a confirmação da liberdade de preços para as companhias aéreas, visando majorar a competição intrassetor, pontualmente arrefecida pela aplicação das regras de anualidade nos reajustes das tarifas.[58]

Em paralelo, como resultado da redução dos investimentos em infraestrutura, os anos que se seguiram foram marcados pela chamada "segunda crise" aérea. As razões de sua ocorrência são opostas às da crise antecedente, agora impulsionada pelo acréscimo relevante do número de passageiros,[59] imputando dúvidas quanto à segurança e saturação aeroportuária.[60] O pico da crise ocorreu entre 2006 e 2007, considerando

---

[56] Sobre o tema: FARIAS NETO, Joaquim Gonçalves. *Choque de gestão:* do vôo 1907 ao apagão aéreo no Brasil. Rio de Janeiro: Ciência Moderna, 2007.

[57] "É o que aconteceu em 2003, quando o Departamento passou a exercer um "controle de oferta", a pretexto evitar uma suposta "competição predatória" e de assegurar a sustentabilidade financeira das empresas estabelecidas. Descontos em passagens aéreas foram proibidos, assim como a entrada de novas empresas em rotas já atendidas. A importação de aeronaves foi condicionada à comprovação da existência de demanda para a prestação do serviço. O episódio mais marcante foi a proibição do DAC de uma promoção da empresa Gol, em que bilhetes para diversos destinos eram vendidos a R$ 50, em 2004". (PINTO, Victor Carvalho. *O marco regulatório da aviação civil*: elementos para reforma do código brasileiro de aeronáutica. Texto para discussão n. 42, Consultoria Legislativa do Senado Federal, Brasília, 2008, pp. 34/35).

[58] OLIVEIRA, Alessandro V. M. *A experiência brasileira na desregulamentação do transporte aéreo*: um balanço e propositura de diretrizes para novas políticas. Texto para discussão n. 42, Consultoria Legislativa do Senado Federal, Brasília, 2008, pp. 13-17.

[59] PINTO, Victor Carvalho. *O marco regulatório da aviação civil:* elementos para reforma do Código Brasileiro de Aeronáutica. Texto para discussão n. 42, Consultoria Legislativa do Senado Federal, Brasília, 2008, p. 5.

[60] Dados de 2010 indicam que dos 20 principais aeroportos nacionais, 13 apresentavam fortes limitações nos terminais de passageiros e nos sistemas de pátio e pista (*Estudo*

dados de crescimento que superaram em 100% o volume de passageiros entre os anos de 2003 a 2010.[61]

Sendo imprescindível a execução de medidas voltadas ao incremento da infraestrutura aeroportuária, inclusive com a alteração dos atores públicos, foi criada a Agência Nacional de Aviação Civil (ANAC).[62] Ato contínuo, estudos liderados pela agência identificaram a premência da aplicação de vultosos investimentos em toda infraestrutura aeroportuária nacional, exigindo a superação do montante de R$ 4,2 bilhões até o ano de 2010.[63]

A exigência de capital deflagrou a identificação de novos formatos à exploração aeroportuária, em alternativa ou apoio à Infraero.[64] Foi criada a Secretaria de Aviação Civil (SAC), ligada à Presidência da República, e dado início aos estudos de novas formas e instrumentos para a exploração da atividade. Esse novo órgão retirou, originariamente, o controle da infraestrutura aeroportuária – destacadamente a supervisão, coordenação, gestão política e administração de recursos dos militares, então sob o Ministério da Defesa (anteriormente o Ministério da Aeronáutica).

Sob uma revisão da organização administrativa, foi promulgada a Lei n. 13.341, de 29 de setembro de 2016, por meio da qual foi extinta a SAC (artigo 1º, II) e transferidas suas competências para o então

---

do setor de transporte aéreo do Brasil: relatório consolidado. Rio de Janeiro: McKinsey & Company, 2010, p. 18).

[61] Dados produzidos pelo Instituto de Pesquisas Econômicas Aplicadas (IPEA) para a Infraero (FERREIRA, Gláucio C. et al. *A gestão da infraestrutura aeroportuária brasileira e as dificuldades operacionais a serem vencidas na realização de grandes eventos*. In: The 4 International Congress on University-industry. Taubaté, 2012. Disponível em http://www.unitau.br/unindu/artigos/pdf471.pdf. Acesso em 24 dez. 2015).

[62] Criada pela Lei n. 11.182, de 27 de setembro de 2005.

[63] *Relatório final da Comissão Parlamentar de Inquérito* – Crise do Sistema de Tráfego Aéreo, instituída pelo Requerimento n. 001/2007 em menção a documento publicado pela ANAC: "Infra-estrutura Aeroportuária Brasileira – Capacidade *versus* Demanda e Estimativa de Investimentos Necessários no Curto Prazo", p. 72. Disponível em http://congressoemfoco.uol.com.br/UserFiles/Image/relatorio_CPI_Aerea.pdf. Acesso em 04 nov. 2015.

[64] FIUZA, Eduardo P.S.; PIONER, Heleno M. *Estudo econômico sobre regulação e concorrência no setor de aeroportos*. ANAC – Agência Nacional de Aviação Civil, Rio de Janeiro, 2009. Série de Estudos Regulatórios.

CAPÍTULO II – INFRAESTRUTURA AEROPORTUÁRIA

transformado Ministério dos Transportes, Aviação e Portos (MTAP) ora criado na mesma legislação (artigo 7º, II).

O exposto revelou que a definição, os influxos e recuos de investimentos à ampliação da infraestrutura aeroportuária sempre estiveram relacionadas ao desenvolvimento da aviação civil e à expansão de volume de passageiros. Esses fatores motivaram, ao longo da história, a adoção de políticas públicas diversas diretamente vinculadas à exploração da infraestrutura aeroportuária, cujo conteúdo requer melhor delimitação.

2.2 Delimitação da infraestrutura aeroportuária

A formação de uma noção para infraestrutura aeroportuária passará por duas perspectivas distintas, porém convergentes e complementares. A noção deve ter origem e apoio na realidade, amparando-se na compreensão técnica dos elementos essenciais ao transporte aéreo. Em paralelo, segue-se à verificação da eventual existência de um conteúdo jurídico, confirmando sua adesão ou distanciamento dos aspectos técnicos.

A existência do aeroporto está vinculada a existência do transporte aéreo, então considerado como ato de deslocar pessoas e coisas pelo ar utilizando-se de aeronaves.[65] Sem o serviço aéreo,[66] inexistirá função ao aeroporto como infraestrutura, restando apenas uma multiplicidade de bens imóveis sem destinação e finalidade conjuntas.[67]

---

[65] O Decreto n. 5.910, de 27 de setembro de 2006, que promulgou a Convenção para Unificação de certas regras relativas ao transporte aéreo internacional, celebrado em Montreal, em 1999, utilizando-se da conceituação originada na Convenção de Varsóvia de 1929, modificada pelo Protocolo de Haia de 1955 e alterado pelo Protocolo de Montreal de 1975, definiu transporte aéreo internacional, do qual se pode inferir a noção utilizada: "Para os fins da presente Convenção, a expressão transporte internacional significa todo transporte em que, conforme o estipulado pelas partes, o ponto de partida e o ponto de destino, haja ou não interrupção no transporte, ou transbordo, estão situados, seja no território de dois Estados Partes, seja no território de um só Estado Parte, havendo escala prevista no território de qualquer outro Estado, ainda que este não seja um Estado Parte. O transporte entre dois pontos dentro do território de um só Estado Parte, sem uma escala acordada no território de outro Estado, não se considerará transporte internacional, para os fins da presente Convenção".

[66] Nos termos do artigo 96, 'a', da Convenção de Aviação Civil Internacional: "Serviço aéreo" (Air service) significa qualquer serviço aéreo regular por aeronaves para o transporte público de passageiros, correio ou carga.

[67] "O aeroporto deve ser visto como um sistema que interliga a infraestrutura e os

Consideradas às exigências da aviação civil, *a infraestrutura aeroportuária representa a composição de bens de capital e sistemas em rede relacionados e destinados à realização do transporte aéreo.*[68]

A noção descrita compreende os bens de capital e sistemas suficientes ao tráfego de aeronaves, ou seja, as pistas de pouso e decolagem; sinalização; sistema de navegação aérea e segurança (incluída sinalização e serviços de apoio à emergência); área de taxiamento e pátio de aeronave; área de manutenção à aeronave (*v.g.*, abastecimento e checagem de funcionalidades); além do local de embarque e desembarque de passageiros e cargas, nominado terminal.[69]

Os bens mencionados podem ser agrupados e classificados em dois grandes grupos: o "lado ar" e o "lado terra".[70] O primeiro relaciona os aparatos destinados à movimentação de aeronaves, incluindo os sistemas de pistas e tráfego aéreo; ao passo que o "lado terra", além de

---

processos que visam estabelecer as bases para as operações seguras dos vôos (VIRANT, 2007:34)". (SOUTELINO, André Luís Dias. *A regulação para introduzir a competição no setor aeroportuário*. 2009, 178 f. Dissertação (Mestrado em Direito Econômico e Desenvolvimento) Universidade Candido Mendes, Rio de Janeiro, 2009, p. 24).

[68] LOPES, Kétnes Ermelinda de Guimarães. *Análise do modelo brasileiro de financiamento da infra-estrutura aeroportuária*. 2004. 128 f. Dissertação (Mestrado em Engenharia de Infra-estrutura Aeronáutica). Faculdade de Engenharia, Instituto de Tecnológico de Aeronáutica – ITA, São Paulo, 2004, p. 57. Disponível em http://www.bdita.bibl.ita.br/tesesdigitais/000522171.pdf. Acesso em 04 nov. 2015.

[69] "Entende-se por infraestrutura de um complexo aeroportuário as facilidades disponíveis para movimentação de aeronaves e processamento de passageiros e carga aérea. Compõem estas facilidades a pista de pouso e decolagem, os acessos às áreas de estacionamento, pátio de estacionamento de aeronaves e os terminais de passageiros e carga. Quanto mais planejada for a infraestrutura mais ágil será o processamento do fluxo de passageiros, aeronaves e carga e, portanto, mais eficiente será o aeroporto" (DIAS, Luís Fernando. *Avaliação da eficiência dos principais aeroportos brasileiros através da análise envoltória de dados (DEA)*. 2014. 53 f. Dissertação (Pós graduação em administração). Fundação Instituto Capixaba de Pesquisas em Contabilidade, Economia e Finanças – FUCAPE, Vitória, 2014, p. 23. Disponível em http://www.fucape.br/_public/producao_cientifica/8/Disserta%C3%A7%C3%A3o%20Luis%20Fernando%20Dias.pdf. Acesso em 04 nov. 2015).

[70] CRESPO, Antônio Márcio Ferreira. *Eficiência técnica de aeroportos*: uma abordagem focada na infraestrutura aeroportuária – Lado Ar, p. 103. Disponível em http://www.lbd.dcc.ufmg.br/colecoes/sbsi/2014/008.pdf. Acesso em 04 nov. 2015.

CAPÍTULO II – INFRAESTRUTURA AEROPORTUÁRIA

relacionados aspectos próprios para movimentação de passageiros, com destaque aos terminais, abarca os bens e locais para movimentação e armazenamento de cargas e os pátios de manobra e estacionamento de aeronaves.[71] A retirada de qualquer dos itens mencionados, no "lado ar" ou "lado terra", por razões técnicas[72] ou econômicas,[73]

---

[71] "Os aeroportos podem ser divididos em duas partes: o lado ar, composto por pistas de pouso, pistas de táxi e os sistemas de controle do tráfego aéreo; e o lado terra, formado pelas posições de estacionamento de aeronaves e os portões, pelo terminal de passagens, pelos serviços de bagagens, acessos e estacionamentos (TRB, 1987; ASHFORD *et al.*, 1884; HART, 1985; HAMZAWI, 1992 *apud* SPOLJARIC, 1998). No lado terra está o Terminal de Passageiros que consiste numa edificação onde se efetuam uma série de processos associados à transferência intra e intermodal de passageiros. Abriga prestadores de serviços de diferentes interesses que, em princípio, buscam propiciar as condições de conforto e segurança desejadas pelos usuários do transporte aéreo. Já para Wells (1996) o Terminal de Passageiros é a construção que inclui a zona de transição de passageiros, fornecendo a ligação entre o modal rodoviário e aéreo. Quando se analise o fluxo de passageiros, é possível definir o Sistema de *Handling* que leva em conta uma série de ligações e processos que o passageiro realiza na transferência de um modal para outro. Tal sistema é dividido em quatro partes: o acesso ou egresso de passageiros, a interface de acesso, as OPP (Operações de Processamento de Passageiros) e a interface de vôo". (POSSAS, Paulo Henrique. *A associação entre o marco regulatório e a inovação:* um estudo exploratório sobre as operações de processamento de passageiros nos aeroportos brasileiros controlados pela Infraero. 2006. 53 f. Dissertação (Mestrado em administração). Faculdade de Administração. Universidade Federal do Rio Grande do Sul. Porto Alegre, 2006, pp. 33/34. Disponível em http://www.lume.ufrgs.br/bitstream/handle/10183/8101/000567736.pdf?sequence=1. Acesso em 04 nov. 2015).

[72] "Mediante o estudo das Cartas de Aeródromo (ADC) disponibilizada pelo DECEA [Brasil, 2013], foi possível deduzir dois indicadores da infraestrutura aeroportuária existente, a saber; quantidade de pistas de pouso e quantidade de pistas de taxi de saída rápida". (CRESPO, Antônio Márcio Ferreira. *Eficiência técnica de aeroportos*: uma abordagem focada na infraestrutura aeroportuária – Lado Ar, p. 104. Disponível em http://www.lbd.dcc.ufmg.br/colecoes/sbsi/2014/008.pdf. Acesso em 04 nov. 2015).

[73] "A frente de infraestrutura objetivou avaliar a situação da infraestrutura aeroportuária instalada nos 20 principais aeroportos do Brasil, com destaque específico para o Terminal de São Paulo, de maneira a identificar gargalos e eventuais soluções. Para tanto, foi avaliada a capacidade de movimentação de aeronaves e passageiros nos diversos componentes dos aeroportos, ou seja, pista, pátio e terminal de passageiros. (...) Dessa forma, foi possível avaliar os gargalos que demandam ações emergenciais (curto prazo) e necessidades de investimentos em pista, pátio, terminal de passageiros e acessos viários no médio e longo-prazos. Além disso, foram avaliados os principais terminais de cargas

impede ou torna deficiente a execução do serviço público de transporte aéreo.[74-74-A]

No entanto, sob perspectiva distinta, a noção atribuída à infraestrutura aeroportuária pode ser ampliada, superando sua exclusiva vinculação à realização do transporte aéreo a fim de adicionar comodidade diversa aos usuários da infraestrutura, seja da companhia aérea ou dos passageiros.[75] Para tanto, devem ser adicionados itens à rede de bens,

---

do País em seus componentes de importação e exportação" (*Estudo do Setor de Transporte Aéreo do Brasil:* relatório consolidado. Rio de Janeiro: McKinsey & Company, 2010, p. 43).

[74] "Nesse trabalho, o estudo será feito em três componentes que podem causar grandes problemas de congestionamento caso estejam com sua capacidade quase ou totalmente esgotada, dificultando toda a operação de um aeroporto. Os componentes são: Pista de Pouso e decolagem e pátio de estacionamento de aeronaves no lado aéreo e o terminal de passageiros no lado terrestre" (CARVALHO, Betânia Gonçalves de. *Uma metodologia para obtenção de um diagnóstico dos principais aeroportos do Brasil através da avaliação da relação demanda e capacidade*. 2006. 160 f. Dissertação (Mestrado em Engenharia de Infraestrutura Aeronáutica). Faculdade de engenharia. Instituto Tecnológico de Aeronáutica – ITA. São José dos Campos. São Paulo. 2006, p. 56. Disponível em http://www.bdita.bibl.ita.br/tesesdigitais/000542303.pdf. Acesso em 04 nov. 2015).

[74-A] "NOMBELA, *et al.* (2003), ao analisarem o problema dos congestionamentos dos aeroportos, diferenciando o fenômeno dos congestionamentos rodoviários e identificando as diversas causas para os atrasos nos voos, utilizaram um estudo de caso sobre o aeroporto de Madrid e criaram um modelo teórico para o fenômeno. Ao discorrer sobre o problema, o trabalho aponta os seguintes componentes da infraestrutura de um aeroporto e de sua capacidade: (a) O comprimento da pista, figurando como principal componente por determinar a capacidade de pousos e decolagens; (b) o tamanho do terminal de passageiros; (c) o número de portões de embarque e desembarque (gates); (d) o tamanho dos pátios (aprons); e (e) a capacidade de controle de tráfego aéreo" (NOMBELA, Gustavo *et al.* "Airport congestion in EU: more investment or better pricing?". Universidade de Las Palmas de Gran Canaria, Espanha, Working paper, 1-20, 2003. *Apud* DEMANT, Marcos Alexandre Rauer. "Infraestrutura aeroportuária e o desenvolvimento do tráfego aéreo regional no Brasil". *Revista de Literatura dos Transportes*, vol. 5, n. 1, pp. 124-160, jan. 2011, pp. 131/132).

[75] Neste sentido: "Percebe-se, então, que o aeroporto é o tipo de aeródromo mais complexo e o único a permitir a exploração comercial do transporte aéreo. Assim sendo, um aeroporto não consiste apenas de pista para pousos e decolagens, terminais de passageiros e de cargas e da torre de controle, pois uma série de elementos compõe a sua infraestrutura. Dentre os elementos, destacam-se: a) espaço aéreo no entorno; b) facilidades para a aviação geral (táxi-aéreo, helicópteros e aviação privada); c) facilidades

CAPÍTULO II – INFRAESTRUTURA AEROPORTUÁRIA

mesmo que prescindíveis ao tráfego aéreo, por exemplo: espaço e equipamentos para o desenvolvimento de atividades administrativas e comerciais das companhias aéreas; local de apoio aos contratados e terceiros relacionados; área de apoio ao usuário, incluindo estacionamentos de automóveis, locais de conveniência para hospedagem, descanso, espera, alimentação e consumo.

Conquanto a possibilidade de a noção compreender a inclusão de áreas e atividades voltadas à comodidade dos frequentadores dos aeroportos, crê-se que a inexistência destes itens não desnaturaria a infraestrutura como aeroportuária, ou seja, o aeroporto não deixaria de sê-lo em razão das atividades econômicas voltadas à conveniência aos seus usuários.[76] Sendo suficiente ao transporte aéreo de pessoas e cargas os bens e sistemas essenciais ao tráfego de aeronaves, entende-se que a

---

de apoio; d) acesso / estacionamento; e) utilidades; f) outras utilidades não aeronáuticas; g) uso das facilidades por militares e helicópteros. A parte operacional consiste na utilização dos elementos que compõem a infraestrutura aeroportuária tanto pelo administrador quanto pelas empresas que operam ali. Dentre os serviços operacionais destacam-se: a) serviços de aeronaves (*ground handling*): serviço de bordo; rampa de passageiros (transferência, embarque e desembarque); b) plano de emergência; c) auxílio na mudança de direção do avião no tempo determinado pelo administrador do aeroporto; d) controle na redução de pássaros; e) locais para armazenamento de cargas" (SOUTELINO, André Luís Dias. *A regulação para introduzir a competição no setor aeroportuário*. 2009, 178 f. Dissertação (Mestrado em Direito Econômico e Desenvolvimento). Universidade Candido Mendes, Rio de Janeiro, 2009, pp. 26/27).

[76] "Há as áreas do pouso, decolagem, manobra e estacionamento de aeronaves, que são as que, essencialmente, definem o aeroporto, sem as quais este não pode ser tido como tal. Classificam-se de conformidade com normas técnicas, dentre as quais se destacam as do Anexo 14 à Convenção de Chicago. Entretanto, hoje em dia, para que tais áreas essenciais (art. 39, II) funcionem em prol de sua finalidade de desenvolvimento seguro e ordenado da navegação aérea e dos serviços de transporte aéreo público, insta que se lhes agreguem outras áreas de importância, tais como a do público usuário (art. 39, III e VI), sem as quais o transporte não se desenvolve, as dos operadores profissionais (art. 39, IV), e dos serviços auxiliares (art. 39, V e VIII), assim como as da própria administração aeroportuária (art. 39, I) e dos órgãos públicos que devem funcionar (art. 39, VI). Além dessas, que são essenciais (art. 39, I e V) ou necessárias (art. 39, III, IV, VI, VII e VIII), há as úteis que trazem comodidade aos usuários e operadores (art. 39, IX)" (PACHECO, José da Silva. *Comentários ao Código Brasileiro de Aeronáutica:* Leis n. 7.565, de 19.12.1986, e 11.182, de 27.09.2005. Rio de Janeiro: Forense, 2006, p. 96).

existência de itens voltados à comodidade dos usuários não é elemento componente da noção de infraestrutura aeroportuária.

Por consequência, ao menos para este estudo, compreende-se que a infraestrutura aeroportuária representa exclusivamente a composição de bens de capital e sistemas em rede relacionados e destinados à realização do transporte aéreo. Isto posto, resta identificar o tratamento dado a esta concepção pelo sistema jurídico pátrio.

2.3 Noção jurídica da infraestrutura aeroportuária

Para identificação do regime jurídico incidente sobre a infraestrutura aeroportuária, importante identificar alguns aspectos que permitem afirmar tratar-se de *infraestrutura pública*. Esta avaliação partirá da noção descrita no tópico antecedente.

Supera-se qualquer discussão acerca da qualificação da infraestrutura aeroportuária como *pública* ao constatar tratar-se de aparato em rede necessário ao desenvolvimento de função atribuída ao Estado em cumprimento de imposições constitucionais e legais. A imposição estatal tem origem no texto constitucional, no qual foi designado à União o dever de explorar, diretamente ou mediante autorização, concessão ou permissão a infraestrutura aeroportuária, nos termos do artigo 21, XII, 'c'.

Como segunda premissa de destaque, tem-se certo que, apesar de o *direito* ter o condão de influir e criar realidades, para este estudo, a delimitação da noção de infraestrutura aeroportuária, mesmo que resultante da análise normativa, não se afastará dos aspectos técnicos que lhe são próprios e da finalidade pretendida em sua concepção.

Como fonte primária, é imperiosa avaliação do Código Brasileiro de Aeronáutica (CBA), Lei Federal n. 7.565, de 19 de dezembro de 1986. Essa norma tem por função regular amplamente os tópicos atinentes ao transporte aéreo, razão pela qual possui disposições acerca da infraestrutura aeroportuária, ora integrante de seu Título III.

Sob a denominação "Da infra-estrutura Aeronáutica", o CBA fez referência ao conjunto de órgãos, instalações ou estruturas terrestres de

CAPÍTULO II – INFRAESTRUTURA AEROPORTUÁRIA

apoio à navegação aérea, incluindo, nos termos do artigo 25: "I – o sistema aeroportuário (artigos 26 a 46); II – o sistema de proteção ao vôo (artigos 47 a 65); III – o sistema de segurança de vôo (artigos 66 a 71); IV – o sistema de Registro Aeronáutico Brasileiro (artigos 72 a 85); V – o sistema de investigação e prevenção de acidentes aeronáuticos (artigos 86 a 93); VI – o sistema de facilitação, segurança e coordenação do transporte aéreo (artigos 94 a 96); VII – o sistema de formação e adestramento de pessoal destinado à navegação aérea e à infra-estrutura aeronáutica (artigos 97 a 100); VIII – o sistema de indústria aeronáutica (artigo 101); IX – o sistema de serviços auxiliares (artigos 102 a 104); X – o sistema de coordenação da infra-estrutura aeronáutica (artigo 105)".

Nessa toada, o CBA prescreve que o sistema aeroportuário é composto pela totalidade dos aeródromos brasileiros. Por sua vez, sem uma avaliação crítica neste momento, que seguirá no tópico seguinte, os aeródromos são caracterizados como áreas destinadas ao pouso, decolagem e movimentação de aeronaves, ou seja, composto por pistas, pátios e terminais de cargas aéreas e de passageiros. O conjunto desses bens em rede, em interpretação do CBA, pode ser qualificado como *instalações* aeroportuárias.

A noção apontada no tópico antecedente para infraestrutura aeroportuária se aproxima da definição de *aeródromo* do CBA, porém se afasta da classificação de *aeroporto* atribuída pela mesma norma. Isso porque, em adendo às *instalações*, foi adicionado o vocábulo *facilidades* para qualificar *aeroporto*, atraindo um extenso e impreciso conteúdo à sua definição normativa.[77]

O legislador, sob o rótulo *facilidades*, aglutinou diferentes tipos e naturezas de bens e atividades presentes ou realizáveis em um aeródromo, compreendendo: "balisamento diurno e noturno; a iluminação do pátio; serviço contra-incêndio especializado e o serviço de remoção de emergência médica; área de pré-embarque, climatização, ônibus, ponte

---

[77] "Art. 31. Consideram-se: I – Aeroportos os aeródromos públicos, dotados de instalações e facilidades para apoio de operações de aeronaves e de embarque e desembarque de pessoas e cargas".

de embarque, sistema de esteiras para despacho de bagagem, carrinhos para passageiros, pontes de desembarque, sistema de ascenso-descenso de passageiros por escadas rolantes, orientação por circuito fechado de televisão, sistema semi-automático anunciador de mensagem, sistema de som, sistema informativo de vôo, climatização geral, locais destinados a serviços públicos, locais destinados a apoio comercial, serviço médico, serviço de salvamento aquático especializado e outras, cuja implantação seja autorizada ou determinada pela autoridade aeronáutica" (parágrafo único do artigo 26).[78]

Foram reunidos sob a mesma expressão bens e serviços com diferentes graus de relevância à prestação adequada do transporte aéreo. Parcela dos itens indicados como *facilidades* se aproximam da noção de *instalação*, ao passo que outros representam mera conveniência e conforto aos usuários, elementos que se afastam da noção descrita.

Dentre os bens e atividades equivocamente rotulados de *facilidades* vez serem pertinentes ao transporte aéreo e, por tal razão, integrantes da infraestrutura aeroportuária, estão o balizamento diurno e noturno; a iluminação do pátio; serviço contraincêndio especializado; serviço médico e de remoção de emergência médica; serviço de salvamento aquático e locais destinados aos serviços públicos.

Noutra parte, são descritos elementos que contribuem com a comodidade dos usuários, porém sua inexistência não inviabilizaria o transporte aéreo. Dos exemplos contidos no CBA, destacam-se: a área de pré-embarque, o sistema de esteiras para despacho de bagagem, climatização, ônibus, ponte de embarque, carrinhos para passageiros, pontes de desembarque, sistema de ascenso-descenso de passageiros por escadas rolantes, orientação por circuito fechado de televisão, sistema semiautomático anunciador de mensagem, sistema de som, climatização geral e locais destinados a apoio comercial.

---

[78] A utilização do termo *facilidades* no CBD e sua pouca precisão decorrem da tradução equívoca do termo *facilities*, cuja tradução correta seria instalações, utilizado no texto da Convenção de Chicago, *v.g.* Artigo 28. *Air navegation facilities and standard systems (instalações de navegação aérea e sistemas padrão);* Artigo 69. *Improvement of air navigation facilities (melhoria nas instalações de navegação aérea).*

CAPÍTULO II – INFRAESTRUTURA AEROPORTUÁRIA

Em complemento à referida definição legal o artigo 39 do CBA definiu quais seriam as áreas integrantes do aeroporto: "I – à sua própria administração; II – ao pouso, decolagem, manobra e estacionamento de aeronaves; III – ao atendimento e movimentação de passageiros, bagagens e cargas; IV – aos concessionários ou permissionários dos serviços aéreos; V – ao terminal de carga aérea; VII – aos órgãos públicos que, por disposição legal, devam funcionar nos aeroportos internacionais; VI – ao público usuário e estacionamento de seus veículos; VIII – aos serviços auxiliares do aeroporto ou do público usuário; IX – ao comércio apropriado para aeroporto".

O aludido dispositivo também abarcou indistintamente itens próprios às *instalações*, nos incisos I a VI, sendo os demais relativos às *facilidades*. A distinção apontada guardaria alguma discussão quanto ao inciso VII, propriamente aos estacionamentos de veículos, considerados, no contexto de ser o modal frequente de transporte para o aeroporto, fator relevante para a infraestrutura. Contudo, mantendo o entendimento de que a infraestrutura aeroportuária apenas compreenderia aparatos essenciais ao transporte aéreo, os estacionamentos de veículos dos usuários não atenderiam a tal critério. Mesmo a relevância casuística ao cenário brasileiro, no qual ainda é reduzida a oferta de transporte público destinado ao usuário do aeroporto, não teria o condão de perverter a noção adotada.

Em suma, a definição de aeroporto para o CBA é diversa da noção de infraestrutura aeroportuária adotada neste estudo, vez abranger itens destinados exclusivamente à comodidade e conveniência dos frequentadores dos aeroportos, mesmo que prescindíveis ao serviço aéreo.

Não adotar o disposto no CBA poderia, eventualmente, fragilizar a posição adotada neste estudo. Contudo, a aparente fragilidade é afastada em razão da existência de outros diplomas normativos que contribuem com a construção de sua faceta jurídica. Noutras palavras, sua formação não resultou da mera eleição de eventuais características de ordem técnica,[79] tendo se amparado em regras jurídicas que permitiram atribuir precisão ao seu conteúdo.

---

[79] "Tomando-se como exemplo um complexo aeroportuário, pode-se dividi-lo, segundo Horonjeff (1993) ou Wells (1996), em dois principais subsistemas: o lado aéreo (*airside*

Dentre estes diplomas, ganha destaque a aludida Convenção de Aviação Civil Internacional, incorporada ao sistema jurídico pátrio pelo Decreto n. 27.713/1946, cujo Anexo 14 regulamenta a construção de aeródromos e helipontos. As disposições do Anexo 14 foram introduzidas no sistema jurídico brasileiro por meio da Portaria n. 398/GM5/99 do Ministério da Aeronáutica, hoje regulamentada através do Regulamento Brasileiro de Aviação Civil (RBAC) n. 154, aprovado pela Resolução ANAC n. 238, de 12 de junho de 2012.

O RBAC n. 154 regulamenta os projetos de aeródromos, preponderantemente suas características físicas, tendo sido concebido com o objetivo de adequar os critérios do Anexo 14 ao contexto nacional e harmonizar as regras existentes sobre infraestrutura aeroportuária.[80] Neste exercício, ao compatibilizar aspectos do CBA com o volume I do Anexo 14 da Convenção de Aviação Civil Internacional, o RBAC n. 154 delimitou requisitos mínimos à construção de um aeródromo, *considerado como local suficiente à chegada, partida e movimentação de aeronaves.*

A subparte C do RBAC n. 154, ao apresentar as características físicas dos projetos de infraestrutura aeroportuária, concentra suas regras sobre a delimitação das pistas de pouso e decolagem (154.201); pistas de

---

facilities) e o lado terrestre *(landside facilities)*. (...) O lado aéreo é destinado a operações de aeronaves. É composto principalmente das pistas de pouso/decolagem, das pistas de táxi, pátios de estacionamento das aeronaves, áreas de segurança e demais instalações de apoio à operação de aeronaves. Os espaços aéreos contêm os trajetos de aproximação e da partida dos aeroportos, possuindo um efeito importante na utilização de pista de decolagem, por isso habitual incluí-lo na área de terminal como parte do lado aéreo. 'O lado terrestre é constituído pelas instalações de suporte e transferência de passageiros, cargas e mala postal, dos modos de transporte de superfície para o modal aéreo. Aí estão incluídos os terminais de passageiros, terminais de carga, sistemas de circulação e acesso, estacionamento de veículos etc.'" (CARVALHO, Betânia Gonçalves de. *Uma metodologia para obtenção de um diagnóstico dos principais aeroportos do Brasil através da avaliação da relação demanda e capacidade*. 2006. 162 f. Dissertação (Mestrado em Engenharia de Infraestrutura Aeronáutica na Área de Transporte Aéreo e Aeroportos). Instituto Tecnológico de Aeronáutica – ITA. São José dos Campos. São Paulo. 2006, pp. 55/56. Disponível em http://www.bdita.bibl.ita.br/tesesdigitais/000542303.pdf. Acesso em 04 nov. 2015).

[80] *Justificativa sobre o Regulamento Brasileiro de Aviação Civil* (RBAC) n. 154. Disponível em http://www2.anac.gov.br/arquivos/pdf/audiencia/Justificativa_RBAC154.pdf. Acesso em 04 nov. 2015.

CAPÍTULO II – INFRAESTRUTURA AEROPORTUÁRIA

taxiamento (154.217); baias de espera, quando a densidade de tráfego for média ou alta (154.223);[81] e pátio de aeronaves (154.225). A regulamentação se completa com definições pertinentes à segurança da operação, agregando às *instalações* os auxílios visuais para procedimentos de aproximação, sinalização horizontal, luminosa e outros de orientação visual de pista (pouso, decolagem e táxi) e pátios de aeronaves, além da localização e tipo dos sistemas de orientação visual para estacionamento.[82]

---

[81] Título 154.223: "Baias de espera, posições de espera de pista de pouso e decolagem, posições intermediárias de espera e posições de espera em vias de serviço".

[82] Definições constantes do item 154.15: "(...) *Baia de espera*. Área definida onde uma aeronave pode esperar ou ser ultrapassada, de modo a facilitar o movimento eficiente de aeronaves na superfície; (...) *Pátio de aeronaves*. Área definida em um aeródromo em terra com o propósito de acomodar aeronaves para fins de embarque e desembarque de passageiros, carregamento ou descarregamento de cargas, correio, reabastecimento de combustível, estacionamento ou manutenção; (...) *Pista de pouso e decolagem*. Área retangular, definida em um aeródromo em terra, preparada para pousos e decolagens de aeronaves; (...) *Pista de táxi*. Trajetória definida em um aeródromo em terra, estabelecida para táxi de aeronaves e com a função de oferecer uma ligação entre as partes do aeródromo, incluindo: *Pista de táxi de acesso ao estacionamento de aeronaves*. Parcela de um pátio de aeronaves designada como uma pista de táxi e com o propósito único de oferecer acesso às posições de estacionamento de aeronaves; *Pista de táxi de pátio*. Parcela de um sistema de pistas de táxi localizada em um pátio de aeronaves com a função de oferecer uma circulação completa de táxi através do pátio de aeronaves; *Pista de táxi de saída rápida*. Pista de táxi conectada a uma pista de pouso e decolagem em um ângulo agudo e projetada para permitir que aeronaves em pouso saiam da pista em velocidades mais altas do que em outras pistas de táxi de saída e, dessa forma, minimizando o tempo de ocupação da pista de pouso e decolagem; *Sinalização*. Marcações, placas e luzes dispostas na superfície da área de movimento destinadas a fornecer informações aeronáuticas; (...) *Sinalização horizontal*. Informação aeronáutica, que compõe os auxílios visuais à navegação aérea, por meio de pintura na pista de pouso e decolagem, na pista de táxi, no pátio de aeronaves ou em outra área do aeródromo, destinada a orientar ou prestar informações aos pilotos de aeronaves e motoristas que trafegam nas vias de serviços; *Sinalização luminosa*. Informação aeronáutica que compõe os auxílios visuais à navegação aérea composta por todas as luzes de pista de pouso e decolagem, de pista de táxi e de pátio de aeronaves; *Sinalização vertical*. Informação aeronáutica que compõe os auxílios visuais à navegação aérea composta por placas ou painéis destinados a fornecer mensagens podendo ser: *Placa/Painel de mensagem fixa*. Sinalização vertical que apresenta somente uma mensagem; *Painel de mensagem variável*. Sinalização vertical capaz de apresentar diversas mensagens predeterminadas ou nenhuma mensagem, se for o caso".

Outra fonte normativa considerada na formação da noção jurídica de infraestrutura aeroportuária é o RBAC n. 153. Dotada do título "Aeródromos – operação, manutenção e resposta à emergência", foi aprovado pela Resolução ANAC n. 240, de 26 de junho de 2012, ora revisto pela Resolução n. 382, de 14 de junho de 2016, que aprovou a Emenda n. 01 ao RBAC n. 153. Esta resolução contribui para a compreensão dos elementos essenciais à infraestrutura, por atribuir conteúdo à expressão *características físicas* do aeródromo:

> (...) características referentes ao número e à orientação das pistas, acostamentos das pistas, faixas de pistas, áreas de segurança no fim de pistas, zonas livres de obstáculos ("clearway"), zonas de parada ("stopway"), áreas de operação de rádio altímetro, pistas de táxi, acostamentos das pistas de táxi, faixas de pistas de táxi, baias de espera, posições de espera nas pistas, posições intermediárias de espera, posições de espera de veículos em vias de serviços, pátios e posições isoladas de estacionamento de aeronaves.

Em adendo, esse documento delimitou as expressões *área operacional* e *área de movimento*, respectivamente:

> (4) Área de movimento significa a parte do aeródromo a ser utilizada para decolagem, pouso e táxi de aeronaves, consistindo na soma da área de manobras e do pátio de aeronaves.
> (5) Área operacional, também denominada "lado ar", significa o conjunto formado pela área de movimento de um aeródromo e terrenos e edificações adjacentes, ou parte delas, cujo acesso é controlado

Definida *área operacional*, o RBAC n. 153 fixou ser função do operador do aeródromo a manutenção de todos os bens e sistemas que o compõem, compreendendo as seguintes áreas: (1 e 2) áreas pavimentadas ou não pavimentadas, que compreendem: (i) pistas de pouso e decolagem; (ii) pistas de táxi e pátios de estacionamento de aeronaves; e (iii) vias de circulação de veículos, equipamentos e pessoas; (iv) faixas de pista; e (v) segurança de fim de pista (RESA); (3) drenagem;

CAPÍTULO II – INFRAESTRUTURA AEROPORTUÁRIA

(4) áreas verdes; (5) auxílios visuais; (6) sistemas elétricos; (7) proteção da área operacional; (8) equipamentos, veículos e sinalização viária utilizados na área operacional; e (9) edificações inseridas ou limítrofes à área operacional.

Ainda avaliando atos normativos próprios ao tema, porém sem qualquer pretensão de esgotar as prescrições integrantes do sistema jurídico brasileiro, são identificadas outras fontes contributivas da noção adotada.

A Resolução ANAC n. 153, de 18 de junho de 2010, que dispõe sobre a aprovação de Planos Diretores Aeroportuários, exige as seguintes informações à caracterização atual e futura da área de movimento do aeroporto:

> Artigo 3º A documentação que constitui o PDIR deverá conter informações que permitam: (...) a) dados básicos; b) dados da operação; c) delimitação da área patrimonial; d) descrição do sistema de pistas de pouso e decolagem; e) descrição do sistema de pistas de táxi; f) descrição do sistema de pátio; g) descrição das principais edificações; e II – a caracterização do plano geral de expansão do aeroporto, contendo as plantas para cada uma das fases de implantação, inclusive a implantação final.

Por sua vez, para fins da Resolução n. 302, de 05 de fevereiro de 2014, da Superintendência de Regulação Econômica e Acompanhamento de Mercado (SRE) da ANAC, que estabelece critérios e procedimentos para alocação e remuneração de áreas aeroportuárias, são consideradas *áreas operacionais* do aeroporto "somente aquelas necessárias para a prestação do serviço de transporte aéreo público".[83]

Por fim, a título de exemplo, para a Infraero, maior operadora aeroportuária nacional, nos termos de seu Ato Normativo n. 05/PR/DJ/2014, de 31 de janeiro de 2014, são:

---

[83] Disponível em www.anac.gov.br/biblioteca/Resolucao/2014/FAQ_SRE.pdf. Acesso em 04 nov. 2015.

Áreas operacionais: espaços destinados à realização de atividades vinculadas, direta e/ou indiretamente, ao atendimento dos serviços aéreos públicos de transporte aéreo regular e não regular, dos serviços aéreos especializados, dos serviços auxiliares ao transporte aéreo, dos serviços de manutenção e de hangaragem de aeronaves próprias e de terceiros, bem como de abastecimento de aeronaves; (...).

Em suma, a noção jurídica adotada para *infraestrutura aeroportuária* é resultado da observação da *normatização* da perspectiva técnica definidora das instalações físicas essenciais à promoção do transporte aéreo. Portanto, pretende abarcar *todo o aparato em rede pertinente à chegada, partida e movimentação de aeronave, incluindo os bens suficientes ao desenvolvimento das atividades essenciais às companhias aéreas e aos usuários do transporte aéreo.*

Esta noção não compreende elementos estranhos à promoção dos serviços aéreos. Isto porque, o dever constitucional imposto à União Federal estará atendido se disponibilizada a infraestrutura aeroportuária e, adicionalmente, explorados os serviços imprescindíveis à sua operação, ora exigidos para a realização do transporte aéreo, tema objeto dos tópicos seguintes. Em suma: a falta de comodidades ou conveniências aos frequentadores dos aeroportos não constituirá descumprimento de função administrativa.

Aclarada a noção de infraestrutura aeroportuária, a compreensão do vocábulo *aeroporto* deve ser avaliada com maior detalhamento, permitindo a exposição de características determinantes à compreensão do seu regime de exploração.

2.4 Aeroporto: uma espécie de aeródromo

A definição e classificação dos aeródromos brasileiros têm no CBA sua principal fonte normativa.

Como referido no tópico acima, o *aeródromo* é toda área destinada ao pouso, decolagem e movimentação de aeronaves (artigo 27).

CAPÍTULO II – INFRAESTRUTURA AEROPORTUÁRIA

A definição concentra relevância nas *instalações* físicas e na finalidade precípua que se pretende de uma estrutura destinada ao transporte aéreo.

A leitura apressada e isolada deste dispositivo permitiria ao intérprete considerar que qualquer área destinada aos objetivos descritos na norma aludida poderia assumir essa classificação. Esse entendimento não procede. A avaliação detida do regime aplicável, incluídas outras disposições do CBA, revelam elementos imperativos que complementam essa definição.

A instalação e o funcionamento do aeródromo dependem de prévia autorização da autoridade aeronáutica, como prescreve o CBA. Com a publicação da Lei federal n. 11.182/2005, essa competência foi atribuída à ANAC, cuja regulamentação principal consta da Resolução ANAC n. 158, de 13 de julho de 2010,[84] e o mencionado RBAC n. 154, que regulamenta o projeto de aeródromos.

Sem distinção quanto à espécie, a construção do aeródromo depende de autorização prévia da ANAC, em atenção ao previsto nos artigos 35 e 36, §1º do CBA e pelas referidas Resoluções. Afora o disposto no CBA, constata-se que a previsão expressa atribuindo essa função à ANAC foi retirada da Lei n. 11.182/2005 com a publicação da Lei n. 12.462/2011. Esta norma alterou a redação do inciso XXVIII, do artigo 8º da Lei de criação da ANAC, extraindo do texto original a expressão *aprovar a construção*, mantendo a competência para "fiscalizar a observância dos requisitos técnicos na construção, reforma e ampliação dos aeródromos e aprovar sua abertura ao tráfego" (art. 53). Por outro lado, a mesma legislação manteve, em seu Anexo III, a previsão de valor da Taxa de Fiscalização da Aviação Civil (TFAC)[85] devida à ANAC em razão de *autorização para construção de aeródromo ou heliponto privado*.

---

[84] Essa resolução estabelece em seu artigo 2º: "A construção de áreas destinadas a pouso e decolagem e movimentação de aeronaves e a modificação de suas características dependem de autorização prévia da ANAC, exigida como etapa preparatória a seu cadastramento como aeródromo e à respectiva atualização".

[85] Nos termos da Lei n. 11.182, de 27 de setembro de 2005: "Art. 29. Fica instituída a Taxa de Fiscalização da Aviação Civil – TFAC. § 1º O fato gerador da TFAC é o exercício do poder de polícia decorrente das atividades de fiscalização, homologação e registros, nos termos do previsto na Lei no 7.565, de 19 de dezembro de 1986 – Código Brasileiro

Uma vez construído o aeródromo,[86] seu efetivo funcionamento, isto é, sua abertura ao tráfego aéreo, dependerá de inscrição em cadastro[87] mantido pela ANAC (artigo 30 do CBA). Este ato abrangerá os processos de homologação, na hipótese de o aeródromo ser público, ou de registro,[88] caso seja privado (artigo 9º da Resolução ANAC n. 158/2010).[89]

A mera existência de estrutura para o recebimento e saída de aeronaves não garantiria a qualificação jurídica de aeródromo, mesmo que a instalação física seja própria à realização desta pretensão. Para a assunção desta qualidade, é exigida que a construção da instalação *(i)*

---

de Aeronáutica. § 2º São sujeitos passivos da TFAC as empresas concessionárias, permissionárias e autorizatárias de prestação de serviços aéreos comerciais, os operadores de serviços aéreos privados, as exploradoras de infraestrutura aeroportuária, as agências de carga aérea, pessoas jurídicas que explorem atividades de fabricação, manutenção, reparo ou revisão de produtos aeronáuticos e demais pessoas físicas e jurídicas que realizem atividades fiscalizadas pela ANAC. § 3º Os valores da TFAC são os fixados no Anexo III desta Lei".

[86] Para abrir um aeródromo privado ao tráfego aéreo após a sua construção, o interessado deve enviar à ANAC a Notificação de Término de Obra (Anexo II da Portaria 1227/SIA, de 30 de julho de 2010).

[87] Nos termos do artigo 11 da Resolução n. 158, de 13 de julho de 2010: "O cadastramento terá por finalidade: I – a divulgação de dados e características em publicação de informação aeronáutica; e II – o registro de características para cobrança de tarifas aeroportuárias, preços específicos e tarifas de uso das comunicações e de auxílio à navegação aérea, sem prejuízo da expedição da autorização pela ANAC para o início dessa cobrança".

[88] O interessado deve protocolar junto à ANAC o Requerimento de Inscrição no Cadastro de Aeródromos, nos termos previstos no Anexo III da Portaria 1227/SIA, de 30 de julho de 2010. O pedido de Inscrição deve vir acompanhado dos documentos listados no Anexo III da Portaria 1227/SIA, que são a Ficha Cadastral para Aeródromo de Uso Privado (Anexo V da Portaria 1227/SIA), a análise do Comando da Aeronáutica e cópia e comprovante de pagamento de ART. Além destes, deve-se enviar também o comprovante de pagamento da taxa referente ao Registro de Aeródromo. Desenhos técnicos não serão necessários para aeródromos privados, desde que o aeródromo não se enquadre nas disposições que obrigam o envio desses desenhos, conforme estabelecido na Resolução ANAC n. 158, de 13 de julho de 2010, art. 12, §3º. Em adição, é obrigatório o parecer do Comando da Aeronáutica; a sua solicitação deve ser feita ao órgão responsável pelo controle do espaço aéreo da circunscrição do aeródromo.

[89] Os atos procedimentais de homologar ou registrar são descritos na Portaria ANAC n. 1227/SIA, de 30 de julho de 2010.

CAPÍTULO II – INFRAESTRUTURA AEROPORTUÁRIA

tenha sido previamente autorizada ou posteriormente regularizada, seguindo as exigências impostas pela regulação; e *(ii)* que tenha sido realizado o devido cadastramento perante a autoridade aeronáutica.

Em razão do descrito, a noção de aeródromo, ao menos para fins deste estudo, construído em atenção às disposições do sistema jurídico brasileiro, *é de estrutura destinada ao pouso, decolagem e movimentação de aeronaves cuja construção e cadastro foram, respectivamente, autorizados e confirmados pela autoridade designada pela legislação para exercício da respectiva função.*

Tal noção abrange, propositadamente, os atos de cadastramento, ou seja, de homologação ou de registro do aeródromo. Esse ato é imprescindível à abertura válida ao tráfego aéreo.

Estabelecida a premissa relevante para este estudo, identificou-se que a legislação classificou os aeródromos em duas categorias: civil e militar. Nos termos do CBA, recebe a designação de militar o aeródromo em que prepondera a utilização de aeronaves de uso militar, ao passo que são civis os locais de uso das aeronaves civis (art. 28, §§1º e 2º).

O parâmetro adotado para a definição destas espécies foi prático, voltado ao uso predominante empregado à infraestrutura, propriamente a natureza e finalidade das aeronaves que pousam, decolam e se movimentam no aeródromo. A lógica da regra de preponderância do uso de aeronaves, e não da exclusividade de uso da infraestrutura, resulta da previsão de que os aeródromos classificados como civis ou militares não perderão sua classe mesmo que recebam aeronaves de outra natureza (art. 28, §3º).

A despeito da divisão fática, a classificação referida, entre civil e militar, gerará distinção entre os regimes jurídicos aplicados. Contudo, rememorando que este estudo visa ao regime de exploração da infraestrutura própria aos aeroportos, esta divisão assim como regime incidente sobre os aeródromos militares não serão objeto de análise. O foco deste trabalho está nos *aeródromos civis*, propriamente nos *públicos*, considerada a subdivisão entre estes e os *privados* imposta pelo CBA (art. 29), conforme descrito abaixo.[90]

---

[90] Sobre o tema: PACHECO, José da Silva. "Do aeródromo privado e sua nítida distinção do aeródromo público". *Revista Brasileira e Direito Aeroespacial*. Disponível em

2.4.1 Aeródromos privados

Os *aeródromos privados* são áreas destinadas à fruição exclusiva, direta ou indiretamente, de seu proprietário, porém vedada à exploração comercial (artigo 30, §2º do CBA). Nessas infraestruturas são desenvolvidos os *serviços aéreos privados,* realizados sem remuneração, em benefício do próprio operador, compreendendo as atividades aéreas: I – de recreio ou desportivas; II – de transporte reservado ao proprietário ou operador da aeronave; e III – de serviços aéreos especializados, realizados em benefício exclusivo do proprietário ou operador da aeronave (artigo 177 do CBA).[91]

Para compreensão do alcance da *vedação à exploração comercial* do aeródromo privado, faz-se pertinente entender o significado dessa expressão. Extraindo essa noção da realidade dos aeródromos públicos, cuja remuneração resulta do uso da estrutura, a exploração comercial compreende o recebimento de contrapartida remuneratória – valores, bens e outros direitos com finalidade econômica, pela fruição das pistas, pátios e terminais.

A despeito da aludida vedação, entende-se possível o aeródromo vir a ser operado por terceiros para seus próprios fins, como se proprietário fosse, mediante título jurídico e atendimento da regulação. Neste sentido, é permitida a utilização desse aeródromo para serviços aéreos privados de terceiros.

Sendo assim, o *aeródromo privado* não perderia sua natureza se utilizado pelo seu proprietário ou terceiro autorizado para fins de apoio a outra atividade econômica que seja própria, tal como a recepção e saída de hóspedes de um hotel; de pacientes de um hospital; trabalhadores de determinada companhia etc. Porém, reitera-se que essas relações jurídicas não podem ser firmadas visando ganho econômico do

---

http://www.sbda.org.br/revista/Anterior/1749.htm. Acesso em 05 nov. 2015; PACHECO, José da Silva. *Comentários ao Código Brasileiro de Aeronáutica*: Leis n. 7.565, de 19.12.1986, e 11.182, de 27.09.2005. Rio de Janeiro: Forense, 2006, p. 81.

[91] Atualmente existem 1804 aeródromos privados. Informação obtida no sítio eletrônico da ANAC. Disponível em http://www.anac.gov.br/. Acesso em 05 nov. 2015.

CAPÍTULO II – INFRAESTRUTURA AEROPORTUÁRIA

proprietário do aeródromo, muito menos a abertura indistinta para utilização de serviço aéreo comercial, regular ou não, para qualquer interessado.

Em síntese, o CBA restringiu sua função e utilidade, impedindo a competição com os *aeródromos públicos*, ao vincular a construção, a manutenção e a operação ao proprietário ou terceiro quem lhe faça as vezes; e permitir apenas os serviços aéreos privados, vedando, em qualquer das hipóteses, o uso do bem para exploração comercial.[92]

Vai-se além, em razão do distanciamento das finalidades públicas, sendo espécie de infraestrutura voltada exclusivamente aos interesses privados, considera-se que esses bens não integram a noção de *infraestrutura pública*.

Essa passagem pretendeu somente tecer breves apontamentos sobre os *aeródromos privados* como espécie própria de infraestrutura apta ao uso do transporte aéreo. Porém, sendo diversa a perspectiva dos aeroportos, objeto de estudo, eventuais referências serão realizadas somente como fonte de comparação entre os diferentes regimes jurídicos aplicáveis às distintas espécies de aeródromos.

2.4.2 Aeródromos públicos

O regime jurídico atribui dois aspectos centrais para a construção da noção de *aeródromo público*.[93]

---

[92] "O aeródromo privado, outrossim, apresenta os seguintes caracteres específicos: a) é construído, mantido e operado pelo proprietário ou possuidor legal da área em que se situa (art. 35 CBA); b) é destinado ao uso direto ou indireto do proprietário ou possuidor que o construiu e se encarrega de sua manutenção e operação; c) é aberto ao tráfego aéreo, mediante o ato administrativo do registro, por terem sido observados os requisitos legais (art. 30, § 1º CBA); d) é utilizado por aeronave do proprietário do aeródromo ou por aeronave de terceiros a serviço daquele; e) é destinado, precipuamente, a serviços aéreos privados (art. 177 CBA), ou a outros serviços aéreos a serviço e no interesse do proprietário; t) permanece o patrimônio como sendo do proprietário". (PACHECO, José da Silva. "Do aeródromo privado e sua nítida distinção do aeródromo público". *Revista Brasileira e Direito Aeroespacial*. Disponível em http://www.sbda.org.br/revista/Anterior/1749.htm. Acesso em 05 nov. 2015, p. 5).

[93] Atualmente, existem 674 (seiscentos e setenta e quatro) aeródromos públicos. Informação obtida no sítio eletrônico da ANAC. Disponível em www.anac.gov.br. Acesso em 05 nov. 2015.

O primeiro reside na restrição à atuação dos particulares. Nos termos do CBA, a construção, manutenção e exploração dos aeródromos públicos é atribuição da União Federal, que poderá realizá-la centralizada ou descentralizadamente. O segundo está na previsão de que apenas os *aeródromos públicos* estão autorizados a receber os serviços aéreos públicos, os quais abrangem os (i) serviços aéreos especializados públicos[94] e os (ii) serviços de transporte aéreo público de passageiro, carga ou mala postal, regular ou não regular, doméstico ou internacional[95] (artigo 175 do CBA).

Diferindo dos *aeródromos privados*, há permissão à exploração comercial de suas instalações, compreendida como autorização para a promoção do transporte aéreo de pessoas e cargas, mediante o pagamento de preços aos seus operadores, não havendo distinção quanto à propriedade ou nacionalidade do equipamento. As ressalvas quanto à sua utilização derivam apenas da natureza da outorga de exploração, sendo limitada a exploração nos aeródromos públicos sob regime de autorização; ou de restrição técnica, seja operacional ou de segurança.

Esses pontos relatados conduziram à construção de um regime jurídico próprio, cujo conteúdo permite reafirmar que os *aeródromos públicos* são *infraestruturas públicas*. Além do descrito, as razões motivadoras deste regramento decorrem da relevância que o transporte aéreo possui para o sistema jurídico nacional, qualificado como serviço público; e internacional, regulado por tratados e convenções,[96] com destaque para a atuação da OACI.

---

[94] Nos termos do artigo 201 do CBA: "Os serviços aéreos especializados abrangem as atividades aéreas de: I – aerofotografia, aerofotogrametria, aerocinematografia, aerotopografia; II – prospecção, exploração ou detectação de elementos do solo ou do subsolo, do mar, da plataforma submarina, da superfície das águas ou de suas profundezas; III – publicidade aérea de qualquer natureza; IV – fomento ou proteção da agricultura em geral; V – saneamento, investigação ou experimentação técnica ou científica; VI – ensino e adestramento de pessoal de voo; VII – provocação artificial de chuvas ou modificação de clima; VIII – qualquer modalidade remunerada, distinta do transporte público". A distinção da previsão contida no artigo 177, III, que trata dos serviços aéreos especializados privados, resulta da possibilidade de oferta a terceiros, não apenas de benefício próprio do proprietário ou operador da aeronave.

[95] Nos termos do artigo 180 do CBA: "A exploração de serviços aéreos públicos dependerá sempre da prévia concessão, quando se tratar de transporte aéreo regular, ou de autorização no caso de transporte aéreo não regular ou de serviços especializados".

[96] A Convenção de Aviação Civil Internacional, também conhecida como a Convenção

CAPÍTULO II – INFRAESTRUTURA AEROPORTUÁRIA

Consideradas as premissas acima, constata-se que o CBA qualificou o *aeroporto* como espécie de *aeródromo público*. Recebem essa qualificação as infraestruturas que possuem "instalações e facilidades para apoio de operações de aeronaves e de embarque e desembarque de pessoas e cargas" (artigo 31, I do CBA). Dentre as espécies de aeroportos, são

---

de Chicago, assinado em 7 de dezembro de 1944 e ratificado pelo Brasil em 8 de junho de 1946 e, posteriormente, republicado pela OACI por meio do Doc. 7300/9, é um tratado internacional responsável pelo estabelecimento das bases do Direito Aeronáutico Internacional até hoje em vigor. Destaca-se a relevância do transporte aéreo no próprio preâmbulo, *in verbis*:

"CONSIDERANDO que o desenvolvimento futuro da aviação civil internacional pode contribuir poderosamente para criar e conservar a amizade e a compreensão entre as nações e os povos do mundo, mas que seu abuso pode transformar-se em ameaça ou perigo para a segurança geral, e

CONSIDERANDO que é aconselhável evitar todo atrito ou desinteligência e estimular entre as nações e os povos a cooperação da qual depende a paz do mundo;

Os Governos abaixo assinados tendo concordado em certos princípios e entendimentos para que a aviação civil internacional se desenvolva de maneira segura e sistemática, e que os serviços de transporte aéreo internacional se estabeleçam numa base de igualdade de oportunidades, funcionem eficaz e economicamente, concluem a presente Convenção com este objetivo". (Disponível em http://www2.anac.gov.br/biblioteca/decretos/convencaoChicago.pdf. Acesso em 24 dez. 2015). A versão original encontra-se em: http://www.icao.int/publications/Documents/7300_cons.pdf. Acesso em 05 nov. 2015.

Importante notar que em 24 de novembro de 1931 foi promulgado o Decreto n. 20.704, sobre a Convenção de Varsóvia, para a unificação de certas regras relativas ao transporte internacional. Daí a relevância do transporte aéreo. A questão da relevância do transporte aéreo no sistema jurídico nacional também é explícita na introdução da Política Nacional de Aviação Civil aprovada pelo Decreto n. 6.780, de 18 de fevereiro de 2009, que expressamente afirma: "Cabe destacar que a aviação civil é fator de integração e desenvolvimento nacional. Um dos propósitos da PNAC é, pois, caracterizar a importância do desenvolvimento e aumento da disponibilidade de infraestrutura aeronáutica e aeroportuária civis, com vistas a aumentar a oferta de serviços de transporte aéreo. Tal condição permitirá ampliação da disponibilidade de serviços, possibilitando, dessa maneira, aumento do bem-estar da sociedade brasileira, bem como maior integração do País no contexto internacional, em face da excepcional importância da aviação para as atividades sociais e econômicas modernas. A PNAC tem como premissas os fundamentos, objetivos e princípios dispostos na Constituição e harmoniza-se com as convenções e tratados internacionais ratificados pelo Brasil. Cumpre notar, pois, que a observância da legislação nacional e a consideração das normas e melhores práticas internacionais relacionadas com a aviação civil é um compromisso indispensável para o bom ordenamento da atividade. Do mesmo modo, a manutenção de um marco legal atualizado e a fiscalização de seu cumprimento são requisitos essenciais ao desenvolvimento do setor aéreo brasileiro".

designados como *internacionais* aqueles que recebem aeronaves estrangeiras à realização de serviços ao exterior, com ou sem regularidade (artigo 32, parágrafo único do CBA).

Em suma, a definição normativa não é precisa. Ao menos do ponto de vista normativo, é pouco útil para eventual distinção entre os aeródromos. A dificuldade decorre da identificação de um regime jurídico singular aos aeroportos, que o distinguiria de outras eventuais estruturas também qualificáveis como aeródromos públicos.

A posição adotada tem origem no texto constitucional. O artigo 21, XII, 'c' ao estabelecer ser competência da União a exploração da infraestrutura aeroportuária, impõe que o CBA, especialmente quanto ao artigo 36, seja recepcionado considerando esta prescrição. Porém, suas razões não se encerram aqui. As normas infralegais impulsionam o presente entendimento. Reitera-se que a adoção é motivada pela inexistente rigidez normativa na delimitação entre o gênero e espécie, não havendo utilidade em fazê-lo, especialmente se amparada na expressão *facilidades* cuja imprecisão foi apresentada.

Nos termos do RBAC n. 153, dentre os itens considerados *facilidades,* que diferenciariam os aeródromos públicos para o CBA, estão incluídos serviços essenciais à segurança de qualquer infraestrutura destinada ao serviço aéreo público. Conforme previsão da Resolução ANAC n. 158/2010 e RBAC n. 154, o procedimento para a construção, manutenção e operação dos aeródromos públicos é único. As poucas distinções existentes não distinguem os aeródromos públicos, mas revelam, especialmente, aspectos técnicos em razão do volume de passageiros processados, origem e destino das aeronaves, nível de segurança etc.[97]

---

[97] Nos termos do RBAC n. 153: "153.7 CLASSIFICAÇÃO DO AERÓDROMO: (a) Todo aeródromo civil público brasileiro, compartilhado ou não, é classificado com vistas a definir os requisitos deste Regulamento que lhe são obrigatórios. (b) A classe do aeródromo é definida em função do número de passageiros processados, considerando a média aritmética de passageiros processados no período de referência (vide seção 153.1) e o tipo de voo que o aeródromo processa no ano corrente. (1) Quanto ao número de passageiros processados: (i) Classe I: aeródromo em que o número de passageiros processados seja inferior a 200.000 (duzentos mil); (ii) Classe II: aeródromo

CAPÍTULO II – INFRAESTRUTURA AEROPORTUÁRIA

Única ressalva fica por conta dos heliportos e helipontos, como espécies de aeródromos públicos distinta dos aeroportos em razão da natureza da aeronave (artigo 31, II e III do CBA). Contudo, é descartada a análise dos heliportos e helipontos, posto serem estruturas específicas e destinadas à finalidade diversa do objeto desse estudo.

Portanto, em virtude do descrito, para fins deste estudo, é aproximada a noção jurídica de *aeródromo público* e de *aeroporto*. Serão tratadas como expressões similares com o intuito de designar *infraestrutura pública suficiente ao atendimento do transporte aéreo, regular ou não, de pessoas e cargas*.[98]

---

em que o número de passageiros processados seja igual ou superior a 200.000 (duzentos mil) e inferior a 1.000.000 (um milhão); (iii) Classe III: aeródromo em que o número de passageiros processados seja igual ou superior a 1.000.000 (um milhão) e inferior a 5.000.000 (cinco milhões); e (iv) Classe IV: aeródromo em que o número de passageiros processados seja igual ou superior a 5.000.000 (cinco milhões). (2) Quanto ao tipo de voo que o aeródromo processa no ano corrente: (i) para os aeródromos enquadrados na classe I, conforme critério constante em parágrafo 153.7(b)(1), considera-se: (A) Aeródromo Classe I-A aquele aeródromo que não processa voo regular; e (B) Aeródromo Classe I-B aquele aeródromo que processa voo regular; (ii) para os aeródromos enquadrados nas classes II, III e IV, conforme critério constante no parágrafo 153.7(b)(1), não há divisão quanto ao tipo de voo processado no aeródromo. (c) Em aeródromo novo, que possua menos de 3 (três) anos de operação, o operador de aeródromo deve declarar à ANAC a classe em que pretende operar. (1) A classe atribuída ao aeródromo novo deve ser avaliada durante os 2 (dois) primeiros anos de sua operação, com vistas à adequação de classe se constatada ser esta inferior à situação real de movimento e tipo de voos nele processados. (d) O operador de aeródromo que tenha alteração na classe de seu aeródromo, enquadrando-se em classe superior, tem o prazo de até 180 (cento e oitenta) dias a partir de seu conhecimento para adequação aos requisitos exigidos para o novo enquadramento, momento a partir do qual estará sujeito a providências administrativas por não-cumprimento de regra. (1) O operador de aeródromo Classe I-A que pretenda processar voo regular deve cumprir os requisitos da Classe I-B previamente ao início das operações regulares. (e) A ANAC pode enquadrar qualquer aeródromo em classe superior àquela em que este seria classificado pelo parágrafo 153.7(b) e seguintes, desde que previamente justificado em função da complexidade da operação aeroportuária, da frequência anual de pousos ou do risco à segurança operacional. (f) A ANAC pode estabelecer requisitos específicos a qualquer aeródromo, desde que previamente justificado em função da complexidade da operação aeroportuária, frequência anual de pousos ou do risco à segurança operacional".

[98] Tratamento semelhante foi atribuído por José da Silva Pacheco: "Como já salientamos, os aeródromos públicos denominam-se aeroportos. São acessíveis ao público em geral

Estabelecidas noções pertinentes à infraestrutura e sua aplicação para os aeroportos, este trabalho seguirá com a evolução legislativa aplicada aos aeroportos e a sua exploração.

---

e a todas as aeronaves, indistintamente" (*Comentários ao Código Brasileiro de Aeronáutica:* Leis n. 7.565, de 19.12.1986, e 11.182, de 27.09.2005. Rio de Janeiro: Forense, 2006, p. 91).

Capítulo III
EVOLUÇÃO NORMATIVA DA INFRAESTRUTURA AEROPORTUÁRIA NO BRASIL

Este capítulo será dividido em duas partes. A primeira trará a evolução das principais normas aplicadas ao setor, seguida do regramento atual incidente sobre a infraestrutura aeroportuária. Seu conteúdo se limitará às disposições constitucionais, à legislação específica e, se pertinentes ao tema, às normas infralegais, com destaque aos atos expedidos pelo Chefe do Poder Executivo.

A pesquisa objetiva aclarar o desenvolvimento normativo e compreender o conteúdo e alcance das normas jurídicas relevantes ao setor em estudo. O desconhecimento da evolução normativa dificulta a adequada compreensão e interpretação do regime aplicado à infraestrutura, além de afastar qualquer potencial organização das disposições aplicadas à exploração do aeroporto.

A exposição foi organizada, o tanto quanto possível, com atenção à ordem cronológica de promulgação, pretendendo, dessa forma, expor o desenvolvimento desse microssistema. A exposição envidará extrair aquilo que seja operativo à avaliação das regras aplicáveis à infraestrutura aeroportuária.

De toda forma, desprovido de qualquer pretensão exaustiva, mesmo que os diplomas analisados possam abranger outros temas e aspectos atinentes à integralidade do sistema aeronáutico brasileiro, não será realizada qualquer avaliação sobre o transporte aéreo e não serão tratados aspectos de direito aeronáutico relativos à aviação civil.[99]

A separação temporal entre a evolução histórica e o regime atual tem fim meramente didático, porém sem rigidez metodológica. O CBA foi eleito como marco temporal por congregar o maior volume de disposições próprias ao tema. Todavia, essa divisão não representa, ou conduz ao entendimento, de que as normas anteriores ao CBA estão necessariamente revogadas ou pouco representam ao regime jurídico vigente. Parcela relevante dessas normas permanece fundamental ao microssistema sob avaliação.

3.1 Do Decreto n. 16.983/1925 ao Código Brasileiro de Aeronáutica

A regulamentação da atividade aérea tem sua origem em 1925, com a publicação do Decreto n. 16.983, aprovando o Regulamento para os Serviços Civis de Navegação Aérea.[100] Trata-se do primeiro

---

[99] "A Aviação Civil constitui um conceito amplo, que abrange um conjunto de atividades. O segmento mais importante é o do transporte aéreo, que se subdivide em passageiros, carga e mala postal, também conhecido como "aviação comercial". O transporte aéreo divide-se em regular e não regular. O primeiro abrange as linhas permanentes, enquanto o segundo tem carácter esporádico, incluindo voos *charter* e taxi aéreo. Nem toda a aviação, no entanto, é "transporte", que é caracterizado como serviço oferecido por uma empresa ao público. Temos ainda a chamada "aviação geral", em que aeronaves são utilizadas para outros fins, como lazer, apoio à agricultura, esportes, etc. O transporte aéreo é uma atividade comercial, desenvolvida por empresas privadas. A aviação geral é constituída principalmente por aeronaves pequenas, de propriedade de pessoas físicas, embora abranja também atividades comerciais, como na área agrícola, por exemplo". (PINTO, Victor Carvalho. *O marco regulatório da aviação civil:* elementos para reforma do Código Brasileiro de Aeronáutica. Texto para discussão n. 42. Brasília: Consultoria Legislativa do Senado Federal, 2008, p. 7. Disponível em http://www12.senado.gov.br/publicacoes/estudos-legislativos/tipos-de-estudos/textos-para-discussao/td-42-o-marco-regulatorio-da-aviacao-civil-elementos-para-a-reforma-do-codigo-brasileiro-de-aeronautica>. Acesso em 12 nov. 2015).

[100] "Dado o fato de não haver uma legislação específica relativa à aviação comercial, foi aprovado, em 22 de Julho de 1925, o Decreto n. 16.893, cujo texto abarcava princípios

CAPÍTULO III – EVOLUÇÃO NORMATIVA DA INFRAESTRUTURA...

instrumento normativo regente da atividade de navegação aérea, expressão que abarcava tanto o transporte aéreo e seus principais elementos quanto à aeronave, o aeronauta e o tráfego aéreo, além de demarcar a soberania do Brasil sobre o espaço aéreo de seu território e águas territoriais.[101]

O Decreto n. 16.983/1925 introduziu no sistema jurídico brasileiro a regulamentação geral sobre a infraestrutura aeroportuária, então constituída pelos aeródromos e campos de pouso. Para esta norma, os *aeródromos* seriam os terrenos ou superfícies d'água preparados ou adaptados com instalações para chegada, saída e estada de aeronaves, ao passo que os *campos de pouso* seriam as áreas de terreno situadas entre dois aeródromos e utilizada para o pouso transitório, normal ou acidental em casos de escalas regulares ou forçadas.[102]

Os aeródromos e campos de pouso eram *públicos* se (i) servissem à navegação aérea com o fim de interesse público e (ii) se estabelecidos e mantidos pela União ou Estados; eram *privados* se voltados à exploração de aeronaves próprias ou de terceiros, mediante pagamento pela utilização.

---

preconizados na Convenção de Paris de 1919 e nos trabalhos da Comissão Ibero-Americana de Navegação Aérea. A referida legislação representou um marco para a aviação, pois, além de configurar o primeiro Código Brasileiro do Ar, influenciou significativamente o desenvolvimento futuro das companhias aéreas e dos aeroportos no Brasil. Um dos aspectos reveladores deste fato era a determinação, constante do Decreto, de que na ausência de aeródromos e de campos de pouso, as companhias teriam que arcar com o investimento. Esta medida demandou das empresas o uso de hidroaviões e, no caso das estrangeiras, a criação de filiais no país" (SANTOS, Alexandre Hamilton Oliveira. *Desregulamentação do mercado de transporte aéreo e decisões estratégicas*: o caso Varig. 1999. 149 f. Dissertação. (Mestrado em Administração). Faculdade de Administração. Universidade do Paraná. Curitiba, 1999, p. 76).

[101] A Convenção Internacional de Navegação Aérea de Paris de 1919, que criou a Comissão Internacional de Navegação Aérea (CINA), é apontada como inspiração à regulamentação nacional, sendo esta a primeira convenção a regular aspectos próprios do transporte aéreo visando à organização do segmento após o término da primeira guerra mundial.

[102] "Artigo 30. Aerodromos, para os effeitos deste regulamento, são os terrenos ou superficies d'agua preparados e adaptados, com as respectivas installações, para a chegada, partida e estada de aeronaves, e destinados a servir à navegação aerea com fins de interesse publico ou privado. Campos de pouso, para os mesmos effeitos, são as áreas de terreno situadas no trajecto entre dous aerodromos, preparadas e destinadas ao pouso transitorio, normal ou accidental, das aeronaves, nos casos de escala intermediaria prevista ou forçada".

Todos os aeródromos e campos de pouso ficavam sob a jurisdição do Governo Federal, propriamente pelo Ministério da Viação e Obras Públicas.[103] Os aeródromos e campos privados somente poderiam se estabelecer mediante prévia autorização do Governo Federal, cumpridas as condições de construção e exploração (artigo 38). Os concessionários de navegação aérea, isto é, as empresas ou particulares que pretendessem explorar o transporte aéreo no país, estavam autorizados a construir as instalações necessárias aos seus serviços, desde que estipulado no instrumento de outorga e obtida a aprovação de seus planos de instalação junto ao Ministério de Viação e Obras Públicas (artigo 33, §1º). O uso dos aeródromos por aeronaves privadas dependeria do pagamento de taxa de utilização (artigo 33), ressalvadas as instalações de aeródromos ou campos de pouso privados.

Desde a primeira norma regulamentadora do tema em nosso sistema jurídico, foi atribuída à União a competência para definição e construção da infraestrutura dos aeródromos públicos. Aos Estados-Membros restou função auxiliar, a ser regulada mediante convênio.

Impulsionado pelo desenvolvimento do setor e pelo atual Regulamento para os Serviços Civis de Navegação Aérea, a Constituição Federal de 1934 foi a primeira a regulamentar a *navegação aérea*, expressão que mantinha um conceito largo. Essa Constituição incorporou como competência privativa da União a exploração direta ou mediante concessão, da navegação aérea, inclusive as instalações de pouso (artigo 5, VII). Segundo esta disposição, a construção de instalações de pouso por particulares, diferentemente da previsão geral do Decreto 16.983/1925, passou a depender de outorga pública.

---

[103] "Art. 31. Os aerodromos e campos de pouso poderão ser estabelecidos e mantidos pela União, pelos Estados ou por particulares, mas ficarão sob a immediata jurisdicção e fiscalização do Governo Federal, exercidas por intermedio do Ministerio da Viação e Obras Publicas. Art. 32. Serão considerados aerodromos e campos de pouso publicos os que forem estabelecidos e mantidos pela União e pelos Estados, destinados a servir à navegação aerea com fins de interesse publico; e aerodromos e campos de pouso privados, os que forem construidos e explorados por particulares, para uso das proprias aeronaves ou de quaisquer outras, mediante, neste caso, o pagamento de taxas de utilização".

CAPÍTULO III – EVOLUÇÃO NORMATIVA DA INFRAESTRUTURA...

Sob a égide da Constituição de 1934, em substituição ao Decreto n. 16.983/1925, foi promulgado o Decreto-Lei 483/1938, que instituiu o primeiro Código Brasileiro do Ar.

A motivação desta legislação é exposta nas considerações de sua proposição. Objetivou dotar o país de uma legislação apta a regular eficientemente a aviação civil e comercial acompanhando o progresso mundial, destarte aproximar o direito pátrio das recentes convenções e tendências do direito aéreo.

As organizações de terra, ou seja, os aeroportos, aeródromos, aeródromos aduaneiros e os serviços de navegação aérea (artigo 30) ficaram sob a gestão privativa da União. Aos Estados restaram atribuições de caráter administrativo mediante delegação e fiscalização federal (artigo 3º).

Esta norma também apresentou e regulamentou, pela primeira vez no sistema jurídico brasileiro, eventual diferença entre aeroportos e aeródromos. Considerados superfícies de terra, de água ou flutuantes preparadas ou adaptadas para o pouso e partidas de aeronaves (artigo 31), os primeiros seriam destinados ao tráfego público e franqueados a qualquer aeronave, mediante remuneração; ao passo que os aeródromos se destinariam ao uso particular, não sendo autorizado o uso por aeronaves de serviço comercial (artigo 31, §§ 1º e 2º). Ademais, foi criada a figura do aeroporto aduaneiro, aquele cujo pouso das aeronaves é obrigatório, por demandarem ou saírem do território nacional (artigo 31, §3º).

À semelhança do previsto no regime precedente, esta norma estabeleceu a figura da *autorização* como meio apto a outorgar a utilização das organizações de terra por aeronaves privadas (artigo 33). A legislação ordinária teria se afastado da Constituição Federal de 1934, haja vista que seu artigo 5º, VIII, apenas previa a figura da *concessão* como instrumento de delegação da navegação aérea, inclusive das instalações de pouso.

Em complemento, foi prevista sanção própria para aqueles que construíssem aeródromos, ou quaisquer organizações de terra, de caráter permanente, sem a devida autorização (artigo 165, 'a'), assim como a cassação da autorização na hipótese de serem apurados fatos que comprometessem a navegação aérea (artigo 33, parágrafo único).

Considerando o desenvolvimento de aeródromos privados, decorrente de obrigação[104] contida nas outorgas para exploração do transporte aéreo, a legislação passou a prever a possibilidade de essas organizações de terras serem objeto de desapropriação. Sua efetivação visava destinar tais estruturas ao uso comum da navegação aérea, mediante o pagamento de taxas (artigo 34).

Ademais, este texto inovou na previsão de regras para regulação da vizinhança dos aeródromos, prevendo zonas de restrições especiais às propriedades, limitando as instalações, construções ou culturas que pudessem perturbar a chegada e saída de aeronaves, mesmo que isso resultasse em direito à indenização do proprietário (artigo 133 a 136). Essas disposições são a fonte inicial das restrições integrantes dos atuais Planos de Zoneamento dos Aeroportos, já concebida a lógica de que caberia à União definir suas disposições em sobreposição às definições de ordem estadual e municipal.

O Código Brasileiro do Ar de 1938, apesar de algumas modificações pontuais que serão expostas se relevantes ao tema de estudo[105], vigeu por 28 anos, tendo sido revogado em 1966, com a publicação do Decreto-Lei n. 32. Nesse ínterim, foram muitas as normas publicadas e incidentes, direta ou indiretamente, sobre a gestão e exploração da infraestrutura aeroportuária.

Num período marcado pelo crescimento da aviação civil e do transporte aéreo internacional, a fixação de dispositivos comuns às condutas dos países tornou-se uma necessidade premente às companhias aéreas. Esses fatos motivaram a realização da referida Conferência Internacional de Aviação Civil e a assinatura da Convenção sobre Aviação Civil Internacional em 1944[106] (também conhecida por

---

[104] GARÓFALO, Gilson Lima. *O mercado brasileiro de transporte aéreo nacional*. São Paulo: Instituto de Pesquisas Econômicas, 1982, p. 30.

[105] Destacam-se: Lei n. 1.396, de 13 de julho de 1951; Lei n. 2.866, de 13 de setembro de 1956; Lei n. 3.916, de 13 de julho de 1961; Lei n. 4.221, de 8 de maio de 1963.

[106] "Considerando que o desenvolvimento futuro da aviação civil internacional pode contribuir poderosamente para criar e conservar a amizade e a compreensão entre as

CAPÍTULO III – EVOLUÇÃO NORMATIVA DA INFRAESTRUTURA...

Convenção de Chicago), com o nascimento da Organização Internacional de Aviação Civil (OACI).

A Convenção de Chicago definiu padrões e recomendações para a navegação aérea internacional. Com foco na fixação de regras comuns aos agentes de transporte e aos países signatários, pretendeu o desenvolvimento ordenado da atividade e das estruturas necessárias ao modal.[107] O Brasil promulgou internamente a Convenção de Chicago por meio do Decreto n. 21.713/46, após aprovação pelo Decreto-lei n. 7.952, de 11 de setembro de 1945.

Nos termos do artigo 44 da Convenção de Chicago, a OACI tem por objetivo "desenvolver os princípios e a técnica da navegação aérea internacional e de favorecer o estabelecimento e estimular o desenvolvimento de transportes aéreos internacionais". Ganha destaque a alínea "c" deste artigo, direcionando a OACI à organização e ao estímulo ao desenvolvimento de aerovias, aeroportos e facilidades à navegação aérea na aviação civil internacional.[108]

---

nações e os povos do mundo, mas que seu abuso pode transformar-se em ameaça ou perigo para a segurança geral, e; Considerando que é aconselhável evitar todo atrito ou desinteligência e estimular entre as nações e os povos a cooperação da qual depende a paz do mundo; Os Governos abaixo assinados tendo concordado em certos princípios e entendimentos para que a aviação civil internacional se desenvolva de maneira segura e sistemática, e que os serviços de transporte aéreo internacional se estabeleçam numa base de igualdade de oportunidades, funcionem eficaz e economicamente, concluem a presente Convenção com este objetivo".

[107] Nos termos do artigo 80 da Convenção, "as partes contratantes se comprometem, assim que a presente Convenção entrar em vigor, a denunciar a Convenção relativa à Regulamentação de Navegação Aérea, firmada em Paris, a 13 de outubro de 1919, ou a Convenção sobre Aviação Comercial, assinada em Havana, a 20 de fevereiro de 1928, quando fizerem parte de qualquer uma das duas. Entre os Estados Contratantes, esta Convenção substitui as referidas Convenções de Paris e de Havana".

[108] "Os fins e objetivos da Organização serão desenvolver os princípios e a técnica da navegação aérea internacional e de favorecer o estabelecimento e estimular o desenvolvimento de transportes aéreos internacionais a fim de poder: a) Assegurar o desenvolvimento seguro e ordeiro da aviação civil internacional no mundo; b) Incentivar a técnica de desenhar aeronaves e sua operação para fins pacíficos; c) Estimular o desenvolvimento de aerovias, aeroportos e facilidades à navegação aérea na aviação civil internacional; d) Satisfazer às necessidades dos povos do mundo no tocante e transporte

Parte relevante da atuação do OACI, ao longo dos anos, foi desenvolvida por meio da fixação de regulamentos nominados de Anexos. Os regulamentos possuem diferentes naturezas e são categorizados como *Padrões e Práticas Recomendadas* (em inglês: Standards and Recommended Pratices – SARPs); *Procedimentos para Serviços de Navegação Aérea* (em inglês: Procedures for Air Navigation Services – PANS); *Procedimentos Suplementares Regionais* (em inglês: Regional Supplementary Procedures – SUPPs); e *Materiais de Conselho* (em inglês: Guidance Material).[109]

Dentre as diferentes espécies, os *Padrões e Práticas Recomendadas* são referências aos países signatários da Convenção. Não sendo devidamente executada, o Estado tem a obrigação de notificar a OACI sobre as diferenças, conforme imposição constante do artigo 38 da Convenção Internacional de Aviação Civil.[110] Caso haja alguma discordância do Brasil em vista de alguma norma da OACI, a Delegação Permanente[111]

---

aéreo seguro, regular, eficiente e econômico; e) Evitar o desperdício de recursos econômicos causados por competição desrazoável; f) Assegurar que os direitos dos Estados contratantes sejam plenamente respeitados, e que todo o Estado contratante tenha uma oportunidade equitativa de operar empresas aéreas internacionais; g) Evitar a discriminação entre os Estados contratantes; h) Contribuir para a segurança dos vôos na navegação aérea internacional; i) Fomentar, de modo geral, o desenvolvimento de todos os aspectos de todos os aspectos da aeronáutica civil internacional".

[109] Disponível em http://www.icao.int/safety/airnavigation/Pages/standard.aspx. Acesso em 08 nov. 2015.

[110] "Diferenças entre as normas e processos internacionais. Se um Estado se vê impossibilitado de cumprir em todos os seus detalhes certas normas ou processos internacionais, ou de fazer que seus próprios regulamentos e práticas concordem por completo com as normas e processos internacionais que tenham sido objeto de emendas, ou se o Estado considerar necessário adotar regulamentos e práticas diferentes em algum ponto dos estabelecidos por normas internacionais, informará imediatamente a Organização Internacional de Aviação Civil das diferenças existentes entre suas próprias práticas e as internacionais. Em caso de emendas a estas últimas o Estado que não fizer estas alterações nos seus regulamentos ou práticas deverá informar o Conselho dentro do período de 60 dias a contar da data em que for adotada a emenda às normas internacionais, ou indicará o que fará a esse respeito. Em tal caso o Conselho notificará imediatamente a todos os demais Estados a diferença existente entre as normas internacionais e as normas correspondentes no Estado em apreço".

[111] Nos termo do Decreto n. 5.731/2006: "Art. 2º A Delegação Permanente do Brasil junto ao Conselho da Organização de Aviação Civil Internacional – OACI, subordinada

CAPÍTULO III – EVOLUÇÃO NORMATIVA DA INFRAESTRUTURA...

junto ao Conselho da OACI deverá apresentar tal diferença. Se mantida a divergência sem aceite pela OACI, será aplicada sanção ao respectivo Estado, mediante a suspensão de seu direito de voto na Assembleia do Conselho.[112]

Quanto aos Anexos da Convenção Internacional de Aviação Civil, dentre os 19 existentes, o Anexo 14 regulamenta os padrões e práticas recomendadas para os aeródromos, em atendimento ao disposto no artigo 69 da Convenção de Chicago.[113] Sua exposição será posterior, em cumprimento da sistemática adotada, observando-se a ordem cronológica de explanação das normas incorporadas ao sistema jurídico brasileiro.

Pouco tempo após a promulgação da Convenção de Chicago, em razão da assunção de compromissos para desenvolvimento do setor, o Decreto-Lei n. 8.373, de 14 de dezembro 1945, criou o Fundo Aeronáutico.[114] Este fundo seria constituído pelos saldos das dotações

---

ao Ministério das Relações Exteriores, atuará em coordenação com a ANAC e com o Comando da Aeronáutica em assuntos de natureza técnica, cabendo: I – ao Ministro de Estado das Relações Exteriores indicar o chefe da Delegação Brasileira; II – à Diretoria da ANAC indicar o assessor da Delegação Brasileira responsável por assuntos relativos ao transporte aéreo internacional; e III – ao Comandante da Aeronáutica indicar o assessor da Delegação Brasileira responsável por assuntos relativos à navegação aérea internacional".

[112] Nos termos da Convenção de Aviação Civil: "Artigo 88. Penalidades por não cumprimento por parte do Estado. A Assembléia suspenderá o direito de voto na Assembléia e no Conselho de qualquer Estado Contratante em falta no tocante às disposições deste capítulo".

[113] "Se o Conselho fôr de opinião que os aeroportos ou outras facilidades para navegação aérea, incluindo os serviços de rádio e de meteorologia de um Estado Contratante, não são razoavelmente adequados para assegurar a segurança, regularidade, eficiência e operação econômica de serviços aéreos internacionais, existentes ou projetados, o Conselho deverá consultar o Estado diretamente interessado, e os demais Estados afetados, com o objetivo de encontrar meios para remediar a situação e poderá fazer recomendações para tal fim. Nenhum Estado Contratante será culpado de infração desta Convenção no deixar de executar tais recomendações".

[114] O regulamento desse fundo foi aprovado originalmente pelo Decreto n. 41.148/1957, então revogado pelo Decreto n. 73.070, de 1 de novembro de 1973, do qual não consta revogação expressa.

orçamentárias e outras destinações, a ser empregado em proveito da Aeronáutica, órgão responsável pela gestão dos aeroportos.

Em 06 de setembro de 1946, poucos dias antes da promulgação de uma nova Constituição Federal ao Brasil, foi publicado o Decreto-Lei n. 9.792, cuja revogação ocorreu apenas em 1967, pelo Decreto-Lei n. 270. Esta norma, cujo conteúdo inovara no ordenamento jurídico, passou a regular a utilização e exploração dos aeroportos, inclusive com a definição dos serviços ofertados à exploração comercial e à navegação aérea, somado aos instrumentos de cobrança por tal utilização. Para fins da legislação então vigente, os aeroportos seriam as organizações de terras destinadas ao tráfego público e franqueados a qualquer aeronave, mediante remuneração.

Esta norma definiu como administrador do aeroporto a entidade concessionária ou dependente do Ministério da Aeronáutica. A essas entidades foi atribuído o dever de realizar "com presteza, segurança, e exatidão, todos os serviços aeroportuários de sua atribuição privativa, assim como quaisquer outros, acessórios ou complementares das organizações de terra, de que tenham sido incumbidos, por lei ou contrato", tendo como retribuição a aplicação e cobrança das tarifas aprovadas, destinados a cobrir as despesas de custeio e conservação (artigo 4º).

Os serviços acessórios ou complementares, que poderiam também ficar a cargo de terceiros mediante autorização própria do Poder Público (artigo 5º), se referiam às informações meteorológicas, de radiocomunicação, de balizamento diurno e noturno ou quaisquer outros necessários à segurança e regularidade da navegação aérea, em aplicação do então artigo 32 do Código Brasileiro do Ar de 1938.

Como serviços ofertados nos aeroportos, a norma trouxe exemplos não taxativos, mencionando expressamente o pouso; a estadia; a hangaragem; a atracação a flutuantes; reboque e remoção de aeronaves; iluminação e balizamento noturno; aparelhamento de pouso sem visibilidade; serviços de abastecimento, auxiliares e diversos; controle e informações de aproximação e partida; estação de passageiros; locação de áreas para despacho, escritório, lojas, oficinas, depósitos, restaurantes e outros serviços; guarda de veículos (artigo 7º).

CAPÍTULO III – EVOLUÇÃO NORMATIVA DA INFRAESTRUTURA...

Parcela dos serviços foi qualificada de *privativa,* diferenciando-se dos demais em razão da forma de remuneração, realizada pela cobrança de taxas aprovadas pelo Ministro da Aeronáutica, mediante proposta da Diretoria de Aeronáutica Civil (DAC). Dentre esses serviços foram incluídos (i) o pouso em pista ou atracação de hidroavião; (ii) a estadia do avião quando sua permanência superar 06 (seis) horas no aeroporto; (iii) a permanência ou hangaragem da aeronave em área protegida e coberta; (iv) utilização de aparelhamento de pouso sem visibilidade; (v) fornecimento de materiais de consumo; (vi) a utilização de estações para embarque, desembarque ou trânsito de passageiros de correio e carga; além da utilização de instalações telefônicas e outros similares, cuja remuneração poderia dar-se por taxa ou mediante ajuste com a administração do aeroporto (artigos 8º a 17).

Por derradeiro, esta norma foi precursora no tratamento diferencial entre as atividades que guardassem alguma relação com transporte aéreo (*v.g.*, as áreas para despacho, escritórios, lojas, oficinas e depósitos às companhias, associações ou particulares que tenham negócios diretamente ligados à aviação), em comparação com áreas para locação de restaurantes e outros serviços que visassem à conveniência dos usuários do aeroporto.

Não houve menção à necessidade de concorrência administrativa para as áreas voltadas ao transporte aéreo, cuja retribuição seria por taxas mensais por metro quadrado, variáveis de acordo com a classificação das áreas e com as condições e vantagens oferecidas pelas instalações. As áreas comerciais dependeriam de prévia concorrência administrativa, tendo seu valor e prazo definidos contratualmente (artigos 18 e 19).[115]

Em paralelo aos acontecimentos do setor, foi promulgada a Constituição Federal de 1946. Como diferença relevante do novo texto constitucional em comparação com o anterior, a expressão *privativamente* foi retirada do artigo que estabelecia ser competência da União explorar,

---

[115] O tema da *guarda de veículos* revelou-se importante desde este momento, havendo disposição própria atribuindo a função de vigilância à administração ao aeroporto mediante o pagamento de taxas diárias ou mensais (artigo 20).

diretamente ou mediante autorização ou concessão, a navegação aérea, bem como legislar sobre direito aeronáutico (artigo 5º, XII e XV, 'a' da CF de 1946). Ademais, foi incluída a previsão de delegação da exploração da navegação aérea por meio de *autorização*, não apenas mediante *concessão*, como estabelecido pela ordem constitucional anterior, aproximando-se do texto previsto no Código Brasileiro do Ar de 1938.

Entre 1946 e início dos anos 1960 não foram identificadas normas que modificassem substancialmente os principais textos normativos da época. Sem embargo, a partir dos anos 1960, em razão dos reflexos do pós-guerra e da ampliação do conhecimento técnico sobre a navegação aérea, foram percebidas mudanças na ordem internacional que repercutiram no sistema jurídico brasileiro.

Foi publicada a Lei Federal n. 4.592, de 29 de dezembro de 1964, que aprovou o Plano Nacional de Viação, incluindo aspectos do transporte aéreo. Esta norma apresentou a relação descritiva e a nomenclatura dos aeroportos, definindo sua classe, que, por regra, se pautava no volume de movimentação. Não obstante este avanço organizacional, a influência da época foi efetivamente materializada com a publicação do Código Brasileiro do Ar de 1966, Decreto-Lei n. 32, e do Decreto-Lei n. 270/1967, que ampliaram a regulamentação sobre a infraestrutura aeroportuária.

O Código Brasileiro do Ar de 1966 abandonou a expressão *organizações de terra,* fixando novo título, "Infraestrutura Aeronáutica". Foi estabelecido a infraestrutura seria composta por todo aeródromo, edificações, instalações, áreas e serviços destinados a facilitar e tornar segura a navegação aérea. Esses serviços compreenderiam a gestão do tráfego aéreo, das telecomunicações, da meteorologia, das informações aeronáuticas, a coordenação de busca e salvamento, dentre outros (artigo 43).[116]

Este novo texto também alterou a definição de *aeroporto* do Código Brasileiro do Ar de 1938, redefinindo-a como o "aeródromo público

---

[116] Pouco tempo do início de sua vigência, o Decreto-Lei n. 234, de 28 de fevereiro de 1967, alterou pontualmente o referido texto, expurgando da noção de infraestrutura aeronáutica as *informações aeronáuticas.*

CAPÍTULO III – EVOLUÇÃO NORMATIVA DA INFRAESTRUTURA...

dotado de instalações e facilidades para o apoio de operações de aeronaves e de embarque e desembarque de pessoas e cargas" (artigo 48).

O vocábulo *aeródromo* tornou-se nomenclatura única para definir a área de terra, água ou flutuante, destinada às chegadas, partidas e movimentação de aeronaves. Com isso, foi afastada a distinção estabelecida no direito brasileiro de que o *aeródromo* seria a definição da instalação de terra para uso particular; enquanto *aeroporto* seria a denominação atribuída às instalações de terra destinadas ao tráfego público e franqueadas a qualquer aeronave mediante pagamento de taxa.

Em virtude desta normatização, o termo *aeródromo* ganhou classificação própria, podendo ser militar ou civil, definido pelo uso predominante de aeronaves militares ou civis, respectivamente (artigo 45)[117]. Os *aeródromos civis* ainda foram subdivididos em duas categorias: o *público*, quando aberto ao tráfego geral pela autoridade aeronáutica competente; ou *privado*, para uso de seu proprietário, sendo vedada sua exploração comercial (artigo 47). A classe dos *aeródromos públicos* seria definida por ato administrativo, sendo classificados como internacionais os destinados às aeronaves estrangeiras na realização de serviços internacionais (artigo 48). Esta classificação inovou no sistema jurídico e guarda semelhança com o regramento atual.

Demais regras sobre a construção e utilização dos aeródromos, juntamente com maiores especificidades sobre as zonas de proteção dos aeródromos, foram aspectos cuja regulamentação foi inaugurada ou alterada pelo Código Brasileiro do Ar de 1966.

Foi estabelecido que os aeródromos públicos poderiam ser construídos, mantidos e explorados diretamente pela União, mediante concessão ou autorização (artigo 50). Com a alteração promovida pelo Decreto-Lei n. 234/1967, foi estabelecida como condição para concessão e autorização a "observância das instruções de natureza administrativa e técnica, emanadas de autoridades federais, para assegurar, no território nacional, a uniformidade das normas relativas à navegação e

---

[117] Texto original alterado pelo Decreto-Lei n. 234/1967.

aos transportes aéreos" (artigo 50, §1º). No mais, previu-se que as concessões[118] e autorizações seriam dadas separadamente para cada aeródromo, podendo, excepcionalmente, serem dadas em conjunto (artigo 50, § 2º).

Destaca-se a previsão de contrariedade à "ordem pública" como de situação que permitiria a cassação da concessão (ou autorização) para gestão dos aeródromos, ampliando a margem de discricionariedade atribuída às autoridades públicas na relação com os particulares (artigo 55). No regime anterior, a cassação dependeria, ao menos formalmente, da apuração de fatos que comprometessem a segurança da navegação aérea (artigo 33 do Código Brasileiro do Ar de 1938).

Sobre o tema da restrição para a construção das áreas contínuas dos aeródromos, o Código Brasileiro do Ar de 1966 efetuou maiores detalhamentos e estabeleceu a denominação de Zona de Proteção dos Aeródromos, perímetro sobre a qual poderiam ser impostas restrições especiais às propriedades, propriamente sobre as edificações, instalações ou culturas que poderiam "embaraçar as manobras das aeronaves" (artigo 56). Em contrapartida de tais restrições, foi prevista a possibilidade de o proprietário ser devidamente indenizado, mediante acordo ou decisão judicial (artigo 58).

A norma estabeleceu ser a União o ente competente para definição, em última instância, do Plano da Zona de Proteção do Aeródromo, após proposição da autoridade aeronáutica responsável pelo aeródromo. Para tanto, o Código do Ar de 1966 previu, textualmente, que as restrições aprovadas pela União deveriam ser transmitidas às administrações municipais, com a obrigação de observarem as restrições impostas.

À semelhança do Código Brasileiro do Ar de 1938, foi mantida penalidade de multa àquele que construísse ou explorasse aeródromo ou instalações ou equipamentos de infraestrutura aeronáutica sem autorização da autoridade competente (artigo 156, IV, 'a'). Foram ampliadas

---

[118] Na redação original do Código Brasileiro do Ar de 1966 constava apenas o termo *autorização* no artigo 50, §1º.

CAPÍTULO III – EVOLUÇÃO NORMATIVA DA INFRAESTRUTURA...

as hipóteses de sanção administrativa, abarcando aqueles que construíssem campo de pouso sem licença; utilizassem campo de pouso sem condições regulamentares de uso; ou deixassem de promover o registro de campo de pouso; bem como àqueles que implantassem ou explorassem edificação ou qualquer empreendimento em área sujeita a restrições especiais, com inobservância destas (artigo 156, 'f' e 'g' do Grupo VI).

A promulgação da Constituição Federal de 1967, bem como da Emenda n. 01/1969, pouco alteraram o regime constitucional incidente sobre a infraestrutura aeroportuária. Ambos os textos previram ser competência da União explorar, diretamente ou mediante autorização ou concessão, a navegação aérea, nos termos do comum artigo 8º, XV, 'c', assim como dispuseram ser competência da União legislar sobre direito aéreo, conforme artigo 8º, XVII, 'b'.

De toda sorte, vale a menção ao pioneiro aparecimento da expressão *aeroporto* no corpo constitucional, em redação introduzida pela Emenda n. 01/1969. O parágrafo 4º, do artigo 125, que dispunha sobre as competências dos juízes federais, previu que, em não havendo vara federal nos portos ou *aeroportos*, seriam processadas perante a justiça estadual as ratificações de protestos formados a bordo de navio ou aeronave.

Os anos que se seguiram foram marcados por uma relevante produção legislativa para o setor aéreo, motivados, novamente, pela expansão das companhias e a necessidade de desenvolvimento de infraestrutura.

No início de 1967 foi publicado Decreto-Lei n. 270, por meio do qual foram concebidos o Plano Aeroviário Nacional,[119] o Conselho Aeroviário Nacional, o Fundo Aeroviário, bem como a definição de novas taxas aeroportuárias.

O Plano Aeroviário Nacional, de acordo com sua norma de constituição, revelaria "todo planejamento relativo ao projeto e execução dos Aeródromos e aeroportos, edificações, pistas de pouso, instalações

---

[119] Posteriormente mantido pela Lei n. 5.917, de 10 de setembro de 1973.

necessárias à operação aérea, serviços dentro e fora da área dos aeroportos e aeródromos, destinados a facilitar e tornar seguro a navegação aérea, tráfego aéreo, telecomunicações, meteorologia, coordenação de busca e salvamento, informações aeronáuticas, bem como as instalações de auxílio rádio e visuais" (artigo 10, I), sendo constituído pela rede de aeroportos e aeródromos. O Plano Aeroviário Nacional deveria ser elaborado e atualizado pelo Conselho Aeroviário Nacional, então constituído pelo Poder Executivo e vinculado ao Ministério da Aeronáutica.

Visando ampliar a arrecadação de recursos para desenvolvimento do Plano Aeroviário Nacional, foi constituído o Fundo Aeroviário, de natureza contábil, cuja finalidade era de custeio de projetos, execução e manutenção de instalações aeroportuárias, além de custeio da administração de aeroportos. Os recursos para este Fundo vinham de quotas do imposto sobre combustíveis destinados ao Ministério da Aeronáutica, verbas orçamentárias e outros valores a ele destinados.

A referida norma estabeleceu pontualmente as taxas aeroportuárias incidentes e as isenções de pagamento em retribuição da utilização da infraestrutura aeronáutica, classificando-as em cinco categorias, sendo elas:

> a) Taxa de embarque – devida pela utilização das instalações das Estações de Passageiros, incide sobre o usuário do Transporte Aéreo;
>
> b) Taxa de pouso – devida pela utilização da infraestrutura aeronáutica, inclusive pelo estacionamento da aeronave até três horas após o pouso, incide sobre o proprietário ou explorador da aeronave;
>
> c) Taxa de permanência – devida pela permanência da aeronave na área do aeroporto, além das três primeiras horas após o pouso, incide sobre o proprietário ou explorador da aeronave;
>
> d) Taxa de arrendamento de área – devida pela locação de áreas, cobertas ou não, nos aeroportos, incide sobre as pessoas naturais ou jurídicas arrendatárias das áreas;

CAPÍTULO III – EVOLUÇÃO NORMATIVA DA INFRAESTRUTURA...

e) Taxa de armazenagem e capatazia – devida pela armazenagem de carga aérea, em armazéns de carga aérea, geridos pelas Administrações de aeroportos, incide sobre o consignatário da carga.

Este texto manteve a previsão da locação de áreas aeroportuárias para exploração de serviços de interesse ou conveniência pública. A relação jurídica deveria ser regulada por contrato firmado após prévia concorrência, sendo ainda exigida a autorização do Ministério da Aeronáutica no caso da locação em aeródromos públicos diretamente geridos por este órgão da Administração Pública Federal (artigo 12).

Em complemento ao tema da utilização de áreas nos aeroportos, em 11 de outubro de 1967 foi promulgada a Lei n. 5.332, que regulamentou o arrendamento de áreas aeroportuárias destinadas às instalações para abrigo, reparação, abastecimento de aeronaves, além de despacho, escritórios, oficinas e depósitos às empresas, pessoas físicas ou jurídicas concessionárias do serviço aéreo ou de serviços pertinentes à aviação. Esta legislação, à semelhança da norma antecedente, expressamente dispensou o regime da concorrência pública para o arrendamento, apenas fixando o prazo de 05 (cinco) anos renováveis e a subordinação ao pagamento das taxas previstas no Decreto-Lei n. 270/67 (artigo 1º e 2º).

Com vistas ao tratamento isonômico das empresas arrendatárias, a legislação inovou, prevendo que àqueles que se dedicassem à exploração de serviços ou atividades semelhantes, seria assegurado o direito de receber áreas iguais às de maior dimensão já concedidas, desde que comprovada necessidade (artigo 5º).

No mais, esta norma fixou a possibilidade de a autoridade competente ceder às arrendatárias áreas para construção de benfeitorias permanentes que, ao final da relação jurídica, seriam revertidas à União, sem qualquer indenização. Em vista dessa regra, foi estipulado que o prazo do arrendamento deveria ser suficiente para amortização do capital empregado, sendo passível de indenização se encerrado o contrato previamente ao termo final previsto (artigo 3º).

Demonstrando atenção com o desenvolvimento do setor, o Decreto n. 64.521, de 15 de maio de 1969,[120] regulamentou[121] a Comissão Interministerial do Transporte Aéreo Internacional,[122] compondo-a por representantes do Ministério da Aeronáutica, Relações Exteriores, Fazenda, Saúde, Justiça, Agricultura e da Empresa Brasileira de Turismo (Embratur), além da presença de representantes das empresas de transporte aéreo internacional que operassem no país. Essa Comissão detinha a finalidade de compreender e, no que fosse possível, aplicar as normas da OACI, propor normas e recomendações de normas que contribuíssem com o transporte internacional, além de propor relatórios específicos sobre o setor.

Ainda em 1969, o Decreto n. 65.144 instituiu o Sistema de Aviação Civil do Ministério da Aeronáutica "com a finalidade de organizar as atividades necessárias ao funcionamento e ao desenvolvimento da aviação civil, fonte e sede de sua reserva mobilizável" (artigo 1º). Para tanto, criou o Departamento de Aviação Civil (DAC), como órgão central da estrutura básica do Ministério da Aeronáutica, atribuindo-lhe funções bastante amplas, desde a "orientação normativa para o funcionamento do sistema", o planejamento e elaboração dos orçamentos de investimentos e programas, até a supervisão e fiscalização dos demais órgãos e integrantes do setor da aviação civil.

---

[120] O Decreto n. 70.376, de 06 de abril de 1972, atribui nova competência à Comissão, de propor atualização da legislação vigente relativa aos Aeroportos Internacionais, observando, elaborando anteprojetos de atos regulamentares e legais a partir da avaliação das atribuições das atividades sob jurisdição da administração do aeroporto, as atribuições e peculiaridades do pessoal atuante na estrutura administrativa dos aeroportos internacionais.

[121] Instaurada comissão similar pela Portaria n. 869/1959, então alterada pela Portaria n. 121GM5/1960.

[122] O Decreto n. 75.474, de 13 de março de 1975, alterou o Decreto n. 64.521/69 e revogou o Decreto n. 70.376, de 06 de abril de 1972, modificando a nomenclatura para Comissão Nacional para a Facilitação do Transporte Aéreo Internacional, subordinando-a ao Ministro da Aeronáutica, definindo sua sede no Departamento de Aviação Civil, além de pontuais alterações de composição (com a inclusão de assento aos representantes da Infraero e do Sindicato Nacional das Empresas Aeroviárias) e de competência (como a colaboração para que o Governo brasileiro pudesse propor à OACI as modificações julgadas oportunas e definir seus pontos face às propostas da organização).

CAPÍTULO III – EVOLUÇÃO NORMATIVA DA INFRAESTRUTURA...

Dentre as atividades previstas no aludido Decreto, constam a orientação, coordenação e controle referentes à instalação, manutenção e operação de aeródromos civis, inclusive no que diz respeito aos serviços de apoio necessário à navegação aérea.[123]

De outra mão, em meio a um período de reforma administrativa, marcado pela publicação do Decreto-Lei n. 200, de 25 de fevereiro de 1967, e Decreto-Lei n. 900, de 29 de setembro de 1969, e visando ao desenvolvimento de política pública voltada ao necessário desenvolvimento da infraestrutura aeroportuária mediante a utilização de estruturas decisórias consideradas mais dinâmicas e eficientes,[124] foi promulgada a Lei n. 5.862, de 12 de dezembro de 1972, que autorizou o Poder Executivo a constituir a Infraero.

Sob a proposta de instituição de um modelo avançado de gestão, a legislação originalmente previu que a Infraero deveria desenvolver suas atividades de modo indireto, utilizando-se, predominantemente, da contratação da iniciativa privada (artigo 2º). Outros aspectos próprios dessa legislação e da Infraero serão apresentados no capítulo 4, destinado à análise do regime de exploração de infraestrutura aeroportuária por essa entidade estatal.

Na esteira da evolução do setor, logo após alguns anos de vigência do Decreto-Lei n. 270/67, foram promulgadas as Leis n. 5.989, de 17 de dezembro de 1973, e n. 6.009, de 26 de dezembro de 1973, promovendo mudanças em seu texto.

---

[123] "Art. 2º A atividade de 'Aviação Civil' para os fins dêste Decreto, envolve as seguintes tarefas, realizadas em proveito da Aviação Civil Pública e Privada e da operação dos Aeroportos Civis: Contrôle, fiscalização e homologação de aeronaves civis, seus componentes equipamentos e serviços de manutenção; Registro de aeronaves civis; Contrôle e fiscalização do funcionamento das emprêsas concessionárias e permissionárias de navegação aérea; Orientação, incentivo e apoio para a formação e especialização de pessoal aeroviário e aeronauta e contrôle, inicial e periódico, de suas qualificações; Orientação, coordenação e contrôle referente à instalação, à manutenção e à operação de aeródromos civis, inclusive no que diz respeito aos serviços de apoio necessário à navegação aérea; Coordenação, contrôle e fiscalização do movimento de aeronaves civis, públicas e privadas, inclusive quanto a passageiros e cargas; Incentivo, apoio, orientação e contrôle da aviação desportiva e especializada".

[124] Vide capítulo 4 desta tese.

A Lei n. 5.989/1973 promoveu alterações no regime do Fundo Aeroviário, ampliando o alcance de sua aplicação no âmbito do Sistema Aeroviário Nacional, então criado pela Lei n. 5.917, de 10 de setembro de 1973. Com esta regulamentação, os recursos do Fundo Aeroviário passariam a ser utilizados para as instalações e serviços da infraestrutura aeronáutica, incluídos projetos, construção, manutenção, operação e sua administração, excluída menção anterior de aplicação na proteção ao voo. Em contrapartida ao aumento de escopo, a legislação ampliou as fontes de recursos destinados ao Fundo Aeroviário.[125]

Por sua vez, a Lei n. 6.009/1973 promoveu alterações relevantes na gestão aeroportuária por pretender regulamentar, de forma ampla, a utilização e exploração dos aeroportos. Por primeiro, detalhou a competência da União para projetar, construir, manter, operar e explorar os aeroportos, determinando que esta poderia ser exercida diretamente; por intermédio de ente da Administração Indireta ou mediante concessão ou autorização.[126]

A legislação dispôs que a utilização da infraestrutura aeroportuária e dos serviços do aeroporto dependeriam do pagamento das tarifas aeroportuárias e preços específicos, aprovados ou estabelecidos, respectivamente, pelo Ministério da Aeronáutica e pelo órgão ou entidade responsável pela administração do aeroporto. Mantida a classificação concebida pelo Decreto-Lei n. 270/1967, foi excluída a

---

[125] Dentre as novas receitas foram incluídos o produto da arrecadação das tarifas aeroportuárias, de uso das comunicações e dos auxílios à navegação aérea em rota, todas cobradas nos aeroportos diretamente administrados ou proporcionados pelo Ministério da Aeronáutica; as receitas provenientes da cobrança de preços específicos, pelo uso de áreas, edifícios, instalações, equipamentos, facilidades e serviços, não abrangidos pelas tarifas aeroportuárias, nas áreas civis dos aeroportos diretamente administrados pelo Ministério da Aeronáutica; multas contratuais e outras aplicadas na forma prevista no Código Brasileiro do Ar; receitas provenientes da cobrança de emolumentos relativos aos atos do Registro Aeronáutico Brasileiro e de indenizações de despesas referentes a licenças, certificados, certidões, vistorias, homologações e atividades correlatas de Aviação Civil; além dos rendimentos líquidos das operações do próprio Fundo.

[126] Nos termos do artigo 48, I do Código Brasileiro do Ar de 1966: "Aeroportos os aeródromos públicos dotados de instalações e facilidades para apoio de operações de aeronaves e de embarque e desembarque de pessoas e carga".

CAPÍTULO III – EVOLUÇÃO NORMATIVA DA INFRAESTRUTURA...

tarifa de arrendamento de área, sendo substituída pela previsão de cobrança de preços específicos dos usuários ou concessionário dos espaços, pela utilização das áreas civis dos aeroportos (artigos 2º, parágrafo único, 'b' e 5º).

Outrossim, a legislação estabeleceu, em primeira mão, que a utilização das instalações e serviços destinados a apoiar e tornar segura a navegação aérea, proporcionadas pelo Ministério da Aeronáutica, imporiam ao sujeito o pagamento da tarifa de uso das comunicações e dos auxílios à navegação aérea em rota (artigo 8º), isentando do pagamento apenas as aeronaves militares ou da Administração Federal brasileira; as aeronaves em voo de experiência ou de instrução; as aeronaves em voo de retorno por motivo de ordem técnica ou meteorológica; e as aeronaves militares e públicas estrangeiras, quando em atendimento à reciprocidade de tratamento (artigo 10).

Os anos que se seguiram foram de mudanças importantes no texto do Código Brasileiro do Ar de 1966, até sua integral revogação com a publicação do Código Brasileiro de Aeronáutica, pela Lei n. 7.565, de 19 de dezembro de 1986. As alterações principais foram promovidas pela Lei n. 6.298, de 15 de dezembro de 1975; Lei n. 6.833, de 30 de setembro de 1980; e Lei n. 6.997, de 07 de junho de 1982.

A Lei n. 6.298, de 15 de dezembro de 1975, promoveu alterações diretamente sobre as definições legais de aeródromo, a fim de incluir o heliponto ou heliporto como espécie própria. O heliponto seria a área utilizada para pousos, decolagens e movimentação de helicópteros (parágrafo único do artigo 44), sendo o heliporto o heliponto público dotado "de instalações e facilidades para apoio de operações de helicópteros e de embarque e desembarque de pessoas e cargas" (inciso II do artigo 48).

Quanto aos aeródromos, foram estabelecidos dois padrões para o Plano de Zona de Proteção, um considerado básico e estabelecido pela autoridade aeronáutica para os aeródromos em geral e aprovada pelo Poder Executivo; e outro específico, concebido sob as premissas do Plano Básico, porém desenvolvido em vista da conveniência e peculiaridades de proteção ao voo de cada aeródromo e aprovado por ato ministerial. Neste regime, apenas o Plano Específico de Zonas de Proteção aos Aeródromos seria encaminhado para o cumprimento das administrações municipais atingidas (artigo 57).

Novas mudanças foram promovidas pela Lei n. 6.997, de 06 de julho de 1982. Como primeiro aspecto, aos demais planos de proteção existentes, foram adicionados os Planos Básico e Específico de Zoneamento de Ruído. Os Planos de Ruído seguiriam o rito do Plano de Proteção aos Aeródromos, cujo documento específico, após aprovado por ato ministerial, deveria ser transmitido para atendimento das Administrações municipais.

Somada a essas disposições, a norma previu expressamente que os demais entes federativos, especialmente os municipais, deveriam compatibilizar as regras de zoneamento do uso do solo, nas áreas vizinhas aos aeródromos, às restrições especiais dos Planos Básicos e Específicos; além de imposição de aplicação dessas restrições a quaisquer bens, inclusive os bens públicos, independentemente de quem fosse o proprietário (artigo 57).

A Lei n. 6.833, de 30 de setembro de 1980, promoveu a revisão do artigo 50 do Código Brasileiro do Ar de 1966, incluindo a expressão *infraestrutura* como elemento integrante da universalidade do aeródromo.

Em atendimento à Lei de criação da Infraero, foi estabelecido que a competência da União poderia ser exercida por empresa pública própria e suas eventuais subsidiárias. No entanto, a redação não se restringiu a compatibilizar as normas em comento, mas incluiu expressão ainda não utilizada pela legislação brasileira para este setor, prescrevendo que a operação dos aeroportos e de sua infraestrutura constituiria *atividade monopolizada* da União, ou da empresa pública e suas subsidiárias, em todo o território nacional, a ser definido por ato administrativo que lhes atribuiriam bens, rendas, instalações e serviços correspondentes.

As competências da União foram segregadas em quatro ações próprias: construir, manter, explorar e operar. Quanto às três primeiras, a União poderia fazê-lo por órgão próprio; por entidade da Administração Indireta; mediante concessão ou autorização. Para a *operação* foi

CAPÍTULO III – EVOLUÇÃO NORMATIVA DA INFRAESTRUTURA...

definida situação jurídica própria, atribuindo a essa atividade o conceito econômico do monopólio, na tentativa de garantir a exclusividade da Administração Pública em sua execução.

Por fim, a despeito do aludido artigo 8º, XV, 'c' da Constituição Federal de 1967, mantido pela Emenda n. 01/1969, que previu que a navegação aérea poderia ser explorada mediante concessão ou autorização, a legislação infraconstitucional apenas contemplava a possibilidade de a exploração dar-se mediante o instrumento da concessão, tendo sido excluída a hipótese da autorização. Ademais, na hipótese de ocorrência dessa concessão a terceiros pelo então dispositivo alterado, a Infraero figuraria como representante da União no respectivo contrato.

O Código Brasileiro do Ar de 1966 foi revogado pela Lei n. 7.565, de 19 de dezembro de 1986, que promulgou o Código Brasileiro de Aeronáutica (CBA), cujas disposições, com alterações pontuais, seguem vigentes.

3.2 Normas regentes da infraestrutura aeroportuária

O marco temporal para identificação do regime atual não implica na afirmação de que a integralidade dos dispositivos precedentes estaria revogada ou que estes teriam menor importância ao setor. Ambas as afirmações são incorretas. A eleição desta norma tem função meramente didática, vez ser o diploma vigente que concentra grande quantidade de regras incidentes sobre a infraestrutura aeroportuária e sua exploração. De toda forma, reitera-se que textos importantes descritos ao longo da evolução normativa seguem vigentes e são fundamentais ao setor, com destaque à Lei n. 5.862/1972, que constituiu a Infraero, e à Lei n. 6.009/1973, que dispõe sobre a utilização e exploração dos aeroportos.

O CBA visou regulamentar, de modo sistematizado, o regime do espaço e do transporte aéreo, bem como da infraestrutura aeronáutica, que abarca o sistema aeroportuário. Este último tópico, objeto de análise, foi alocado sob o Título III do CBA, prioritariamente nos artigos 26 a 46. Considerando que as disposições do CBA estão vigentes e são determinantes ao estudo, seu conteúdo será detalhado sempre que relacionado com o tópico sob análise.

Seguindo a lógica disposta no CBA, sua apresentação deve ser iniciada com a exposição das definições legais atribuídas ao *sistema aeroportuário* e ao *aeródromo*, este último outrora exposto.[127]

O *sistema aeroportuário* seria composto pelo conjunto de *aeródromos* brasileiros, ou seja, por todas as pistas de pouso, táxi, pátio de estacionamento de aeronaves, terminal de carga e de passageiros e *facilidades* (artigo 26). Conforme mencionado no capítulo antecedente, o CBA pretendeu fixar conteúdo ao último termo, contudo, pela inexistência de substância técnica identificável no vocábulo, a redação adotada acabou por reunir elementos distintos sob o mesmo signo, não tendo utilidade à identificação do regime jurídico.

A classificação dos aeródromos seguiu o anteriormente previsto no Código Brasileiro do Ar de 1966, dividindo-se em *militar* e *civil*; mantidas as espécies *público* e *privado* ao último tipo. Da mesma forma, o CBA atribuiu definição ao termo *aeroporto,* prescrevendo ser o aeródromo público dotado de instalações e facilidades para apoio de operações de aeronaves, regulares ou não, e de embarque e desembarque de pessoas e cargas (artigos 31 e 32). Esses temas foram objeto de análise específica no capítulo anterior, não exigindo nova explanação.

Foram mantidas regras similares às do Código Brasileiro do Ar de 1966 para regulamentação da construção, manutenção e exploração dos aeródromos públicos, indicando ser dever da União fazê-lo diretamente; por meio de entidade da Administração Indireta ou mediante concessão e autorização (artigo 36). Foi prevista a possibilidade de sua realização dar-se pelos Estados e Municípios, mediante convênio a ser firmado com a União. Em qualquer hipótese, reiterou-se que a construção está sujeita às normas, instruções, coordenação e controle da autoridade aeroportuária.

O CBA manteve a previsão de que a operação dos aeroportos constituiria atividade monopolizada da União, a ser exercida diretamente

---

[127] Quanto ao significado do termo *sistema*, o CBA considerou ser o "conjunto de órgãos e elementos relacionados entre si por finalidade específica, ou por interesse de coordenação, orientação técnica e normativa, não implicando em subordinação hierárquica" (artigo 25, §2º).

CAPÍTULO III – EVOLUÇÃO NORMATIVA DA INFRAESTRUTURA...

ou por entidade da Administração Indireta. Este tema foi além do previsto no Código Brasileiro do Ar de 1966, firmando que, além da exploração, a operação e os serviços auxiliares[128] constituiriam atividades monopolizadas da União.[129]

Ainda nesse tema, o CBA definiu ser competência da União, ou da entidade da Administração Indireta constituída para tal fim, estabelecer a organização administrativa do aeroporto explorado, sempre com vistas à obrigação de "alcançar e manter a boa qualidade operacional" (artigo 36, §§3º e 4º). Dentre as atribuições do administrador aeroportuário está a de coordenar as atividades dos órgãos que, por imposição legal, venham a funcionar nos aeroportos.

O CBA estabeleceu regras próprias sobre o patrimônio dos aeródromos públicos e, particularmente, dos aeroportos. Em ambos os casos, a legislação fixou serem universalidades, contudo prescreveu que os aeródromos seriam patrimônios autônomos enquanto mantida a destinação específica pela União, independentes do titular do domínio dos imóveis onde estão situados. O aeroporto é equiparado a bem público federal, enquanto sob tal destinação, mesmo que a União não seja proprietária de todos os imóveis sob o qual está situado (artigo 35, §5º e 38).[130]

Informações importantes podem ser extraídas e debates podem ser instalados em virtude do descrito. O aeródromo é formado por estruturas físicas com distintas características e funções, reunidas com a finalidade única de promover o tráfego aéreo de pessoas e cargas. Essa

---

[128] Nos termos do artigo 102 do CBA: "São serviços auxiliares: I – as agências de carga aérea, os serviços de rampa ou de pista nos aeroportos e os relativos à hotelaria nos aeroportos; II – os demais serviços conexos à navegação aérea ou à infraestrutura aeronáutica, fixados, em regulamento, pela autoridade aeronáutica. § 1º (Vetado). § 2º Serão permitidos convênios entre empresas nacionais e estrangeiras, para que cada uma opere em seu respectivo país, observando-se suas legislações específicas".

[129] Este tema merecerá atenção específica quando da análise das formas de exploração dessa atividade.

[130] PACHECO, José da Silva. *Comentários ao código brasileiro de aeronáutica:* Leis n. 7.565, de 19.12.1986, e 11.182, de 27.09.2005. Rio de Janeiro: Forense, 2006, pp. 92/93.

estrutura ainda poderá agregar elementos que proporcionem conforto aos usuários, com funções alheias ao transporte, mas que permitem a geração de receitas diversas aos operadores.

Segundo disposição do CBA, o aeroporto compreende áreas destinadas (i) à sua própria administração; (ii) ao pouso, decolagem, manobra e estacionamento de aeronaves; (iii) ao atendimento e movimentação de passageiros, bagagens e cargas; (iv) aos concessionários ou permissionários dos serviços aéreos; (v) ao terminal de carga aérea; (vi) aos órgãos públicos que, por disposição legal, devam funcionar nos aeroportos internacionais; (vii) ao público usuário e estacionamento de seus veículos; (viii) aos serviços auxiliares do aeroporto ou do público usuário; (ix) ao comércio apropriado para aeroporto. Incluindo aspectos adicionais ao que se compreende por *infraestrutura aeroportuária*, a reunião desses bens, se existentes, formam o *sítio aeroportuário*, denominação aplicada para designar *toda área patrimonial do aeroporto*.[131]

Neste sentido, o *aeródromo*, artificialmente definido como *patrimônio autônomo*, pode ser qualificado como *bem público de uso especial* enquanto destinado à atividade-fim de promoção do transporte aéreo, incidindo o regime jurídico-administrativo com os efeitos que lhe são característicos.[132] Os bens que compõem o sítio aeroportuário, mesmo

---

[131] *Manual e implementação de aeroportos*. Publicação do Comando da Aeronáutica. Departamento de Aviação Civil, Instituto de Aviação Civil (IAC). Disponível em http://www2.anac.gov.br/arquivos/pdf/manualImplementacaoGeral.pdf. Acesso em 08 nov. 2015. Expressão esta utilizada pela Resolução n. 96, de 11 de maio de 2009, que aprova o Regulamento Brasileiro da Aviação Civil n. 139, intitulado de Certificação Operacional de Aeroportos.

[132] Segundo Celso Antônio Bandeira de Mello, bens públicos são todos os bens que se submetem ao regime jurídico de direito público. O critério de classificação de tais bens para esta doutrina é o da *destinação* ou *afetação* do bem, nos termos do que atribui o art. 99 do novo Código Civil. Neste sentido, são bens de uso especial "os afetados a um serviço ou estabelecimento público, como as repartições públicas, isto é, locais onde se realiza a atividade pública ou onde está à disposição dos administrados um serviço público, como teatros, universidades, museus e outros abertos à visitações públicas". (*Curso de direito administrativo*. 32ª ed. São Paulo: Malheiros, 2015, p. 939). Nesse mesmo sentido leciona Maria Sylvia Zanella Di Pietro, a qual afirma que os bens de uso especial destinam-se à consecução do cumprimento dos objetivos da Administração Pública.

CAPÍTULO III – EVOLUÇÃO NORMATIVA DA INFRAESTRUTURA...

que não sejam de propriedade da União ou de quem lhe faça as vezes, enquanto destinados à atividade aeroportuária, estarão sob o regime jurídico-administrativo, independentemente, inclusive, do regime de exploração.

Isto porque, com o objetivo de desenvolver a infraestrutura aeroportuária, o CBA previu que quaisquer entes da federação, seja pela Administração Direta ou Indireta, bem como os particulares, poderiam transferir imóveis para construção dos aeroportos. Esses imóveis passariam a constituir ou integrar um patrimônio autônomo até o momento em que a União desativasse o aeroporto, hipótese em que os bens seriam liberados e restituídos aos anteriores proprietários, com as respectivas acessões (artigo 38).

Pela diversidade da natureza e função das áreas que compõem o aeroporto, o CBA regulamentou sua exploração e eventual cessão de maneira distinta, a depender da função a ser desempenhada no local. Ressalvadas as considerações gerais abaixo descritas, o tema da exploração de áreas do sítio aeroportuário será retomado quando da avaliação da exploração da infraestrutura aeroportuária pela Infraero e pelas concessionárias de serviço público.

Tal como na legislação precedente, o CBA dispensou o procedimento concorrencial prévio à cessão das áreas utilizadas pelos permissionários de serviços auxiliares e aos concessionários ou permissionários dos serviços aéreos públicos (artigo 40), desde que tais espaços sejam destinados à instalação dos bens de apoio à atividade, incluindo-se os

---

Assim, os imóveis utilizados para a instalação de uma repartição pública ou os bens móveis utilizados para a prestação de um serviço público são considerados bens públicos de uso especial (*Direito administrativo*. 24ª ed. São Paulo: Atlas, 2013, p. 732). Thiago Marrara vai além. Para o autor, a classificação do bem público de uso especial não se dá, tão somente, de acordo com a afetação do bem. Nas palavras do autor: "os bens de uso especial seriam os bens imprescindíveis à prestação de um serviço público. Seriam meios postos à disposição dos servidores públicos ou dos usuários dos serviços como condição à devida prestação do serviço. O fato de serem utilizados indistintamente pelo povo de modo temporário ou excepcional não afasta a qualificação de bem de uso especial" (*Bens públicos:* domínio urbano: infra-estruturas. Belo Horizonte: Fórum, 2007, p. 61).

despachos, escritórios, oficinas, depósitos, locais de abrigo, reparação e abastecimento de aeronaves.

A cessão de áreas para fins de exploração comercial, por outro lado, depende de prévia licitação e estão sujeitas a regime peculiar, afastada a incidência da legislação regente das locações urbanas. Adicionalmente, previram-se regras e disposições específicas visando ao conforto do usuário do aeroporto (*v.g.*, o funcionamento ininterrupto, 24 horas por dia, todos os dias da semana, salvo decisão diversa e fundamentada da administração aeroportuária) (artigos 41 e 42).

A cessão de uso dos bens situados nos aeroportos deve ter prazo determinado e não inferior ao período de amortização dos investimentos feitos em benfeitorias permanentes, para que estas sejam incorporadas ao patrimônio do aeroporto sem direito à indenização do explorador. Desta regra deve ser ressalvada a retomada do bem pela administração do aeroporto previamente ao término do prazo estipulado para o fim do período de cessão (artigo 40), ato que resultará em eventual direito à indenização.

O CBA, em linha com as legislações predecessoras, previu a existência de zonas de proteção dos aeródromos, firmando a existência de restrições às propriedades, públicas ou privadas, vizinhas dos aeródromos e das instalações de auxílio à navegação aérea. Essas restrições objetivam evitar que as edificações, instalações ou outros objetos alocados nas cercanias dos aeródromos prejudiquem o tráfego aéreo (artigos. 43 e 44).[133]

Além dos Planos Básicos de Zona de Proteção dos Aeródromos e de Proteção dos Helipontos, e dos Planos de Zoneamento de Ruído e de Proteção e Auxílios à Navegação Aérea, foi prevista a existência de planos específicos próprios à zona de proteção para cada aeródromo. Esses planos deveriam ser aprovados pelo Ministério da Aeronáutica

---

[133] Para regulamentação das Zonas de Proteção e aprovação do Plano Básico de Zona de Proteção de Aeródromos, Plano Básico de Zoneamento de Ruído, o Plano Básico de Zona de Proteção de Helipontos e o Plano de Zona de Proteção de Auxílios à Navegação Aérea, foi aprovada a Portaria n. 1.141/GM5, de 08 de dezembro de 1987.

CAPÍTULO III – EVOLUÇÃO NORMATIVA DA INFRAESTRUTURA...

(atual Ministério da Defesa) e levados para cumprimento das administrações competentes, Estaduais ou Municipais, para as devidas restrições (artigo 44).

O CBA, neste tema, apresentou como novidade a possibilidade de a autoridade aeronáutica diretamente embargar a obra ou construção que contrarie os Planos Básico ou Específico do aeroporto circunvizinho, além de exigir, sem qualquer indenização, a eliminação dos bens e objetos levantados em contrariedade às normas vigentes. Entretanto, caso o regramento de proteção seja posterior à edificação ou colocação do bem, a exigência de sua retirada gerará direito à indenização do proprietário.

Outras disposições do CBA afetam indiretamente o tema da construção, gestão e administração da infraestrutura aeroportuária, haja vista a previsão de absorção no regime pátrio das normas e recomendações pertinentes à Organização de Aviação Civil para adequação das estruturas brasileiras (artigo 94). Tais normas incidem especialmente sobre o tema da segurança da aviação civil, fator motivador da instituição da Comissão Nacional de Segurança da Aviação Civil (artigo 95, §1º, II, b).

Por fim, o tema da responsabilidade decorrente da prestação dos serviços relacionados à infraestrutura aeroportuária é detidamente regulamentado pelo CBA. A legislação preestabeleceu valores e limites ao ressarcimento eventualmente devidos pela administração dos aeroportos ou pela Administração Pública, na hipótese de ocorrência de acidentes que venham a causar danos aos passageiros e coisas, por culpa de seus operadores (artigo 280, II).

Os potenciais limites à responsabilidade constam dos artigos 257, 260, 262, 269 e 277 do mesmo texto legal, sendo elas:

> (a) morte ou lesão de passageiro ou tripulante, ao valor correspondente, na data do pagamento, a 3.500 (três mil e quinhentas) Obrigações do Tesouro Nacional – OTN e sendo decorrente de abalroamento de aeronaves, o dobro;
>
> (b) destruição, perda ou avaria da bagagem, limitada a 150 (cento e cinquenta) Obrigações do Tesouro Nacional – OTN e de carga, 3 (três) Obrigações do Tesouro Nacional – OTN por quilo,

salvo declaração especial de valor feita pelo expedidor e mediante o pagamento de taxa suplementar, sendo decorrente de abalroamento, o limite é dobrado;

(c) atraso do transporte de pessoa, limitada a 150 (cento e cinquenta) Obrigações do Tesouro Nacional – OTN e atraso de carga 3 (três) Obrigações do Tesouro Nacional – OTN por quilo, salvo declaração especial de valor feita pelo expedidor e mediante o pagamento de taxa suplementar;

(d) para danos às aeronaves com peso máximo de 1.000kg (mil quilogramas), à importância correspondente a 3.500 (três mil e quinhentas) OTN – Obrigações do Tesouro Nacional; e para aeronaves com peso superior a 1.000kg (mil quilogramas), à quantia correspondente a 3.500 (três mil e quinhentas) OTN – Obrigações do Tesouro Nacional, acrescida de 1/10 (um décimo) do valor de cada OTN – Obrigação do Tesouro Nacional por quilograma que exceder a 1.000 (mil); e

(e) abalroamento de aeronaves referentes a terceiros na superfície, o valor será 7.000 (sete mil) OTN – Obrigações do Tesouro Nacional para aeronaves até 1000 kg (mil quilogramas) e 7000 (sete mil) OTN – Obrigações do Tesouro Nacional mais 1/5 (um quinto) do valor de cada OTN – Obrigações do Tesouro Nacional para cada quilo que supera 1000 kg (mil quilograma) da aeronave; no caso da necessidade de reparos e substituições de peças da aeronave abalroada, se recuperável, ou de seu valor real imediatamente anterior ao evento, se inconveniente ou impossível a recuperação e ao décimo do valor real da aeronave abalroada imediatamente anterior ao evento, em virtude da privação de seu uso normal.

Poucos anos após o início da vigência do CBA foi promulgada a Constituição da República Federativa do Brasil, em 05 de outubro de 1988. Em relação ao objeto deste estudo, o atual regime constitucional apresentou mudanças pontuais em comparação com os anteriores, mantida a estrutura similar de competências públicas.

Nos termos do artigo 21, XII, 'c', compete à União explorar, diretamente ou mediante autorização, concessão ou permissão à

CAPÍTULO III – EVOLUÇÃO NORMATIVA DA INFRAESTRUTURA...

navegação aérea, aeroespacial e à infraestrutura aeroportuária, ao passo que o artigo 178 prevê que a Lei disporá sobre a ordenação dos transportes aéreos, devendo a ordenação do transporte internacional observar os acordos firmados pela União, atendido o princípio da reciprocidade. De acordo com os incisos I e X do artigo 22, compete exclusivamente à União legislar sobre direito aeronáutico e sobre o regime de navegação aérea e aeroespacial. Ao final, o artigo 144, inciso XXII, prevê ser competência da União executar os serviços de polícia aeroportuária, conforme redação dada pela Emenda n. 19/1998.

A atual redação constitucional se distingue dos dispositivos constitucionais precedentes em dois principais aspectos.

Por primeiro, é apresentada uma repartição das atividades próprias da estrutura aeronáutica, até então considerada sob o gênero *navegação aérea*. O texto atual prevê, além da própria navegação aérea, a expressão *infraestrutura aeroportuária*. Essa repartição justifica-se na medida em que rotulam situações distintas, regidas por regimes jurídicos específicos, cuja coincidência de regramento é pontual. Em suma, diferentemente dos textos constitucionais anteriores, o regime vigente estabeleceu, expressamente, ser competência da União a *exploração da infraestrutura aeroportuária*.

A inclusão da *permissão* como instituto apto à transferência da exploração de atividade para terceiros interessados foi inovação da Constituição Federal de 1988. A autorização e a concessão figuravam nas constituições anteriores como instrumentos de outorga de elementos próprios à navegação aérea, conforme redação da Constituição Federal de 1946, então repetida pela de 1967 e mantida pela Emenda n. 01/1969. Sem embargo, temas próprios ao texto constitucional, especialmente os meios de outorga de exploração da infraestrutura aeroportuária, serão analisados em capítulo específico.

Em virtude da necessidade de investimentos relevantes na infraestrutura aeroportuária, a Lei Federal n. 7.920, de 07 de dezembro de 1989, dispôs sobre a criação do Adicional de Tarifa Aeroportuária, ora conhecido como ATAERO. Essa legislação previu um adicional de 50% (cinquenta por cento) sobre as tarifas criadas pela Lei n. 6.009, de 26 de dezembro de 1973, bem como outros referentes à navegação aérea e das telecomunicações. A utilização do valor desse adicional tarifário se destinaria à aplicação em "melhoramentos, reaparelhamento, reforma, expansão e depreciação de instalações aeroportuárias e da rede de telecomunicações e auxílio à navegação aérea" (artigo 1º).[134]

Alterando a função original de parcela da ATAERO, a Lei n. 9.825/1999 definiu que os valores originados sobre o acréscimo da tarifa de embarque internacional, conforme Portaria n. 861/GM2/1997 do Ministério da Aeronáutica, deveriam ser encaminhados ao Tesouro Nacional. Essa distinção visou contribuir com a amortização da dívida pública mobiliária federal (artigos 1º e 2º), finalidade bastante distinta do incremento da infraestrutura aeroportuária. As disposições dessa norma foram sendo alteradas ao longo dos anos,[135] até redação hoje vigente resultante da publicação da Lei n. 12.648, de 17 de maio de 2012.

Ultrapassado o tema da ATAERO, a Lei n. 9.649, de 27 de maio de 1998, definiu ser competência do Ministério da Aeronáutica o planejamento, a operação e a exploração, diretamente ou mediante concessão ou autorização, da infraestrutura aeronáutica sob sua gestão, inclusive os serviços de apoio necessários à navegação aérea (artigo 14 II, alínea "f").

Em atendimento à nova competência, o Ministério da Aeronáutica publicou a Portaria n. 398/GM5, de 04 de junho de 1999, contendo regras relevantes ao tema da infraestrutura aeroportuária. Essa norma,

---

[134] A destinação desse adicional tarifário foi revista com a publicação da Lei n. 8.399, de 07 de janeiro de 1992, ao estabelecer que 80% (oitenta por cento) seriam utilizados diretamente pelo Governo Federal, no sistema aeroviário de interesse federal e o restante destinado aos Estados, em aeroportos e aeródromos de interesse regional ou estadual, bem como na consecução de seus planos aeroviários.

[135] Ganha destaque a Lei n. 10.744, de 09 de setembro de 2003, que incluiu nova redação ao Parágrafo único do artigo 2º da Lei n. 9.825/1999, prescrevendo que a receita dessa parcela da tarifa de embarque internacional e respectivo adicional tarifário poderia ser destinada "para atender despesas de responsabilidades civis perante terceiros na hipótese da ocorrência de danos a bens e pessoas, passageiros ou não, provocados por atentados terroristas, atos de guerra ou eventos correlatos, contra aeronaves de matrícula brasileira operadas por empresas brasileiras de transporte aéreo público, excluídas as empresas de táxi aéreo".

CAPÍTULO III – EVOLUÇÃO NORMATIVA DA INFRAESTRUTURA...

em atendimento à Convenção de Chicago, introduziu as recomendações constantes do Anexo 14 da OACI no sistema jurídico brasileiro.

O Anexo 14 está subdivido em duas partes, o Volumes I – Aeródromos e II – Helipontos. Toda regulamentação é voltada à busca pela padronização da infraestrutura e da prestação dos serviços, com o objetivo de preservar a segurança da navegação aérea internacional. Por meio da referida Portaria foi aprovada a utilização dos volumes em complemento ou substituição da Portaria n. 1.141/GM5 de 1987, que dispunha sobre as Zonas de Proteção e Auxílio à Navegação Aérea. Esse tema está atualmente regulamentado pelo RBAC n. 154, aprovado pela Resolução ANAC n. 238, de 12 de junho de 2012.

Em 2001, por meio da Medida Provisória n. 2.216-37, foram alteradas as atribuições e a organização do Ministério da Aeronáutica, transformando-o em Comando da Aeronáutica e vinculando-o ao Ministério da Defesa, com a consequente absorção de suas funções por esse novo órgão. Por consequência, a Infraero foi vinculada ao Ministério da Defesa.

Outra alteração promovida pela Medida Provisória n. 2.216-37/2001 foi a incorporação do Conselho da Aviação Civil (CONAC), criado pelo Decreto n. 3.654, de 17 de agosto de 2000, ao Ministério da Defesa, estabelecendo que sua presidência seria exercida por esse Ministro.[136] Ao CONAC foi definida competência para propor a política aplicável ao setor de aviação civil e o modelo de concessão da infraestrutura aeroportuária para submissão ao Presidente da República, destarte o dever de aprovar as diretrizes de suplementação de recursos para linhas aéreas e aeroportos de interesse estratégico, econômico ou turístico (artigo 2º, II e III).

---

[136] De acordo com a redação dada pelo Decreto n. 6.815/2009, são membros do CONAC: o Ministro de Estado da Defesa, seu presidente; o Ministro de Estado das Relações Exteriores; o Ministro de Estado da Fazenda; o Ministro de Estado do Desenvolvimento, Indústria e Comércio Exterior; o Ministro de Estado do Turismo; o Chefe da Casa Civil da Presidência da República; o Ministro de Estado do Planejamento, Orçamento e Gestão; o Ministro de Estado da Justiça; o Ministro de Estado dos Transportes; e o Comandante da Aeronáutica.

Importante mudança no regramento próprio do setor aeroportuário ocorreu em 2005, com a publicação da Lei n. 11.182, de 27 de setembro. Por meio desta norma foi criada a Agência Nacional de Aviação Civil (ANAC), com a função de atuar como autoridade da aviação civil. Em contrapartida, foi extinto o Departamento de Aviação Civil (DAC) e demais organizações do Comando da Aeronáutica, cujas competências foram transferidas para a agência (artigo 42).

A ANAC foi constituída sob o regime de autarquia especial, com independência administrativa, autonomia financeira, ausência de subordinação hierárquica e mandato fixo aos seus dirigentes pelo prazo de 5 (cinco) anos (artigos 4º e 5º).[137]

Muitas foram as atividades conferidas à ANAC como agente regulador e fiscalizador das infraestruturas aeronáuticas e aeroportuárias civis[138] (artigo 2º).[139] Notadamente à *infraestrutura aeroportuária* a legislação previu uma série de atribuições dentre os 46 (quarenta e seis) incisos do artigo 8º, sendo elas:

> (i) regular e fiscalizar as medidas a serem adotadas pelas empresas exploradoras da infraestrutura aeroportuária para prevenção quanto ao uso por seu pessoal técnico de manutenção e operação que tenha acesso às aeronaves, de substâncias entorpecentes ou

---

[137] O tema do mandato é relevante à ANAC como agência reguladora. A diretoria deverá ser formada por brasileiros de reputação ilibada, formação universitária e elevado conhecimento no campo para o qual foi nomeado. As hipóteses de perda foram limitadas aos casos de renúncia, condenação judicial transitada em julgado ou de pena demissória decorrente de processo administrativo disciplinar instalado pelo Ministro-Chefe da pasta à qual a agência está vinculada – originalmente Defesa e atualmente Secretaria de Aviação Civil – e cujo julgamento definitivo dar-se-á pelo Presidente da República (artigos 13 e 14).

[138] Nos termos do parágrafo sétimo do art. 8º da Lei n. 11.182/2005, as competências da ANAC não são extensivas às infraestruturas militares.

[139] Nos termos do Decreto n. 5.731/2006, que regulamentou a Lei n. 11.182/2005, as infraestruturas foram definidas como "o conjunto de órgãos, instalações ou estruturas terrestres de apoio à aviação civil, para promover-lhe a segurança, a regularidade e a eficiência".

psicotrópicas, que possam determinar dependência física ou psíquica, permanente ou transitória;

(ii) regular as autorizações de horários de pouso e decolagem de aeronaves civis, observadas as condicionantes da infraestrutura aeroportuária disponível;

(iii) compor, administrativamente, conflitos de interesses entre prestadoras de serviços aéreos e de infraestrutura aeronáutica e aeroportuária;

(iv) regular e fiscalizar a infraestrutura aeronáutica e aeroportuária, com exceção das atividades e procedimentos relacionados com o sistema de controle do espaço aéreo e com o sistema de investigação e prevenção de acidentes aeronáuticos;

(v) conceder ou autorizar a exploração da infraestrutura aeroportuária, no todo ou em parte;

(vi) estabelecer o regime tarifário da exploração da infraestrutura aeroportuária, no todo ou em parte;

(vii) homologar, registrar e cadastrar os aeródromos;

(viii) expedir normas e padrões que assegurem a compatibilidade, a operação integrada e a interconexão de informações entre aeródromos;

(ix) expedir normas e estabelecer padrões mínimos de segurança de voo, de desempenho e eficiência, a serem cumpridos pelas prestadoras de infraestrutura aeronáutica e aeroportuária, inclusive quanto a equipamentos, materiais, produtos e processos que utilizarem e serviços que prestarem;

(xi) deliberar, na esfera administrativa, quanto à interpretação da legislação, sobre serviços aéreos e de infraestrutura aeronáutica e aeroportuária, inclusive casos omissos, quando não houver orientação normativa da Advocacia-Geral da União;

(xii) firmar convênios de cooperação técnica e administrativa com órgãos e entidades governamentais, nacionais ou estrangeiros, tendo em vista a descentralização e fiscalização eficiente da infraestrutura aeronáutica e aeroportuária; e

(xiii) contribuir para a preservação do patrimônio histórico e da memória da infraestrutura aeronáutica e aeroportuária, em cooperação com as instituições dedicadas à cultura nacional, orientando e incentivando a participação das empresas do setor.

Em atenção a esse rol, o artigo 9º do Decreto n. 5.731/2006, que regulamentou a Lei n. 11.182/2005, estabeleceu que a ANAC, no "exercício de seu poder normativo e de coordenação, supervisão e fiscalização" da infraestrutura aeroportuária, tem como principais objetivos:

> (...) II – garantir a integridade de passageiros, tripulantes, pessoal de terra, público em geral, aeronaves e instalações de aeroportos brasileiros, nacionais e internacionais, protegendo as operações da aviação civil contra atos de interferência ilícita cometidos no solo ou em vôo;
>
> III – assegurar o princípio da confiabilidade do serviço público, garantindo a movimentação de pessoas e bens, em cumprimento a padrões de eficiência, segurança, regularidade, continuidade, atualidade, generalidade e cortesia na prestação dos serviços públicos; (...)
>
> V – implementar programas de incentivos para o aumento da produtividade do setor aéreo e para viabilizar o acesso à infra-estrutura e ao transporte aéreo para as localidades não atendidas;
>
> VI – assegurar os direitos dos usuários; (...)
>
> VIII – preservar o cumprimento das obrigações de continuidade da prestação de serviços (...).

Foi atribuída à ANAC a competência para definir o "modelo de concessão da infra-estrutura aeroportuária, a ser submetida ao Presidente da República" em cumprimento das orientações, diretrizes e políticas da União. Foi conferida à diretoria da ANAC a função de conceder ou autorizar a exploração da infraestrutura aeroportuária, bem como aprovar minutas de editais de licitação, homologar a adjudicação e a extinção de contratos de concessão e permissão (artigo 11 e 12).[140]

---

[140] Nos termos do Decreto n. 5.731/2006, a ANAC deverá, dentre suas funções: "I – promover a modernização e a expansão de capacidade das infra-estruturas física e operacional existentes, bem como a intensificação da utilização dessas infra-estruturas; II – buscar assegurar a todos os segmentos da aviação civil acesso adequado à infra-estrutura aeroportuária e aeronáutica; III – estabelecer regime tarifário e de preços específicos que: a) promova maior circulação de pessoas e intercâmbio de bens e serviços entre as regiões do País e deste com o exterior; b) assegure a eficiência na alocação e

CAPÍTULO III - EVOLUÇÃO NORMATIVA DA INFRAESTRUTURA...

Adicionalmente, foi previsto que as atividades de administração e exploração aeroportuária exercidas pela Infraero passariam a ser reguladas pela ANAC. Por sua vez, em até 180 (cento e oitenta dias) da instalação da ANAC (artigo 47, II e III), os contratos de concessão ou convênios de delegação celebrados pela União com órgãos ou entidades da Administração Federal, Estados, Distrito Federal e Municípios, cujos objetos fossem a administração e exploração de aeródromos, deveriam ser adaptados à Lei n. 11.1182/2005.

Para eficácia de todas essas medidas, foi conferida à ANAC a função de autoridade sancionadora, tendo o dever de reprimir infrações à legislação e às normas técnicas impostas aos agentes atuantes no setor (artigo 8º, XXXV e parágrafo 2º).

Em contrapartida ao exercício das atividades descritas, especialmente à prestação de serviços e ao exercício de poder de polícia, a Medida Provisória n. 269/2005, convertida com alterações na Lei n. 11.292, de 26 de abril de 2006, autorizou a ANAC a cobrar a Taxa de Fiscalização da Aviação Civil (TFAC) dos regulados, incluídas as empresas exploradoras de infraestrutura aeroportuária.

Na esteira das mudanças impostas pelas crises do setor aéreo, em 18 de fevereiro de 2009, o Decreto n. 6.780 aprovou a Política Nacional de Aviação Civil[141] (PNAC) formulada pelo CONAC. Mesmo sendo

---

uso dos recursos dos aeroportos; c) gere receita suficiente para recuperar custos; e d) proporcione orientação para investimentos futuros; IV – assegurar que as tarifas iniciais sejam determinadas com valores compatíveis aos custos marginais de longo prazo; V – assegurar a modicidade das tarifas e o repasse de ganhos de produtividade aos usuários; VI – proceder à revisão e ao reajuste de tarifas dos serviços prestados segundo as disposições contratuais e as regras estabelecidas, após prévia comunicação ao Ministério da Fazenda; VII – assegurar o cumprimento das normas pertinentes ao meio ambiente, de forma a garantir o desenvolvimento sustentável da aviação civil; VIII – assegurar a implementação dos padrões de segurança operacional e de segurança da aviação civil contra atos ilícitos; e IX – assegurar o cumprimento das normas pertinentes às Zonas de Proteção de Aeródromos, Zonas de Proteção de Helipontos e Zonas de Proteção de Auxílios à Navegação Aérea expedidas pelo Comando da Aeronáutica, em complemento às normas da ANAC".

[141] O PNAC elegeu como principal propósito: "(...) assegurar à sociedade brasileira o desenvolvimento de sistema de aviação civil amplo, seguro, eficiente, econômico, moderno, concorrencial, compatível com a sustentabilidade ambiental, integrado às

norma programática, desprovida de sanção em caso de descumprimento, o PNAC impôs aos responsáveis pelo desenvolvimento da aviação civil as premissas norteadoras do incremento e gestão da infraestrutura aeroportuária, com destaque aos seguintes deveres: (i) prover a ampliação da segurança operacional; (ii) prestar o serviço adequado, considerado como tal o serviço contínuo, regular e pontual; (iii) proteger o meio ambiente em face dos impactos promovidos; (iv) proteger o consumidor; e (v) promover o desenvolvimento e eficiência nas operações da aviação civil.

A ampliação da infraestrutura aeroportuária figurou como aspecto preponderante do PNAC, haja vista ser considerada fator impulsionador da oferta e melhoria dos serviços aéreos e motivador da integração e desenvolvimento nacional. Nos termos do PNAC:

> O provimento de infra-estrutura, seja pelo Poder Público ou por agentes privados por meio de delegação, conforme disposto na Constituição, deve proporcionar o desenvolvimento das atividades de transporte aéreo. Há que superar os óbices que impedem o crescimento da aviação civil de maneira ordenada e em sintonia com os objetivos nacionais de integração e ampliação do acesso ao serviço, de forma a promover a prosperidade equitativamente.

Visando ao atendimento das premissas adotadas, o PNAC definiu estratégias e ações para cumprimento pelas autoridades públicas. Tendo como foco a infraestrutura aeroportuária, insta destacar algumas ações propostas:

> (a) *segurança*: "estimular a coordenação entre os órgãos de âmbito federal, estadual e municipal visando ao cumprimento da legislação que trata da zona de proteção de aeródromos, de ruídos e de auxílios à navegação aérea";
> (b) *proteção do serviço adequado*: "promover esforços conjuntos no sentido de que os serviços prestados pelos órgãos e entidades públicas e privadas que compõem o Sistema de Aviação Civil sejam pautados pela segurança, eficiência, continuidade, regularidade e

---

demais modalidades de transportes e alicerçado na capacidade produtiva e de prestação de serviços nos âmbitos nacional, sul-americano e mundial".

pontualidade, de forma a assegurar a previsibilidade aos seus usuários; e desenvolver capacidade para responder de forma rápida e efetiva aos fatores adversos – naturais, materiais ou humanos – que possam interromper a prestação do serviço de transporte aéreo adequado";

(c) *proteção ao meio ambiente*: "assegurar a inclusão dos aspectos ambientais no planejamento, implantação e operação dos aeródromos; promover e aprimorar medidas que desestimulem o adensamento populacional em áreas sujeitas a níveis significativos de emissão de ruídos e gases por parte de motores de aeronaves, em conformidade com a legislação referente às zonas de proteção de aeródromos, de ruídos, de auxílios à navegação e à área de segurança aeroportuária; estimular e apoiar a adoção de políticas relacionadas ao meio ambiente nas áreas de entorno dos aeródromos nas esferas federal, estadual e municipal, visando ao estabelecimento de condições mais adequadas para a prática das atividades aeronáuticas";

(d) *proteção ao consumidor*: "assegurar a adequada regulamentação dos direitos e obrigações dos usuários, dos prestadores de serviços aéreos, da infra-estrutura aeronáutica e aeroportuária civis, de forma a prover o equilíbrio no relacionamento entre as partes e minimizar o contencioso administrativo e judicial";

(e) *desenvolvimento da aviação civil*: "buscar a adequação contínua da capacidade da infra-estrutura à expansão do transporte aéreo, inclusive por meio de delegação, conforme disposto na Constituição; promover as iniciativas requeridas para assegurar a execução do planejamento das infra-estruturas aeronáutica e aeroportuária civis; considerar as compras governamentais no interesse do desenvolvimento da infra-estrutura aeronáutica"; e

(f) *eficiência das operações da aviação civil*: "elaborar normas, métodos, orientações e planos para apoiar a implantação dos conceitos de organização e gestão do tráfego aéreo, de projeto e operação de aeródromos, de gerenciamento de segurança operacional e de atividades dos operadores da aviação civil; buscar a expansão antecipada e coordenada da oferta de infra-estrutura aeronáutica e aeroportuária civis para atendimento da demanda de serviços aéreos; permitir a utilização da infra-estrutura aeronáutica e aeroportuária civis até o limite da capacidade estabelecida, segundo regras previamente estipuladas e em coordenação com os usuários e sem comprometimento da segurança operacional.

Na regulamentação do PNAC, além das disposições gerais suprarrelatadas, estão previstas estratégias direcionadas exclusivamente à infraestrutura aeroportuária civil, quais sejam:

- promover a adequada provisão, ampliação e otimização da infraestrutura aeroportuária civil, por meio do direcionamento estratégico de investimentos, visando ao desenvolvimento econômico, à integração nacional e ao atendimento de regiões de difícil acesso;
- harmonizar a capacidade e a demanda da infraestrutura aeroportuária civil, com base em planos de investimento que considerem os planejamentos de curto, médio e longo prazo baseados em estudos específicos e informações integradas;
- assegurar a racionalidade da habilitação de aeroportos para o tráfego internacional, sempre justificada com base na projeção de demanda, em estudos de viabilidade econômico-financeira e em interesses estratégicos do País;
- desenvolver incentivos econômicos e regulatórios de forma a gerir a demanda e otimizar o uso dos aeroportos, ordenando os serviços de transporte aéreo;
- garantir a preservação e proteção dos sítios aeroportuários e a compatibilização do planejamento urbano com as zonas de proteção e da área de segurança aeroportuária, por meio do desenvolvimento e aprimoramento de mecanismos de controle junto aos municípios;
- estimular o investimento privado na construção e operação de aeródromos;
- planejar o uso de áreas aeroportuárias, de forma a garantir a completa utilização do potencial de seus sítios;
- manter as instalações aeroportuárias civis em condições de atender adequadamente aos usuários do transporte aéreo, garantindo a realização tempestiva e apropriada de manutenção da infraestrutura;
- promover a intermodalidade dos transportes, buscando a constante integração do planejamento do setor de aviação civil com o dos modais rodoviário, ferroviário e aquaviário;

CAPÍTULO III – EVOLUÇÃO NORMATIVA DA INFRAESTRUTURA...

- incentivar a instalação de atividades econômicas adequadas nas proximidades ou no sítio aeroportuário, observadas as restrições impostas pelas zonas de proteção, e sem prejuízo às operações das atividades aéreas;
- promover junto aos respectivos entes federados o provimento da infraestrutura necessária à implantação e operação dos aeródromos, incluindo o acesso viário;
- promover a concorrência no setor, de forma a garantir aos usuários melhor qualidade de serviços e menores tarifas;
- promover a participação da iniciativa privada na construção, operação e exploração de aeroportos, no todo ou em partes; e
- propor medidas que permitam a utilização eficiente da infraestrutura aeroportuária, tais como diferenciação tarifária entre os diversos aeroportos ou em um mesmo aeroporto nos horários de maior demanda.

Considerando as disposições relatadas, em 10 de junho de 2010, por meio do Decreto n. 7205 foi descrito o primeiro modelo de concessão aplicável a um aeroporto de movimentação relevante. Pretendendo ser o principal aeroporto do Estado do Rio Grande do Norte, foi regulamentada a concessão do Aeroporto de São Gonçalo do Amarante (ASGA),[142] localizado em município de mesmo nome. Esse Decreto será avaliado em capítulo próprio.

Alteração relevante à gestão da aviação civil e do sistema aeroportuário nacional foi promovida por meio da Medida Provisória n. 527, de 18 de março de 2011, convertida na Lei n. 12.462, de 04 de agosto de 2011.[143] Esta norma, modificando o histórico do setor, retirou tais competências da esfera militar, transferindo-as à Secretaria de Aviação Civil (SAC), órgão ligado à Presidência da República.[144] Essa mudança

---

[142] Agora denominado Aeroporto Internacional do Rio Grande do Norte/São Gonçalo do Amarante – Governador Aluízio Alves (ASGA), nos termos da Lei n. 12.920, de 24 de dezembro de 2013.

[143] "Artigo 49. São transferidas as competências referentes à aviação civil do Ministério da Defesa para a Secretaria de Aviação Civil".

[144] Exposição de Motivos Interministerial n. 31/MP/MD/MF/MJ/CCivil-PR vinculada a Medida Provisória 270/2011: "(...) 2. Um dos mais relevantes elementos da proposta

foi considerada parte de um processo de revisão do setor, cujo foco principal era a imediata expansão e modernização da infraestrutura aeroportuária, deficitária em comparação com a expansão da aviação civil.

Em alteração ao artigo 24 da Lei n. 10.683/2003, foram conferidas à SAC atribuições relacionadas à infraestrutura aeroportuária, quais sejam: (i) formular, coordenar e supervisionar as políticas para o desenvolvimento da infraestrutura aeroportuária, inclusive o programa de investimentos, desenvolvimento e a administração de recurso; (ii) elaborar estudos e projeções sobre a infraestrutura aeroportuária, passível de gerar a proposição da expropriação dos bens destinados à expansão dessa infraestrutura a ser conduzida pela Presidência da República; (iii) elaborar e aprovar o plano de outorgas para exploração da infraestrutura aeroportuária, bem como transferir para Estados, Distrito Federal e Municípios a implantação, administração, operação, manutenção e exploração de aeródromos públicos, direta ou indiretamente (artigo 48).[145]

---

diz respeito à criação, no âmbito da Presidência da República, da Secretaria de Aviação Civil, destinada a formular, coordenar e supervisionar as políticas para o desenvolvimento do setor de aviação civil e das infraestruturas aeroportuária e aeronáutica civil. Incumbirá também à nova Secretaria, dentre outras atividades, formular e implementar o planejamento estratégico do setor, elaborar estudos e projeções, elaborar e aprovar os planos de outorgas para exploração da infraestrutura aeroportuária e coordenar os órgãos e entidades integrantes do sistema de aviação civil, em articulação com o Ministério da Defesa. 3. A sociedade brasileira há tempos estava a exigir uma ampla reformulação do quadro institucional voltado à gestão da aviação civil. A criação da Secretaria de Aviação Civil representa um importante passo para a construção de um novo modelo institucional em que os vetores segurança, regularidade e pontualidade sejam abordados de forma a garantir um ambiente favorável tanto aos usuários quanto aos prestadores do serviço. 4. Outro aspecto importante da iniciativa diz respeito ao enfrentamento da crescente demanda que decorre da expansão do mercado de aviação civil, avultada pela proximidade dos eventos esportivos de grande envergadura que serão sediados pelo País nos próximos anos. Nesse sentido, confere-se à Secretaria a atribuição de promover a harmonização dos planejamentos relativos à aviação civil, à infraestrutura aeroportuária civil e à infraestrutura de navegação aérea civil, com vistas à adequação da capacidade das infraestruturas instaladas à expansão do transporte aéreo. Sob a mesma ótica, é prevista a elaboração de estudos de projeção de demanda, que serão utilizados como referência para o planejamento de médio e longo prazo da aviação civil".

[145] O Decreto n. 7.476, de 10 de maio de 2011, que aprovou a Estrutura Regimental da Secretaria de Aviação Civil, definiu a estrutura interna e o detalhou as competências atribuídas à SAC.

CAPÍTULO III – EVOLUÇÃO NORMATIVA DA INFRAESTRUTURA...

No contexto das mudanças do setor, a referida norma alterou a Lei n. 5.862, de 12 de dezembro de 1972; a Lei n. 8.399, de 7 de janeiro de 1992; e a aludida Lei n. 11.182, de 27 de setembro de 2005, com o objetivo de transferir à SAC as competências então alocadas ao Ministério da Aeronáutica, ao Departamento de Aviação Civil ou ao Ministério da Defesa, além de modificar expressamente as competências da ANAC.[146]

Em complemento, esta norma instituiu o Fundo Nacional de Aviação Civil (FNAC), cuja finalidade era destinar recursos do sistema de aviação civil para o desenvolvimento e fomento das infraestruturas aeroportuárias e aeronáuticas civis. Os recursos do FNAC seriam provenientes, principalmente, do Programa Federal de Auxílio a Aeroportos (PROFAA).[147]

Por conseguinte, foi publicado o Decreto n. 7.554, em 15 de agosto de 2011, instituindo a Comissão Nacional de Autoridades Aeroportuárias (CONAERO) e as Autoridades Aeroportuárias.[148]

A CONAERO, coordenada então pela SAC e composta por representantes da Casa Civil e os Ministérios da Agricultura, Pecuária e Abastecimento; Defesa; Fazenda; Justiça; Planejamento, Orçamento e Gestão; Saúde; e a ANAC, é autoridade responsável pela organização e coordenação das atividades públicas nos aeroportos. Em suma, a CONAERO assumiu as seguintes atribuições: (i) coordenar o exercício das competências dos órgãos e entidades dos aeroportos; (ii) promover e implementar

---

[146] Quanto à ANAC, foram excluídas as seguintes competências: (i) aprovação dos planos aeroviários estaduais (artigo 8º, XXII); (ii) proposição à Presidência da República, por intermédio do Ministério da Defesa, da expropriação de áreas voltadas ao desenvolvimento da infraestrutura aeroportuária (artigo 8º, XXIII); (iii) gestão sobre arrecadação e suplementação de recursos para o funcionamento de aeródromos de interesse federal, estadual ou municipal (artigo 8º, XXVII); (iv) aprovação da construção, reforma e ampliação dos aeródromos (artigo 8º, XXVIII); e (v) promoção de estudos sobre a logística do transporte aéreo e do transporte intermodal, ao longo de eixos e fluxos de produção, em articulação com os demais órgãos governamentais competentes (artigo 8º, XLVII).

[147] O mencionado PROFAA foi instituído e regulamentado pela Portaria Ministerial n. 1.047/GM-4, cujo objetivo era de promover o desenvolvimento dos aeroportos e aeródromos de interesse estadual e regional.

[148] Este Decreto revogou as regras que regulavam a ainda vigente Comissão Nacional para a Facilitação do Transporte Aéreo Internacional, nos termos dos Decretos n. 64.521/1969 e 75.474/1975.

programas e medidas que resultem no avanço do desempenho dos órgãos, adequando-os às melhores práticas, inclusive internacionais; (iii) propor e expedir normas e rever procedimentos das autoridades aeroportuárias e demais sujeitos atuantes em atividades dessa natureza (artigos 1º e 3º).

As Autoridades Aeroportuárias deveriam atuar nos aeroportos com maior movimentação no país,[149] porém com a possibilidade de a CONAERO ampliar os locais de ação. Este órgão assumiu a função de (i) coordenar e implementar ações para melhor gestão e execução das atividades nos aeroportos, visando a melhor prestação do serviço ao usuário; (ii) coordenar a atuação em situações excepcionais, seja emergência ou alta de demanda; (iii) fiscalizar a operação aeroportuária; (iv) reunir e entender os dados de operação, assim como sugerir adequações e melhorias nas atividades e instalações dos aeroportos; (v) implementar e acompanhar o atendimento das metas e parâmetros definidos pela CONAERO, bem como sugerir medidas (artigo 6º).

Cada aeroporto eleito possuiria uma Autoridade Aeroportuária, órgão colegiado composto por representantes das Secretarias da Receita Federal e da Defesa Agropecuária; do Departamento da Polícia Federal e do Controle do Espaço Aéreo do Comando da Aeronáutica; da Agência Nacional de Vigilância Sanitária (ANVISA); da ANAC e da Infraero, entidade esta que assumiu a competência de também secretariar o órgão. Caso o aeroporto que recebesse a Autoridade Aeroportuária fosse operado por operadoras privadas, elas assumiriam assento junto aos demais entes, em substituição à Infraero (artigo 7º).

---

[149] "Art. 5º Ficam instituídas Autoridades Aeroportuárias nos seguintes aeroportos:
I – Aeroporto Internacional Presidente Juscelino Kubitschek, localizado em Brasília, Distrito Federal;
II – Aeroporto Internacional Tancredo Neves localizado nos Municípios de Confins e Lagoa Santa, na Região Metropolitana de Belo Horizonte, no Estado de Minas Gerais;
III – Aeroporto Internacional Governador André Franco Montoro, localizado no Município de Guarulhos, no Estado de São Paulo;
IV – Aeroporto de Congonhas, localizado no Município de São Paulo, no Estado de São Paulo;
V – Aeroporto Internacional do Rio de Janeiro/Galeão – Antonio Carlos Jobim, localizado no Município do Rio de Janeiro, no Estado do Rio de Janeiro; e
VI – Aeroporto Santos-Dumont, localizado no Município do Rio de Janeiro, no Estado do Rio de Janeiro".

CAPÍTULO III - EVOLUÇÃO NORMATIVA DA INFRAESTRUTURA...

Em momento seguinte, foi editada a Medida Provisória n. 551, de 22 de novembro de 2011, convertida na Lei n. 12.648, de maio de 2012,[150] alterando as Leis n. 6.009/1973[151]; n. 7.920/1989[152]; n. 8.399/1992[153]; n. 9.825/1999[154]; e n. 12.462/2011[155].

Os principais objetivos desta norma seriam a criação da tarifa de conexão, a redução do percentual do ATAERO incidente sobre as tarifas

---

[150] Esta norma foi resultado do trabalho de grupo formado por representantes das SAC, dos Ministérios da Fazenda e Defesa e da Casa Civil, motivados pela busca por investimentos privados voltados à construção e operação da infraestrutura aeroportuária.

[151] Foi alterada para inclusão da tarifa de conexão dentre as tarifas para utilização do aeroporto. Essa nova tarifa incide sobre o proprietário ou explorador da aeronave, sendo devida pela alocação de passageiro em conexão em Estação de Passageiros durante a execução do contrato de transporte.

[152] Foi alterada para redução do percentual da ATAERO, de 50% (cinquenta por cento) para 35,9% (trinta e cinco vírgula nove por cento) sobre as tarifas de embarque, pouso, permanência, armazenagem e capatazia.

[153] Foi promovida a redução dos percentuais utilizados diretamente pelo Governo Federal no sistema aeroviário de interesse federal, passando de 80% (oitenta por cento) para 74,76% (setenta e quatro vírgula setenta e seis por cento), resultando no acréscimo de 5,24% (cinco vírgula vinte e quatro por cento) aos 20% (vinte por cento) originalmente destinados aos Estados com o objetivo de que estes promovessem, em seus planos aeroviários, o desenvolvimento de aeródromos de interesse regional ou estadual (artigo 2º). Ainda sobre esses valores, a nova redação previu que os 25,24% (vinte e cinco inteiros e vinte e quatro centésimos por cento) assumiriam o suporte financeiro do PROFAA, cuja proposição e instituição ocorreriam de acordo com os Planos Aeroviários Estaduais, a serem estabelecidos por meio de convênios celebrados entre os governos estaduais e a SAC.

[154] Foi alterada para redirecionar ao FNAC as receitas decorrentes do aumento promovido pela Portaria n. 861/GM2/1987 e incidente sobre as tarifas de embarque internacional, revogando a regra que as destinava ao orçamento geral do Tesouro Nacional para amortização da dívida mobiliária federal (artigo 3º).

[155] Destarte a alteração quanto aos recursos destinados ao FNAC, a revisão dessa norma previu a instituição de novas tarifas destinadas ao Fundo Aeronáutico, com a revogação do Decreto-Lei n. 1.896, de 17 de dezembro de 1981. As Tarifas de Uso das Comunicações e dos Auxílios à Navegação Aérea em Rota; de Uso das Comunicações e dos Auxílios-Rádio à Navegação Aérea em Área de Controle de Aproximação; e a de Uso das Comunicações e dos Auxílios-Rádio à Navegação Aérea em Área de Controle de Aeródromo pretendem remunerar a utilização do sistema e dos serviços destinados ao apoio e à segurança da navegação área, sendo devidas pelos proprietários ou exploradores das aeronaves.

aeroportuárias e a redefinição e ampliação das fontes e recursos destinados ao FNAC. Neste último caso, o fundo passou a receber os recursos oriundos da ATAERO, dos valores devidos como contrapartida à União em razão das outorgas de infraestrutura aeroportuária, além dos rendimentos de aplicações financeiras (artigo 4º).

Em contrapartida ao aumento de recursos, a destinação dos valores do FNAC foi expandida, agora abarcando o incentivo à aviação civil, além do fomento das infraestruturas aeroportuárias e aeronáuticas civis. Essa decisão pretendeu impulsionar ações que promovessem a redução do tempo da viagem aérea (artigos 4º e 7º).[156]

No mais, em revisão da Lei n. 9.825/1999, foi modificada a previsão que atribuía expressamente ao Comando da Aeronáutica e à Infraero a obrigação de recolher os valores tarifários e respectivos adicionais, redefinindo como competência dos "administradores aeroportuários". O ajuste foi realizado em vista da pretensão de transferência de tais atividades à iniciativa privada por meio de concessão. A medida objetivou ampliar a segurança jurídica e econômica da operação, vez que a arrecadação direta de recursos pelo particular afasta o potencial risco de inadimplência pública.

Em linha com a ampliação dos meios de captação de recursos e a pretensão de participação privada na modernização na execução das atividades que compõem a gestão da infraestrutura aeroportuária, foi alterada a Lei n. 5.862/1972. Essa mudança facultou a criação de subsidiárias pela Infraero, assim como autorizou sua participação direta, ou por meio dessas subsidiárias, minoritária ou majoritariamente, em outras sociedades públicas ou privadas.

Ato contínuo, como elemento integrante do rol de medidas voltadas à participação dos particulares na exploração aeroportuária, foi publicado o Decreto n. 7.624, de 22 de novembro de 2011,

---

[156] Nos termos do parágrafo único do artigo 7º: "O tempo de viagem aérea a que se refere o caput tem início com o ingresso do passageiro no sítio aeroportuário de origem e termina com a saída do passageiro do sítio aeroportuário de destino".

CAPÍTULO III – EVOLUÇÃO NORMATIVA DA INFRAESTRUTURA...

estabelecendo as condições para a exploração dos aeroportos pela iniciativa privada mediante concessão, seja na modalidade comum, administrativa ou patrocinada.

O tema da concessão, incluindo as disposições desta norma, será abordado em capítulo próprio. Contudo, para conclusão desta avaliação preliminar, pontua-se ter sido atribuída à SAC a competência para editar o Plano Geral de Outorgas,[157] indicando quais aeródromos civis públicos poderiam ser concedidos pela União (artigos 1º e 2º).

Ademais, este Decreto estendeu aos Estados, Distrito Federal e aos Municípios delegatários da União a possibilidade de transferirem a exploração dos aeródromos à iniciativa privada. Para tanto, foi exigida a previsão autorizativa do ato no convênio de delegação, bem como a anuência prévia da SAC, cuja decisão, por sua vez, estará condicionada à precedente manifestação do Ministério da Defesa acerca de eventual interesse militar no aeródromo.

Em continuidade à política de exploração aeroportuária, foi publicado o Decreto n. 7.871, de 16 de agosto de 2012, fixando as condições para a outorga de *autorização* para a exploração de aeródromos civis públicos destinados exclusivamente ao processamento de operações de serviços aéreos privados,[158] de serviços aéreos especializados[159]

---

[157] Em 08 de julho de 2011, foi publicada a Portaria SAC n. 110, que instituía o Plano Geral de Outorgas para exploração dos aeródromos civis públicos. Contudo, esse regramento vigeu por pouco tempo, sendo substituído pela Portaria n. 183, de 14 de agosto de 2014. O texto vigente será objeto de avaliação em capítulo próprio.

[158] Nos termos do artigo 177 do CBA: "Art. 177. Os serviços aéreos privados são os realizados, sem remuneração, em benefício do próprio operador (art. 123, II) compreendendo as atividades aéreas: I – de recreio ou desportivas; II – de transporte reservado ao proprietário ou operador da aeronave; III – de serviços aéreos especializados, realizados em benefício exclusivo do proprietário ou operador da aeronave".

[159] Nos termos do artigo 201 do CBA: "Art. 201. Os serviços aéreos especializados abrangem as atividades aéreas de: I – aerofotografia, aerofotogrametria, aerocinematografia, aerotopografia; II – prospecção, exploração ou detectação de elementos do solo ou do subsolo, do mar, da plataforma submarina, da superfície das águas ou de suas profundezas; III – publicidade aérea de qualquer natureza; IV – fomento ou proteção da agricultura em geral; V – saneamento, investigação ou experimentação técnica ou científica; VI

e de táxi-aéreo[160] (artigo 2º).[161]

Para conclusão deste tópico, resta exposição das Leis n. 13.097, de 19 de janeiro de 2015 e n. 13.319, de 25 de julho de 2016.

Ao regular uma série de temas e matérias distintas, a Lei n. 13.097/2015 instituiu o Programa de Desenvolvimento da Aviação Regional (PDAR), com a pretensão de promover ações e medidas em prestígio ao acesso do transporte aéreo às populações residentes de regiões menos desenvolvidas, somado à ampliação do fluxo de voos em prol da integração dos municípios e comunidades distantes.[162]

Destarte a criação de meios e critérios para a atração de empresas aéreas que ofertassem os voos pretendidos, esta legislação ratificou a necessidade de desenvolvimento da infraestrutura aeroportuária regional, consideradas estruturas de pequeno ou médio portes, com movimentação anual (passageiros embarcados e desembarcados) inferior a 600.000 (seiscentos mil).

Por sua vez, a Lei n. 13.319/2016, originada da conversão da MP n. 714/2016, dentre outras medidas, acabou por determinar a extinção do ATAERO a partir de 1º de janeiro de 2017. Esta mudança provocará o ajuste na destinação dos recursos, vez que as tarifas aeroportuárias cobradas de usuários de infraestruturas não concedidas irão incorporar

---

– ensino e adestramento de pessoal de vôo; VII – provocação artificial de chuvas ou modificação de clima; VIII – qualquer modalidade remunerada, distinta do transporte público".

[160] Nos termos do artigo 220 do CBA: "Art. 220. Os serviços de táxi-aéreo constituem modalidade de transporte público aéreo não-regular de passageiro ou carga, mediante remuneração convencionada entre o usuário e o transportador, sob a fiscalização do Ministério da Aeronáutica, e visando a proporcionar atendimento imediato, independente de horário, percurso ou escala".

[161] Tema que, como a concessão, será tratado em capítulo destinado às formas de outorga para a exploração de aeródromos públicos.

[162] Nesse sentido, a Lei n. 13.097/2015 alterou o CBA, propriamente os artigos 36, §1º e 36-A, a fim de facultar à autoridade de aviação civil expedir regulamentos próprios aos aeródromos públicos localizados na área da Amazônia Legal, considerando as condições locais e o fomento à integração e atendimento às populações locais.

CAPÍTULO III – EVOLUÇÃO NORMATIVA DA INFRAESTRUTURA...

o valor ora destinado FNAC, ficando sob gestão do prestador do serviço. Porém, esta mudança não impactará as Unidade de Referência da Tarifa Aeroportuária (Urta) prevista nos contratos de concessão para exploração de infraestrutura aeroportuária federal ora objeto de estudo, pois celebrados até 1º de março de 2016, devendo ser mantido o recolhimento ao FNAC dos valores próprios do ATAERO até que concluída a recomposição do equilíbrio econômico-financeiro destas avenças.

Outra mudança pertinente provocada pela norma em comenta incide sobre o CBA, para inclusão do artigo 38-A. Este novo dispositivo autoriza os operadores aeroportuários a remover as aeronaves, equipamentos e outros bens deixados nas áreas aeroportuárias, incluindo os bens integrantes de massa falida, desde que mediante comunicação do juízo competente, sempre *"que restrinjam a operação, a ampliação da capacidade ou o regular funcionamento do aeroporto ou ocasionem riscos sanitários ou ambientais"*. Na hipótese da ocorrência do relatado, a norma prevê que as despesas incorridas pelos operadores aeroportuários deverão ser reembolsadas pelos proprietários dos bens e, no caso de falência do proprietário, constituirão créditos extraconcursais a serem pagos pela massa. A mudança resulta da necessidade prática relatada pelos operadores aeroportuários em face de bens e equipamentos abandonados nos sítios.

Como exposto acima, sob uma pequena revisão administrativa, foi promulgada a Lei n. 13.341, de 29 de setembro de 2016, por meio do qual foi extinta a SAC (artigo 1º, II) e transferidas suas competências para o então transformado Ministério dos Transportes, Aviação e Portos (MTAP). As menções e competências então ditas da SAC neste livro, portanto, desde a publicação da aludida legislação, são próprias do MTAP.

Concluída a exposição cronológica dos dispositivos que integraram ou permanecem vigentes no sistema jurídico pátrio, reafirma-se que este capítulo pretendeu organizar e interpretar a maioria, se não a totalidade, das normas regentes da infraestrutura aeroportuária brasileira. O conhecimento da evolução normativa e a análise dos principais diplomas resultam na formação de um conhecimento horizontal de setor, auxiliando na identificação das normas e das relações decorrentes da exploração da infraestrutura aeroportuária.

Superada essa passagem, este texto se dedicará à exposição do regime e aspectos atinentes à exploração da infraestrutura aeroportuária realizada pela Infraero e pelas atuais concessionárias de serviço público, bem como às relações jurídicas daí decorrentes.

Capítulo IV
EXPLORAÇÃO DA INFRAESTRUTURA AEROPORTUÁRIA

A infraestrutura aeroportuária foi carreada ao texto constitucional dentre as competências da União, cuja exploração é realizada diretamente ou mediante concessão, permissão ou autorização, como consta do rol do artigo 21, inciso XII, alínea "c", da Constituição Federal.

A opção constitucional gera dúvidas quanto à natureza da atividade estatal e respectivos efeitos, fazendo-se necessário tecer algumas considerações sobre esses aspectos. *Ab initio,* a seguinte questão deve ser enfrentada: a exploração da infraestrutura aeroportuária é *serviço público* ou mera gestão cumulada com disponibilização de bens públicos para fruição dos interessados?

Esta resposta exige esclarecimentos breves sobre essas diferentes e, muitas das vezes, complementares, atribuições públicas.

Como premissa geral, é dever da Administração Pública a gestão de seu patrimônio, assumindo, dentre outras, práticas como a guarda, conservação e manutenção independentemente da natureza ou finalidade do bem.

Sob a ótica dos aeroportos a afirmação supra se mantém. Nada obstante o fato de serem bens públicos de natureza especial,[163] sob a

---
[163] A despeito do regramento próprio vinculado à finalidade do bem, destacam-se

perspectiva do direito, o dever de gestão desses equipamentos não é diverso de outros bens públicos similares.[164] A distinção pode derivar da norma, imputadas atribuições peculiares em vista da especificidade dos atos pertinentes à utilidade ou ao atendimento de sua destinação.

Por sua vez, a disponibilidade dos bens que compõem o aeroporto pode ser compreendida como franquia para uso e gozo visando à satisfação de terceiros interessados, desde que aderente à finalidade para a qual o foi concebido.[165] A natureza da outorga será distinta em vista do objetivo perseguido pelo interessado ou pelo Estado, variando, *v.g.*, desde o uso de pistas e pátios pelas companhias aéreas até a exploração de lojas e hotéis por sociedades comerciais. O regime de uso do bem dependerá da natureza e características da outorga, atraindo imposições normativas específicas.[166]

Por outro lado, *serviço público* é tema polêmico, vez tratar-se de tema que atrai intenso e variado debate, gerador de posições doutrinárias

---

disposições gerais incidentes sobre os bens públicos especiais, propriamente a inalienabilidade, impenhorabilidade e imprescritibilidade, em atenção, respectivamente, aos artigos 98, 99, inciso II, 100 e 102 do Código Civil; e 183, § 3º e 191 da Constituição Federal.

[164] "A gestão dos bens públicos envolve dois aspectos inter-relacionados: a gestão patrimonial, entendida como a otimização do emprego do patrimônio público, com vistas a obter a maior racionalidade econômica, e a disciplina do uso, voltada à assegurar que este emprego seja consentâneo com as finalidades de interesse geral aos quais o bem está consagrado. É da combinação desses dois aspectos que se dá a adequada gestão dos bens públicos. A gestão dos bens públicos, como de resto qualquer atividade administrativa, está subordinada a um plexo de princípios que constituem, no seu conjunto, a universalidade do regime jurídico administrativo". (MARQUES, Floriano Peixoto de Azevedo. *Bens públicos:* função social e exploração econômica. O regime jurídico das utilidades públicas. Belo Horizonte: Fórum. 2009, p. 270).

[165] Para o regime de usos: MARQUES, Floriano Peixoto de Azevedo. *Bens públicos:* função social e exploração econômica: o regime jurídico das utilidades públicas. Belo Horizonte: Fórum. 2009, p. 400 e ss.

[166] Sobre o tema: FERRAZ, Luciano; MARRARA, Thiago. "Direito administrativo dos bens e restrições estatais à propriedade privada". *In:* DI PIETRO, Maria Sylvia Zanella (coord.). *Tratado de direito administrativo.* vol. 3. São Paulo: Revista dos Tribunais, 2014; DI PIETRO, Maria Sylvia Zanella. *Uso privativo de bem público por particular.* 3ª ed. São Paulo: Atlas, 2014.

CAPÍTULO IV – EXPLORAÇÃO DA INFRAESTRUTURA AEROPORTUÁRIA

diversas.[167] Para atender o objeto deste estudo, relacionado exclusivamente com a exploração de um campo de atividade específica, não serão descritas ou aprofundadas tais discussões ou conclusões consequentes. Sem embargo, será adotado um conceito útil, minimamente operativo, que permita compreender se a exploração da infraestrutura aeroportuária é serviço público.

O texto constitucional não contém um conceito de serviço público. Contudo, o instituto está presente em diversos dispositivos, exigindo do intérprete o seu enfrentamento.[168] Perante a inexistência de um conceito determinado, é exigida a identificação de elementos que conjugados permitam sua identificação. Para tanto, serão observados aspectos como a titularidade da atividade imposta pela norma jurídica, ou seja, o elemento subjetivo;[169] a finalidade e a natureza da competência, o elemento material;[170] e a identificação de um regime jurídico peculiar, o elemento formal.[171]

---

[167] CARVALHAES NETO, Eduardo Hayden. "Serviço público no direito administrativo contemporâneo". *In:* DI PIETRO, Maria Sylvia; RIBEIRO, Carlos Vinicius Alves. *Supremacia do interesse público e outros temas relevantes do direito administrativo.* São Paulo: Atlas, 2010, pp. 363-380.

[168] GROTTI, Dinorá Adelaide Musetti. *O serviço público e a Constituição brasileira de 1988.* São Paulo: Malheiros, 2003, p. 87 e ss.

[169] Em razão do critério subjetivo é alcançada a noção amplíssima de serviço público que marcou a Escola de Serviço Público: "Advém da escola clássica do serviço público de León Duguit (tópico 3.3.a supra), equivalendo ao serviço público todas as atividades exercidas pelo Estado, ou, quando menos, a um sinônimo da própria Administração Pública (critério orgânico ou subjetivo), sejam elas externas ou internas, inerentes ou não à soberania, econômicas/potencialmente lucrativas ou não, prestacionais, de polícia administrativa ou de fomento. Essa concepção possui, inspirada em outro discípulo da Escola do serviço público, Gastón Jéze (tópico 3.2.b supra), uma versão levemente mais restritiva, no sentido de que serviços públicos seriam todas as atividades exercidas pelo Estado em regime jurídico de Direito Público por uma decisão política dos órgãos de direção do Estado (critério formal)". (ARAGÃO, Alexandre Santos de. *Curso de direito administrativo.* 2ª ed. Rio de Janeiro: Forense, 2013, p. 139).

[170] Esse critério, também nominado de essencialista, volta atenção ao conteúdo de atividade, buscando identificar o serviço público com toda a atividade que objetiva a satisfação de interesses ou necessidades gerais, coletivas ou públicas, em dado tempo e lugar: "Serviço público é todo serviço existencial, relativamente à sociedade, ou, pelo menos, assim havido num momento dado, que, por isso mesmo, tem de ser prestado aos componentes daquela, direta ou indiretamente, pelo Estado ou outra pessoa administrativa" (LIMA, Ruy Cirne. *Princípios de direito administrativo.* 5ª ed. São Paulo: Revista dos Tribunais, 1982, p. 82).

[171] Neste critério, o serviço público é definido a partir de seu regime jurídico, ou seja,

A verificação desses critérios requer a compreensão da norma jurídica em todas as suas perspectivas, posto a noção de serviço público derivar do exame do sistema jurídico.[172] Sua construção terá fundamento, substrato e características oriundas do texto constitucional, então considerado em toda sua abrangência e peculiaridade programática.

A norma constitucional informa quais serviços públicos são de titularidade estatal, tendo repartido,[173] de modo não exaustivo,[174] as competências entre os entes federados. Para ilustrar essa afirmação, tem-se

---

a par de quem o executasse ou de sua finalidade; seria serviço público aquele prestado sob o regime de direito público. Como principal defensor desse critério, afirma Celso Antônio Bandeira de Mello: "Como toda e qualquer noção jurídica, esta – serviço público – só tem préstimo e utilidade se corresponder a um dado sistema de princípios e regras; isto é, a um regime, a uma disciplina peculiar. Daí que só merece ser designado como serviço público aquele concernente à prestação de atividade e comodidade material fruível singularmente pelo administrado, desde que tal prestação se conforme a um determinado e específico regime: o regime de Direito Público, o regime jurídico-administrativo. Com efeito, o único objeto que o juiz, o advogado, e o intérprete do sistema em geral procuram é o conjunto de regras que regula determinada situação ou hipótese. Segue daí que de nada lhes adianta qualquer conceito, categoria ou noção, por mais aliciante que seja, se não lhes fornecer a indicação dos princípios e regras pertinentes à solução de questões jurídicas. Eis, pois, que um conceito jurídico é necessariamente um ponto terminal de regras, um termo relacionador de princípios e normas" (*Curso de direito administrativo.* 32ª ed. São Paulo: Malheiros, 2015, p. 690).

[172] Neste sentido, aponta Dinorá Adelaide Musetti Grotti: "A qualificação de uma dada atividade como serviço público remete ao plano da concepção sobre o Estado e seu papel. É o plano da escolha política que pode estar fixada na Constituição do país, na lei, na jurisprudência e nos costumes vigentes em dado momento histórico. (...) Disso deflui que não há um serviço público por natureza ou por essência. Só o serão as atividades que estiverem definidas na Constituição Federal – ou na própria lei ordinária, desde que editada em consonância com as diretrizes ali estabelecidas, decorrendo, portanto, de uma decisão política" (GROTTI, Dinorá Adelaide Musetti. *O serviço público e a Constituição brasileira de 1988.* São Paulo: Malheiros, 2003, pp. 87/88).

[173] "Consiste numa atribuição administrativa em relação à qual seu titular possui um plexo de situações jurídicas ativas e passivas. É, pois, o elemento de uma competência administrativa" (FREIRE, André Luiz. *O regime de direito público na prestação de serviços públicos por pessoas privadas.* São Paulo: Malheiros, 2014, pp. 242/243).

[174] BANDEIRA DE MELLO, Celso Antônio. *Curso de direito administrativo.* 32ª ed. São Paulo: Malheiros, 2015, p. 711.

CAPÍTULO IV – EXPLORAÇÃO DA INFRAESTRUTURA AEROPORTUÁRIA

referência a serviços de titularidade da União no artigo 21 da Lei Maior;[175] dos Estados, em caráter residual (artigo 25, § 1º) ou mediante a criação de regiões metropolitanas[176] (artigo 25, § 3º); e dos Municípios, para prestar serviços de interesse local (artigo 30, V).

O serviço público representa parcela específica da função administrativa a ser realizada pelo Estado ou quem lhe faça as vezes.[177] Torna-se, portanto, dever do Estado oferecer ou desenvolver, centralizada ou descentralizadamente,[178] uma dada atividade considerada de interesse comum pelas normas jurídicas.[179] A titularidade estatal não se confunde com um privilégio atribuído ao Poder Público, mas revela um dever imposto pela ordem jurídica.

A finalidade de interesse público e o caráter prestacional é outro elemento pertinente. A norma jurídica impõe ao Estado o oferecimento de utilidades ou de comodidades materiais aos administrados.[180] Por

---

[175] GROTTI, Dinorá Adelaide Musetti. *O serviço público e a Constituição brasileira de 1988*. São Paulo: Malheiros, 2003, p. 90.

[176] Sobre este tema, ver SERRANO, Pedro Estavam Alves Pinto. *Região metropolitana e seu regime constitucional*. São Paulo: Verbatim, 2009.

[177] TACITO, Caio. "A configuração jurídica do serviço público". *Revista de Direito Administrativo*. Rio de Janeiro, n. 233, pp. 373-376, jul./set. 2003; AGUILLAR. Fernando Herren. *Serviços públicos: doutrina, jurisprudência e legislação*. São Paulo: Saraiva, 2011; ARAGÃO, Alexandre Santos de. *Curso de direito administrativo*. 2ª ed. Rio de Janeiro: Forense, 2013; AMARAL, Antonio Carlos Cintra do. *Direito dos serviços públicos*. 3ª ed. Rio de Janeiro: Forense, 2013; BANDEIRA DE MELLO, Celso Antônio. *Curso de direito administrativo*. 32ª ed. São Paulo: Malheiros, 2015; DAL POZZO, Augusto Neves. *Aspectos fundamentais do serviço público no direito brasileiro*. São Paulo: Malheiros, 2012.

[178] "Isto significa que na atividade administrativa prestacional (ao contrário do que ocorre nas demais) haverá a possibilidade de delegação de competências administrativas aos sujeitos privados, que atuarão na qualidade de agentes públicos" (FREIRE, André Luiz. *O regime de direito público na prestação de serviços públicos por pessoas privadas*. São Paulo: Malheiros, 2014, p. 243).

[179] MARQUES NETO, Floriano de Azevedo. *Concessões*. Belo Horizonte: Fórum, 2015. No mesmo sentido: SCHIRATO, Vitor Rhein. *Livre iniciativa nos serviços públicos*. Belo Horizonte, Fórum, 2012, p. 138.

[180] DAL POZZO, Augusto Neves. *Aspectos fundamentais do serviço público no direito brasileiro*. São Paulo: Malheiros, 2012, p. 85.

se tratar de uma das funções administrativas (ao lado, *i.e.*, da função ordenadora e da promocional/fomento), a atividade prestacional decorre da competência estatal de prover.

Contudo, nem toda atividade prestacional do Estado é serviço público.[181] Para a diferenciação segura de sua atuação, deve-se observar o elemento formal, ou seja, a verificação do regime jurídico incidente.[182]

O exercício dessa função administrativa se desenvolverá sob normas distintas das atividades econômicas em geral, pois sujeita a regime público, tal como exigido no artigo 175, parágrafo único, IV, da Constituição Federal e no artigo 6º, § 1º, da Lei n. 8.987/1995.[183] Ainda que essas atividades possuam características específicas e particularidades em sua execução, o imperativo atendimento do regime jurídico-administrativo visa garantir, no mínimo, a prestação de um serviço adequado e o respeito aos direitos do usuário.[184]

---

[181] Este é o caso, por exemplo, dos notários e registradores (art. 236 CF/88), vez que sua atuação se limita à prática de atos jurídicos que conferem certeza e segurança aos privados.

[182] Sobre o tema: BANDEIRA DE MELLO, Celso Antônio. *Curso de direito administrativo*. 32ª ed. São Paulo: Malheiros, 2015, pp. 706/707; GROTTI, Dinorá Adelaide Musetti. *O serviço público e a Constituição brasileira de 1988*. São Paulo: Malheiros, 2003, pp. 129-132; CRETELA JUNIOR, José. *Dos contratos administrativos*. Rio de Janeiro: Forense, 1997, p. 80.

[183] "O conceito de serviço adequado, ainda que genérico e indeterminado, foi detalhado na Lei n. 8.987, de 13.2.1995, que dispõe sobre o regime de concessão e permissão da prestação de serviços públicos, como sendo "o que satisfaz as condições de regularidade, continuidade, eficiência, segurança, atualidade, generalidade, cortesia na sua prestação e modicidade das tarifas" (art. 6º, §1º). A esses pressupostos da adequação do serviço Maria Sylvia Zanella Di Pietro acrescenta "o direito a tratamento igualitário, que constitui aplicação do princípio da isonomia" (GROTTI, Dinorá Adelaide Musetti. *O serviço público e a Constituição brasileira de 1988*. São Paulo: Malheiros, 2003, p. 260).

[184] "Constata-se, porém, em face da diversificação de serviços públicos de alguma forma afetos ao Estado, que, embora estejam os serviços públicos submetidos a um regime jurídico, não existe uma totalidade normativa aplicável a todos eles. O que há são pontos comuns entre os diferentes serviços públicos, princípios fundamentais que se aplicariam sem distinção de seu modo de exercício, que lhes confere prerrogativas e restrições especiais em relação a particulares" (GROTTI, Dinorá Adelaide Musetti. *O serviço público e a Constituição brasileira de 1988*. São Paulo: Malheiros, 2003, pp. 256/257).

CAPÍTULO IV – EXPLORAÇÃO DA INFRAESTRUTURA AEROPORTUÁRIA

Em suma, para fins deste estudo, crendo ser um conceito útil, entende-se que o *serviço público* é atividade de titularidade estatal, de natureza prestacional de interesse público sujeita ao regime jurídico-administrativo previsto na Constituição e na Lei.

Compreendido o conteúdo das diferentes atividades estatais, segue-se resposta da provocação formulada. Adiantando a conclusão: a exploração da infraestrutura aeroportuária é serviço público.

A imposição de titularidade pela norma jurídica é inquestionável. Sua execução poderá dar-se diretamente ou por meio de concessão, permissão ou autorização, nos termos do art. 21, XII, alínea "c". A literalidade do dispositivo não abre margem para dúvidas: é função administrativa explorar a infraestrutura aeroportuária.

Sem embargo, a definição da competência administrativa pelo texto constitucional atrai o regime jurídico público, porém, isoladamente, não permite afirmar ser serviço público. De toda forma, a atribuição de competência pelo texto constitucional impede o legislador ordinário ou, no limite, o intérprete, de alterar a decisão ou transformar o pretendido em razão de concepção ou construções teóricas complexas, porém pouco rígidas. Noutras palavras, a par da natureza ou essência da competência, a titularidade pública deriva de decisão constitucional.

Em razão do exposto, exige-se a continuidade da investigação. A resposta ao questionamento resultará da verificação das normas infraconstitucionais, que disporão sobre a natureza dos deveres impostos para o cumprimento da exploração da infraestrutura, ou seja, se se trata de gestão patrimonial ou de atividade prestacional.[185]

As normas responderão se a mera existência e oferta de bens potencialmente aptos a receber veículos promotores do transporte aéreo

---

[185] Este estudo não ingressa sobre a infraestrutura aeronáutica, que guarda atendimento à navegação aérea ou o controle do espaço aéreo, integrante da infraestrutura, mas passível de ser gerido por entidade diversa do administrador aeroportuário. No Brasil o controle do espaço aéreo é realizado pelo DECEA, criado pelo Decreto n. 3.954/2001, subordinado ao Comando da Aeronáutica.

atendem ao dever da União de explorar a infraestrutura aeroportuária, o que afastaria a natureza de serviço público. Em síntese: a atividade do operador aeroportuário estará atendida com a mera construção da infraestrutura, o cuidado com o bem e a sua disponibilização?

A averiguação do regime deve ser iniciada pelo CBA. Este texto, apesar de pouco dispor acerca da descrição dos atos materiais dos operadores aeroportuários, traz disposições que contribuem com o entendimento de que esse sujeito exerce relevante função prestacional, superando a mera gestão e disponibilidade dos bens em nome do Estado. O artigo 36 do CBA prevê ser função do operador (ou administrador) manter a boa qualidade operacional do aeroporto, incluindo toda a organização administrativa e a coordenação dos órgãos públicos e entidades atuantes no local.

Seguindo a investigação, nota-se que o maior detalhamento da prestação do serviço público de exploração aeroportuária é objeto de normatização pela ANAC.

Ganha destaque o RBAC n. 153, aprovado pela Resolução ANAC n. 240, de 26 de junho de 2012, que fixa regras de operação, manutenção e resposta à emergência nos aeródromos.[186] Esta normativa estabelece que o operador aeroportuário, também denominado explorador de infraestrutura aeroportuária, é o sujeito que explora, mantém e presta os serviços em aeródromo, sendo responsável, diretamente ou mediante atuação de terceiros, da gestão do aeródromo, gerenciamento da segurança operacional, operações aeroportuárias, manutenção do aeródromo e resposta à emergência aeroportuária.

As seguintes atribuições previstas no RBAC n. 153 conferem forma à atuação do explorador da infraestrutura aeroportuária, *v.g.*: (i) a segurança operacional do sítio aeroportuário, com a atuação das atividades de acionamento e coordenação da resposta a uma emergência aeroportuária, com equipe sob gestão do operador, bem como o gerenciamento de risco da segurança operacional com a identificação de

---

[186] Disponível em http://www2.anac.gov.br/biblioteca/rbac/RBAC153EMD00.pdf. Acesso em 08 nov. 2015.

CAPÍTULO IV – EXPLORAÇÃO DA INFRAESTRUTURA AEROPORTUÁRIA

perigos, realização de análise das consequências, avaliação dos riscos decorrentes do perigo identificado, proposição de ações de mitigação do risco ou eliminação do perigo e avaliação da eficácia das ações propostas; (ii) a coordenação da execução das atividades operacionais, inclusive do pessoal de segurança e atuação contra eventos e combates à situação de riscos aos usuários; (iii) a manutenção das condições físicas e operacionais exigidas para disponibilidade da infraestrutura, equipamentos e instalações da área operacional; (iv) a elaboração e divulgação de procedimentos e requisitos que constituam o conjunto das atividades essenciais desenvolvidas no aeródromo; (v) a prestação dos serviços aeronáuticos e aeroportuários em acordo com a infraestrutura e serviços disponíveis; e (vi) a coordenação e fiscalização da movimentação de veículos, pessoas e serviços em solo próprio e das demais organizações que atuam no aeródromo etc.

Sem maior aprofundamento técnico sobre os atos materiais executados no aeroporto, vez não ser objeto deste estudo, acredita-se que a satisfação e a complexidade das atividades destinadas à aviação civil, especialmente o serviço regular de transporte aéreo, impedem qualificar o operador aeroportuário como mero gestor patrimonial. Não há disponibilidade dos bens sem que o operador do aeroporto tenha prestado serviços próprios e necessários ao atendimento dos padrões exigidos ao pouso, à decolagem, abastecimento, movimentação, guarda, circulação de aeronaves, assistência aos passageiros e às empresas aéreas, dentre outras particularidades previstas na norma jurídica.

Conclui-se, portanto, que além da mera concepção de um aeródromo, ou seja, da disponibilidade do conjunto de pátios, pistas e terminais, o regime jurídico incidente exige que o explorador aeroportuário realize atos materiais imprescindíveis ao atendimento adequado daquele que pretende usufruir das instalações. É essencial uma atuação que preceda e acompanhe a disponibilização de bens aos usuários, fator que requer, além da gestão dos equipamentos, a operação de pessoas responsáveis pela realização de atos materiais imprescindíveis à prática segura da aviação civil.

Em suma, a natureza do serviço público da atividade de titularidade da União Federal é atribuída pela impossibilidade de promoção da aviação civil dissociada da prestação dos serviços de exploração da infraestrutura aeroportuária.

A conclusão alcançada diverge da posição de autores que entendem que a exploração aeroportuária é mera exploração de bem, vez não haver atividade prestacional destacada da gestão patrimonial.[187] Nesse caso, em entendimento aparentemente similar ao aplicado às rodovias,[188] a União outorgaria a concessão de uso, voltada à exploração econômica do bem mediante sua disponibilidade para o tráfego aéreo.

A comparação entre as atividades deve ser feita com cautela, guardadas as diferenças próprias aos diferentes meios de transportes.[189] A aviação civil e o tráfego de aeronaves, pelas características técnicas e especificidades do setor, exigem uma atuação amplamente desenvolvida de operador da infraestrutura, materializando características absolutamente distintas do tráfego de automóveis.

Portanto, mesmo considerando que parcela do dever do explorador aeroportuário é gerir e disponibilizar os bens aos usuários do aeroporto, a prestação de variados atos materiais é determinante ao atendimento da infraestrutura, vinculando a natureza da função administrativa exercida.

---

[187] Ganha destaque a posição contundente de Carlos Vinícius Alves Riberio, que entende que a exploração da infraestrutura aeroportuária é mera exploração de bem público, considerando que a inexistência dos serviços não impediria a operação aeronáutica (RIBEIRO, Carlos Vinícios Alves. "Infraero: prestação de serviços ou exploração de bens". *In:* ARAGÃO, Alexandre Santos (coord.). *Empresas públicas e sociedades de economia mista.* Belo Horizonte: Fórum, 2015, pp. 131-143; RIBEIRO, Carlos Vinícios Alves. "Infraestrutura aeroportuária brasileira e o "monopólio" da Infraero". *In:* DI PIETRO, Maria Sylvia Zanella (coord.). *Direito privado administrativo.* São Paulo: Atlas, 2013, pp. 168-179, p. 174).

[188] MARQUES NETO, Floriano Peixoto de Azevedo. "Algumas notas sobre a concessão de rodovias". *Boletim de Direito Administrativo* – BDA, São Paulo, vol. 4, pp. 245-257, 2001.

[189] Neste sentido: GARCIA, Flávio Amaral. *Regulação jurídica da rodovia concedida.* Rio de Janeiro: Lumen Juris, 2004, p. 60; ANDRADE, Letícia Queiroz de. "A experiência brasileira nas concessões de rodovias". *In:* SUNDFELD, Carlos Ari (coord.). *Parcerias público-privadas.* São Paulo: Malheiros, 2007, p. 271; DEPINÉ, Flávia Dela Coletta. *Concessão de rodovias:* modalidades e formas de remuneração do concessionário. 2010. 184 f. Dissertação (Mestrado em Direito). Pontifícia Universidade Católica, São Paulo, 2010, pp. 93-99.

CAPÍTULO IV – EXPLORAÇÃO DA INFRAESTRUTURA AEROPORTUÁRIA

4.1 Dever de exploração e as formas de prestação do serviço

A previsão constitucional impõe à União o dever de prestar o serviço público, impedindo-a de se furtar do exercício dessa função.[190] A execução pode dar-se centralizada ou descentralizadamente, desde que promova a operação das instalações do aeroporto em prol dos objetivos perseguidos pela Lei Magna.[191]

A previsão da competência da União retira a atividade do rol de atribuições dos demais entes federativos. Trata-se de competência material exclusiva da União,[192] sendo vedado aos Estados, Distrito Federal ou Municípios interferirem neste campo. Caso os demais entes federativos

---

[190] "Todos os demais serviços públicos, notadamente os arrolados no artigo 21, XI e XII, da Constituição, o Estado tanto pode prestar por si mesmo (mediante administração direta ou indireta) como transferindo seu desempenho a entidade privada (mediante concessão ou permissão). Neste item 'd' falou-se em 'obrigação' de prestar ou 'obrigação' de promover a prestação. Não foram expressões casuais. Com efeito, entendemos que, havendo a Constituição previsto ditos serviços como públicos, o Estado não pode se furtar a promovê-los ou assegurar-lhes a promoção em favor dos administrados. Logo, estes têm direito a que sejam instituídos os serviços que sejam singularmente fruíveis e podem judicialmente exigi-los" (BANDEIRA DE MELLO, Celso Antônio. *Curso de direito administrativo*. 32ª ed. São Paulo: Malheiros, 2015, pp. 713/714). Neste mesmo sentido: GROTTI, Dinorá Adelaide Musetti. *O serviço público e a Constituição brasileira de 1988*. São Paulo: Malheiros, 2003; FREIRE, André Luiz. *O regime de direito público na prestação de serviços públicos por pessoas privadas*. São Paulo: Malheiros, 2014; CONRADO, Regis da Silva. *Serviços públicos à brasileira*: fundamentos jurídicos, definição e aplicação. São Paulo: Saraiva, 2013.

[191] "Contudo há outra maneira de se entender a titularidade estatal: não como um direito especial de exclusão, mas como uma obrigação, um dever imposto pela ordem jurídica no sentido de oferecer ou desenvolver, direta ou indiretamente, uma atividade de interesse comum. A titularidade prevista na Constituição ou na lei sobre uma atividade para um ente estatal seria o correspondente a uma atribuição de uma competência que acarreta um dever de atuar, associado aos poderes (prerrogativas) necessários ao exercício daquela atividade titularizada. Nessa outra acepção, a titularidade se afasta da ideia de privilégio estatal (visão predominantemente *ex pars principi*) e se aproxima da de função, competências, de um dever perante os administrados (visão *ex pars populi*)" (MARQUES NETO, Floriano de Azevedo. *Concessões*. Belo Horizonte: Fórum, 2015, p. 126).

[192] Sobre o tema: GROTTI, Dinorá Adelaide Musetti. *O serviço público e a Constituição brasileira de 1988*. São Paulo: Malheiros, 2003, pp. 91/92.

pretendam explorar essas infraestruturas, será imperioso firmar convênios ou consórcios públicos. Essa situação jurídica constitui forma específica da exploração, realizada por meio de outro ente federativo nos limites da relação jurídica firmada.

A União deverá prestar o serviço público em atenção aos meios e instrumentos autorizados pelo sistema jurídico. O artigo 36 do CBA, recepcionado pelo atual regime constitucional, prescreveu os meios de exploração da infraestrutura aeroportuária: (i) diretamente pela União; (ii) por empresas especializadas da Administração Federal Indireta ou suas subsidiárias; (iii) mediante convênio com os Estados ou Municípios; (iv) por concessão ou autorização.

A prestação do serviço poderá dar-se diretamente ou por terceiros estranhos ao aparelho estatal.[193] Mediante a *descentralização administrativa*,[194] o sujeito titular da competência transfere a um terceiro, também sujeito de direitos, a titularidade ou execução de função administrativa. Trata-se de decisão de organização administrava.

Filia-se à corrente que considera a *descentralização administrativa* como gênero da qual são espécies a *descentralização territorial* (ou geográfica), *técnica (ou funcional)* e *por colaboração*.[195] Para o presente estudo, apenas as duas últimas são relevantes.

---

[193] DI PIETRO, Maria Sylvia Zanella. *Parcerias na administração pública*. 10ª ed. São Paulo: Atlas, 2015, p. 51.

[194] Sobre o tema: ARAGÃO, Alexandre Santos de. "Descentralização administrativa: sua evolução face às reformas à Constituição de 1988". *Revista de Direito Administrativo e Constitucional* – A&C. Belo Horizonte, n. 11, ano 3, jan./mar. 2003. Disponível em http://bid.editoraforum.com.br/bid/PDI0006.aspx?pdiCntd=12602. Acesso em 08 nov. 2015.

[195] "Tradicionalmente, apontam-se duas modalidades de descentralização administrativa: (a) a territorial ou geográfica; e (b) a por serviços, funcional ou técnica. Preferimos acompanhar os autores que acrescentam, como modalidade autônoma, a descentralização por colaboração, que apresenta características próprias, que justificam sua inclusão em categoria diversa de descentralização" (DI PIETRO, Maria Sylvia Zanella. *Parcerias na administração pública*. 10ª ed. São Paulo: Atlas, 2015, p. 46 e ss. Ainda neste sentido: BANDEIRA DE MELLO, Celso Antônio. *Curso de direito administrativo*. 32ª ed. São Paulo: Malheiros, 2015, p. 153 e ss; GASPARINI, Diógenes. *Direito administrativo*. 16ª ed. São Paulo: Saraiva, 2011, p. 368 e ss; e FREIRE, André Luiz. *O regime de direito*

CAPÍTULO IV – EXPLORAÇÃO DA INFRAESTRUTURA AEROPORTUÁRIA

A *descentralização técnica* ocorre quando, por meio de Lei, é realizada a transferência da titularidade ou da execução do serviço público para entes integrantes da Administração Pública Indireta do titular da competência. A titularidade do serviço é transferível para pessoa jurídica de direito público; e apenas a execução, se pessoa jurídica de direito privado – mantida, em qualquer das situações, a relação de controle.[196]

Essa hipótese foi adotada para a exploração de parcela relevante dos aeroportos brasileiros, tendo havido a transferência da execução à Empresa Brasileira de Infraestrutura Aeroportuária – Infraero.[197] Compreende-se, neste caso, que a exploração é mantida sob tutela da União Federal.[198] Os reflexos dessa posição serão pontualmente considerados na exposição desta forma de exploração.

---

público na prestação de serviços públicos por pessoas privadas. São Paulo: Malheiros, 2014, p. 185 e ss). Em sentido diverso: ARAGÃO, Alexandre Santos de. *Curso de direito administrativo*. 2ª ed. Rio de Janeiro: Forense, 2013, pp. 106-108; BACELLAR FILHO, Romeu. *Direito administrativo*. 3ª ed. São Paulo: Saraiva, 2007, pp. 18-20; JUSTEN FILHO, Marçal. *Curso de direito administrativo*. 8ª ed. Belo Horizonte, Fórum, 2012, p. 232.

[196] Novamente, adota-se entendimento de Celso Antônio Bandeira de Mello: "Exatamente por serem pessoas de Direito Público é que as autarquias podem ser titulares de interesses públicos, ao contrário de empresas públicas e sociedades de economia mista, as quais, sendo pessoas de Direito Privado, podem apenas receber qualificação para o exercício de atividades públicas; não, porém, para titularizar atividades públicas" (BANDEIRA DE MELLO, Celso Antônio. *Curso de direito administrativo*. 32ª ed. São Paulo: Malheiros, 2015, pp. 164/165). "Há, aqui, uma diferença fundamental. Enquanto a autarquia (seja qual for a espécie), por ser uma pessoa jurídica de direito público, seja titular da competência administrativa descentralizada, à pessoa jurídica de direito privado (empresa estatal ou fundação estatal de direito privado) será descentralizado apenas o exercício da competência administrativa". No mesmo sentido, ver FREIRE, André Luiz. *O regime de direito público na prestação de serviços públicos por pessoas privadas*. São Paulo: Malheiros, 2014, p. 188. Em sentido diverso: DI PIETRO, Maria Sylvia Zanella. *Direito administrativo*. 24ª ed. São Paulo: Atlas, 2013, pp. 422/423.

[197] RIBEIRO, Carlos Vinícios Alves. "Infraestrutura aeroportuária brasileira e o "monopólio" da Infraero". *In:* DI PIETRO, Maria Sylvia Zanella (coord.). *Direito privado administrativo*. São Paulo: Atlas, 2013.

[198] "A prestação de serviço público por intermédio de empresa estatal caracteriza atuação direta do Estado, embora descentralizada. A companhia age como delegatária ou *longa manus* do Estado. A delegação pode ter fundamento legal, quando prevista na própria lei que autorizou a constituição da companhia, ou ser fruto de lei específica posterior" (PINTO JUNIOR, Mario Engler. *Empresas estatais*: função econômica e dilemas societários. 2ª ed. São Paulo: Atlas, 2013, p. 149).

Na *descentralização por colaboração* a execução da atividade é outorgada a particulares, pessoas privadas estranhas ao ente público descentralizador.[199] Concentrando-se exclusivamente sobre a possibilidade de prestação de serviços públicos, os instrumentos da concessão, permissão ou autorização são os meios aptos a essa transferência, guardadas as peculiaridades próprias de cada instituto.[200]

Considerando que este trabalho é dedicado ao estudo sobre o regime de prestação de serviço de exploração da infraestrutura aeroportuária pela Infraero ou por meio do instrumento da *concessão* da *permissão* e *autorização,* estes dois últimos não serão objeto de avaliação, apesar de receberem algumas menções pontuais.

Em adição à imposição constitucional e à previsão do CBA, a prestação do serviço é operacionalizada por outras normas e atos infralegais. Coube, em síntese, à Lei n. 11.182/2005 e à Lei n. 12.462/2011 (que alterou a Lei n. 10.683/2003), bem como à Portaria n. 183, de 14

---

[199] A despeito da controvérsia doutrinária a respeito do conteúdo conferido aos termos *outorga* e *delegação*, este texto os adotará como sinônimos, com o sentido de transferência de conjunto de atribuições, diretos e obrigações do titular a terceiro utilizando-se de ato infralegal para tanto.

[200] "A descentralização por colaboração é feita por acordo de vontades ou ato administrativo unilateral, pelo qual se atribui a uma pessoa de direito privado a execução de serviço público, conservando o poder concedente sua titularidade. Como acordos de vontades podem ser mencionadas, entre outras modalidades: (a) as várias formas de concessão já indicadas no item 2.4, a saber, a concessão de serviço público tradicional, precedida ou não de obra pública, e as duas modalidades de serviço público tradicional, precedida ou não de obra pública, e as duas modalidades de parcerias público-privadas; (b) a permissão de serviço público, como disciplinada na Lei n. 8.987/95; (c) os contratos de gestão com as organizações sociais que assumam a prestação de serviços públicos, como ocorre, por exemplo, na área da saúde; (d) a franquia que tenha por objeto a delegação do serviço público, de que constitui exemplo a que se concede no âmbito do correio (disciplinado pela Lei n. 11.668, de 2-5-08). Como exemplos de atos administrativos unilaterais, podem ser citados: (a) a autorização de serviço público, referida, por exemplo, no art. 21, inciso XI e XII, da Constituição Federal; e (b) a permissão de serviço público, que, embora referida no art. 175, parágrafo único, inciso I, da Constituição, como contrato, continua a ser tratada como ato unilateral em algumas leis infraconstitucionais, como a Lei Geral de Telecomunicações (Lei n. 9.427, de 16-7-97, art. 118, parágrafo único).

CAPÍTULO IV – EXPLORAÇÃO DA INFRAESTRUTURA AEROPORTUÁRIA

de agosto de 2014, que aprovou o Plano Geral de Outorgas (PGO), a tarefa de regulamentar as competências atribuídas aos órgãos e entidades da Administração Pública Federal, destarte detalhar as regras e condições para exploração da infraestrutura aeroportuária e a efetivação da *descentralização por colaboração*.

Destas normas, pertinente destacar as Leis n. 12.462/2011 e n. 11.182/2005, em razão da criação da SAC e da ANAC, respectivamente.

A SAC, até então órgão ligado à Presidência da República, era responsável pelas decisões estratégicas vinculadas à infraestrutura aeroportuária, além de representar a União no controle da Infraero.

A SAC, cujas competências foram absorvidas pelo MTAP, era autoridade responsável pela definição do planejamento estratégico, a coordenação e supervisão das políticas voltadas ao desenvolvimento das infraestruturas e da aviação civil. Como órgão da União Federal, por regra, possuiria a função de *outorgar* a exploração aeroportuária aos particulares, no entanto, por decisão do legislador, tais competências foram repartidas com a ANAC.

Destarte atribuições ancilares,[201] a SAC foi responsável pela elaboração de estudos e de aprovar os planos de outorgas para exploração dos aeroportos. Ademais, era dever da SAC representar a União nos convênios de delegação firmados para a transferência aos Estados, Municípios e ao Distrito Federal da "implantação, administração, operação, manutenção e exploração de aeródromos públicos, direta ou indiretamente" dos aeroportos localizados nos respectivos territórios.[202]

---

[201] Ganha destaque a atribuição de propor à Presidência da República a elaboração da declaração de utilidade pública para fins de desapropriação ou a instituição de servidão de bens necessários à expansão ou manutenção dos aeródromos, nos termos do artigo 24 – D, inciso V da Lei n. 10.683/2003.

[202] Essas atividades são executadas pelo Departamento de Outorgas, integrante da Secretaria de Política Regulatória de Aviação Civil, nos termos do Decreto federal n. 7.476/2011: "Art. 9º Ao Departamento de Outorgas compete: I – elaborar propostas de planos de outorgas para exploração da infraestrutura aeroportuária; II – elaborar estudos a respeito da transferência para Estados, Distrito Federal e Municípios da implantação, administração, operação, manutenção e exploração de aeródromos públicos, direta ou indiretamente, em conjunto com o Departamento de Gestão

No exercício da função de aprovar os Planos de Outorga Específicos (POE), inclusive de promover a delegação a outros entes da federação, a SAC publicou a Portaria n. 183/2014, aprovando o Plano Geral de Outorgas (PGO). Esse documento descreve as hipóteses, o procedimento e as exigências relacionadas às outorgas dos aeródromos civis públicos.

A ANAC é autarquia especial, pessoa jurídica de direito público integrante da Administração Pública Indireta Federal. Sua função é ampla, abrangendo tanto a regulação e fiscalização da aviação civil e da infraestrutura aeronáutica, quanto a outorga, regulação e fiscalização das infraestruturas aeroportuárias.[203]

Como tônica principal, a ANAC assume a função de reguladora e fiscalizadora dos exploradores da aviação civil e das infraestruturas. Sua atuação é repartida entre a produção de regulamentos infralegais, contendo regras de conduta impositivas ao setor; a atuação como fiscalizadora do cumprimento das disposições legais e regulamentares; e a aplicação das sanções administrativas cabíveis.

A despeito da forma de exploração, é competência da ANAC reger todos os aspectos relacionados à construção, seja para implantação, expansão ou reforma dos aeroportos, bem como sua operação, manutenção, exploração e segurança. A expressão *todos os aspectos* é proposital, pois a atividade da ANAC se inicia com a regulamentação normativa dos temas, seguida dos atos de aprovação, acompanhamento, fiscalização e, para eficácia de sua atuação, dos atos de cassação, anulação e sanção.

Aeroportuária; III – formular políticas públicas voltadas para a delegação da infraestrutura aeroportuária e acompanhar a sua implementação, em coordenação com o Departamento de Regulação e Concorrência da Aviação Civil; IV – elaborar convênios de delegação da infraestrutura aeroportuária a serem celebrados entre a União e os Estados, Distrito Federal e Municípios; e V – acompanhar, junto à ANAC, a elaboração dos editais de delegação da exploração da infraestrutura aeroportuária".

[203] Sobre a produção regulatória da ANAC, ver VALENTE, Patrícia Rodrigues Pessoa. *A qualidade da regulação estatal no Brasil:* uma análise a partir de indicadores de qualidade. 2015. 313 f. Tese. (Doutorado em Direito). Faculdade de Direito. Universidade do São Paulo. São Paulo, 2015, p. 189 e ss.

CAPÍTULO IV – EXPLORAÇÃO DA INFRAESTRUTURA AEROPORTUÁRIA

A despeito do extenso rol de atribuições de um agente regulador, a legislação conferiu à ANAC parcela de competência sobre a outorga da exploração da infraestrutura aeroportuária aos particulares. É competência da ANAC (i) estabelecer o modelo de concessão de infraestrutura aeroportuária a ser submetido à Presidência da República; (ii) conceder ou autorizar a exploração da infraestrutura aeroportuária; e (iii) estabelecer o regime tarifário de sua exploração. No exercício dessa função, foi atribuído à Diretoria da ANAC aprovar as minutas de editais de licitação, homologar, adjudicar e efetivar a extinção de contratos de concessão.

Em adição às funções conferidas à SAC, agora ao MTAP, a distribuição das competências permite concluir que a *concessão* para a exploração da infraestrutura aeroportuária é *ato composto*[204], cuja formação exige a complementação de vontades e ações de entes distintos integrantes da Administração Federal. Em simples exposição de atos, sem a inclusão de entidades distintas, define-se o rito exigido para a delegação: (1) a SAC (MTAP) elabora os planos de outorga, geral e específico; (2) sob esse fluxo de informação, ANAC estabelece o modelo de concessão para submissão à SAC (MTAP); (3) a SAC (MTAP) aprova o modelo de delegação; e, ao final, a ANAC (4) aprova as minutas dos documentos de licitação; (5) promove o certame; (6) homologa; e (7) adjudica o objeto.

O quadro descrito exige alguns comentários. Não obstante ser juridicamente passível a transferência de parcela relevante da titularidade do serviço público à ANAC, qualificando-a como autoridade competente para promover sua outorga a terceiros, a decisão da legislação não parece acertada.

Concentrar sob a mesma pessoa jurídica a função de agente regulador e de concedente do serviço público poderá resultar em situações

---

[204] "Na verdade, o ato complexo se reduz ao de vontades concorrentes de órgãos de uma mesma pessoa jurídica. Se se verifica a participação de vontades de órgãos de pessoas jurídicas distintas, há vontades de dois entes separados, portanto, heterogêneas, a constituírem atos jurídicos autônomos, que não se fundem em um só, e assim, um deles é instrumento do outro, principal. Classifica-se como espécie de ato composto" (BANDEIRA DE MELLO, Osvaldo Aranha. *Princípios gerais de direito administrativo*. Rio de Janeiro: Forense, 1969, p. 477).

conflituosas em face de ações que repercutam, simultaneamente, sobre ambas as funções. Essa conclusão não é afastada pelo fato de a SAC (agora MTAP) ter sido a competente para definição da política de outorga, impondo as hipóteses de sua ocorrência.

A figura do regulador como agente integrante da Administração Pública com autonomia decisória diferenciada, apoiada em eventual isenção política e expertise técnica de seus agentes, poderá vir a ser afetada pela confusão de competências. Explica-se: a ANAC como agente normativo, fiscalizador e sancionador de normas específicas sobre a construção, operação e exploração aeroportuária, ao ser colocada, mesmo que indiretamente, sob o influxo dessas normas, poderá prejudicar o cumprimento da finalidade para a qual foi concebida.

Para exemplificar o exposto: é competência da ANAC, nos termos de seu artigo 8º, XX, "compor, administrativamente, conflitos de interesses entre prestadoras de serviços aéreos e de infra-estrutura aeronáutica e aeroportuária". Imagine-se um conflito entre um concessionário de aeroporto e uma companhia aérea, cuja origem seja a execução de obrigação (ou determinação decorrente) do contrato de concessão, ou seja, de atuação da própria ANAC como concedente: a questão deixa de ser a resolução de um conflito de terceiros, passando à revisão da própria decisão administrativa. Adicionalmente, imagina-se que essa revisão, apesar de correta, signifique um indesejado dever de recomposição econômica do concessionário por equívoco constante do contrato de concessão.

Embora desprovida de amparo jurídico, a decisão da situação aludida poderá ser influenciada por fatores alheios ao exercício da específica função pretendida, contaminando a ação da ANAC.

Sem afirmar que a concentração das competências é inválida, entende-se potencialmente comprometida a atuação da ANAC como agente regulador em face dos concessionários de serviço público. Prejudicado aspecto essencial de sua existência, *in casu*, sua autonomia, o regulador passa a agir sob a sombra do conflito de interesses, podendo contaminar suas ações por razões distintas da finalidade legal.

CAPÍTULO IV – EXPLORAÇÃO DA INFRAESTRUTURA AEROPORTUÁRIA

Sendo assim, pela importância da finalidade para a qual a ANAC foi criada, seria adequada a revisão de sua posição como concedente, mantendo-se exclusivamente como agente regulador.

Ademais disso, essa alteração atribuiria ainda maior importância à ANAC, pois suas decisões e medidas de fiscalização também abarcariam e influiriam as ações da União quando atuante como concedente desse serviço público. A manutenção da situação atual resulta na perda da oportunidade de as concessões serem reguladas e acompanhadas por outro ente da Administração Pública, estranho à delegação e tecnicamente habilitado para atuar em prol do interesse público, seja em face do concedente ou do concessionário.

Por derradeiro, retomando a análise de atos normativos produzidos pela ANAC que detêm significativo impacto à operação aeroportuária, destacam-se as disposições da Resolução n. 350, de 19 de dezembro de 2014, e da Resolução n. 338, de 22 de julho de 2014.

A primeira normativa define o modelo de regulação tarifária, o reajuste dos tetos das tarifas aeroportuárias e as regras para arrecadação e recolhimento, em complemento à Lei n. 6.009/1973. Esta resolução estabelece as regras de atualização monetária anual dos tetos tarifários praticados pela Infraero, destarte fixar as regras para arrecadação desses valores.

A segunda norma regulamenta o procedimento de horários de chegadas e partidas em aeroportos coordenados, ou seja, "cujo nível de saturação comprometa qualquer um dos componentes aeroportuários críticos (pista, pátio ou terminal), seja em determinadas horas do dia, ou dias da semana, ou períodos do ano" (art. 2º, I; e 6º da Resolução n. 338/2014).

Apesar de este estudo não se voltar ao transporte aéreo, imperioso consignar comentário pontual sobre a Resolução n. 338/2014, a ser retomado em momento seguinte. Visto que o *slot* "representa o uso temporário da infraestrutura aeroportuária" e que a atuação da ANAC deve "minimizar os efeitos da saturação da infraestrutura aeroportuária", acredita-se que as decisões proferidas neste tema podem influir na operação aeroportuária. Medidas administrativas poderão impactar os investimentos e as receitas aeroportuárias, seja pelo fato de o operador ser obrigado a declarar a capacidade aeroportuária ou de eventuais restrições virem a comprometer a demanda do aeródromo (art. 9º da Resolução n. 338/2014).

A despeito do exposto sobre a SAC (agora MTAP) e a ANAC, os resultados dos estudos sobre as relações jurídicas decorrentes do exercício das competências descritas serão apresentados nos capítulos seguintes, destinados à avaliação da atuação da Infraero e das atuais concessionárias exploradoras das infraestruturas aeroportuárias.

Por fim, retoma-se à verificação da norma infralegal de maior relevância à transferência da prestação do serviço público em análise: o Plano Geral de Outorgas. A Portaria n. 183, de 14 de agosto de 2014, foi aprovada como instrumento definidor das diretrizes e modelos para a construção, implantação, ampliação, reforma, administração, operação, manutenção e exploração econômica dos aeródromos civis públicos em conformidade com a Política Nacional de Aviação Civil – PNAC.

As premissas que nortearam a elaboração do PGO foram extraídas, notadamente, do PNAC. Dentre os postulados da norma, constata-se realce à promoção do transporte aéreo e, por consequência, da aviação civil, finalidade última da infraestrutura. É elevada a importância de novos investimentos nos aeroportos e em sua gestão, especialmente voltada à expansão dos serviços e locais atendidos, como estímulo ao desenvolvimento do transporte aéreo e da concorrência. Almejou-se, sob estas normas, ampliar as ligações entre as localidades e regiões distantes do país e conferir maior eficiência às operações.[205]

Dentre as disposições desta passagem, ressalta-se a expressa vinculação entre a busca por investimentos – públicos e privados – e a menção textual à segurança jurídica nas relações contratuais. Este aspecto, apesar de fazer referência direta à aviação civil e não à exploração da

---

[205] Agência CNT de notícias: "SAC mudará regras de outorga para melhorar atendimento nos aeroportos regionais", 19.03.2014. Disponível em http://cnt.org.br/paginas/Agencia_Noticia.aspx?noticia=moreira-franco-sac-aviacao-regional-outorgas-consulta-publica-19032014. Acesso em 08 nov. 2015.

CAPÍTULO IV – EXPLORAÇÃO DA INFRAESTRUTURA AEROPORTUÁRIA

infraestrutura aeroportuária, ratifica perspectiva relevante às pretensas relações a serem firmadas entre os delegatários e os investidores das infraestruturas.

Em sintonia com essa previsão, o PGO definiu o procedimento de aprovação dos Planos de Exploração Específico (POE) para cada aeroporto. A formalização do POE dar-se-á por ação da SAC (agora MTAP), mediante a publicação de ato administrativo atribuindo a exploração da infraestrutura à Infraero ou ao COMAER, designando-a para a concessão ou autorização, então conduzida pela ANAC, ou à exploração por ente distinto da federação, após assinatura de convênio com a União.

A aprovação de cada POE seguirá as regras do PGO, dentre as quais está o dever de a SAC (agora MTAP) considerar as deficiências operacionais e de infraestrutura então reportadas pelos demais órgãos e entidades que possuam função pertinente a exploração aeroportuária – *v.g.* os órgãos de controle do espaço aéreo, a ANAC, os órgãos ambientais e os relacionados ao zoneamento.

A aprovação do POE não vinculará a decisão da ANAC quanto à homologação do aeródromo (abertura ao tráfego aéreo), porém sua revogação resultará na retirada da homologação. Somente os aeroportos que possuírem a aprovação e enquadramento de exploração no POE poderão ser homologados, ter sua alteração cadastral deferida ou ter autorizada a reabertura ao tráfego.

Como regra de transição, foi definido que os atuais instrumentos de delegação permanecem vigentes, conforme seus termos, até a aprovação de novo POE. Em razão da importância do tema e da dificuldade de ação das entidades públicas, o PGO fixou o prazo de 4 (quatro) anos de sua publicação para que a SAC (agora MTAP) regularize os aeródromos que não possuem o POE. Durante esse período, a ANAC deverá comunicar à SAC (agora MTAP) sobre eventuais alterações físicas ou cadastrais desses equipamentos.

Seguindo para os aspectos práticos, o Capítulo III do PGO é aberto com a ratificação das formas (nominadas de modalidades) de exploração dos aeroportos, repetindo disposição geral do CBA.

Ato contínuo, são definidos quais aeroportos serão explorados pela União, seja pela Infraero ou mediante concessão ou autorização. Por sua vez, é excluída a possibilidade de transferência aos demais entes federativos dos aeródromos militares ou considerados estratégicos para a segurança e defesa nacional, ora explorados pelo COMAER.

Dentre os aeródromos civis não eleitos pelo COMAER, segundo o PGO, ficarão a cargo da União, exclusivamente, os aeródromos de maior movimentação de passageiros em cada Estado ou do Distrito Federal, além dos passíveis de exploração por autorização, nos termos do CBA. A Infraero, desde logo, é nominada como entidade da Administração Pública Indireta apta a explorar a infraestrutura aeroportuária que ficar a cargo da União.

Ressalvadas as categorias descritas, os demais aeródromos públicos poderão ser objeto de delegação aos Estados, Municípios ou ao Distrito Federal. Porém, dentre as potencias estruturas, foi destacada espécie cuja delegação exigirá a comprovação de requisitos especiais pelo ente da federação interessado. Esses aeródromos foram retratados como *estratégicos*, passíveis de serem assim classificados pela SAC (agora MTAP) após "observados critérios de localização geográfica, características socioeconômicas, acessibilidade, potencial turístico, capacidade operacional, potencial de crescimento e volume movimentado de aeronaves, passageiros ou carga, de prevalência do uso militar ou de razões estratégicas para a segurança ou defesa nacionais".

A autorização de operação de um aeroporto *estratégico* por um ente federado distinto da União dependerá da prévia comprovação da respectiva capacidade técnica. Os critérios de capacidade que comporão o requerimento do interessado são definidos no artigo 11 do PGO, *in verbis*:

> §1º A exploração se aeródromos estratégicos somente poderá ser delegada a Municípios que apresentem Produto Interno Bruto – PIB anual superior a 1 (um) bilhão de reais, conforme divulgação mais recente do Instituto de Geografia e Estatística – IBGE.

CAPÍTULO IV – EXPLORAÇÃO DA INFRAESTRUTURA AEROPORTUÁRIA

§2º Para conformação do disposto no §1º, poderá ser considerada a soma do PIB anual de municípios vizinhos consorciados, com base na Lei n. 11.107, de 6 de abril de 2005.

§3º Para fins da verificação da capacidade técnica de que trata o caput, o Estado, Distrito Federal ou Município interessado deverá apresentar à SAC-PR:

I – estrutura institucional designada ao setor aeroportuário compatível com a forma de exploração adotada pelo ente federativo para administrar o(s) aeródromo(s) delegado(s), compatível com a forma de exploração pretendida.

II – plano aeroviário estadual em vigor, no caso de Estado ou Distrito Federal; e

III – dotação orçamentária específica, destinada à operação do(s) aeródromos(s) delegado(s), compatível com a forma de exploração pretendida.

§4º A operação compartilhada de aeródromos estratégicos, mediante cooperação entre Estado e Município, depende de prévia e expressa anuência da SAC-PR, sendo obrigatório o atendimento pelos partícipes ao disposto nos parágrafos anteriores.

Note-se que a previsão de exigências específicas para obtenção de outorga no caso dos aeroportos *estratégicos*, sem correspondente ou semelhante regulamentação para os demais aeródromos, conduz ao entendimento de que não há requisito prévio específico para a delegação das demais infraestruturas.

A redação do PGO permite afirmar que, ressalvados os aeroportos atribuídos à União, foi conferida preferência à exploração pelos demais entes da federação, bastando a demonstração de seu interesse em fazê-lo.[206]

---

[206] Procedimentalmente, se a demonstração de interesse for realizada por mais um ente federativo, no caso Estado/Distrito Federal e Município onde está localizado, o PGO define que o primeiro que se manifestou receberá a delegação. Entretanto, se realizada simultaneamente, a delegação será para o Estado, sendo facultada a operação compartilhada mediante cooperação dos interessados. A dificuldade desse dispositivo está na falta de definição do que seria simultâneo, algo que poderá gerar embates no caso concreto.

Por outro lado, a falta de previsão específica conduz a um processo de escolha discricionário e sujeito ao viés político.

Ainda sobre o tema da transferência mediante convênio de delegação, o PGO prevê a hipótese de o interessado-convenente delegar a exploração a terceiro, utilizando o instituto da *concessão de serviço público*, seja na modalidade *comum* ou *patrocinada*, neste último caso, nos termos da Lei n. 11.079, de 30 de dezembro de 2004, que regulamentou as chamadas Parcerias Público-Privadas.[207] Para tanto, é exigida a prévia e específica anuência da SAC (agora MTAP), mediante a comprovação de uma série de exigências no ato de aprovação, quais sejam:

> I – estrutura institucional designada para acompanhamento e fiscalização de contratos de concessão;
>
> II – minutas de edital e contrato, contendo, além das cláusulas obrigatórias estipuladas pela legislação em vigor, no mínimo, os seguintes itens:
>
> a) Plano de Exploração Aeroportuária – PEA;
>
> b) Regras de alocação de riscos;
>
> c) Relação dos investimentos de responsabilidade do poder concedente, quando houver;
>
> d) Mecanismo de reequilíbrio econômico-financeiro do contrato;
>
> e) Índices de Qualidade de Serviço – IQS; e
>
> f) Especificação da área patrimonial do aeródromo e dos bens da concessão.
>
> III – estudo de viabilidade econômico-financeira, dispondo, no mínimo, sobre os seguintes aspectos:
>
> a) Projeção da demanda de passageiros, carga e movimento de aeronaves;

---

[207] Nos termos do artigo 2º, parágrafo 1º da Lei n. 11.079/2004: "Art. 2º Parceria público-privada é o contrato administrativo de concessão, na modalidade patrocinada ou administrativa. § 1º Concessão patrocinada é a concessão de serviços públicos ou de obras públicas de que trata a Lei n. 8.987, de 13 de fevereiro de 1995, quando envolver, adicionalmente à tarifa cobrada dos usuários contraprestação pecuniária do parceiro público ao parceiro privado".

CAPÍTULO IV – EXPLORAÇÃO DA INFRAESTRUTURA AEROPORTUÁRIA

    b) Projeção das receitas tarifárias e não tarifárias;

    c) Projeção das despesas;

    d) Projeção dos investimentos; e

    e) Fluxo de Caixa Livre, Taxa Interna de Retorno – TIR e Valor Presente Líquido – VPL.

Em suma, considerando que o tema da transferência aos demais entes da federação não é objeto deste estudo, sua apresentação se restringe a consignar que, na hipótese de sua ocorrência, esses entes poderão executar essa atribuição diretamente, incluída a delegação legislativa para ente de sua Administração Indireta, ou através de outorga, por meio do instituto da concessão.

Em ambos os casos, os regimes de exploração serão similares aos que serão expostos nos capítulos seguintes, sejam aqueles aplicados à Infraero ou às atuais concessionárias desse serviço. Guarda-se ressalva apenas aos temas próprios do regime jurídico das empresas públicas, caso o ente da federação utilize de entidade de outra natureza; assim como as características peculiares, portanto não decorrentes de imposição normativa, do modelo de *concessão* atualmente adotado pela ANAC. Neste caso, as diferenças serão intensificadas se adotada a modalidade de *concessão patrocinada*, cuja estrutura e muitos preceitos – destacadamente quanto ao tema da remuneração, divergem da *concessão comum*.[208]

Retomando as hipóteses de exploração a cargo da União, pode-se afirmar que qualquer aeródromo poderá ser passível de *concessão*, não havendo regra de preferência à transferência de exploração à Infraero. Porém, essa norma exige que a decisão de outorga seja amplamente motivada, devendo a SAC (agora MTAP) considerar uma série de requisitos em sua avaliação, quais sejam:

    (i) relevância do movimento atual ou projetado de passageiros, cargas e aeronaves;

---

[208] Para detalhamento do tema: MARQUES NETO, Floriano de Azevedo. *Concessões*. Belo Horizonte: Fórum, 2015, pp. 203-213.

(ii) as restrições e nível de saturação da infraestrutura;

(iii) a necessidade e premência de obras e investimentos relevantes, bem como de melhorias relevantes de gestão e ganhos de eficiência;

(iv) o comprometimento na qualidade dos serviços prestados;

(v) os resultados econômico-financeiros decorrentes visando a redução de déficits ou o incremento de superávits, sem comprometimento dos investimentos necessários ou dos níveis de eficiência, qualidade e segurança dos serviços;

(vi) a promoção da concorrência entre os aeródromos e seus efeitos positivos para eficiência do sistema e adequação dos serviços;

(vii) projetos, estudos, levantamentos ou investigações, elaborados por pessoa física ou jurídica da iniciativa privada;

(viii) a atratividade financeira do projeto e interesse da iniciativa privada no empreendimento.

Dois aspectos chamam a atenção. Primeiro, o incentivo à concorrência das estruturas. Por tratar-se de um setor cujos investimentos de entrada são relevantes e a decisão de utilização passa por definições econômicas complexas, imperioso amplo debate sobre o tema. Outro ponto de destaque é o prestígio à presença privada na elaboração de estudos e projetos. Essa normativa revela ser interesse da União a participação privada na elaboração dos elementos que conformem a outorga, considerando ser mecanismo propulsor de atratividade aos particulares.

A despeito do regramento do PGO, outras disposições normativas devem ser observadas pelas autoridades federais para a efetivação da *concessão* desse serviço público, tal como será apresentado em capítulo próprio.

Por fim, para conclusão da análise do PGO, resta pontuar tema relacionado à *autorização* para a exploração de aeroportos destinados exclusivamente ao processamento de operações de serviços aéreos privados, especializados e de táxi-aéreo. A portaria firmou ser competência da SAC (agora MTAP) receber e apreciar os pedidos de *autorização* para

CAPÍTULO IV – EXPLORAÇÃO DA INFRAESTRUTURA AEROPORTUÁRIA

exploração de aeroportos. Definido o deferimento, esse ato seria encaminhado à ANAC apenas para a emissão do Termo de Autorização em atenção ao Decreto n. 7.871/2012, descrito no tópico anterior.

Sem ingressar em detalhamento sobre esta previsão, por não ser objeto de estudo, e sua contrariedade em face do artigo 8º, XIV, da Lei n. 11.182/2005, grifa-se que a função da ANAC foi esvaziada, não havendo espaço para seu juízo sobre o tema. Por essa norma, a ANAC passa a figurar como sujeito operacional, utilizado para formalização de decisão prévia tomada pela SAC (agora MTAP).

Concluída a exposição das disposições próprias à prestação, segue-se a exposição das principais normas regentes da prestação do serviço público em estudo.

4.2 Princípios do serviço público aplicados à prestação do serviço

Como serviço público de titularidade da União, a exploração da infraestrutura aeroportuária deverá observar princípios próprios a este instituto. A exposição apartada desta parcela do regime jurídico deriva da sua incidência independentemente de quem seja o prestador, portanto, regente da atuação da Infraero ou das atuais concessionárias.

Elege-se como parâmetro de análise a obrigação constitucional constante do artigo 175, parágrafo único, IV, que exige que a prestação deva ser adequada. Significa firmar que o serviço público deve ser executado de modo regular, contínuo, eficiente, seguro, atual, universal, cortês e com custo módico, conforme detalhado no artigo 6º, §1º 1da Lei n. 8.987/1995.[209]

---

[209] Não obstante não ser realizada exposição detalhada em vista da exploração da infraestrutura aeroportuária, entende-se que outros princípios incidem sobre este serviço público, tais como os princípios da igualdade (ou uniformidade), da neutralidade, da publicidade, obrigatoriedade e responsabilidade, tal como apresentado pela tal qual exposto por GROTTI, Dinorá Adelaide Musetti. *O serviço público e a Constituição brasileira de 1988*. São Paulo: Malheiros, 2003, p. 300 e ss.

143

O *princípio da universalidade*, conhecido também como *generalidade*, previsto no artigo 6º, §1º, da Lei n. 8.987/95, bem como no artigo 3º, inciso IV, da Lei n. 9.074/95,[210] determina que o serviço pode ser exigido e usado indistintamente por todos que dele necessitem, respeitadas as condições de sua obtenção previstas na legislação.[211] Este princípio deve ser compreendido sempre em atenção ao *princípio da impessoalidade*, oriundo, por sua vez, de princípio basilar do ordenamento jurídico brasileiro – o *princípio da igualdade*.

A conclusão é simples: é vedado ao prestador promover discriminações indevidas perante ou entre os usuários do serviço.[212] Nesse sentido, esses princípios são identificados com precisão no artigo 37 do CBA.[213] É dever do operador aeroportuário franquear a utilização dos aeródromos públicos sem qualquer distinção de propriedade das aeronaves.

O *princípio da continuidade* exige a prestação contínua dos serviços, sem interrupções injustificadas, indevidas ou meramente prejudiciais aos usuários.[214] O dever de seu cumprimento justifica grande parcela dos *poderes* do concedente, materializados, por exemplo, na imposição de prazos rigorosos ao contratado, ora sujeitos à sanção no caso de

---

[210] Lei n. 9.074/95. "Art. 3º Na aplicação dos arts. 42, 43 e 44 da Lei n. 8.987, de 1995, serão observadas pelo poder concedente as seguintes determinações: (...) IV – atendimento abrangente ao mercado, sem exclusão das populações de baixa renda e das áreas de baixa densidade populacional inclusive as rurais".

[211] GROTTI, Dinorá Adelaide Musetti. *O serviço público e a Constituição brasileira de 1988*. São Paulo: Malheiros, 2003, p. 288.

[212] BANDEIRA DE MELLO, Celso Antônio. *Curso de direito administrativo*. 32ª ed. São Paulo: Malheiros, 2015, p. 702.

[213] CBA. "Art. 37. Os aeródromos públicos poderão ser usados por quaisquer aeronaves, sem distinção de propriedade ou nacionalidade, mediante o ônus da utilização, salvo se, por motivo operacional ou de segurança, houver restrição de uso por determinados tipos de aeronaves ou serviços aéreos. Parágrafo único. Os preços de utilização serão fixados em tabelas aprovadas pela autoridade aeronáutica, tendo em vista as facilidades colocadas à disposição das aeronaves, dos passageiros ou da carga, e o custo operacional do aeroporto".

[214] BANDEIRA DE MELLO, Celso Antônio. *Curso de direito administrativo*. 32ª ed. São Paulo: Malheiros, 2015, p. 702.

CAPÍTULO IV – EXPLORAÇÃO DA INFRAESTRUTURA AEROPORTUÁRIA

descumprimento, na previsão e reconhecimento da submissão à ampla fiscalização do concedente, nos eventuais atos de intervenção e encampação.[215]

A *continuidade* é lógica inerente à exploração da infraestrutura aeroportuária, principalmente no atendimento das rotas regulares da aviação. Tendo em vista a intensa movimentação de aeronaves, com chegadas e partidas provenientes de diversas regiões do mundo, é inevitável a gestão ininterrupta da infraestrutura. Todos os serviços inerentes à exploração da infraestrutura aeroportuária devem estar à disposição das companhias aéreas e de seus passageiros.

Para ilustrar este tópico, observa-se que o Decreto n. 6.780/09, que aprovou a Política Nacional de Aviação Civil (PNAC), previu, como um dos propósitos da política pública, o aumento da disponibilidade da infraestrutura aeroportuária civil, com vistas ao incremento da oferta de serviços de transporte aéreo, aludindo expressamente: "a prestação adequada do serviço de transporte aéreo público regular por operadores pressupõe continuidade, regularidade e pontualidade do serviço, entre outros, sem os quais se descaracteriza. Concorrem para a garantia da prestação de serviços adequados a disponibilidade e a continuidade dos serviços prestados pelos provedores da infra-estrutura aeronáutica e aeroportuária civis".

Muitos diplomas disciplinam o planejamento e a forma de ocupação e desenvolvimento da infraestrutura aeroportuária. Entende-se que as medidas estão em estreita ligação com os *princípios da eficiência, segurança* e *adaptabilidade* (ou *atualidade*).

A observância do *princípio da eficiência* é caracterizada pela imposição do uso e ocupação racional dos espaços no aeródromo, possibilitando o desenvolvimento da infraestrutura segundo um aproveitamento ótimo dos recursos disponíveis. A exploração do sítio aeroportuário de forma organizada cria um ambiente favorável ao desenvolvimento

---

[215] DI PIETRO, Maria Sylvia Zanella. *Parcerias na administração pública*. 10ª ed. São Paulo: Atlas, 2015, p. 82.

do transporte aéreo, à obtenção de receitas para (re)investimentos na estrutura e proporciona, em última medida, o atendimento adequado e confortável de seus frequentadores.[216]

No mesmo sentido, identifica-se uma intensa regulamentação em prestígio ao *princípio da segurança*. Sua incidência permeia o dever de organização, coordenação e vigilância constante da exploração aeroportuária, a fim de mitigar os grandes riscos relacionados com a utilização da infraestrutura, especialmente perante a integridade dos seus usuários e de terceiros relacionados.

O *princípio da segurança* é identificado nos artigos 19, 37 e 43 do CBA e no aludido PNAC,[217] que tem, dentre seus objetivos, a garantia da integridade física e patrimonial dos usuários do sistema de aviação civil. Para tanto, os atores do sistema atuarão de forma coordenada, dentro de suas atribuições, para assegurar a implementação do maior grau praticável de segurança voltada ao desenvolvimento do transporte aéreo.

Neste sentido, o RBAC n. 154 descreveu os requisitos mínimos para o planejamento da infraestrutura aeroportuária, seja sob o ponto de

---

[216] Decreto n. 6.780/2009. "A eficiência das operações da aviação civil beneficia a todos e é um objetivo a ser perseguido. Para tanto, o aperfeiçoamento da navegação aérea, a otimização do uso do espaço aéreo e da infra-estrutura aeroportuária civil, de maneira coordenada e harmônica, e a melhoria dos métodos, processos e práticas de gestão, devem ser continuamente buscados".

[217] CBA. "Art. 19. Salvo motivo de força maior, as aeronaves só poderão decolar ou pousar em aeródromo cujas características comportarem suas operações. Parágrafo único. Os pousos e decolagens deverão ser executados, de acordo com procedimentos estabelecidos, visando à segurança do tráfego, das instalações aeroportuárias e vizinhas, bem como a segurança e bem-estar da população que, de alguma forma, possa ser atingida pelas operações"; "Art. 37. Os aeródromos públicos poderão ser usados por quaisquer aeronaves, sem distinção de propriedade ou nacionalidade, mediante o ônus da utilização, salvo se, por motivo operacional ou de segurança, houver restrição de uso por determinados tipos de aeronaves ou serviços aéreos"; e "Art. 43. As propriedades vizinhas dos aeródromos e das instalações de auxílio à navegação aérea estão sujeitas a restrições especiais. Parágrafo único. As restrições a que se refere este artigo são relativas ao uso das propriedades quanto a edificações, instalações, culturas agrícolas e objetos de natureza permanente ou temporária, e tudo mais que possa embaraçar as operações de aeronaves ou causar interferência nos sinais dos auxílios à radionavegação ou dificultar a visibilidade de auxílios visuais".

CAPÍTULO IV – EXPLORAÇÃO DA INFRAESTRUTURA AEROPORTUÁRIA

vista *(i)* arquitetônico, determinando-se as características das facilidades que serão constituídas (pistas, pátios, terminais, áreas de apoio, controle do tráfego), de modo a atender os requisitos de segurança e as finalidades daquele projeto; ou do ponto de vista *(ii)* geográfico, considerando-se as particularidades físicas e ambientais da região em que a infraestrutura será instalada (características do solo, relevo, clima, elementos hídricos, fauna e flora).

Por sua vez, o RBAC n. 153 prescreve uma série de obrigações próprias voltadas à operação segura do aeródromo. Seu texto prevê um conjunto relevante de imposições complexas de segurança da operação, incluindo atendimento de metas e previsão de ações corretivas para manutenção do nível aceitável para sua realização. Destaca-se a obrigação de o operador formular e formalizar uma política de segurança operacional para aplicação da definição de condutas, a padronização das ações e incentivos à gestão preventiva de riscos.

A Resolução ANAC n. 153/2010 regulamenta as regras relativas ao Plano Diretor Aeroportuário (PDIR), documento elaborado pelo operador de aeródromo em consonância com a regulamentação de segurança operacional expedida pela ANAC (art. 2º). Segundo o artigo 1º da Resolução, todo aeródromo que receba voos de empresas aéreas prestando serviço de transporte aéreo regular de passageiros ou de cargas deverá ter aprovação PDIR, com disposições próprias ao seu planejamento e expansão.

Ainda neste contexto, relevante pontuar o conteúdo do RBAC n. 161 que regulamenta o Plano de Zoneamento de Ruído de Aeródromo – PDZR. Este Plano tem como objetivo representar geograficamente a área de impacto do ruído aeronáutico decorrente das operações nos aeródromos e, aliado ao ordenamento adequado das atividades situadas nessas áreas, ser instrumento de preservação e desenvolvimento dos aeródromos em harmonia com as comunidades localizadas no seu entorno.

O PDZR revela-se como aplicação do *princípio da segurança* à medida que visa coordenar de modo harmonioso o desenvolvimento da infraestrutura aeroportuária frente ao meio urbano em que está inserido. A proximidade de núcleos urbanos com a infraestrutura aeroportuária pode gerar prejuízos à saúde da população, especialmente no que tange aos impactos da poluição sonora e do ar.

Acredita-se que muito do atendimento às imposições dos princípios aludidos decorrem do cumprimento de outra exigência do regime jurídico-administrativo, qual seja, a observância do *princípio da adaptabilidade*, conhecido também como *princípio da atualidade*.

Disposto no ordenamento no artigo 6º, §2º, da Lei n. 8.987/95,[218] impõe o dever de constante renovação e atualização na sua execução.[219] Isso decorre de dois fatores principais: a evolução das demandas sociais e o avanço tecnológico. À medida que a sociedade se desenvolve e se torna mais complexa, novas demandas surgem, restando ao prestador dos serviços orientar sua execução de modo a garantir o atendimento dessas demandas de modo mais eficiente e econômico possível.

O princípio da atualidade revela-se ainda mais caro ao serviço público em estudo, cuja finalidade está intimamente ligada à indústria da aviação civil, cujo desenvolvimento tecnológico é constante. Esse princípio é intrínseco e permeia todas as normas aludidas, vez que o atendimento da finalidade para a qual o serviço público foi concebido requer essa constante evolução.

O setor ora avaliado não permite eventual separação da *continuidade*, *eficiência* e *segurança* da *atualidade* do serviço público, haja vista que o avanço da tecnologia sempre exigirá o acompanhamento da infraestrutura.

---

[218] Lei n. 8.987/95. "Art. 6º Toda concessão ou permissão pressupõe a prestação de serviço adequado ao pleno atendimento dos usuários, conforme estabelecido nesta Lei, nas normas pertinentes e no respectivo contrato. (...) § 2º A atualidade compreende a modernidade das técnicas, do equipamento e das instalações e a sua conservação, bem como a melhoria e expansão do serviço".

[219] "Este princípio implica em 'uma constante plasticidade do serviço público', pois as necessidades de interesse geral são eminentemente variáveis no tempo e no espaço". (GROTTI, Dinorá Adelaide Musetti. *O serviço público e a Constituição brasileira de 1988*. São Paulo: Malheiros, 2003, p. 295).

CAPÍTULO IV – EXPLORAÇÃO DA INFRAESTRUTURA AEROPORTUÁRIA

O afirmado é extraído do referido PNAC, que, ao pretender firmar diretriz para o crescimento da aviação civil e do transporte aéreo, assim dispôs:

> O Estado brasileiro deve ser capaz, portanto, de prever adequadamente a demanda por bens e serviços aeronáuticos e propiciar as condições para que o desenvolvimento da aviação civil se faça de maneira harmônica, equilibrada e adequada. Tal condição torna-se ainda mais relevante no que tange ao provimento da infra-estrutura necessária ao desenvolvimento da aviação civil. O provimento de infra-estrutura, seja pelo Poder Público ou por agentes privados por meio de delegação, conforme disposto na Constituição, deve proporcionar o desenvolvimento das atividades de transporte aéreo. Há que superar os óbices que impedem o crescimento da aviação civil de maneira ordenada e em sintonia com os objetivos nacionais de integração e ampliação do acesso ao serviço, de forma a promover a prosperidade equitativamente.

Ao final, como elemento muitas vezes de difícil conciliação com as demais imposições próprias a esse serviço público, encontra-se o *princípio da modicidade tarifária*. Este princípio resulta da adoção de um modelo de Estado Social cujas premissas de solidariedade e inclusão devem nortear o Poder Público, seja o legislador ou o prestador do serviço público, impondo que a cobrança pela sua fruição não seja elevada a ponto de inviabilizar sua utilização pelo particular.[220]

Este tema é bastante complexo para o setor, muito em razão dos elevados valores para investimentos e os custos de manutenção das estruturas exigidas para o cumprimento de sua finalidade.

---

[220] "(...) se o Estado atribui tão assinalado relevo à atividade que conferiu tal qualificação, por considerá-lo importante para o conjunto de membros do corpo social, seria rematado dislate que os integrantes desta coletividade a que se destinam devessem, para desfrutá-lo, pagar importâncias que os onerassem excessivamente e, pior que isto, que os marginalizassem" (BANDEIRA DE MELLO, Celso Antônio. *Curso de direito administrativo*. 32ª ed. São Paulo: Malheiros, 2015, p. 703). De forma complementar, Marçal Justen Filho esclarece que a modicidade da tarifa "não significa imperativo de valor reduzido", mas, sim, "à ideia de menor tarifa em face do custo e do menor custo em face da adequação do serviço" (JUSTEN FILHO, Marçal. *Curso de direito administrativo*. 8ª ed. Belo Horizonte, Fórum, 2012, p. 128).

Desta feita, medidas de duas ordens são verificadas. A Lei n. 6.009/1973 definiu as tarifas aeroportuárias em vista de dois elementos principais (i) quem são os pagadores; e (ii) qual a hipótese de incidência. Com isso, a regulamentação própria ao setor fixa valores menores para o transporte aéreo de pessoas em comparação com a movimentação de cargas. A justificativa é evidente. Seja pelo fato de que a primeira realidade é voltada à realização de um serviço público ao indivíduo, em prestígio à liberdade de locomoção e reconhecendo a sua capacidade contributiva; o segundo volta-se à realização de uma atividade econômica, cuja realização, por regra, é de sociedades comerciais com maior capacidade de pagamento.[221]

Por outro lado, tal como se observa da Portaria n. 228/2013 da SAC, é pretendido o desenvolvimento efetivo da exploração econômica de áreas potenciais dos sítios aeroportuários. Acredita-se que estas atividades, distintas do serviço público, poderão proporcionar o aumento da captação de recursos em prol do desenvolvimento das infraestruturas e dos serviços, sem prejuízo à manutenção de tarifas aeroportuárias que contribuam para a aviação civil.

---

[221] Neste sentido, *vide* a Portaria ANAC n. 52/SRE, de 09 de janeiro de 2012, para aeroportos explorados diretamente pela União que "Estabelece os tetos das tarifas aeroportuárias de embarque, pouso e permanência e dos preços unificado e de permanência, altera os valores das tarifas aeroportuárias de armazenagem e capatazia sobre cargas importadas e a serem exportadas fixados pela Portaria n. 219, de 27 de março de 2001, e pela Portaria n. 544/GM5, de 1º de julho de 1986, e dá outras providências".

Capítulo V
A EXPLORAÇÃO PELA EMPRESA BRASILEIRA DE INFRAESTRUTURA AEROPORTUÁRIA – INFRAERO

Conforme explicitado previamente, o titular do serviço público decidiu explorá-lo por meio de uma empresa pública, pessoa jurídica de direito privado integrante da Administração Pública Indireta, por ele criada e controlada para esse fim.

Trata-se de opção organizacional da União que ainda perdura e, ressalvados os aeroportos concedidos, abrange os principais aeroportos do Brasil. A exposição minuciosa de seu regime jurídico e relações jurídicas decorrentes de sua atuação são temas fundamentais deste trabalho, vez pretender identificar e avaliar as principais formas de exploração da infraestrutura aeroportuária no sistema brasileiro.[222-222-A]

---

[222] Para fins desse estudo, seja para a avaliação da Infraero ou das concessionárias de serviço público: "A noção de relação jurídica exprime o contacto juridicamente disciplinado entre dois ou mais sujeitos de direito. Assim considerada, a relação jurídica é uma categoria geral de direito, tudo menos nova. No âmbito do direito privado, o modelo de relação jurídica é o da paridade entre os sujeitos de direito intervenientes, exprimindo cada ume à sua maneira a respectiva autonomia negocia. Aplicada à actividade administrativa, a relação em causa exprime o contacto entre a Administração vista, desde já, em sentido amplo, e outro sujeito de direito seja ele privado ou público,

5.1 Constituição e evolução da Infraero

A Infraero foi concebida como solução para ampliação dos investimentos e promoção de maior agilidade à gestão da infraestrutura aeroportuária, em muito defasada quando em comparação com a evolução da indústria da aviação civil.[223]

---

individual ou coletivo. Isto leva a que a noção de relação jurídica tenha de ser encarada em sentido diferenciado consoante nos reportemos ao direito privado ou público. [...] A relação jurídica subentende a presença de direito e deveres recíprocos das partes envolvidas em recíproca polaridade. A disciplina jurídica das situações será assim uma consequência dessa mesma polaridade de direitos e deveres recíprocos". (MONCADA, Luís S. Cabral de. *A relação jurídica administrativa*: para um novo paradigma de compreensão da actividade, da organização e do contencioso administrativos. Coimbra: Coimbra Editores, 2009, pp. 11/12).

[222-A] Após o envio deste texto à publicação foi publicada a Lei Federal n. 13.303, de 30 de junho de 2016, que dispõe sobre o estatuto jurídico da empresa pública e da sociedade de economia mista de toda e qualquer empresa pública e sociedade de economia mista da União, dos Estados, do Distrito Federal e dos Municípios que explore atividade econômica de produção ou comercialização de bens ou de prestação de serviços, ainda que a atividade econômica esteja sujeita ao regime de monopólio da União ou seja de prestação de serviços públicos, de modo que, no prazo de 24 (vinte e quatro) meses da publicação da aludida norma (artigo 91 da Lei) o regime da Infraero deverá sofrer adaptações próprias, especialmente quanto ao regime de contratações, governança e pessoal.

[223] "A origem da Infraero remonta a 1967, quando o governo federal criou a Comissão Coordenadora do Projeto Aeroporto Internacional (CCPAI), em vista das exigências que se impunham sobre a infra-estrutura aeroportuária pelo advento dos aviões a jato nos anos 1950 e pelos jatos *widebody* no final dos anos 1960. Dela surgiu o projeto do Aeroporto Internacional do Rio de Janeiro – Galeão. Em maio de 1970 o governo federal reorganizou o CCPAI numa empresa, Aeroportos do Rio de Janeiro S.A. (Arsa), que se tornou uma companhia bem-sucedida em planejar e construir diversos outros aeroportos, tanto no Estado do Rio como em outros estados. Em seguida, em 1972 o Ministério da Aeronáutica reorganizou a Arsa na Infraero, com a responsabilidade de gerir os mais importantes aeroportos no país (ROSA *et al.*, 1999 *apud* ESPÍRITO SANTO JÚNIOR; CORREIA; PALHARES, 2003)". (FIUZA, Eduardo P. S. *Governança, custos e subsídios cruzados no sistema Infraero*. Texto para discussão n. 1365. Rio de Janeiro: Instituto de Pesquisa Econômica Aplicada – IPEA, 2008, p. 13). Em publicação oficial da Infraero, é extraído o seguinte relato: "Os integrantes da Comissão Coordenadora do Projeto Aeroporto Internacional, como o grupo era oficialmente chamado, tinham duas missões principais. A primeira era coordenar o projeto e acompanhar a construção do empreendimento. A segunda era criar um modelo de empresa para gerir o novo aeroporto. Criada em maio de 1970, essa empresa seria a Aeroportos do Rio de Janeiro S.A. (Arsa). Enquanto as obras do aeroporto internacional eram tocadas, a comissão presidida por Araripe Macedo discutia um modelo de gestão

CAPÍTULO V – A EXPLORAÇÃO PELA EMPRESA BRASILEIRA...

A autorização para sua criação foi dada pela Lei Federal n. 5.862, de 12 de dezembro de 1972,[224] que facultou ao Poder Executivo Federal criar empresa pública vinculada ao Ministério da Aeronáutica. Por meio do Decreto n. 72.219, de 11 de maio de 1973, foi criada a Infraero, pessoa jurídica de direito privado, com patrimônio próprio e autonomia administrativo-financeira.[225]

Ato seguinte à sua constituição, a Infraero assumiu o controle da ARSA (Aeroportos do Rio de Janeiro Sociedade Anônima), tornando-a empresa subsidiária. As demais transferências das operações aeroportuárias

---

aeroportuária que pudesse ser estendido a todo o País. Ele considerava fundamental que os aeroportos deixassem de ser geridos diretamente pela Aeronáutica. Só um modelo de administração indireta teria flexibilidade e dinamismo para modernizar a infraestrutura então existente. Os integrantes da Comissão Coordenadora do Projeto do Aeroporto Internacional viajaram para países que adotavam gestões empresariais de seus aeroportos. Estudaram as experiências dos Estados Unidos, Canadá, Reino Unido, Alemanha e França. Depois de muitas discussões sobre o melhor caminho a seguir, chegou-se à conclusão de que seria criada uma empresa pública de âmbito nacional, dotada de personalidade jurídica de direito privado, para operar, administrar e explorar comercialmente os aeroportos. A nova empresa poderia criar subsidiárias para administrar aeroportos específicos. A primeira delas já existia: a Arsa" (SECRETARIA DE AVIAÇÃO CIVIL. *Infraero*: 40 anos serviços pessoas, empresas e o Brasil, 2013. Disponível em http://www.infraero.gov.br/images/stories/Infraero/INFRAERO40ANOS.pdf. Acesso em 16 jan. 2016, pp. 28/29).

[224] Sua constituição observou o regime do Decreto-lei n. 200, de 25 de fevereiro de 1967, nos termos da redação dada pelo Decreto-Lei n. 900, de 29 de setembro de 1969, não obstante a previsão de seu artigo 5º, inciso II, que informava que esta norma pretendia a criação de empresas públicas para "exploração de atividade econômica" ou de "conveniência administrava". Sobre o tema, adota-se o entendimento de André Luiz Freire, que leciona que o "segundo ponto consiste na necessidade de desconsiderar a expressão 'criada por lei por lei para exploração de atividade econômica', constante nos incisos II e III do art. 5º do citado decreto-lei. Mesmo sob a égide das Constituições anteriores à de 1988 já era possível utilizar as empresas estatais para a execução de tarefas públicas, mediante descentralização técnica, e não apenas para exploração de atividade econômica. Assim, as empresas estatais – tanto as empresas públicas como as sociedades de economia mista – poderão ser criadas para a execução de atividades administrativas ou para intervenção do Estado na ordem econômica" (FREIRE, André Luiz. *O regime de direito público na prestação de serviços públicos por pessoas privadas*. São Paulo: Malheiros, 2014, pp. 310/311).

[225] As atividades da Infraero foram iniciadas em 31 de maio de 1973, tendo com primeiro presidente o Major Brigadeiro do Ar Hélio Costa (*Infraero – 40 anos serviços pessoas, empresas e o Brasil*. Secretaria de Aviação Civil, 2013. Disponível em http://www.infraero.gov.br/images/stories/Infraero/INFRAERO40ANOS.pdf. Acesso em 16 jan. 2016, p. 29).

ocorreram paulatinamente. A tabela abaixo remonta ao desenvolvimento da exploração da infraestrutura aeroportuária pela Infraero até meados dos anos 80.[226]

Ano	Evento
1973	Assunção da administração do Aeroporto Internacional de Brasília – Presidente Juscelino Kubitschek (DF); e iniciada a gestão do Aeroporto de Ponta Pelada – Manaus (AM).
1974	Assunção da administração dos aeroportos da Pampulha (MG); Carlos Prates (MG); Belém (PA); Boa Vista (RR); Recife (PE); Salvador (BA); Fortaleza (CE); Goiânia (GO); Curitiba (PR); Foz do Iguaçu (PR); Florianópolis (SC); Joinville (SC) e Porto Alegre (RS); Início de funcionamento do primeiro terminal de cargas da Infraero no Aeroporto Internacional Afonso Pena – Curitiba (PR). São inaugurados outros três terminais de cargas: em Porto Alegre (RS), Joinville (SC) e Belém (PA).
1975	Assunção da administração dos aeroportos Aracaju (SE); Campo Grande (MS); Corumbá (MS); Cuiabá (MT); Maceió (AL); São Luís (MA); Teresina (PI) e Vitória (ES); Início de funcionamento dos terminais de cargas aeroportos de Recife (PE); Fortaleza (CE); Natal (RN); São Luís (MA); Goiânia (GO); Corumbá (MS) e Brasília (DF).
1976	Inaugurado o Aeroporto Internacional Eduardo Gomes – Manaus (AM).
1977	Inaugurado o Aeroporto Internacional do Galeão, no Rio de Janeiro (RJ).
1978	Início da administração do terminal de carga do Aeroporto Internacional de Viracopos – Campinas (SP); Inaugurado o terminal de carga do Aeroporto Internacional do Galeão (RJ).
1979	Assunção da administração do Aeroporto Internacional Presidente Castro Pinto – João Pessoa (PB).
1980	Assunção da administração do Aeroporto Internacional de Viracopos – Campinas (SP).
1981	Assunção da administração do Aeroporto de São Paulo – Congonhas (SP).
1984	Inaugurado o Aeroporto Internacional Tancredo Neves – Confins (MG).
1985	Inaugurado o Aeroporto Internacional de São Paulo – Guarulhos (SP).
1987	A ARSA é incorporada pela Infraero.

---

[226] *Infraero – 40 anos serviços pessoas, empresas e o Brasil*. Secretaria de Aviação Civil, 2013. Disponível em http://www.infraero.gov.br/images/stories/Infraero/INFRAERO40ANOS.pdf. Acesso em 16 jan. 2016, pp. 6-9.

CAPÍTULO V – A EXPLORAÇÃO PELA EMPRESA BRASILEIRA...

A legislação estabeleceu uma série de atribuições à Infraero, das quais se destacam (i) representar o Governo Federal nos atos, contratos e convênios existentes; (ii) celebrar termos e contratos com entes e órgãos da administração direta ou indireta da federação; (iii) captar recursos para promoção de sua finalidade; (iv) contratar o que seja de interesse para execução de suas atividades e condizentes com seus objetivos; (v) formar, treinar e aperfeiçoar pessoal especializado; e (vi) promover, coordenar e fiscalizar as atividades necessárias à instalação e permanência dos serviços de segurança, polícia, alfândega e saúde nos aeroportos.

Como aspecto complementar, porém de grande relevância à política de integração nacional e desenvolvimento econômico e social das regiões mais distantes, foi conferida importância à função de implantar e ampliar a infraestrutura aeroportuária em locais distantes das principais capitais.

A primeira mudança no quadro de gestão da Infraero ocorreu muitos anos após sua constituição, com a desvinculação do Ministério da Aeronáutica cuja competência foi sucedida pelo Ministério da Defesa.[227] Ato contínuo, outras alterações (e muitas tentativas) foram promovidas em curto espaço de tempo, motivadas, em sua maioria, pela "crise do apagão aéreo",[228] que afetou diretamente o setor da infraestrutura aérea e aeroportuária. Dentre as alternativas propostas, pretendeu-se, inclusive, a abertura de capital da Infraero[229] ou a atração de sócio estratégico, porém, os procedimentos exigidos para sua materialização não contribuiriam com a imediata necessidade de desenvolvimento das infraestruturas.[230]

---

[227] Nos termos do §5º do artigo 16 da Medida Provisória n. 2.216-37, de 31 de agosto de 2001, que alterou a Lei n. 9.649, de 27 de maio de 1998.

[228] Conforme exposto no Capítulo 1 do presente trabalho. Sobre o tema, verificar o Relatório final da Comissão Parlamentar de Inquérito – Crise do Sistema de Tráfego Aéreo, instituída pelo Requerimento n. 001/2007 em menção a documento publicado pela ANAC (*Infra-estrutura aeroportuária brasileira*: capacidade versus demanda e estimativa de investimentos necessários no curto prazo, p. 72. Disponível em http://congressoemfoco.uol.com.br/UserFiles/Image/relatorio_CPI_Aerea.pdf. Acesso em 08 nov. 2015.

[229] Notícia disponível em http://www12.senado.gov.br/jornal/edicoes/2009/07/10/infraero-quer-abrir-capital-ao-mercado-financeiro. Acesso em 08 nov. 2015).

[230] CHAMBARELLI, Rafael Lopes. "A concessão da infraestrutura aeroportuária: construção de um modelo brasileiro". *In:* RIBEIRO, Leonardo Coelho; FEIGELSON, Bruno; FREITAS, Rafael Véras de (coords.). *A nova regulação da infraestrutura e da mineração*: portos; aeroportos; ferrovias e rodovias. Belo Horizonte: Fórum, 2015, pp. 315-348.

Como consequência e em vista do dever iminente de desenvolvimento das estruturas e correção das insuficiências, foram publicadas as Medidas Provisórias n. 527 e 551, de 2011, convertidas, respectivamente, nas Leis n. 12.462, de 04 de agosto de 2011, e 12.648, de 17 de maio de 2012. O comando da Infraero deixou de concentrar-se sob uma estrutura historicamente militarizada, passando à SAC (agora MTAP), órgão ligado à Presidência da República e criado com a função precípua de promover as políticas e programas ligados à aviação civil e à infraestrutura correlata.

5.2 Retrato da Infraero

A Infraero é uma empresa pública controlada pela União Federal, vinculada ao MTAP. Nos termos de seu Estatuto Social aprovado pela Assembleia Geral Extraordinária realizada em 22 de junho de 2016,[231] a despeito de eventual emissão de ações, à União é reservada, em qualquer hipótese, a participação mínima no capital social com direito a voto, necessária à manutenção do controle acionário.

O capital social da Infraero é de R$ 696.829.304,37 (seiscentos noventa e seis milhões, oitocentos e vinte nove mil, trezentos e quatro reais e trinta sete centavos), dividido em 12.825.493 (doze milhões, oitocentos e vinte e cinco mil, quatrocentos e noventa e três) ações ordinárias nominativas, sem valor nominal.

A Infraero administra 60 (sessenta) aeroportos, 28 (vinte e oito) Terminais Logísticos de Carga e 72 (setenta e cinco) Estações Prestadoras de Serviços de Telecomunicações e de Tráfego Aéreo – EPTAs.[232] Ademais, atualmente, a Infraero hoje detém 49% (quarenta e nove por cento) da participação acionária das concessionárias prestadoras dos serviços de administração da infraestrutura aeroportuária dos aeroportos internacionais de Brasília – Distrito Federal (Inframérica Concessionária do Aeroporto de Brasília S.A); Guarulhos – São Paulo (Concessionária do Aeroporto Internacional de Guarulhos S.A.); Galeão – Rio de Janeiro

---

[231] http://www.infraero.gov.br/images/stories/Infraero/Estatuto/estatuto.pdf

[232] Nos termos do *Relatório anual de Administração* de 2014, p. 7. Disponível em http://www.infraero.gov.br/images/stories/Infraero/Contas/Relatorios/relatorio2014.pdf. Acesso em 08 nov. 2015.

CAPÍTULO V – A EXPLORAÇÃO PELA EMPRESA BRASILEIRA...

(Concessionária Aeroporto Rio de Janeiro S.A.); Campinas – São Paulo (Concessionária Aeroportos Brasil Viracopos S.A); e Confins – Minas Gerais (Concessionária do Aeroporto Internacional de Confins S.A.).[233]

A Infraero, no início de 2013, reviu a identidade corporativa da empresa e redefiniu seu planejamento estratégico visando consolidar aspectos próprios de sua atuação e o atendimento de seus objetivos sociais, denominando-os de *missão:* "oferecer soluções aeroportuárias inovadoras e sustentáveis aproximando pessoas e negócios"; *visão:* "ser a referência brasileira em soluções aeroportuárias"; e *valores:* "compromisso com os clientes; efetividade e competitividade; valorização dos colaboradores; inovação, qualidade e segurança; ética e responsabilidade socioambiental; geração de resultados; e orgulho de ser Infraero".[234-235]

Nessa toada, foram definidos 3 (três) ciclos temporais de transformações para a sociedade: (i) o *Ciclo de Transformação:* "ser a referência brasileira em soluções aeroportuárias", em 2016; (ii) o *Ciclo de Consolidação:* "estar entre as melhores empresas de soluções aeroportuárias do mundo",

---

[233] Essa situação será descrita com maior detalhamento no capítulo 05, no qual será avaliada a exploração da infraestrutura aeroportuária mediante o instrumento da concessão comum.

[234] *Relatório Anual de Administração de 2014.* Disponível em http://www.infraero.gov.br/images/stories/Infraero/Contas/Relatorios/relatorio2014.pdf. Acesso em 08 nov. 2015, p. 11.

[235] Não obstante o descrito, a leitura do Código de Ética Empresarial da Infraero, aprovado na reunião da Diretoria Executiva no dia 10 de novembro de 2004 revela pretensões empresarias melhor aderentes à função administrativa exercida pela Infraero por delegação da União, porém aparentemente afastada pelas novas decisões corporativas: *"Missão da INFRAERO:* Atender às necessidades da sociedade relativas à infra-estrutura aeroportuária e aeronáutica de modo a contribuir para o desenvolvimento sustentável do Brasil, primando pela eficiência, segurança e qualidade; *Visão de Futuro da INFRAERO:* Empresa socialmente responsável, voltada para o cliente, integrada à sociedade, moderna, ágil, tecnologicamente atualizada, comprometida com o meio ambiente, com o desenvolvimento sustentável do Brasil e com o princípio da continuidade administrativa; e *Visão de Futuro dos Aeroportos:* Aeroportos voltados para o desenvolvimento econômico e social, elos de uma cadeia de logística, integrados à infra-estrutura urbana, comprometidos com o meio ambiente e com o desenvolvimento sustentável do Brasil" (*Relatório anual de Administração de 2014.* Disponível em http://www.infraero.gov.br/images/stories/Infraero/Contas/Relatorios/relatorio2014.pdf. Acesso em 08 nov. 2015, p. 4).

em 2020; (iii) e o *Ciclo de Liderança:* "ser referência mundial em soluções aeroportuárias", em 2028.[236]

5.2.1 Organização da Infraero

Para exercício de suas competências, a organização estatutária da Infraero é composta pela Assembleia Geral, o Conselho de Administração, a Diretoria Executiva e o Conselho Fiscal:

A Assembleia Geral é constituída pelos acionistas, sendo o órgão soberano das decisões de interesse social da Infraero. Dentre suas funções, cumpre tomar as contas dos administradores e votar as demonstrações financeiras; destinar o lucro líquido e a distribuição dos dividendos; deliberar sobre a alienação das ações de seu capital social, inclusive abertura de capital; bem como, nos termos da legislação vigente, deliberar sobre a cisão, fusão ou incorporação da sociedade.

O Conselho de Administração, órgão colegiado composto por sete membros eleitos pela Assembleia Geral,[237] é responsável pela fixação das políticas, diretrizes e orientação dos negócios e objetivos da Infraero. Compete a esse órgão acompanhar as políticas e orientação dos negócios; eleger, destituir, fiscalizar a gestão e fixar as atribuições da Diretoria Executiva; aprovar o regulamento, o quadro e o plano de salários, benefícios e vantagens do pessoal contratado; aprovar a constituição de subsidiárias e a participação da Infraero ou suas subsidiárias em outras sociedades; deliberar sobre a proposta da Diretoria Executiva acerca da possibilidade de absorção ou reversão de aeroportos ou transferência a terceiros, mediante avaliação de estudos de viabilidade; autorizar a constituição de ônus reais ou alienação de bens imóveis da Infraero, dentre outras (artigo 20 do Estatuto Social).[238]

---

[236] *Relatório anual de Administração de 2014*. Disponível em http://www.infraero.gov.br/images/stories/Infraero/Contas/Relatorios/relatorio2014.pdf. Acesso em 08 nov. 2015.

[237] Nos termos do artigo 16 do Estatuto Social: "O Conselho de Administração será composto por sete membros, eleitos pela Assembleia Geral, assim designados: I – quatro por indicação do Ministro Chefe da SAC-PR, um dos quais será o Presidente da Empresa; II – um por indicação do Ministro do Planejamento, Orçamento e Gestão; III – um por indicação do Ministro da Defesa; IV – um indicado pelos empregados, nos termos da Lei n. 12.353, de 28 de dezembro de 2010".

[238] Para maior detalhamento, verificar o Regimento Interno do Conselho de

CAPÍTULO V – A EXPLORAÇÃO PELA EMPRESA BRASILEIRA...

À Diretoria Executiva fica reservada a gestão e representação da Infraero. Eleita pelo Conselho de Administração para o período de três anos, permitida a reeleição, a Diretoria Executiva é composta pelo Presidente da Infraero e sete diretores, sendo todos brasileiros de reputação ilibada e notória competência técnica e administrativa, com formação de nível superior (artigos 21 e 22 do Estatuto Social).[239]

São atribuições da Diretoria Executiva, além do cumprimento das deliberações adotadas pela Assembleia Geral e pelo Conselho de Administração, aprovar a proposta de Plano Diretor dos aeroportos para submissão aos órgãos reguladores; submeter ao Conselho de Administração proposta sobre a absorção ou reversão de aeroportos ou a sua transferência a terceiros, a partir de estudos de viabilidade; aprovar o Regulamento Geral da Infraero, que disporá sobre a forma de organização, competências e estruturas do corpo gerencial (artigo 28 do Estatuto Social).

Sem maiores detalhamentos sobre a competência de cada diretoria, a exploração da infraestrutura aeroportuária é o aspecto central das atribuições definidas a cada integrante, voltando-se às melhores práticas para sustentabilidade e manutenção dessa competência (artigo 30 do Estatuto Social).

Ao Conselho Fiscal, constituído de 3 (três) membros efetivos, sendo 2 (dois) indicados pelo Ministro Chefe da SAC (agora MTAP) e o outro por indicação o Ministro da Fazenda, é conferida a fiscalização dos atos dos administradores e o cumprimento de seus deveres legais e estatutários, inclusive sobre os balancetes e demonstrações financeiras, bem como a obrigação de denunciar erros, fraudes e crimes aos órgãos de administração e à Assembleia Geral.[240]

Administração. Disponível em http://www.infraero.gov.br/images/stories/Arquivos/regimentos/Regimento_Interno_CA_AP_27.03.12.pdf. Acesso em 15 nov. 2015.

[239] Para maior detalhamento, verificar *Regimento Interno da Diretoria Executiva*. Disponível em http://www.infraero.gov.br/images/stories/Arquivos/regimentos/Regimento_Interno_da_DIREX.pdf. Acesso em 15 nov. 2015.

[240] Para maior detalhamento, verificar *Regimento Interno do Conselho de Fiscal*. Disponível em http://www.infraero.gov.br/images/stories/Arquivos/regimentos/Regimento_Interno_CF_AP_07.06.2013.pdf. Acesso em 15 nov. 2015.

Revelado o panorama geral da sociedade, o detalhamento do regime de prestação do serviço público, as relações e os meios utilizados para a exploração da infraestrutura aeroportuária serão apresentados a seguir.

5.3 Regime de exploração da infraestrutura aeroportuária pela Infraero e relações jurídicas consequentes

A despeito de a Infraero ser pessoa jurídica de direito privado, essa empresa pública foi criada para atendimento de interesses estatais próprios, para atuar como instrumento de ação do Estado. Como retratado na Lei n. 5.862/1972, a Infraero é meio para alcance de dever imposto à União Federal.

A delegação por Lei distancia a transferência da prestação do serviço público às entidades da Administração Indireta do instituto da *concessão*. Tal como para outras empresas estatais, a transferência da atribuição pública à Infraero materializa o fenômeno da *descentralização administrativa*.[241]

A delegação legal conferiu o exercício de função administrativa específica à Infraero, exigindo o cumprimento de obrigações determinadas e transferindo, para tanto, uma série de atribuições. Por outra perspectiva, a União, ao transferir a competência administrativa à outra pessoa jurídica manteve a *relação de controle*, constituindo vínculo próprio denominado de *tutela*.[242]

O relatado revela aspecto relevante ao regime de exploração do serviço sob estudo. Sendo a Infraero pessoa jurídica de direito privado, a descentralização atrai apenas o dever de exploração do serviço público, porém mantém sua titularidade com a União. A situação seria diversa

---

[241] Neste sentido: ATALIBA, Geraldo. "SABESP. Serviço público: delegação a empresa estatal: imunidade a impostos: regime de taxas". *Revista de Direito Público*. São Paulo, n. 92, ano 22, out./dez. 1989, p. 206-213.

[242] Neste sentido: DI PIETRO, Maria Sylvia Zanella. *Direito administrativo*. 24ª ed. São Paulo: Atlas, 2013, p. 423; BANDEIRA DE MELLO, Celso Antônio. *Curso de direito administrativo*. 32ª ed. São Paulo: Malheiros, 2015, pp. 154/155; MEDAUAR, Odete. *Direito administrativo moderno*. 13ª ed. São Paulo: Revista dos Tribunais, 2009, p. 93.

CAPÍTULO V – A EXPLORAÇÃO PELA EMPRESA BRASILEIRA...

se tal delegação fosse para pessoa jurídica de direito público, por facultar a transferência legislativa da titularidade.

A posição aqui defendida foi acolhida pela legislação. A Infraero guarda a função de *executar* os serviços, mantida a *titularidade* com a União. Como exposto alhures, era competência da SAC, agora MTAP, elaborar e aprovar os planos de outorga para exploração das infraestruturas aeroportuárias, devendo a ANAC, por sua vez, figurar como concedente.

Identificada a competência da Infraero e o vínculo com a União Federal, segue-se a verificação de seu regime jurídico. Como primeiro tópico, entende-se ser diverso o regime aplicado à Infraero, então prestadora de serviço público por delegação, das empresas públicas exploradoras de atividade econômica.[243]

Na hipótese de empresa estatal – empresa pública ou sociedade de economia-mista – se voltar ao campo próprio da exploração econômica, seu regime se aproximará ao dos particulares. Nos termos do artigo 173 da Constituição Federal, notadamente seu §1º e inciso II,[244] as

---

[243] "Igualmente, a expressão 'serviços' (ensejando a suposição de que seriam 'serviços público') algumas vezes é utilizada em sentido natural – e não técnico-jurídico – para nomear atividades industriais ou comerciais que o Estado, a teor do art. 173 e parágrafos da Constituição, desempenha basicamente *sob regime de Direito Privado*, por se constituírem em exploração de atividade econômica, isto é, atividade própria dos particulares; atividade privada, portanto, e, bem por isto, insuscetível de ser qualificada como serviço público. A distinção entre uma coisa e outra é obvia. Se está em pauta atividade que o Texto Constitucional atribuiu aos particulares e não atribuiu ao Poder Público, admitindo, apenas, que este, excepcionalmente, possa empresá-la quando movido por 'imperativos da segurança nacional' ou acicatado por 'relevante interesse coletivo', como tais 'definidos em lei' (tudo consoante dispõe o art. 173 da Lei Magna), casos em que operará, basicamente, na conformidade do regime de Direito Privado, é evidente que em hipóteses quejandas não estará perante atividade pública, e, portanto, não se estará perante serviços públicos" (BANDEIRA DE MELLO, Celso Antônio. *Curso de direito administrativo*. 32ª ed. São Paulo: Malheiros, 2015, p. 709).

[244] Importante mencionar que a interpretação do §1º, do art. 173, da CF, enfrentou durante muito tempo divergência doutrinária. Essa divergência, segundo Carlos Ari Sundfeld, dizia respeito à finalidade do preceito. Diz o autor: "para quê as empresas estatais devem ficar sujeitas ao mesmo regime jurídico das empresas privadas? Uma parte dos comentadores sustentava que a finalidade dessa sujeição seria proteger tais entidades contra as regras típicas da Administração Pública (...)". Neste sentido, o mencionado diploma normativo teria por objetivo garantir a autonomia, a agilidade e a maleabilidade da ação das empresas estatais exploradoras de atividade econômica. Em sentido oposto,

161

entidades exploradoras de atividade econômica estão sujeitas ao regime jurídico das empresas privadas "inclusive quanto aos diretos e obrigações civis, comerciais, trabalhistas e tributários", destarte poderem ter um rito simplificado de contratações públicas. A conclusão é inalterada mesmo considerando que toda entidade da Administração Indireta somente é constituída para o atendimento de interesses públicos capitaneados pelo ente da federação que a constituiu.

A aproximação ao direito privado tem um duplo objetivo. Evitar diferenças que possam prejudicar a participação privada em setor que lhe é próprio, prevendo regras que impactariam de forma desleal a concorrência; e, em contraface, evitar que a rigidez do regime jurídico-administrativo impeça o atingimento das finalidades para as quais essas entidades foram constituídas. Por outro lado, esta previsão não tem o condão de afastar a integralidade do regime público, uma vez que o texto constitucional, por diversas passagens, impõe sua aplicação a despeito da natureza das atividades executadas.[245]

---

parte da doutrina defendia que o intuito da Constituinte foi o de "impedir a concorrência desleal entre as empresas estatais e as do setor privado". Esse debate foi encerrado pelo STF ao proferir o *leading case* conhecido como Telma Leite Morais (MS n. 21.322-1-DF, DJU de 23.4.93), em que o Supremo afirmou que, "Pela vigente ordem constitucional, em regra, o acesso aos empregos públicos opera-se mediante concurso público (...). As autarquias, empresas públicas ou sociedades de economia mista estão sujeitas à regra, que envolve a administração direta, indireta ou fundacional, de qualquer dos poderes da União, dos Estados, do Distrito Federal e dos Municípios. Sociedades de economia mista destinada a explorar atividade econômica está igualmente sujeita a esse princípio". Este caso específico, além de contribuir para pôr um ponto final no debate doutrinário acerca da obrigatoriedade ou não do concurso nas empresas estatais, determinou o âmbito de aplicação do art. 37 da CF. Assim, o STF, como intérprete último da Constituição, entendeu que as estatais de intervenção econômica estavam incutidas no conceito de administração pública indireta. Disse o Ministro Brossard: "parece-me que o conceito constitucional de administração pública indireta abrange as empresas públicas e sociedades de economia mista, sejam elas prestadoras de serviços públicos ou de atividade econômica de natureza privada" (SUNDFELD. Carlos Ari. "A submissão das empresas estatais ao direito privado: uma definição histórica do STF". *Boletim de Direito Administrativo*. São Paulo, São Paulo, n. 5, pp. 286-290, 1995, p. 289).

[245] Pontuando as regras gerais de derrogação do direito privado, independentemente da finalidade para qual a pessoa jurídica de direito privada foi criada, escreve André Luiz Freire: "De todo modo, é possível indicar, de modo exemplificativo, as seguintes derrogações de direito público ao seu regime privado: (a) dever de respeitar os princípios da Administração Pública (art. 37, caput, da CF); (b) dever de realizar concurso público para acesso aos empregos públicos (art. 37, II da CF); (c) sua criação deverá ser autorizada

CAPÍTULO V – A EXPLORAÇÃO PELA EMPRESA BRASILEIRA...

Noutra mão, concebida para executar atividade de natureza pública, o prestígio ao regime de direito público é ampliado, visando resguardar os interesses tutelados pelo Estado. Mesmo preservando eventual eficiência e aplicação de aspectos resultantes de sua personalidade privada,[246] o regime jurídico-administrativo é atraído pela natureza dos fins para os quais a entidade foi constituída.[247]

As afirmações postas são ratificadas pela jurisprudência das Cortes Superiores.[248]

---

por lei (art. 37, XIX, da CF); (d) a criação de subsidiárias depende de autorização legislativa (art. 37, XX, da CF); (e) sua responsabilidade patrimonial em matéria extracontratual será objetiva apenas se estiver no desempenho de atividades administrativas (art. 37, §6º, CF); (f) as contas dos administradores deverão ser aprovadas pelo respectivo Tribunal de Contas (art. 71, II, da CF)" (FREIRE, André Luiz. *O regime de direito público na prestação de serviços públicos por pessoas privadas*. São Paulo: Malheiros, 2014, p. 179. No mesmo sentido: BANDEIRA DE MELLO, Celso Antônio. *Curso de direito administrativo*. 32ª ed. São Paulo: Malheiros, 2015, pp. 205-207).

[246] "Por outras palavras, a Administração Pública, ao instituir, como autorização em lei, empresas públicas, sociedades de economia mista ou fundações de direito privado, está socorrendo-se de meios de atuação próprios do direito privado; foi precisamente o regime jurídico de direito privado que levou o poder público a adotar esse tipo de entidade, pois, sob esse regime, ela pode atuar com maior liberdade do que a Administração Pública Direta. No entanto, tais pessoas nunca se sujeitam inteiramente ao direito privado. O seu regime jurídico é híbrido, porque, sob muitos aspectos, elas se submetem ao direito público, tendo em vista especialmente a necessidade de fazer prevalecer a vontade do ente estatal, que as criou para atingir determinado fim de interesse público" (DI PIETRO, Maria Sylvia Zanella. *Direito administrativo*. 24ª ed. São Paulo: Atlas, 2013, p. 435).

[247] "No primeiro caso [exploradoras de atividade econômica] é compreensível que o regime jurídico de tais pessoas seja o mais possível próximo daquele aplicável à generalidade das pessoas de direito privado. Seja pela natureza do objeto de sua ação, seja para prevenir que desfrutem de situação vantajosa em relação a empresas privadas – a quem cabe a senhoria preferencial no campo econômico –, compreende-se que estejam submissas a disciplina jurídica equivalente à dos particulares. Daí haver o texto constitucional estabelecido que em tais hipóteses submeter-se-ão às mesmas regras aplicáveis às empresas privadas (art. 173, §1º, II). No segundo caso, quando concebidas para prestar serviços públicos ou desenvolver quaisquer atividades de índole pública, propriamente, qual a realização de obras públicas, é natural que sofram mais acentuada influência de princípios e regras ajustados ao resguardo de interesses desta natureza" (BANDEIRA DE MELLO, Celso Antônio. "Natureza essencial das sociedades de economia mista e empresas públicas: consequências em seus regimes". *In*: BANDEIRA DE MELLO, Celso Antônio. *Grandes temas de direito administrativo*. São Paulo: Malheiros, 2009, pp. 330-358).

[248] "A distinção ganha relevo em matéria de interpretação das leis. Quando se trata de atividade econômica exercida pelo Estado com fundamento no artigo 173, que determina a sujeição ao direito privado, este é que se aplicará, no silêncio da norma publicística;

A jurisprudência do Supremo Federal, ao menos até o momento, reconhece a Infraero como prestadora de serviço público, fundamento que lhe permitiu a extensão da imunidade tributária recíproca, conforme previsto no artigo 150,VI, 'a' da Constituição Federal.[249-249-A]

---

por outras palavras, presume-se a aplicação do regime de direito privado, só derrogado por norma expressa, de interpretação restrita. Quando, porém, o Estado fizer a gestão privada do serviço público, ainda que de natureza comercial ou industrial, aplicam-se, no silêncio da lei, os princípios de direito público, inerentes ao regime jurídico administrativo. Nem poderia ser diferente, já que alguns desses princípios são inseparáveis da noção de serviço público, tais como o da predominância do interesse público sobre o particular, o da igualdade de tratamento dos usuários, o da mutabilidade do regime jurídico, o da continuidade do serviço público, e, como consequência, o da limitação ao direito de greve, o da obrigatoriedade de execução pelo Estado, ainda que por meio de concessionários e permissionários, daí resultando o direito do usuário à prestação do serviço" (DI PIETRO, Maria Sylvia Zanella. *Direito administrativo*. 24ª ed. São Paulo: Atlas, 2013, p. 456).

[249] De maneira didática, o Ministro Celso de Melo, relator do Agr. Reg. no RE n. 363.412-BA (DJe 18.09.2008), expôs a posição da Corte Suprema: "E M E N T A: INFRAERO – EMPRESA PÚBLICA FEDERAL VOCACIONADA A EXECUTAR, COMO ATIVIDADE-FIM, EM FUNÇÃO DE SUA ESPECÍFICA DESTINAÇÃO INSTITUCIONAL, SERVIÇOS DE INFRA-ESTRUTURA AEROPORTUÁRIA – MATÉRIA SOB RESERVA CONSTITUCIONAL DE MONOPÓLIO ESTATAL (CF, ART. 21, XII, 'C') – POSSIBILIDADE DE A UNIÃO FEDERAL OUTORGAR, POR LEI, A UMA EMPRESA GOVERNAMENTAL, O EXERCÍCIO DESSE ENCARGO, SEM QUE ESTE PERCA O ATRIBUTO DE ESTATALIDADE QUE LHE É PRÓPRIO – OPÇÃO CONSTITUCIONALMENTE LEGÍTIMA – CRIAÇÃO DA INFRAERO COMO INSTRUMENTALIDADE ADMINISTRATIVA DA UNIÃO FEDERAL, INCUMBIDA, NESSA CONDIÇÃO INSTITUCIONAL, DE EXECUTAR TÍPICO SERVIÇO PÚBLICO (LEI N. 5.862/1972) – CONSEQÜENTE EXTENSÃO, A ESSA EMPRESA PÚBLICA, EM MATÉRIA DE IMPOSTOS, DA PROTEÇÃO CONSTITUCIONAL FUNDADA NA GARANTIA DA IMUNIDADE TRIBUTÁRIA RECÍPROCA (CF, ART. 150, VI, 'A') – O ALTO SIGNIFICADO POLÍTICO-JURÍDICO DESSA GARANTIA CONSTITUCIONAL, QUE TRADUZ UMA DAS PROJEÇÕES CONCRETIZADORAS DO POSTULADO DA FEDERAÇÃO – IMUNIDADE TRIBUTÁRIA DA INFRAERO, EM FACE DO ISS, QUANTO ÀS ATIVIDADES EXECUTADAS NO DESEMPENHO DO ENCARGO, QUE, A ELA OUTORGADO, FOI DEFERIDO, CONSTITUCIONALMENTE, À UNIÃO FEDERAL – DOUTRINA – JURISPRUDÊNCIA – PRECEDENTES DO SUPREMO TRIBUNAL FEDERAL – AGRAVO IMPROVIDO. – A INFRAERO, que é empresa pública, executa, como atividade-fim, em regime de monopólio, serviços de infra-estrutura

CAPÍTULO V – A EXPLORAÇÃO PELA EMPRESA BRASILEIRA...

A despeito do reconhecimento da incidência do regime jurídico-administrativo enquanto prestadora de serviço público, não é vedado à Infraero explorar atividades econômicas complementares. Como previsto nos artigos 2º e 3º, XIII, da Lei n. 5.862/1972, a Infraero poderá

---

aeroportuária constitucionalmente outorgados à União Federal, qualificando-se, em razão de sua específica destinação institucional, como entidade delegatária dos serviços públicos a que se refere o art. 21, inciso XII, alínea "c", da Lei Fundamental, o que exclui essa empresa governamental, em matéria de impostos, por efeito da imunidade tributária recíproca (CF, art. 150, VI, 'a'), do poder de tributar dos entes políticos em geral. Conseqüente inexigibilidade, por parte do Município tributante, do ISS referente às atividades executadas pela INFRAERO na prestação dos serviços públicos de infra-estrutura aeroportuária e daquelas necessárias à realização dessa atividade-fim. O ALTO SIGNIFICADO POLÍTICO-JURÍDICO DA IMUNIDADE TRIBUTÁRIA RECÍPROCA, QUE REPRESENTA VERDADEIRA GARANTIA INSTITUCIONAL DE PRESERVAÇÃO DO SISTEMA FEDERATIVO. DOUTRINA. PRECEDENTES DO STF. INAPLICABILIDADE, À INFRAERO, DA REGRA INSCRITA NO ART. 150, § 3º, DA CONSTITUIÇÃO. – A submissão ao regime jurídico das empresas do setor privado, inclusive quanto aos direitos e obrigações tributárias, somente se justifica, como consectário natural do postulado da livre concorrência (CF, art. 170, IV), se e quando as empresas governamentais explorarem atividade econômica em sentido estrito, não se aplicando, por isso mesmo, a disciplina prevista no art. 173, § 1º, da Constituição, às empresas públicas (caso da INFRAERO), às sociedades de economia mista e às suas subsidiárias que se qualifiquem como delegatárias de serviços públicos". No mesmo sentido: AI 797034 AgR / SP, Julgamento: 21/05/2013; RE 446530 AgR / SC, Julgamento: 29/05/2012; AI 838510 AgR / BA, Julgamento: 06/12/2011; RE 542454 AgR / BA, Julgamento: 06/12/2011; ACO 1295 AgR-segundo / SP, Julgamento: 14/10/2010; RE 524615 AgR / BA, Julgamento: 09/09/2008; AI 630749 AgR / PR, Julgamento: 24/04/2007.

[249-A] O privilégio da imunidade tributária recíproca para as empresas estatais de serviços públicos foi inicialmente reconhecido pelo Supremo Tribunal Federal no julgamento do Caso ECT (2004), tendo sido reafirmado nas decisões do Caso CAERD-RO (2007), do Caso INFRAERO (2007) e do Caso COHAB-AC (2009). Com tais decisões, o STF dá continuidade à tendência de afirmação de privilégios pelo critério subjetivo, iniciada pela jurisprudência relativa ao privilégio da impenhorabilidade de bens. A atribuição de privilégio é feita diretamente contra o texto constitucional, que não protege as empresas estatais e expressamente impede a caracterização da imunidade recíproca quando há prestação de serviços públicos tarifados. Nos julgamentos da imunidade tributária, o STF constituiu o privilégio para empresas estatais que considerou como prestadoras de serviço público, as quais foram equiparadas às autarquias" (PINTO, Henrique Motta. *Empresa estatal*: modelo jurídico em crise?. 2010. 200 f. Dissertação (Mestrado em Direito do Estado). Faculdade de Direito. Pontifícia Universidade Católica, São Paulo, 2010, p. 142).

explorar, diretamente ou por meio de subsidiárias, atividades econômicas, adicionais e estranhas ao serviço público,[250] porém, neste caso, sujeitar-se-á a regime diverso,[251] com a incidência predominante do direito privado.[252]

Caso as distintas funções exercidas pela Infraero venham a se confundir, pois exercidas pela mesma pessoa jurídica, será dificultada a distinção dos regimes. O resultado se materializará em potencial desequilíbrio em face de eventuais disputas com empresas privadas concorrentes. Defronte dessa situação, caberá ao intérprete promover a

---

[250] Neste aspecto destaca-se a alteração promovida pela Lei n. 13.319/2016, oriunda da conversão da MP 716/2016, que alterou o artigo 2º da referida Lei n. 5.862/1972, que passou à seguinte redação: Art. 2º (...)
§ 1º A atribuição prevista no caput poderá ser realizada mediante ato administrativo ou por meio de contratação direta da Infraero pela União, nos termos de regulamento.
§ 2º Para cumprimento de seu objeto social, a Infraero é autorizada a:
I – criar subsidiárias;
II – participar, em conjunto com suas subsidiárias, minoritariamente ou majoritariamente, de outras sociedades públicas ou privadas;
III – transferir para o Comando da Aeronáutica, do Ministério da Defesa, subsidiária que tenha como objeto a navegação aérea.
§ 3º As subsidiárias e as sociedades de que tratam os incisos I e II do § 2º poderão atuar também no exterior". (NR)

[251] Este potencial campo de ação da Infraero no mercado privado não será objeto do presente estudo. A análise se aterá à Infraero enquanto entidade prestadora de serviço público de exploração da infraestrutura aeroportuária.

[252] Dentre as possíveis atividades, ganham destaques os serviços de consultoria ou assessoria técnica a terceiros interessados sobre o conhecimento da Infraero na gestão aeroportuária geral, seja para mercado interno e externo, inclusive para outros entes da federação que pretendam explorar atividade aeroportuária mediante delegação da União. Para ilustrar essa circunstância, utiliza-se de passagem do Relatório de Administração de 2014 da Infraero, no qual o presidente da sociedade afirma: "outra medida planejada e estruturada em 2014, e que se encontra prestes a ser concretizada, é a criação da Infraero Serviços, visando a prospecção de novas frentes de negócios. Trata-se de uma subsidiária da Infraero que terá seu foco de atuação na prestação de serviços aeroportuários nos diversos nichos de mercado promissores, como os aeroportos regionais, principal projeto da Secretaria de Aviação Civil, na qual se vislumbra um cenário próspero, onde a Infraero parte da condição de maior operador aeroportuário nacional, com mais de 40 anos de experiência na gestão aeroportuária, para ser referência em negócio aeroportuários no Brasil e no exterior".

CAPÍTULO V – A EXPLORAÇÃO PELA EMPRESA BRASILEIRA...

máxima diferenciação dos feitos e consequentes regimes, guardando as peculiaridades de cada atividade.

5.3.1 Incidência do regime jurídico-administrativo
5.3.1.1 Considerações gerais

A incidência do direito público acaba por constituir uma realidade própria à Infraero, condicionando-a à realização do desiderato estatal posto a seu cargo. Sem a pretensão de esgotar todos os temas e realidades jurídicas resultantes da execução do serviço de exploração da infraestrutura aeroportuária, este tópico se aterá a identificar as imposições normativas que permeiam sua atuação.

Rememorando: a Infraero é entidade da Administração Pública Indireta, fator que, por si, atrai o cumprimento de deveres próprios. Como corte metodológico, serão apontados, neste momento, as imposições constitucionais e legais, deixando ao tópico seguinte aspectos normativos específicos que condicionam a relação jurídica com outros sujeitos, particulares ou integrantes da Administração Pública.

Para início, constata-se ser dever da Infraero atender ao artigo 37 da Constituição Federal. Sua gestão e atuação devem se pautar, no mínimo, pelos princípios da legalidade, impessoalidade, moralidade, publicidade e eficiência. Significa dizer que a Lei é fonte e limite de sua gestão; o prestígio às relações isonômicas, não personalistas e conforme a ética oriunda das normas jurídicas, é premissa inarredável de todo e qualquer agente integrante da corporação; a transparência nos atos de gestão, nas decisões e realização das atividades sociais da empresa deve ser normatizada e cumprida; além do prestígio, a atuação ágil, precisa e menos custosa à estrutura e aos interessados são finalidades perseguidas por entidades desta natureza.[253]

---

[253] Maria Sylvia Zanella Di Pietro aponta que o regime jurídico administrativo, que orienta a atuação da Administração Pública, é marcado pelo binômio restrições e prerrogativas: "Daí a bipolaridade do Direito Administrativo: liberdade do indivíduo e autoridade da Administração; restrições e prerrogativas. Para assegurar-se a liberdade, sujeitar-se a Administração Pública à observância da lei e do direito (incluindo princípios

A par de o artigo 37, *caput*, apontar tais princípios, é certa a incidência das demais normas caras às entidades integrantes da Administração Pública, haja vista o atendimento ao interesse público esculpido na função que lhe foi imposta ser pedra essencial de sua existência.[254]

Como fonte normativa relevante, a Lei de Processo Administrativo Federal, n. 9.784, de 29 de janeiro de 1999, pauta a ação da Infraero, nos termos de seu artigo 1º, *caput*. Cumulado com o dever de procedimentalização de suas ações, especialmente nas relações com os administrados, a legislação prescreve atenção aos princípios da finalidade, motivação, razoabilidade, proporcionalidade, ampla defesa, contraditório e segurança jurídica.

Os princípios descritos condicionam a conduta da Infraero. Suas ações devem ser fundamentadas, calcadas na adoção de medidas adequadas e necessárias ao atendimento da Lei, sempre em prestígio à estabilidade e previsibilidade de suas ações. É imperativo o dever de prever e operacionalizar meios suficientes que garantam a participação de qualquer interessado sempre que sua esfera de direitos possa ser impactada, franqueando sua manifestação mediante a fruição de todos os meios disponíveis.[255]

Adicionalmente ao descrito, a incidência do regime jurídico-administrativo resulta numa série de características próprias que qualificam e condicionam a atuação da Infraero, exigindo detalhamento apropriado.

---

e valores explícita ou implicitamente na Constituição); é a aplicação, ao direito público, do princípio da legalidade. Para assegurar-se a autoridade da Administração Pública, necessária à consecução de seus fins, são-lhe outorgados prerrogativas e privilégios que lhe permitem assegurar a supremacia do interesse público sobre o particular [...] Ao mesmo tempo que as prerrogativas colocam a Administração em posição de supremacia perante o particular sempre com o objetivo de atingir o benefício da coletividade, as restrições a que está sujeita limitam a sua atividade e consequente nulidade dos atos da Administração" (DI PIETRO, Maria Sylvia. *Direito administrativo*. 24ª ed. São Paulo: Atlas, 2013, p. 63).

[254] O Código de Ética Empresarial da Infraero define como princípios éticos corporativos: legalidade; eficiência; probidade administrativa; urbanidade; transparência; moralidade; eficácia; honestidade; lealdade e colaboração.

[255] Neste sentido: MOREIRA, Egon Bockman. *Princípios constitucionais e a Lei 9.784/1999*. 2ª ed. São Paulo: Malheiros, 2003, p. 66.

CAPÍTULO V – A EXPLORAÇÃO PELA EMPRESA BRASILEIRA...

5.3.1.2 *Sujeição ao controle da Administração Pública*

Para eficácia das prescrições aludidas, o sistema normativo prevê instrumentos distintos voltados ao controle da conduta das empresas estatais prestadoras de serviço público, posto terem na Lei o campo definido de ação quando assumem o atendimento de competências administrativas.

O primeiro nível de controle é interno, ou seja, no próprio corpo administrativo. A referida Lei de Processo Administrativo Federal prevê o dever de a Administração anular seus próprios atos quanto eivados de nulidade, ressalvados os casos de estabilização ou de convalidação, impondo aos dirigentes da Infraero o dever de fazê-lo.[256]

A Infraero está vinculada ao MTAP. Por conta disso, compete a esse órgão o exercício de tutela exercida pelo MTAP, (então pela SAC). A título de exemplo, compete ao MTAP (i) aprovação desse controle encontra-se descrito nos atos normativos e é limitado às hipóteses previstas em Lei.[257]

Para sua operacionalização, o Estatuto Social da Infraero regulamenta as formas e os limites da tutela exercida pela SAC. A título de exemplo, compete à SAC (i) aprovação do orçamento (art. 5º, VI); (ii) indicação de quatro dos sete membros do Conselho de Administração,

---

[256] Sobre o tema: AURÉLIO, Bruno. *Atos administrativos ampliativos de direito*: revogação e invalidação; ZANCANER, Weida. *Da convalidação e da invalidação dos atos administrativos*. 3ª ed. São Paulo: Malheiros, 2008; VALIM, Rafael. *O princípio da segurança jurídica no direito administrativo brasileiro*. São Paulo: Malheiros, 2010; SILVA, Clarissa. *Limites à invalidação dos atos administrativos*. São Paulo: Max Limonad, 2001; SANTOS NETO, João Antunes dos. *Da anulação ex officio do ato administrativo*. 2ª ed. Belo Horizonte: Fórum, 2006.

[257] Nesse sentido, expõe Maria Sylvia Zanella Di Pietro, que o controle exercido por meio da tutela "não significa que os entes descentralizados estejam hierarquicamente subordinados à Administração Direta. Existe apenas uma vinculação para fins de controle. Essa vinculação normalmente se dá com relação ao Ministério ou Secretaria de Estado ou de Município cujas atividades se relacionam com a da pessoa jurídica da Administração Indireta (...) [nesse sentido] a tutela é condicionada por lei, ou seja, só admite os atos de controle expressamente previstos" (DI PIETRO, Maria Sylvia Zanella. *Direito administrativo*. 24ª ed. São Paulo: Atlas, 2013, p. 543).

incluindo seu presidente (art. 16, I e §1º); (iii) avaliação formal do desempenho do Conselho de Administração (art. 16, §3º); (iv) indicação de dois dos três membros do Conselho Fiscal (art. 31, I); (v) aprovação Regulamento de Licitações e Contratos da Infraero (art. 44).

No campo do controle promovido pela Administração Direta, a Controladoria Geral da União (CGU), como órgão ligado e assistente da Presidência da República, tem a função de operacionalizar e promover a transparência dos atos de toda a Administração Federal. As ações da CGU visam à proteção do patrimônio público e o combate e prevenção à corrupção, em cumprimento da Lei n. 10.683, de 28 de maio de 2003.

Sob a lógica do controle externo, muitos são os órgãos e agentes competentes. O artigo 49 da Constituição Federal prevê estarem sob fiscalização e controle do Congresso Nacional os atos da Administração Indireta Federal. Nos termos dos incisos II e III do mesmo dispositivo, estão sob escrutínio do Tribunal de Contas, no caso da União, as contas dos administradores responsáveis por dinheiros, bens e valores públicos da Administração Indireta; bem como a apreciação, para fins de registro, da legalidade dos atos de admissão de pessoal, além das concessões de aposentadorias, reformas e pensões.[258]

Da mesma sorte, o Poder Judiciário pode ser instado a manifestar-se. A Lei n. 4.717, de 29 de junho de 1965, estabelece que a ação popular é meio apto à anulação ou à declaração de nulidade de atos lesivos ao patrimônio das empresas públicas, sendo nulos os atos com vício de competência, forma, legalidade, falta de motivação e desvio de finalidade.[259]

---

[258] Nos termos do artigo 146 do RLCI: "Art. 146. O controle das despesas decorrentes dos contratos e demais instrumentos regidos por este Regulamento será feito pelo Tribunal de Contas da União, na forma da legislação pertinente, ficando a Administração da INFRAERO responsável pela demonstração da legalidade e regularidade da despesa e execução, nos termos da Constituição Federal, sem prejuízo do sistema de controle interno nela previsto.
Parágrafo único. Qualquer licitante, contratada ou pessoa física ou jurídica poderá representar à Superintendência de Auditoria Interna da INFRAERO ou ao Tribunal de Contas da União contra irregularidades na aplicação deste Regulamento, para os fins do disposto neste artigo".

[259] DI PIETRO, Maria Sylvia Zanella. *Direito administrativo*. 24ª ed. São Paulo: Atlas, 2013, p. 467.

CAPÍTULO V – A EXPLORAÇÃO PELA EMPRESA BRASILEIRA...

Nos termos da Lei de Improbidade Administrativa, n. 8.429, de 02 de junho de 1992, são puníveis mediante ação judicial proposta para tal fim os atos de improbidade praticados por agente público, servidor ou não, mesmo aquele que exerça temporariamente mandato, cargo, emprego ou função, contra a Administração Indireta.

Nessa perspectiva, por ser pessoa jurídica executando atribuição própria da União Federal, o mandado de segurança, preventivo ou repressivo, é instrumento hábil à proteção de direito líquido e certo não amparado por *habeas data* ou *habeas corpus*, em face de ato ilegal ou de abuso de poder de agente da Infraero, como prescrito pelo artigo 5º, LXIX, da Constituição Federal e pela Lei n. 12.016, de 07 de agosto de 2009.

5.3.1.3 Regime de pessoal

Regra expressa no texto constitucional impõe a realização de concurso público para admissão de pessoal, razão pela qual são identificadas discussões menores neste tema[260].

No mesmo sentido, a Lei n. 5.862/1967 previu a adoção da seleção pública, de prova e títulos, para admissão de pessoal, cujo procedimento é objeto dos itens VI e VII do Regulamento de Pessoal da Infraero. Em vista da sua natureza de direito privado, foi adotado o regime de emprego, em aplicação das regras constantes

---

[260] Quanto à inafastabilidade do concurso público, observa-se o paradigma do Supremo Tribunal Federal: "Pela vigente ordem constitucional, em regra, o acesso aos empregos públicos opera-se mediante concurso público, que pode não ser de igual conteúdo, mas há de ser público. As autarquias, empresas públicas ou sociedades de economia mista estão sujeitas à regra, que envolve a administração direta, indireta ou fundacional, de qualquer dos poderes da União, dos Estados, do Distrito Federal e dos Municípios. Sociedade de economia mista destinada a explorar atividade econômica está igualmente sujeita a esse princípio, que não colide com o expresso no art. 173, § 1º (MS 21.322, julgamento em 3.12.1992, DJ de 23.4.1993)". No mesmo sentido: RE 558.833-AgR, julgamento em 8.9.2009, DJE de 25.9.2009.

da Consolidação das Leis do Trabalho,[261] detalhadas no referido Regulamento.[262]

No ano de 2014, o quadro de pessoal próprio da Infraero superou 12 (doze) mil empregados. O atual volume de empregados diretos foi alcançado a despeito do texto original da Lei n. 5.862/1972, que, em seu artigo 2º, incentivara a descentralização de suas funções, visando tornar a Infraero empresa gestora, seja por meio de subsidiárias ou "sempre que possível, de realização indireta, mediante contrato, desde que exista, na área, iniciativa privada suficientemente desenvolvida e capacitada".

Apesar de a contratação de terceiros ser prática recorrente, a pretensão de constituir e utilizar subsidiárias na gestão dos aeroportos não foi concretizada. Essa atividade foi mantida diretamente com o corpo técnico da Infraero, utilizando-se de superintendências e postos avançados nos diferentes locais do país.

5.3.1.4 Dever de licitar

Assim como o concurso público, o dever de licitar é regra vinculante à Administração Pública Indireta, nos termos do artigo 37, XXI, da Constituição Federal. É inarredável, como regra geral, a submissão

---

[261] Sobre o tema: "EMENTA: AGRAVO REGIMENTAL NO AGRAVO DE INSTRUMENTO. TRABALHISTA. MATÉRIA PROCESSUAL. OFENSA INDIRETA. SOCIEDADE DE ECONOMIA MISTA. REGIME CELETISTA. ESTABILIDADE. DISPENSA IMOTIVADA. 1. Prevalece neste Tribunal o entendimento de que a interpretação da lei processual na aferição dos requisitos de admissibilidade dos recursos trabalhistas tem natureza infraconstitucional. Eventual ofensa à Constituição só ocorreria de forma indireta. 2. A estabilidade dos servidores públicos não se aplica aos funcionários de sociedade de economia mista. Estes são regidos por legislação específica [Consolidação das Leis Trabalhistas], que contém normas próprias de proteção ao trabalhador no caso de dispensa imotivada. Precedentes. Agravo regimental a que se nega provimento. AI 630749 AgR / PR – PARANÁ, Segunda Turma. Relator(a): Min. EROS GRAU. Julgamento: 24/04/2007".

[262] Disponível em http://www.infraero.gov.br/images/stories/Infraero/regulamento_pessoal.pdf. Acesso em 08 nov. 2015.

CAPÍTULO V – A EXPLORAÇÃO PELA EMPRESA BRASILEIRA...

da Infraero ao dever de licitar previamente à celebração de contratos administrativos, seja para realização de obras ou aquisição de bens e serviços.

A previsão expressa no parágrafo único do artigo 1º da Lei n. 8.666/93, Lei Geral de Licitações e Contratos Administrativos, afastou eventuais dúvidas acerca de sua incidência como regime geral de contratação aplicado à Infraero.

Para sua operacionalização, em aplicação ao artigo 119 da Lei n. 8.666/93, o Ministro de Estado da Defesa aprovou o Regulamento de Licitações e Contratos da Empresa Brasileira de Infraestrutura Aeroportuária (RLCI).[263] Em complemento a esse instrumento e com o objetivo de ampliar o detalhamento e a procedimentalização da conduta dos agentes da Infraero, também foi aprovada a Norma da Infraero, NI – 6.01/F (LCT), em 16 de maio de 2016.[264]

Mesmo sob a previsão da Lei n. 8.666/93, por mera coincidência ou efetiva provocação, as normas relatadas foram constituídas após a introdução do inciso III no §1º do artigo 173 da Constituição Federal, dispondo que a Lei que estabelecesse o estatuto jurídico da empresa pública disporia sobre "licitação e contratação de obras, serviços, compras e alienações, observados os princípios da administração pública".

A referida previsão constitucional poderia induzir o intérprete a um equívoco aparente relacionado ao estatuto próprio das empresas estatais. Contudo, constata-se que as referidas normas somente materializam mera regulamentação das regras gerais de licitações e contratos.

---

[263] Portaria Normativa n. 935/MD, de 26 de julho de 2009, ora alterada pela Portaria Normativa n. 357/MD, de 05 de março de 2010. Nos termos de seu artigo 1º, o RLCI tem por objetivo "definir e disciplinar as licitações e contratações de obras, serviços, inclusive de publicidade, compras, locações, concessões de uso de áreas, instalações e equipamentos aeroportuários, permissões e alienações de bens e outros atos de interesse da Empresa Brasileira de Infraestrutura Aeroportuária (INFRAERO)".

[264] AN N. 95/DF/DJ/2016, DE 09/05/2016. Disponível em http://licitacao.infraero.gov.br/portal_licitacao/details/normas/NI_6_01_F_LCT_AN_95_DF_DJ_2016_PUBL_16_05_2016.pdf

Acredita-se que a decisão relatada resultou da compreensão da situação jurídica da Infraero. Primeiro, a inexistência do estatuto jurídico próprio às empresas públicas ou de legislação específica de contratação aplicada somente à Infraero afastou, do ponto de vista prático – caso fosse esse o eventual entendimento – debates quanto à Lei aplicável.[265] Somado a esse ponto, o posicionamento acerca da incidência do regime de direito público, como prestadora de serviço público, distanciou a Infraero da hipótese prescrita no *caput* e §1º do artigo 173 da Constituição Federal, uma vez que prevê que o aludido estatuto jurídico visa regular as empresas públicas e sociedades de economia mista que "explorem atividade econômica de produção ou comercialização de bens ou de prestação de serviços (...)".[266]

A motivação que permeia a distinção de tratamentos das empresas estatais está na natureza da atividade que executa. Identificada a relevância de intervenção na economia mediante a criação de nova entidade de exploração de atividade econômica, é certo que não se imporão as mesmas obrigações e amarras próprias da Administração geral, por resultar em

---

[265] "Destarte, cumpre, em conclusão, entender que as empresas estatais prestadoras de serviço público também se assujeitam às normas gerais de licitação e contratos administrativos expedidas pela União e, pois, que continuam e continuarão a ser regidas pela Lei n. 8.666, de 21.6.1993, com suas alterações posteriores. Já as empresas estatais exploradoras de atividade econômica futuramente terão suas licitações e contratos regidos pela lei que se refere o artigo 22, XXVII, da Constituição Federal, com a redação que lhe deu o "Emendão", isto é, na conformidade do estatuto para elas previstos no art. 173 da Lei Magna. Enquanto isto não ocorrer persistirão regidas pela Lei 8.666, com as ressalvas inicialmente feitas (BANDEIRA DE MELLO, Celso Antônio. *Curso de direito administrativo*. 32ª ed. São Paulo: Malheiros, 2015, p. 221).

[266] Entendendo irreparável essa distinção, este estudo adota o entendimento exarado pelo Ministro Eros Grau no julgamento da ADI 1.642/2008: "Distinção entre empresas estatais prestadoras de serviço público e empresas estatais que desenvolvem atividade econômica em sentido estrito. (...) As sociedades de economia mista e as empresas públicas que explorem atividade econômica em sentido estrito estão sujeitas, nos termos do disposto no § 1º do art. 173 da Constituição do Brasil, ao regime jurídico próprio das empresas privadas. (...) O § 1º do art. 173 da Constituição do Brasil não se aplica às empresas públicas, sociedades de economia mista e entidades (estatais) que prestam serviço público" (ADI 1.642, rel. min. Eros Grau, julgamento em 3-4-2008, Plenário, DJE de 19-9-2008). No mesmo sentido: ARE 689.588-AgR, rel. min. Luiz Fux, julgamento em 27-11-2012, Primeira Turma, DJE de 13-2-2012.

CAPÍTULO V - A EXPLORAÇÃO PELA EMPRESA BRASILEIRA...

empecilho para o alcance da finalidade para a qual foi concebida. Noutras palavras, impor indiscriminadamente as regras gerais de contratação pública acabaria por inviabilizar sua atuação em igualdade de condições com os particulares, pois retiraria eficiência e velocidade, refletindo diretamente na sua competitividade.[267]

Apesar de parecer pacificado o presente entendimento, em 2012, por meio da Lei n. 12.833, foi introduzida alteração na Lei de criação da Infraero, com o intuito de afastar as regras gerais de contratação pública, notadamente a Lei n. 8.666/93. Previu o novo artigo 6º A, qual seja:

> A contratação de bens e serviços pela Infraero e suas controladas, a exemplo dos procedimentos facultados à Petrobrás no art. 67 da Lei no 9.478, de 6 de agosto de 1997, bem como as permissões e concessões de uso de áreas, instalações e equipamentos aeroportuários observarão procedimento licitatório simplificado, a ser definido em decreto do Presidente da República.

Contudo, em razão do mister e da natureza das atividades desenvolvidas pela Infraero, acredita-se que tal dispositivo não atende aos ditames constitucionais, aproximando realidades fáticas e jurídicas distintas. O equívoco se revela evidente quando o texto legal aproxima a Infraero (prestadora de serviço público), da Petrobras (empresa exploradora de atividade econômica), razão que impulsionaria eventual decisão de constituir um procedimento simplificado de contratação.

---

[267] "O gênero da atividade desenvolvida não se incompatibiliza com a licitação, vez que não se põem aí as mesmas exigências de uma desatada agilidade de compra e venda de bens, nem se colocam como obstáculos práticos mercantis incontornáveis, perante as quais a licitação seria um estorvo, impediente, algumas vezes, de atuação eficaz na área econômica. Logo, nada concorre para desabonar a adoção do regime licitatório estatal no caso dos sujeitos auxiliares do Estado que atuam na prestação de serviços e obras caracteristicamente públicos. Menos ainda haveria razões que desaconselhassem o regime inerente aos contratos administrativos" (BANDEIRA DE MELLO, Celso Antônio. "Natureza essencial das sociedades de economia mista e empresas públicas: consequências em seus regimes". *In:* BANDEIRA DE MELLO, Celso Antônio. *Grandes temas de direito administrativo*. São Paulo: Malheiros, 2009, p. 333).

A posição aqui adotada, além dos fundamentos referidos, tem como paradigma interpretativo as decisões proferidas pelo Supremo Tribunal Federal quando, ainda em sede liminar, enfrentou o questionamento acerca da constitucionalidade do procedimento simplificado de contratações aplicado à Petrobras, nos termos do Decreto n. 2.745/1998, em aplicação ao artigo 67 da Lei n. 9478/2003.

Em decisão monocrática, o Ministro Gilmar Ferreira Mendes, ao deferir a liminar pretendida pela Petrobras, afirmou:

> A submissão legal da Petrobrás a um regime diferenciado de licitação parece estar justificada pelo fato de que, com a relativização do monopólio do petróleo trazida pela EC n. 9/95, a empresa passou a exercer a atividade econômica de exploração do petróleo em regime de livre competição com as empresas privadas concessionárias da atividade, as quais, frise-se, não estão submetidas às regras rígidas de licitação e contratação da Lei n. 8.666/93. Lembre-se, nesse sentido, que a livre concorrência pressupõe a igualdade de condições entre os concorrentes. Assim, a declaração de inconstitucionalidade, pelo Tribunal de Contas da União, do art. 67 da Lei n. 9.478/97, e do Decreto n. 2.745/98, obrigando a Petrobrás, consequentemente, a cumprir as exigências da Lei n. 8.666/93, parece estar em confronto com normas constitucionais, mormente as que traduzem o princípio da legalidade, as que delimitam as competências do TCU (art. 71), assim como aquelas que conformam o regime de exploração da atividade econômica do petróleo (art.177).[268-268-A]

---

[268] Trata-se de mandado de segurança, com pedido liminar, impetrado pela Petróleo Brasileiro S/A (Petrobras) em face da decisão proferida pelo Tribunal de Contas da União no Acórdão n. 1498/2004, processo Tomada de Contas n. 008.210/2004-7, que, ao declarar a inconstitucionalidade do artigo 67 da Lei n. 9478/2003 e do Decreto n. 2.745/1998, determinou que a Petrobras observasse os ditames da Lei n. 8.666/93.

[268-A] Neste mesmo sentido, o Supremo Tribunal Federal proferiu decisões, todas ainda em sede liminar, nos autos do MS 25.986-ED/DF, relator Ministro Celso de Mello; no MS 26410-MC/DF, relator Min. Ricardo Lewandowski; e MS 26.783-MC/DF, relatora Ministra Ellen Gracie. Destaca-se, desta última decisão, a manifestação da Petrobras, na qual afirmou que a existência do regime simplificado de contratação estaria diretamente relacionado com a natureza da atividade econômica exercida pela Petrobras,

CAPÍTULO V – A EXPLORAÇÃO PELA EMPRESA BRASILEIRA...

Portanto, firmando paralelo com a *ratio decidendi* da atual posição do STF, sendo a Infraero prestadora de serviço público, a previsão de procedimento licitatório simplificado seria contrária à Constituição Federal.[269]

Crê-se possível a realização de interpretação conforme a Lei Maior do dispositivo legal em debate desde que sua aplicação ficasse adstrita à hipótese de atuação da Infraero na seara econômica, tal como aventado acima. Para tanto, é reforçada a pertinência de a Infraero constituir sociedade específica para atuar no campo privado, evitando, o quanto possível, controvérsias sobre a natureza do regime aplicado.

Por fim, em atenção ao descrito, entende-se que as regras internas de contratação da Infraero devem limitar-se a regulamentar a legislação, normatizando os ritos e esmiuçando as ações de seus agentes. Sem embargo, a aplicação e interpretação dessas normas deve atenção à legislação regente das contratações públicas, pois, na hipótese de contrariedade desses atos administrativos, a Lei deverá prevalecer.

---

sendo essencial para sua presença no mercado: "A adoção pela impetrante do Procedimento Licitatório Simplificado, na forma do Decreto Presidencial n. 2745/98, decorrente do art. 67 da Lei n. 9.478/97, objetiva atender a dinâmica do setor do petróleo, caracterizado por um ambiente "a) A adoção pela impetrante do Procedimento Licitatório Simplificado, na forma do Decreto Presidencial n. 2745/98, decorrente do art. 67 da Lei n. 9.478/97, objetiva atender a dinâmica do setor do petróleo, caracterizado por um ambiente 'de livre competição com outras empresas e regido em função das condições de mercado, onde agilidade é fundamental' (fls. 12), razão pela qual a adoção do sistema de licitação e contratação imposto pela Lei n. 8.666/93 é inadequado e incompatível ao ambiente de livre concorrência, muito menos com o princípio da eficiência presente no art. 37, caput, da Constituição Federal".

[269] "Se é compreensível que estes sujeitos auxiliares do Estado não se assujeitem ao regime cautelar inerente à licitação e aos contratos administrativos quando forem exploradores de atividade econômica, não se compreende permaneçam esquivos a tal esquema quando exercitam atividade eminentemente estatal e tipicamente da alçada do Poder Público. Deveras, nesta última hipótese não estarão abrangidos pelo dispositivo no art. 173, §1º, II, da Carta do País, pois o versículo em apreço só se reporta às empresas públicas e sociedades de economia mista que explorarem atividade econômica. Além disso, nenhuma razão prestante existe para obstar lhes sejam irrogados os cânones atinentes à licitação ou para empecer os seus contratos sejam regidos como contratos administrativos, tal como efetivamente o são, pelo escopo que os anima" (BANDEIRA DE MELLO, Celso Antônio. "Natureza essencial das sociedades de economia mista e empresas públicas: consequências em seus regimes". *In:* BANDEIRA DE MELLO, Celso Antônio. *Grandes temas de direito administrativo.* São Paulo: Malheiros, 2009, pp. 332/333).

Eventual previsão contrária à legislação, seja ato ou regulamento oriundo da Administração Direta, da ANAC ou ato interno da Infraero, deverá ser declarado nulo pela autoridade pública competente, ou, em última análise, em qualquer caso, pelo Poder Judiciário, se instado a pronunciar-se.

5.3.1.5 Regime de bens

Dando continuidade à verificação do regime geral da Infraero, passa-se à avaliação da natureza dos bens aplicados ao serviço público. O início deste tópico exige uma breve retomada da compreensão do sítio aeroportuário para fins do CBA e da noção acerca de serviço de exploração da infraestrutura aeroportuária.

O CBA estabelece que o aeroporto constitui uma universalidade de bens, equiparados a bem público federal, enquanto destinado à finalidade para a qual foi constituído. Com a reunião artificial de diversos equipamentos que integram o sítio aeroportuário, independentemente da especificidade de sua utilização ou efetiva relevância para execução do serviço público, pretende-se conceber a noção de unicidade, sobre a qual incidiria apenas um dado regime jurídico.

Sendo assim, por disposição legal, ao menos quanto ao sítio aeroportuário, seja o bem aplicado, ou não, ao serviço público, o regime jurídico dos bens será público, atraindo todas suas características definidoras. Portanto, mesmo que se possa considerar que a atividade da Infraero se refira à exclusiva gestão dos bens essenciais à realização do transporte aéreo, tal distinção torna-se pouco relevante ao intérprete, vez o regime jurídico-administrativo ser atraído a todos os bens por ela geridos.

Essa conclusão é ainda reforçada em razão da natureza legislativa da delegação recebida pela Infraero.[270] Como entidade da Administração Pública Indireta voltada a um desiderato público, seus bens patrimoniais, mesmo aqueles utilizados para a gestão corporativa, detêm natureza de

---

[270] ATALIBA, Geraldo. "Patrimônio administrativo: empresas estatais delegadas de serviço público. Regime de seus bens. Execução de suas dívidas". *Revista Trimestral de Direito Público*. São Paulo, n. 07, jul./set. 1994, pp. 97-103.

CAPÍTULO V – A EXPLORAÇÃO PELA EMPRESA BRASILEIRA...

bem público, ao menos enquanto destinados à finalidade de interesse público para o qual a entidade foi criada.[271]

A despeito do exposto, as decisões do Superior Tribunal de Justiça ratificam a aplicação do regime jurídico-administrativo sobre os bens da Infraero, reafirmando tratar de empresa pública prestadora de serviço público.[272] Para ilustrar o descrito, apresenta-se trecho da ementa de

---

[271] A posição apresentada foi objeto de Acórdão do Supremo Tribunal Federal quando enfrentado questionamento acerca da penhorabilidade de bens e receitas da Empresa Brasileira de Correios e Telégrafos, no qual foi decidido que, por tratar-se de sociedade prestadora de serviço público, equiparava-se à Fazenda Pública, sendo aplicável a impenhorabilidade de seus bens, rendas e serviços, bem como a regra e regime de precatórios: "À Empresa Brasileira de Correios e Telégrafos, pessoa jurídica equiparada à Fazenda Pública, é aplicável o privilégio da impenhorabilidade de seus bens, rendas e serviços. Recepção do art. 12 do DL 509/1969 e não incidência da restrição contida no art. 173, § 1º, da CF, que submete a empresa pública, a sociedade de economia mista e outras entidades que explorem atividade econômica ao regime próprio das empresas privadas, inclusive quanto às obrigações trabalhistas e tributárias. Empresa pública que não exerce atividade econômica e presta serviço público da competência da União Federal e por ela mantido. Execução. Observância ao regime de precatório, sob pena de vulneração do disposto no art. 100 da CF" (RE 220.906, rel. min. Maurício Corrêa, julgamento em 16-11-2000, Plenário, DJ de 14-11-2002). No mesmo sentido: RE 407.099, rel. min. Carlos Velloso, julgamento em 22-6-2004, Segunda Turma, DJ de 6-8-2004. Em sentido semelhante, pronunciou-se o Superior Tribunal de Justiça, em duas decisões proferidas sob a relatoria da Ministra Eliana Calmon. A ementa de ambos os Acórdãos, Recurso Especial n. 296.287 de 23/10/2001 e n. 41.549, de 22/02/2000, dispunham de passagem idêntica e relevante ao tema: (...) 2. Os bens de empresa pública afetados à sua finalidade não podem ser utilizados senão dentro das regras de Direito Público. 3. Bens da INFRAERO na área das atividades aeroportuárias não seguem as regras de locação (precedentes desta Corte) (...).

[272] A jurisprudência do STJ, para definir a aplicação do regime de direito público ou de direito privado no que tange os bens da Infraero, utiliza-se como critério a verificação da finalidade aplicada aos bens objeto da disputa. Com isso, se o bem da Infraero se destina a uma finalidade pública, a jurisprudência é pacífica ao aplicar o regime de direito público. Neste sentido é o REsp n. 1126150: "Em detida análise das decisões da instância ordinária, verifico que o principal fundamento utilizado para julgar improcedente o pedido da empresa, é de que aos imóveis situados nas áreas cedidas à INFRAERO, correspondente ao perímetro do aeroporto, estão sujeitos às normas de direito público, porque pública é a finalidade da própria pessoa jurídica". Em hipótese diversa, isto é, em não se verificando a afetação do bem a uma finalidade pública, o regime de aplicação é o de direito privado, vejamos: "o argumento da re-reconvinte, de que os valores recebidos em decorrência da avença destinam-se exclusivamente a suportar suas

Acórdão proferido no julgamento do Recurso Especial n. 206.044, cujo relator para o acórdão foi o Ministro Milton Luiz Pereira:[273]

> A empresa pública, de finalidade e características próprias, cujos bens são considerados públicos, se sujeita aos princípios da Administração Pública, que são aplicáveis para as suas atividades fins, bem distanciado do Direito Privado. A rigor, a sua função administrativa consiste no dever do Estado, com regime jurídico-administrativo, com a prevalência de regras próprias de Direito Público. Os contratos que celebra têm por pressuposto lógico o exercício de função pública. Soma-se que a empresa pública está inserida no capítulo apropriado à Administração Pública (art. 37, C.F.).[274]

Definida a atração do regime público, resta pontuar as consequências dessa qualificação. Tal como destacado supra, a estes bens são atribuídas as características da inalienabilidade, impenhorabilidade e imprescritibilidade.

Noutras palavras, os bens da Infraero integrantes do aeroporto ou destinados ao serviço público não poderão ser alienados, devendo ser desafetados mediante legislação própria, se possível, quando desativado o aeroporto. Sob esta vedação, não há que se falar em constituição de

---

vultosas despesas operacionais, não tem a força de transmudar relação típica de direito privado, em de direito público. Para suportar suas despesas, há autorização legal para cobrança de tarifas, pelos serviços que presta, não tendo as áreas não necessárias ao fim específico dos aeroportos, essa finalidade prevista na lei. Por tais razões, entendo que relações entre as partes destes autos regem-se pelo direito privado, enquanto não houver afetação da área, ao fim específico de serviço público" (REsp n. 55.276-ES).

[273] Esse texto foi originalmente utilizado pelo mesmo Ministro Milton Luiz Pereira no julgamento do RE n. 55.565, em decisão da Primeira Turma com julgamento em 01/06/1995.

[274] No sentido de aplicação das normas de direito público: AgRg nos EDcl no REsp 1099034, Relator: Luiz Fux, Primeira Turma, Julgamento: 02/03/2010; REsp 1126150, Relator: Eliana Calmon, Segunda Turma, Julgamento: 03/11/2009; REsp 447867, Relator: Eliana Calmon, Segunda Turma, Julgamento: 02/10/2003; REsp 296287, Relator: Eliana Calmon, Segunda Turma, Julgamento: 23/10/2001; REsp 41549, Relator: Eliana Calmon, Segunda Turma, Julgamento: 22/02/2000; REsp 55276, Relator: Edson Vidigal, Quinta Turma, Julgamento: 25/02/1997; Resp 55275, Relator: Demócrito Reinaldo, Primeira Turma, Julgamento: 17/05/1995.

CAPÍTULO V – A EXPLORAÇÃO PELA EMPRESA BRASILEIRA...

gravames para fins de satisfação de crédito, incluídos o arresto e o sequestro. Por fim, tais bens, em uma ótica preliminar, não são suscetíveis de penhora ou usucapião.[275]

Sem ingressar em maiores debates sobre o tema do regime de penhorabilidade dos bens públicos, importante consignar que o Superior Tribunal de Justiça, em reiteradas oportunidades, acentuou a natureza de direito privado da entidade para autorizar a penhora de bens, independentemente da destinação de sua função. Essas decisões apenas ressalvaram que a penhora não poderia incidir sobre os bens destinados ao serviço público ou cuja ocorrência pudesse comprometer sua prestação.[276] Essa posição, levada ao limite, poderia fixar diferença entre os bens da Infraero integrantes ou não do complexo aeroportuário, de modo que, no caso dos últimos, o gravame poderia incidir se não ligado à realização do serviço público.

Crê-se que essas decisões judiciais contribuem pouco com a definição adequada do regime jurídico aplicado aos bens das empresas

---

[275] Sobre o tema: MARQUES NETO, Floriano de Azevedo Marques. *Bens Públicos*: função social e exploração econômica: o regime jurídico das utilidades públicas. Belo Horizonte: Fórum. 2009; FERRAZ, Luciano; MARRARA, Thiago. "Direito administrativo dos bens e restrições estatais à propriedade privada". *In:* DI PIETRO, Maria Sylvia Zanella (coord.). *Tratado de direito administrativo*. vol. 3. São Paulo: Revista dos Tribunais, 2014.

[276] Neste sentido: "PROCESSO CIVIL. EXECUÇÃO DE TÍTULO EXTRAJUDICIAL. PENHORA EM BENS DE SOCIEDADE DE ECONOMIA MISTA QUE PRESTA SERVIÇO PÚBLICO. A sociedade de economia mista tem personalidade jurídica de direito privado e está sujeita, quanto à cobrança de seus débitos, ao regime comum das sociedades em geral, nada importando o fato de que preste serviço público; só não lhe podem ser penhorados bens que estejam diretamente comprometidos com a prestação do serviço público. Recurso especial conhecido e provido" (SEGUNDA TURMA, REsp n. 176078/SP, DJ de 08/03/1999, Relator Min. ARI PARGENDLER j. em 15/12/1998). "PROCESSUAL CIVIL. PENHORA. BENS DE SOCIEDADE DE ECONOMIA MISTA. POSSIBILIDADE. 1. A sociedade de economia mista, posto consubstanciar personalidade jurídica de direito privado, sujeita-se, na cobrança de seus débitos ao regime comum das sociedades em geral, nada importando o fato de prestarem serviço público, desde que a execução da função não reste comprometida pela constrição. Precedentes. 2. Recurso Especial desprovido" (PRIMEIRA TURMA, RESP 521047/SP; Rel. Min. LUIZ FUX, j. em 20/11/2003, DJ de 16.02.2004).

estatais delegatárias de serviço público. Em realidade, terão o condão de gerar dificuldades práticas no momento de eventual distinção entre bens, rendas e recursos destinados a tal ou qual finalidade. São menores as dúvidas quando o bem está diretamente vinculado ao oferecimento da utilidade material, entretanto outros bens, mesmo indiretamente, podem influir na prestação (*v.g.*, mantendo estável a saúde financeira da entidade), de sorte que a restrição poderá, mediata ou imediatamente, prejudicar a execução da função administrativa.

Em razão dessa perspectiva, reafirma-se a posição de que a materialização da intenção da Infraero de agir no mercado competitivo, explorando atividade econômica, deva ocorrer por meio de veículo societário específico. Novamente, tendo na natureza da atividade o critério distintivo do regime, é inadequado o beneficiamento de um regime especial sobre seus bens, se atuando em ambiente próprio reservado à iniciativa privada.

5.3.1.6 *Regime de responsabilidade civil*

Como previsto no artigo 37, § 6º, da Constituição Federal, as pessoas jurídicas de direito privado prestadoras de serviço público responderão pelos danos causados por seus agentes, resguardado o direito de regresso contra o responsável no caso de culpa ou dolo. Pela amplitude da previsão constitucional, sua incidência abrange as empresas estatais e as sociedades empresárias prestadoras de serviços públicos.

Considerada a atribuição própria da Infraero, não há discussão quanto à natureza objetiva da responsabilidade dos danos causados por atos comissivos, praticados por seus agentes ou por terceiros contratados para execução de atividade que lhe seja própria. Para caracterização do dever de reparar é suficiente a demonstração inequívoca do nexo de causalidade e do dano, sendo prescindível a avaliação acerca da culpa do agente.

Em complementação ao descrito, a jurisprudência do Supremo Tribunal Federal agregou novo elemento: a culpa da vítima como aspecto

CAPÍTULO V – A EXPLORAÇÃO PELA EMPRESA BRASILEIRA...

apto a mitigar ou excluir a responsabilidade da Administração Pública.[277] Entende-se que esse elemento deve ser considerado caso a conduta do sujeito passivo tenha influído diretamente sobre o nexo causal ou na extensão do dano. Entretanto, essa avaliação deve ser ponderada com cuidado, a fim de que não resulte, mesmo que indiretamente, na verificação de culpa do prestador do serviço público, elemento que, por decisão constitucional, é irrelevante perante o dever de ressarcir o dano.[278]

A Infraero é entidade responsável, sujeito passivo de medida que venha a questionar responsabilização. Embora um terceiro possa atuar em nome da Infraero, entende-se incorreta alegação de legitimidade

---

[277] "A responsabilidade civil das pessoas jurídicas de direito público e das pessoas jurídicas de direito privado prestadoras de serviço público, responsabilidade objetiva, com base no risco administrativo, admite pesquisa em torno da culpa da vítima, para o fim de abrandá-la ou mesmo excluí-la" (AI 636.814-AgR, rel. min. Eros Grau, julgamento em 22-5-2007, Segunda Turma, DJ de 15-6-2007). "Os elementos que compõem a estrutura e delineiam o perfil da responsabilidade civil objetiva do Poder Público compreendem (a) a alteridade do dano, (b) a causalidade material entre o *eventus damni* e o comportamento positivo (ação) ou negativo (omissão) do agente público, (c) a oficialidade da atividade causal e lesiva imputável a agente do Poder Público que tenha, nessa específica condição, incidido em conduta comissiva ou omissiva, independentemente da licitude, ou não, do comportamento funcional e (d) a ausência de causa excludente da responsabilidade estatal. Precedentes. O dever de indenizar, mesmo nas hipóteses de responsabilidade civil objetiva do Poder Público, supõe, dentre outros elementos (RTJ 163/1107-1109, *v.g.*), a comprovada existência do nexo de causalidade material entre o comportamento do agente e o *eventus damni*, sem o que se torna inviável, no plano jurídico, o reconhecimento da obrigação de recompor o prejuízo sofrido pelo ofendido" (RE 481.110-AgR, rel. min. Celso de Mello, julgamento em 6-2-2007, Segunda Turma, 9-3-2007). *Vide*: ARE 663.647-AgR, rel. min. Cármen Lúcia, julgamento em 14-2-2012, Primeira Turma, DJE de 6-3-2012.

[278] Essa posição foi ratificada em voto proferido pelo Ministro Moreira Alves, relator do Recurso Extraordinário n. 209.137, de 08.09.1998: "A responsabilidade objetiva, inclusive a das pessoas jurídicas de direito público e de direito privado a que alude o artigo 37, § 6º, da atual Constituição, é excluída ou atenuada quando a causa do dano decorre exclusivamente da ação da vítima, ou quando há concorrência de causas, em função, no primeiro caso, da ausência do nexo de causalidade na ocorrência do dano para determinar a responsabilidade daquelas pessoas jurídicas, ou, no segundo caso, da causalidade concorrente para a verificação do dano". No mesmo sentido: Recurso Extraordinário n. 344.133, Relator Ministro Marco Aurélio, julgamento em 9.9.2008, Primeira Turma, DJE de 14.11.2008.

passiva concorrente, vez que, para o sujeito que sofreu o dano, a prestação do serviço é objeto próprio da empresa pública. Não obstante, é previsto o direito de regresso da Infraero em defesa dos recursos que estão sob sua gestão.

O texto constitucional, ao mencionar a abrangência daqueles que poderiam demandar às prestadoras de serviço público, utilizou a expressão *terceiros*, gerando discussão acerca de sua extensão. As decisões mais recentes do Supremo Tribunal Federal têm apontado para a amplitude do termo, considerando a responsabilidade objetiva como regra também aos não usuários do serviço, desde que tenham sofrido algum dano em virtude da execução da atividade estatal.[279] A incidência dessa posição perante a atuação da Infraero será descrita quando da análise dos usuários do serviço.

Por derradeiro, entende-se que a responsabilidade da Infraero é objetiva somente se o dano resultar de ato comissivo.[280] Na hipótese de a lesão originar de omissão da Infraero, o ressarcimento do dano exigirá a comprovação de sua culpa; ou, no caso de *falta do serviço*,[281] a

---

[279] "A responsabilidade civil das pessoas jurídicas de direito privado prestadoras de serviço público é objetiva relativamente a terceiros usuários, e não usuários do serviço, segundo decorre do art. 37, § 6º, da CF. A inequívoca presença do nexo de causalidade entre o ato administrativo e o dano causado ao terceiro não usuário do serviço público é condição suficiente para estabelecer a responsabilidade objetiva da pessoa jurídica de direito privado" (RE 591.874, rel. min. Ricardo Lewandowski, julgamento em 26.8.2009, Plenário, DJE de 18.12.2009, com repercussão geral). No mesmo sentido: ARE 675.793, rel. min. Gilmar Mendes, decisão monocrática, julgamento em 15.3.2012, DJE de 26.3.2012; AI 831.327-AgR, rel. min. Cármen Lúcia, julgamento em 22.2.2011, Primeira Turma, DJE de 24.3.2011.

[280] BANDEIRA DE MELLO, Celso Antônio. *Curso de direito administrativo*. 32ª ed. São Paulo: Malheiros, 2015, pp. 1029-1034.

[281] A responsabilidade por 'culpa do serviço', ao contrário do que muitos autores defendem, não constitui modalidade diversa de responsabilidade do Estado – responsabilidade objetiva –, mas sim da mesma responsabilidade subjetiva, aperfeiçoada de modo a abranger além das condutas culposas cuja titularidade pode ser individualizada na figura de um agente público, aquelas cuja culpa não se individualiza e que passa a ser imputável ao aparato administrativo como um todo" (CÂMARA, Jacintho de Arruda. "A relevância da culpa na responsabilidade extracontratual do Estado". *In:* GUERRA, Alexandre Dartanhan de Mello; PIRES, Luis Manuel Fonseca;

CAPÍTULO V – A EXPLORAÇÃO PELA EMPRESA BRASILEIRA...

demonstração estatal de que não possuía dever legal de evitar o ocorrido.[282] O elemento da *culpa* terá de ser provado em adição à comprovação do dano e do nexo causal, mesmo que não seja necessária à sua individualização.[283]

A Infraero deverá suportar individualmente as demandas resultantes de sua ação ou omissão, uma vez ser pessoa jurídica com patrimônio e ter capacidade própria de gestão. Todavia, a despeito da revogação do artigo 242 da Lei n. 6.404/1976[284] pela Lei Federal n. 10.303/2001, por exercer função administrativa por delegação legal, na hipótese de insuficiência de recursos próprios, entende-se que a União Federal responderá subsidiariamente.

Posição diversa poderia gerar situações ilógicas e, muitas das vezes, significar meio para fuga da responsabilidade imposta ao ente federado. A criação de pessoas jurídicas poderia tornar-se meio tortuoso para a redução de responsabilidade da Administração central por danos causados na prática de competência administrativa que lhe cabia. A situação se agrava se considerado que os dirigentes e demais integrantes dessa empresa estatal foram, direta ou indiretamente, selecionados pela Administração Direta, aproximando sua responsabilidade das ações desses sujeitos.

BENACCHIO, Marcelo. *Responsabilidade Civil do Estado*: desafios contemporâneos. São Paulo: Quartier Latin, 2010, p. 81).

[282] Adota-se posição de Celso Antônio Bandeira de Mello: "Com efeito, nos casos de falta de serviço é de admitir-se uma presunção de culpa do Poder Público, sem o quê o administrado ficaria em posição extremamente frágil ou até mesmo desprotegido ante a dificuldade ou até mesmo impossibilidade de demonstrar que o serviço não se desempenhou como deveria (...). Razoável, portanto, que nestas hipóteses ocorra a inversão do ônus da prova. (*Curso de direito administrativo*. 32ª ed. São Paulo: Malheiros, 2015, pp. 1043/1044).

[283] Neste sentido: Recurso Extraordinário n. 369.820, relator Ministro Carlos Velloso, julgamento em 4-11-2003, Segunda Turma, DJ de 27-2-2004 e Recurso Extraordinário n. 602.223-AgR, relator Ministro Eros Grau, julgamento em 9-2-2010, Segunda Turma, DJE de 12-3-2010.

[284] "Art. 242. As companhias de economia mista não estão sujeitas a falência, mas os seus bens são penhoráveis e executáveis, e a pessoa jurídica que a controla responde, subsidiariamente, pelas suas obrigações".

5.4 Análise das relações jurídicas da Infraero

Para análise das relações jurídicas firmadas pela Infraero, o recorte metodológico proposto levou em consideração os seguintes elementos: (i) a relevância do liame com a Infraero, (ii) a finalidade para a qual foi constituída e (iii) os meios imprescindíveis para cumprimento do pretendido.

Por primeiro, serão avaliados traços próprios das relações firmadas entre a Infraero e entes da Administração Pública, seja federal, estadual ou municipal. A eleição não derivará do sujeito, mas da natureza do vínculo, seja resultante da prestação do serviço público avaliado ou por imposição decorrente da realização do transporte aéreo.

Ato seguinte, considerando a finalidade precípua de promoção da aviação civil, ao menos duas relações jurídicas resultam da prestação dos serviços: a companhia aérea, prestadora do serviço de transporte; e o usuário final do transporte, que, em razão da natureza da atividade, utilizará do aeroporto para realizar seu interesse. Estes sujeitos são os usuários da infraestrutura aeroportuária.[285]

---

[285] Discorda-se da posição de Cesar A. Guimarães Pereira que, apesar de considerar, como neste estudo, que a exploração da infraestrutura aeroportuária é serviço público, entende que apenas os passageiros são usuários: "Outro caso similar é o atinente à utilização das infra-estrutura aeroportuária pelas empresas de transporte aéreo, objeto das cobranças instituídas pela Lei n. 6009/1973. O uso é instrumental à prestação dos serviços, pelo quais tais empresas prestadoras de serviço não são usuárias de serviços aeroportuários, mas usuárias de um bem público. Usuários de serviço público são apenas os passageiros. Por isso, em relação às empresas de transporte aéreo, o montante devido pela utilização dos aeroportos (art. 3º, II, III e, eventualmente, IV, da Lei n. 6009/1973) configura preço pelo uso de bem público. Em face do usuário (ou seja, do passageiro – art. 3º, I e, eventualmente, IV, da Lei n. 6009/1973), trata-se de taxa correspondente a uma das etapas da prestação (utilização da infra-estrututra aeroportuária) que permanece em mãos públicas (atualmente, da INFRAERO). E há um serviço público porque o uso das instalações aeroportuárias é instrumental para a fruição dos serviços de transporte aéreo. O que há, neste caso, é a dissociação entre o titular da infra-estrutura (Poder Público) e o titular do direito de exploração do serviço (concessionária dos serviços de transporte aéreo). O uso da infra-estrutura pelo usuário integra a fruição do serviço público e é, neste caso (de prestação direta dessa parcela do serviço), pressuposto de taxa; o uso da infra-estrutura pelo concessionário configura uso de bem público,

CAPÍTULO V - A EXPLORAÇÃO PELA EMPRESA BRASILEIRA...

Por fim, serão detalhadas as relações jurídicas imprescindíveis à execução material do serviço público. Defronte à diversidade das relações materiais exigidas para o funcionamento de um aeroporto, constatou-se imprescindível a eleição de um parâmetro para aglutinação e classificação desses vínculos, tendo sido eleita a característica econômica do negócio jurídico firmado. A verificação será repartida entre os contratos firmados para obtenção de utilidade de interesse para a Infraero mediante remuneração do ofertante e aqueles voltados à geração de recursos financeiros à Infraero.

5.4.1 Relação jurídica com entidades ou órgãos da Administração Pública

As relações jurídicas firmadas entre a Infraero e demais órgãos e entidades da Administração Pública, mesmo tendo como motivação a exploração da infraestrutura aeroportuária, terão diferentes naturezas e fontes normativas.

Além do MTAP, da ANAC e outros sujeitos vinculados à navegação aérea, identifica-se uma rede de órgãos e entidades públicas atuantes em frentes essenciais ao sistema, ora à própria infraestrutura ou ao transporte aéreo, *i.e.*: a Polícia Federal, responsável pela polícia aeroportuária, nos termos do artigo 144, § 1º, III da Constituição Federal; o representante do Ministério da Fazenda, visando à fiscalização e controle sobre o comércio exterior, nos termos do artigo 237 da Constituição Federal; o representante do Ministério de Agricultura, Pecuária e Abastecimento, como coordenador Geral de Vigilância Agropecuária Internacional; o representante da Agência de Vigilância Sanitária, nos termos da Lei n. 9.784, de 26 de janeiro de 1999; destarte os demais órgãos de segurança e proteção dos usuários, como Corpo de Bombeiros e as Polícias Estaduais.[286]

---

remunerado mediante preço público". (*Usuário de serviços públicos*: usuários, consumidores e os aspectos econômicos do serviço público. 2ª ed. São Paulo: Saraiva, 2008, pp. 68/69).

[286] Nos termos da Justificativa à Proposta de Resolução que disciplina a utilização de áreas aeroportuárias, em substituição às regras estabelecidas na Portaria n. 774/GM-2,

Em vista da presença de distintos órgãos e entidades no aeroporto, o Decreto n. 7.554/2011, tal como exposto outrora, criou o CONAERO e as Autoridades Aeroportuárias, constituindo novas relações à Infraero.

A função principal do CONAERO é de promover a coordenação do exercício das competências desses órgãos e entidades nos aeroportos, aperfeiçoando atos normativos, procedimentos e rotinas de trabalho visando "otimizar o fluxo de pessoas e bens e a ocupação dos espaços físicos nos aeroportos, bem como aumentar a qualidade, a segurança e a celeridade dos processos operacionais". Em vista dessas atribuições, a relação do CONAERO com a Infraero, seja direta ou indiretamente, direcionará as demais relações jurídicas ora avaliadas.

As Autoridades Aeroportuárias foram instituídas para atuação nos aeroportos de maior movimentação no país. No caso da Infraero, sua presença é certa, no mínimo, nos aeroportos de Congonhas, em São Paulo/SP; e de Santos-Dumont, no Rio de Janeiro/RJ.

Como mencionado no capítulo 3, a Autoridade Aeroportuária é órgão colegiado composto por representantes dos principais órgãos e entidades atuantes no aeródromo, incluindo seu operador. A ela foi conferida a função de coordenar as atividades e serviços de absoluta relevância às estruturas, tais como: (i) "coordenar e implementar a integração das ações e o compartilhamento de informações e sistemas de interesse, procedimentos e rotinas de trabalho para otimizar o fluxo de pessoas e bens e a ocupação do espaço físico no aeroporto, bem como garantir níveis adequados de segurança, qualidade e celeridade das atividades cotidianas do aeroporto"; (ii) "coordenar a solução de questões

---

de 13 de novembro de 1997, a ANAC exemplificou como áreas administrativas de um aeroporto: "17. Consideram-se áreas administrativas públicas aquelas destinadas às seguintes atividades: Serviço de Proteção ao Voo; Serviço de Prevenção, Salvamento e Combate a Incêndio; Serviço de Atendimento ao Público e Fiscalização da Aviação Civil; Serviço de Polícia Federal; Serviços de Polícia Civil e Militar; Serviço do Sistema Brasileiro de Inteligência; Serviço de Juizado de Menores; Serviço de Vigilância Sanitária; Serviço de Vigilância Agropecuária; Serviço de Controle e Fiscalização do Meio Ambiente e Recursos Naturais Renováveis; e Serviço de Fiscalização Aduaneira".

CAPÍTULO V – A EXPLORAÇÃO PELA EMPRESA BRASILEIRA...

emergenciais e excepcionais, inclusive em períodos de alta demanda"; (iii) "registrar o desempenho das operações aeroportuárias, por meio de indicadores quantitativos e qualitativos, com o auxílio do operador do aeroporto e das demais entidades públicas e privadas que exercem atividades no aeroporto"; e (iv) sugerir ao operador do aeroporto a adequação de infraestrutura, instalações e equipamentos aos requisitos de segurança, qualidade e celeridade recomendáveis às atividades exercidas no aeroporto".

A SAC, conforme exposto, era órgão da Presidência da República responsável por atribuir a infraestrutura aeroportuária para gestão da Infraero, assim como expedir atos normativos regentes de sua ação. Atualmente tais competências foram absorvidas pelo Ministério dos Transportes, Aviação e Portos.

A ANAC é agente normativo e regulador. Junto à Infraero, atua por meio da fixação de imposições normativas, técnicas e jurídicas, ora fiscalizando o cumprimento de seus deveres e metas, conforme previsão do artigo 47, III da Lei n. 11.182/2005: " (...) as atividades de administração e exploração de aeródromos exercidas pela Empresa Brasileira de Infra-Estrutura Aeroportuária – INFRAERO passarão a ser reguladas por atos da ANAC".

Por conta disso, evidencia-se entre ANAC e Infraero uma relação de especial sujeição.[287] A despeito de a relação entre os operadores privados

---

[287] Este estudo adota posição de Celso Antônio Bandeira de Mello sobre o tema: "é inequivocamente reconhecível a existência de relações específicas intercorrendo entre o Estado e um círculo de pessoas que nelas se inserem, de maneira a compor situação jurídica muito diversa da que atina à generalidade das pessoas, e que demandam poderes específicos, exercitáveis, dentro de certos limites, pela própria Administração. Para ficar em exemplos simpliciíssimos e habitualmente referidos: é diferente a situação do servidor público, em relação ao Estado, da situação das demais pessoas que com ele não travaram tal vínculo; é diferente, em relação a determinada Escola ou Faculdade pública, a situação dos que nela estão matriculados e o dos demais sujeitos que não entretêm vínculo algum com as sobreditas instituições; é diferente a situação dos internados em hospitais públicos, em asilos ou mesmo em estabelecimentos penais, daquela outra das demais pessoas alheias às referidas relações; é diferente, ainda, a situação dos inscritos em uma biblioteca pública circulante, por exemplo, daquela dos cidadãos que não a frequentam e não se incluem entre seus usuários por jamais haverem se

e a ANAC ser similar, acredita-se que a especialidade da relação é intensificada com a Infraero, pois firmada entre dois entes constituídos com finalidade idêntica, de atender ao interesse público materializado na realização ótima de um serviço público de titularidade da União.

O espectro de ação da ANAC perante a Infraero vai além das restrições impostas pelo dever de cumprimento do princípio da legalidade,[288] vez ser impossível a previsão legal de todas as condutas potenciais que exigem a sua atuação.[289] Sem embargo, o descrito não torna ilimitada a atuação da agência reguladora. Mesmo possuindo um espaço de ação alargado, a ANAC não poderá agir em contrariedade à Lei e, principalmente, às normas constitucionais.

A atuação de outros órgãos ou entidades, independentemente da esfera federativa, decorrem do cumprimento de competência administrativa atribuída pela Lei, Órgãos e entidades da União (*v.g.*, o Ministério da Fazenda; a Polícia Federal; o Ministério de Agricultura, Pecuária e Abastecimento; a Anvisa etc.), assim como os estaduais e municipais (*v.g.*, corpo de bombeiros; representantes da segurança e do sistema de saúde) influem, direta ou indiretamente, na operação do aeroporto.

Reconhecendo a função administrativa exercida por estes sujeitos e pretendendo evitar eventual divergência entre os diversos operadores aeroportuários, o CBA expressamente previu que os aeroportos compreenderão áreas próprias para "órgãos públicos que, por disposição legal, devam funcionar nos aeroportos internacionais" (art. 39, VI). Nesse mesmo sentido, a Resolução ANAC n. 302, de 05 de fevereiro de 2014, regulamentou a utilização das áreas administrativas.

---

interessado em matricular-se nela". *Curso de direito administrativo*. 32ª ed. São Paulo: Malheiros, 2015, pp. 849/850). Por sua vez, não se filia à posição de JUSTEN FILHO, Marçal. *Curso de direito administrativo*. 8ª ed. Belo Horizonte, Fórum, 2012, p. 508.

[288] PAREJO ALFONSO, Luciano. "La categoría de las relaciones especiales de sujeción". *In:* MUÑOZ, Guillermo A.; SALOMONI, Jorge Luis. *Problemática de la administración contemporánea*: una comparación Europea-Argentina. Buenos Aires: Instituto de Derecho Administrativo, 1997.

[289] FREIRE, André Luiz. *O regime de direito público na prestação de serviços públicos por pessoas privadas*. São Paulo: Malheiros, 2014, p. 109.

CAPÍTULO V – A EXPLORAÇÃO PELA EMPRESA BRASILEIRA...

A menção a "órgão público" e "aeroportos internacionais" no CBA não deve ter o condão de restringir a finalidade e efeitos da legislação. Pretendeu-se garantir a existência de espaço a quaisquer entidades da Administração Pública, Direta ou Indireta, independente da esfera da Federação, desde que exercente de função administrativa que exija ou preveja sua presença no aeroporto.

No mesmo sentido, a previsão de funcionamento em "aeroportos internacionais" deve ser interpretada ampliativamente, pois sua aplicação deve ser estendida a todos os aeroportos em que seja exigida ou pertinente a sua presença (*v.g.*, por segurança dos usuários). A análise de pertinência é ampla e pode ser distinta da avaliação de legalidade. Entende-se ser possível existirem hipóteses cujo objeto de competência de determinado órgão ou entidade estatal seja relevante à operação aeroportuária ou ao transporte aéreo, porém inexista norma que preveja sua presença no aeródromo. Reconhece-se que as hipóteses normativas são finitas e menos velozes que a evolução prática.[290]

Superado o entendimento acerca do direito à presença nos aeródromos, o tema da contraprestação pelo uso do espaço é iminente. A finalidade perseguida por esses agentes públicos impedirá, ou maculará de ilegalidade, qualquer intenção de remuneração da Infraero pela utilização da área. A destinação de áreas, a despeito da natureza ou origem do agente público tem como ponto de interseção o atendimento das necessidades dos usuários do aeroporto.

Em sintonia com o descrito, a Resolução ANAC n. 302/2014 determinou que a "remuneração pela utilização das áreas destinadas aos

---

[290] A fim de ilustrar o disposto e apontar a diversidade dessas ações, o artigo 138 do RCLI estabelece um rol exemplificativo de atividades realizadas pelo Poder Público consideradas indispensáveis ao funcionamento dos aeroportos que serão objeto de cessão de uso de áreas: "I – serviços de proteção ao voo; II – serviço de prevenção, salvamento e combate a incêndio; III – serviço de atendimento ao público e fiscalização da aviação civil; IV – serviços de Polícia Federal; V – serviços de Polícia Civil e Polícia Militar; VI – serviço do Sistema Brasileiro de Inteligência; VII – serviço de Juizado de Menores; VIII – serviço de vigilância sanitária; IX – serviço de vigilância agropecuária; X – serviço de fiscalização aduaneira; e XI – outros serviços públicos considerados necessários, a critério do operador do aeródromo".

órgãos públicos terá preço definido proporcionalmente em razão do ressarcimento, sem fins lucrativos, das despesas com água, energia elétrica, limpeza, manutenção de equipamentos e de outros correlatos, nos termos de instrumentos específicos".

Essa previsão da referida Resolução também deverá conduzir as relações entre a Infraero e o representante do Poder Público cuja presença no aeroporto não derive de imposição legal, mas de necessidade prática. Mesmo que tal relação dependa de regulamentação pelas partes, se relevante ao interesse público, acredita-se que a remuneração pela utilização de área deverá ser desconsiderada ou combatida pelo interessado, sob o mesmo fundamento que marca a previsão do CBA.

Por outro lado, situação distinta recairá sobre integrante da Administração Pública cuja presença no aeroporto não decorra do exercício de função administrativa, mas de interesse de natureza econômica, ou seja, cuja instalação no sítio aeroportuário objetive mera exploração comercial. Essa hipótese aproxima este sujeito da atuação de agentes privados nos aeródromos, impondo a incidência das normas próprias aplicadas aos demais interessados nas áreas comerciais dos aeroportos. A fixação da remuneração pelo operador aeroportuário será livre, e, por regra, a contratação exigirá prévio procedimento licitatório.

Em complemento ao descrito, resta identificar qual(is) o(s) instrumento(s) jurídico(s) utilizado(s) para regular a relação entre a Infraero e os representantes públicos que pretendam ter presença no sítio aeroportuário para exercício de suas competências. Isso porque, a despeito da função perseguida pelos órgãos ou entidades públicas, é pertinente a utilização de instrumentos jurídicos formais aptos a regular a relação de pessoas jurídicas distintas, prevendo as obrigações e deveres dos signatários.

Dentre a diversidade de instrumentos possíveis, o convênio figura como gênero principal para regência destas relações, contudo, outras avenças são identificadas, especialmente quando da transferência de recursos da Infraero. A utilização do convênio deriva do entendimento de ser o meio apto a regularizar as situações cujos interesses dos envolvidas

CAPÍTULO V – A EXPLORAÇÃO PELA EMPRESA BRASILEIRA...

sejam convergentes. Identificado o interesse da Infraero e do ente público em definir direitos e obrigações na utilização de espaço para o exercício de competência pública, entende-se que os objetivos são similares, independentemente de, sobre tal ou qual aspecto, existir alguma divergência.[291]

A habitualidade dessas relações impulsionou a Diretoria Financeira da Infraero, representada pela Superintendência de Contratos e Convênios, a aprovar, em 28 de outubro de 2013, o Manual de Procedimentos (MP n. 25.05/A (GO)) para regulamentar a "Celebração, Gerenciamento e Prestação de Contas e de Convênios, Acordos, Ajustes e Congêneres, inclusive de natureza não financeira".[292]

Como introito ao MP, constata-se preocupação com a menção às normativas federais que moldaram seus termos, especialmente àquelas que regulamentam a formação de convênios, contratos de repasse e termos de cooperação celebrados em âmbito federal. O MP atribui especial destaque às situações em que haja a transferência de recursos, mencionando atenção ao Decreto n. 6.170, de 25 de janeiro de 2007;[293] à Portaria Interministerial MP/MF/CGU n. 507, de 24 de novembro de 2011;[294] e à Instrução

---

[291] "Na obra *Temas Polêmicos Sobre Licitações e Contratos* (2000:310-314) já tive a oportunidade de discorrer sobre a distinção, mostrando que o principal elemento que se costuma apontar para distinguir o contrato do convênio é o concernente aos interesses que, no contrato, são opostos e contraditórios, enquanto no convênio são recíprocos". (DI PIETRO, Maria Sylvia Zanella. *Parcerias na administração pública*: concessão, permissão, franquia, terceirização, parceria público-privada e outras formas. 10ª ed. São Paulo: Atlas, 2015, p. 238).

[292] Disponível em http://www.infraero.gov.br/index.php/br/convenios/manual-de-procedimentos.html. Acesso em 08 nov. 2015.

[293] "Art. 1º Este Decreto regulamenta os convênios, contratos de repasse e termos de execução descentralizada celebrados pelos órgãos e entidades da administração pública federal com órgãos ou entidades públicas ou privadas sem fins lucrativos, para a execução de programas, projetos e atividades que envolvam a transferência de recursos ou a descentralização de créditos oriundos dos Orçamentos Fiscal e da Seguridade Social da União", com redação dada pelo Decreto n. 8.180/2013.

[294] "Art. 1º Esta Portaria regula os convênios, os contratos de repasse e os termos de cooperação celebrados pelos órgãos e entidades da Administração Pública Federal com órgãos ou entidades públicas ou privadas sem fins lucrativos para a execução de

Normativa da Secretaria do Tesouro Nacional n. 1, de 15 de janeiro de 1997.[295]

O item III do MP pretendeu estabelecer conceitos, apresentando algumas nomenclaturas utilizadas para diferenciar os instrumentos. Características de ordem financeira foram determinantes à classificação, diferenciando as relações gratuitas daquelas que operacionalizam a transferência de recursos entre os partícipes.

O *Convênio*, atendendo ao Decreto n. 6.170/2007, foi definido como instrumento que disciplina a transferência de recursos públicos entre entidades da Administração Pública Federal que, em regime de cooperação, visem à execução de programa de trabalho, atividade ou evento de interesse recíproco. À semelhança, porém marcado pela atuação de ordem técnica, o *Termo de Cooperação Técnica e Financeira* foi previsto como instrumento pelo qual, mediante transferências de recursos, são estabelecidas as diretrizes para a cooperação em trabalhos de engenharia aeroportuária, pesquisa e desenvolvimento de tecnologia entre a Infraero e o Comando do Exército, por meio do Departamento de Engenharia e Construção.[296]

Podendo haver ou não a transferência de recursos, o *Termo de Cooperação Mútua* foi exclusivamente destinado ao desenvolvimento do Programa Infraero Social, cuja relação poderá dar-se com qualquer ente da Administração Pública de qualquer esfera ou empresa privada sem fins lucrativos, então qualificados como *parceiros*.

---

programas, projetos e atividades de interesse recíproco, que envolvam a transferência de recursos financeiros oriundos do Orçamento Fiscal e da Seguridade Social da União".

[295] "Art. 1º A celebração (assinatura de termo de convênio) e a execução de convênio de natureza financeira, para fins de execução descentralizada de Programa de Trabalho de responsabilidade de órgão ou entidade da Administração Pública Federal, direta ou indireta, serão efetivadas nos termos desta Instrução Normativa", com redação dada pela Instrução Normativa n. 07/2007.

[296] Integram os instrumentos do MP a figura do Termo de Parceria, instrumento voltado à transferência de recursos para as pessoas jurídicas de direito privado, sem fins lucrativos, que tenha a qualificação de Organizações da Sociedade Civil de Interesse público, em atenção à Lei n. 9.790, de 23 de março de 1999. Porém, não se tratando de entidade pública, não será objeto de avaliação neste tópico.

CAPÍTULO V – A EXPLORAÇÃO PELA EMPRESA BRASILEIRA...

O *Acordo de Cooperação Técnica* deve ser utilizado para reger as relações firmadas entre a Infraero e qualquer ente público ou privado para realização de interesses recíprocos, sem que haja transferência de recursos. Todavia, este último instrumento, se celebrado entre o Brasil e organismo internacional, passará a nominar-se de *Acordo de Cooperação Técnica Internacional*, sendo possível a previsão de transferência de recursos.

Superada a conceituação, o MP estabeleceu a procedimentalização das condutas das partes envolvidas, notadamente com a atribuição dos agentes responsáveis pela gestão, fiscalização e controle dos instrumentos firmados, tais como: (i) responsabilidade das áreas de gestão dos convênios da sede e das regionais (item 4.4); (ii) responsabilidade do gestor (item 4.5); e a (iii) responsabilidade do fiscal operacional (item 4.6). Dentre as atribuições dos responsáveis pelas áreas de gestão dos convênios, ganha destaque o dever de informar a celebração do instrumento jurídico à Assembleia Legislativa; à Câmara Legislativa ou à Câmara Municipal respectiva, desde que envolva transferência de recursos.

Em sintonia com a dinâmica da conduta estatal, foi estabelecido que cada instrumento firmado derivará de um procedimento administrativo próprio. O rito e conteúdo deverão atender ao mínimo de informações definido no MP, cuja formação considerou as características e a natureza do vínculo a ser firmado.[297]

Maior atenção, intensidade de exigências e controle recaem sobre as hipóteses em que há transferência de recursos financeiros. Além das cláusulas necessárias à sua validade (item 6, c do MP), à semelhança do disposto no artigo 55 da Lei n. 8.666/93, é exigido um volume maior de informações que deverão constar do plano de trabalho pretendido, além de um extenso rito para a gestão e prestação de contas.

Neste último aspecto, esses instrumentos deverão ser acompanhados por uma Comissão de Gestão de Fiscalização, designada por ato administrativo próprio e composta por uma equipe integrada pelo gestor;

---

[297] Fluxograma de celebração de instrumento jurídico consta do item 15.9 do MP, p. 68. Disponível em http://www.infraero.gov.br/index.php/br/convenios/convenios.html. Acesso em 15 nov. 2015.

o fiscal operacional; o fiscal de documentação; e, se ainda envolver a cessão ou uso de mão de obra, um fiscal de segurança e saúde no trabalho (item 12 do MP).

Outras restrições mais intensas e regras específicas estão presentes nas relações que abrangem a realização de obras e serviços de engenharia com repasse de recursos (item 5.1). À semelhança do regime da Lei n. 8.666/93, é exigida a prévia apresentação de projeto básico com aprovação pelas áreas competentes da Infraero e licenciamento ambiental. Esses tipos de ajustes são peculiares, com destaque ao *Termo de Cooperação Técnica e Financeira*, que pode ser firmado com o Exército Brasileiro; e os *Acordos de Cooperação Técnica*, cujos requisitos incluem o plano de aplicação, o cronograma de desembolso e a comprovação da existência de recursos orçamentários para execução do plano de trabalho.

Noutra esfera de ação e motivado pela habitualidade de sua ocorrência, o MP prevê regulamentação específica para os *Convênios* firmados com o Corpo de Bombeiros (item 5.2 do MP) dos Estados onde estão localizados os aeroportos. Sua recorrência deriva da exigência de segurança do aeródromo e da operação do transporte aéreo. A atuação conjunta é fundamental na realização de serviços especializados de prevenção, instrução, manutenção dos equipamentos de salvamento e combate a incêndio, inclusive no fornecimento de carros contraincêndio, assim como para as ações de salvamento e combate a incêndio nas aeronaves e instalações do complexo aeroportuário.[298]

Outro instrumento destacado pelo MP é o *Termo de Cooperação Mútua*, utilizado para implementar o programa Infraero Social, que, segundo dados da Infraero, atende mais de 10.200 (dez mil e duzentas) pessoas de comunidades carentes que vivem no entorno do aeroporto.[299]

---

[298] Em atenção ao demonstrativo de convênios vigentes para o exercício de 2012 a 2015, atualizado em 29.05.2015, cerca de 50% (cinquenta por cento) dos convênios firmados eram entre a Infraero e o Corpo de Bombeiro do local onde o aeroporto está situado. (Disponível em http://www.infraero.gov.br/index.php/br/convenios/convenios.html. Acesso em 15 nov. 2015).

[299] "Os projetos do Infraero Social são desenvolvidos em parceria com prefeituras, governos estaduais, organizações não governamentais, entidades filantrópicas e com

CAPÍTULO V – A EXPLORAÇÃO PELA EMPRESA BRASILEIRA...

Destarte não compor propriamente a prestação do serviço de exploração da atividade aeroportuária, em se tratando de medida de solidariedade com as populações carentes que vivem nas cercanias dos aeródromos, suas condições estão descritas no MP (item 5.6).

Dando sequência à verificação do rito de constituição dessas relações jurídicas, pontua-se que a publicidade e motivação desses instrumentos são deveres impostos aos agentes da Infraero. A motivação deve ser explícita e documentada no procedimento administrativo constituído previamente ao vínculo, ao passo que a publicidade é materializada com a publicação do extrato do instrumento nos órgãos de impressa oficial, no prazo de 20 (vinte) dias a contar da assinatura. Quando houver repasse de recursos aos Estados ou aos Municípios, a Infraero deverá notificar sua celebração às Assembleias Legislativas, às Câmaras Municipais, ou, no caso do Distrito Federal, à Câmara Legislativa.

Por fim, o MP regulamenta o rito de prestação de contas dos convenentes à Infraero.[300] Realizada a prestação de contas, seja parcial ou final, as áreas técnicas da Infraero emitirão pareceres sobre a execução e o atendimento aos objetivos pretendidos, incluída a aplicação regular dos recursos.

A prestação de contas parcial é avaliada pelo gestor do instrumento que, na hipótese de constatar irregularidades, deverá estabelecer

---

concessionários privados dos Aeroportos. As ações estão direcionadas às crianças, aos jovens e adultos em situação de risco social, moradores de comunidades de baixa renda vizinhas aos aeroportos. Identificadas as carências da comunidade, procura-se desenhar um Projeto que atenda suas necessidades. Por tal razão, os projetos implantados, apresentam objetivos bem diversificados, tais como: alfabetização; reforço escolar; aprendizado de línguas estrangeiras; informática; educação ambiental; esportes e recreação; artes (pintura, dança, etc.); cultura (teatro, biblioteca, leitura, etc.); palestras educativas (drogas, prostituição, etc.); inserção familiar; geração de renda (cursos de capacitação); agricultura familiar; qualidade de vida (hábitos alimentares e higiênicos); capacitação e atividades para portadores de necessidades especiais." (Disponível em http://www.infraero.gov.br/index.php/br/social.html. Acesso em 15 nov. 2015).

[300] Fluxograma da prestação de contas consta do item 15.10 do MP, p. 69. Disponível em http://www.infraero.gov.br/index.php/br/convenios/convenios.html. Acesso em 15 nov. 2015.

prazo máximo de 30 (trinta) dias para sua reversão. Se não sanada a falha, deverão ser comunicadas e instadas a agir as áreas responsáveis para instauração de Tomada de Contas Especial[301] e consequente penalização.

A prestação de contas final, pertinente ao total dos recursos repassados, deverá conter parecer técnico e financeiro da Infraero ratificando o cumprimento dos objetivos e regras do instrumento, além do atendimento integral das informações e documentos exigidos, incluídas notas fiscais originais de despesas incorridas. A avaliação da prestação será realizada pelo gestor do instrumento e pela área de convênios da Infraero.

A prestação poderá ser aprovada integralmente ou com ressalvas. O último caso dependerá da comprovação da execução total do objeto e do cumprimento de seus objetivos, porém considerará a presença de falhas menores. Se a prestação de contas for rejeitada, todas as informações, inclusive o eventual dano ao erário, deverão ser apuradas pelo gestor do instrumento.

O conteúdo da apuração de irregularidade deverá ser direcionado à avaliação dos responsáveis para verificação de admissibilidade de Tomada de Contas Especial. Esse procedimento especial, pautado no artigo 82 e seguintes da aludida Portaria Interministerial MP/MF/CPU n. 507/2011, objetiva apurar os fatos, identificar os responsáveis e quantificar o dano causado ao erário para seu imediato ressarcimento. Alcançado esse estágio, mesmo que aprovada a prestação de contas ou comprovado o recolhimento do débito apurado, serão comunicadas a unidade de controle interno da Infraero e o Tribunal de Contas da União.

Somada as causas típicas de término da relação, seja por prazo ou conclusão do escopo, as relações jurídicas aqui avaliadas deverão ser

---

[301] "14.1 – A Tomada de Contas Especial somente deverá ser instaurada depois de esgotadas as providências administrativas a cargo da Infraero pela ocorrência de algum dos seguintes fatos:

a) não for apresentada a prestação de contas no prazo de até 30 (trinta) dias concedido por meio de notificação pela Infraero; (...)".

CAPÍTULO V – A EXPLORAÇÃO PELA EMPRESA BRASILEIRA...

rescindidas em decorrência da (a) utilização dos recursos recebidos em desacordo com o plano de trabalho; (b) aplicação dos recursos recebidos no mercado financeiro em desacordo com as normas de liberação de recursos; ou (c) falta de apresentação das prestações de contas parciais e finais, nos prazos estabelecidos na norma. Ocorridas quaisquer dessas hipóteses, será dado início à instauração de Tomada de Contas Especial, nos termos expostos.

5.4.2 Relação jurídica com os usuários da infraestrutura aeroportuária

Duas premissas devem ser rememoradas. Primeiro, a noção de infraestrutura aeroportuária: o aparato em rede pertinente ao transporte aéreo, ou seja, à chegada, partida e movimentação de aeronaves, incluindo os bens suficientes ao desenvolvimento das atividades essenciais das companhias aéreas e à movimentação de passageiros e carga. Segundo: a compreensão do serviço público prestado pela Infraero, ou seja, os atos materiais dinâmicos voltados à operação do aeroporto necessários à realização do transporte aéreo.

A fixação dessas noções objetiva propósitos diversos e complementares. Por um lado, impede uma alusão equívoca da amplitude do dever da Infraero, retirando do núcleo central do serviço público aquilo que não seja essencial aos serviços aéreos, destarte afastar eventual compreensão de o aeroporto ter um fim em si, a despeito da finalidade para o qual foi concebido. Noutro sentido, as ponderações permitem estabelecer quais são os usuários desse serviço público: a companhia aérea e o usuário do transporte aéreo.

Diferenças de natureza e finalidade de cada usuário impedem a afirmação de um regime único, mesmo que existam aspectos comuns. A parcela comum será apresentada prévia e conjuntamente e as distinções tratadas separadamente.

5.4.2.1 Considerações comuns aos usuários do serviço público

O serviço público deve ser prestado considerando um regime peculiar, de prestígio ao usuário. Sendo a Infraero ente da Administração

Pública Indireta, portanto, por perseguir o interesse público idêntico a de seu controlador, é mais intenso o dever de prestação atual, universal, contínua e módica.

O dever de atendimento de sua função administrativa resulta no distanciamento entre o regime de exploração da Infraero e dos atuais concessionários. A existência e atuação da Infraero objetivam, exclusivamente, o cumprimento do dever de executar o serviço público sob tutela da União, ao passo que a atuação do concessionário, em larga medida, é delimitada pelas regras contratuais.

O dever de atualidade representa o atendimento dos níveis de serviço exigidos pelas mais diversas normas de operação aeroportuária. A infraestrutura aeroportuária deve acompanhar as exigências do transporte aéreo, pois inexistirá função ou qualificação de aeroporto sem que haja o transporte aéreo. Dessa sorte, por tratar-se de seguimento em que a evolução tecnológica é intermitente, mesmo não havendo normatização impositiva, o prestígio ao interesse público exige a adaptação contínua do sistema. Por consequência, a ampliação e o incremento da utilização do sítio aeroportuário pelos prestadores de transporte aéreo resultam em benefício direto ao usuário final da aviação civil.

O prestígio à continuidade do serviço público impede a interrupção dos serviços sem que existam efetivas razões de ordem jurídica ou fática, sempre em prestígio da segurança dos usuários e terceiros. Ressalvados impedimentos dessa ordem, a promoção do transporte e da movimentação de pessoas e coisas deve superar eventuais argumentos de ordem econômica. A grandeza dessas razões e a importância para o Estado justificam a manutenção dessa atividade como serviço público.

A universalidade é retratada no dever de expansão dos sítios aeroportuários às localidades com menor fluxo de aeronaves, mesmo que distantes ou menos atraentes às companhias. Havendo a cessão do sítio aeroportuário pela SAC (agora MTAP), restará à Infraero promover a mais adequada implantação da estrutura e prestação do serviço público, adequando as necessidades do ambiente ao pretendido pelos serviços aéreos almejados.

CAPÍTULO V – A EXPLORAÇÃO PELA EMPRESA BRASILEIRA...

É pertinente mencionar eventual distinção nos tipos de atividades que compõem esse serviço. Para atendimento da aviação civil e fluxo de usuários, certos aeroportos exigirão um nível elevado de prestação, atendendo às exigências e características pertinentes aos tipos de aeronaves que utilizam o sítio. Por outro lado, aeroportos menores dependerão de uma gestão menos sofisticada, mantendo-se indissociável o dever de segurança e eficiência exigida a qualquer prestação dessa ordem.

A modicidade tarifária deve ser busca constante da Infraero. Sendo sociedade constituída para atendimento de um desiderato público, portanto cujos objetivos e metas se voltam ao cumprimento de um dever estatal, a lucratividade da operação não deve ser objeto perseguido pela Infraero a despeito da modicidade. A importância se concentra na prestação do serviço público, mesmo que isso represente uma atuação dependente de amparo financeiro da administração central.[302]

A desnecessidade de rentabilidade não significa afastar a obrigação de eficiência no cumprimento de sua função. Ao contrário: a criação de uma entidade de direito privado pressupõe a eficiência como pilar fundamental, razão pela qual a modicidade tarifária deve emergir da operação ótima do sistema. Nesse sentido, em vista de sua natureza, entende-se que a constante otimização e atendimento das metas do serviço público do modo menos oneroso possível é imposição mais acentuada à Infraero do que seria se o objeto fosse executado por órgão da Administração Direta.

Sendo esses os deveres da Infraero para com seus usuários, volta-se luz ao inverso, às obrigações dos usuários para com o prestador.

A diferença entre os usuários é ponto de partida para compreensão da distinção entre as relações. Incomparável o relacionamento travado entre a Infraero e a empresa aérea e aquela e o usuário do transporte, seja pela distinta função no sistema ou pela diversa força econômica dos sujeitos.

---

[302] Neste sentido: FREIRE, André Luiz. *O regime de direito público na prestação de serviços públicos por pessoas privadas*. São Paulo: Malheiros, 2014, p. 340 e ss.

Como obrigação comum, identifica-se a imposição constante do artigo 4º da Lei n. 9.784/1999. A despeito de a legislação reger o processo administrativo em âmbito federal, as condutas e obrigações descritas devem extrapolar a relação processual. Crê-se adequada sua extensão a todas as situações jurídicas firmadas entre os particulares e a Administração Pública. Portanto, é certo que os usuários deverão pautar a relação pela lealdade, urbanidade e boa-fé.

A atuação dos usuários, com destaque às companhias aéreas, tem de ser conduzida pela honestidade, afastando atitudes que possam prejudicar a Infraero. Se apuradas ações ou omissões prejudiciais à Infraero, ao usuário será imposta a sustação ou mudança imediata de conduta, cumulada com o eventual ressarcimento do dano e a aplicação da sanção correspondente.

Dando concretude ao descrito, as companhias aéreas não podem agir de modo a tornar deficiente a utilização da infraestrutura, prejudicando as demais empresas e usuários do sítio e do transporte. As regras de gestão e segurança devem ser cumpridas integralmente, sendo atribuídos aos agentes da Infraero, dentro de sua esfera de ação, o controle, a fiscalização e a aptidão para impor determinações e o cumprimento de regras de conduta àqueles que estejam utilizando a infraestrutura.

No mais, em contrapartida ao uso da infraestrutura, os usuários devem adimplir pontualmente com a remuneração prevista na legislação. A contraprestação é justificada pela disponibilidade da infraestrutura essencial à operação do tráfego de aeronaves, permitindo que a Infraero possa prover as instalações e executar os serviços essenciais ao transporte. Assumindo naturezas e pagadores distintos, as tarifas serão descritas nos tópicos seguintes.

Expostas as imposições normativas e condutas gerais da Infraero perante os usuários, segue-se ao detalhamento pontual das relações travadas. Não obstante, como conclusão adicional deste tópico, pode-se afirmar que muitas das obrigações imputadas à Infraero são coincidentes e extensivas a quaisquer operadores aeroportuários, haja vista a generalidade das normas incidentes sobre essas relações. Como consequência, parte relevante das conclusões apontadas é comum independentemente de quem seja o prestador do serviço, atribuindo importância à identificação de circunstâncias que sejam peculiares à Infraero.

5.4.2.1.1 Infraero e os passageiros do transporte aéreo

O ponto de partida desta análise é a compreensão da relação entre a Infraero e os usuários do transporte aéreo. Essa noção poderá impactar na extensão dos deveres e responsabilidades da Infraero, bem como definirá sua remuneração.

Ao afirmar que o serviço público de exploração da infraestrutura aeroportuária objetiva promover a gestão de todos os bens essenciais à realização do transporte aéreo, é definido o conteúdo de ações impostas ao seu prestador. Sua definição permite excluir do rol dos serviços obrigatórios atividades diversas e meramente acessórias que venham a ocorrer no sítio aeroportuário, mesmo que representem comodidade e conforto ao indivíduo. Sob essa premissa, deve ser perseguida a separação entre a relação do prestador do serviço público e seu usuário, e outras relações que este poderá travar no sítio aeroportuário.

O usuário da aviação civil utiliza o aeroporto como meio para efetivação do transporte aéreo, ou seja, para fins de embarque, espera e desembarque ou do embarque e desembarque de sua carga. Nesse sentido, o usuário exigirá do prestador do serviço uma série de atos que permitam, dentre outros, a realização do procedimento de checagem e despacho de malas; a transferência e verificação de segurança para fins de ingresso no "lado ar"; o uso de espaço de espera e apoio ao seu ingresso e de seus pertences na aeronave, seja por meio de acesso direto ou uso de transporte próprio nos pátios.

A estada temporária do usuário no sítio aeroportuário exigirá, no mínimo, a realização dos atos de disponibilização, limpeza e manutenção do ambiente, incluindo locais de apoio às necessidades imediatas (*v.g.*, banheiros e pronto atendimento médico), a proteção física e patrimonial, além de todas as atividades materiais prévias e posteriores ao ingresso no lado ar. Ademais, como exposto acima, a legislação exige que a administração aeroportuária providencie espaços e condições para que outros órgãos e entidades públicas que tenham interface com o usuário do transporte aéreo possam cumprir com sua função administrativa.

Como contrapartida à prestação do serviço, o usuário do transporte aéreo deverá pagar a *tarifa de embarque*, tal como regulamentado pela Lei n. 6.009/79 e Decreto n. 89.121/1983. Essa tarifa visa remunerar a utilização das instalações e serviços de despacho e embarque e desembarque da estação de passageiros. Sendo uma tarifa cobrada pelo uso das instalações e potencial utilização do transporte, sua fixação derivará em atenção à categoria do aeroporto e a espécie de transporte, se apenas nacional ou também internacional. Por outro lado, a utilização de outras áreas, equipamentos ou facilidades presentes no aeroporto, mas não relacionadas diretamente com o transporte aéreo, não estarão sujeitas ao regime tarifário.

Como exposto no capítulo antecedente, a legislação apresenta uma série de isenções ao pagamento dessa tarifa. As isenções são previstas em virtude da natureza, do tipo de serviço ou da excepcionalidade da situação. Serão isentos os passageiros a serviço do Poder Público, seja militar ou civil, nacionais ou estrangeiros, neste último caso, quando houver reciprocidade ou convite do Governo Brasileiro; e, no caso de passageiros particulares, quando em trânsito; menores de dois anos de idade; e em decorrência de retorno da aeronave por razões de ordem técnica ou meteorológica.

Retomando o espectro de abrangência do serviço público, vem à tona o regime de responsabilidade da Infraero em face dos usuários do serviço de transporte. Como outrora exposto, a regra regente é a do artigo 37, § 6º da Constituição Federal, ou seja, a responsabilidade da Infraero será objetiva quando o dano resultar de ato comissivo oriundo de sua atuação na prestação do serviço. A ressalva recai sobre os casos em que o dano resultar de omissão, no qual deverá ser apurada culpa ou dolo para definição do seu dever de ressarcimento.[303]

---

[303] "CIVIL. PROCESSO CIVIL. RESPONSABILIDADE SUBJETIVA. INFRAERO. DEVER DE PRESTAR SEGURANÇA EM AEROPORTOS. ROUBO. TRANSPORTE DE VALORES. AEROPORTO DE CAMPOS. LESÕES FÍSICAS A VIGILANTE DE EMPRESA PRIVADA. DANOS MATERIAIS E MORAIS.

CAPÍTULO V – A EXPLORAÇÃO PELA EMPRESA BRASILEIRA...

Ocorrido algum dano ao usuário utilizando dos serviços inerentes à exploração da infraestrutura aeroportuária, portanto, essenciais ao

---

ACORDO EXTRA-AUTOS. EXTINÇÃO DO FEITO. 1. A questão em debate no presente recurso versa sobre alegada responsabilidade civil da INFRAERO em decorrência de ato omissivo seu ao não providenciar condições de segurança ao transporte de valores e passageiros no Aeroporto Bartholomeu Lyzandro em Campos, Rio de Janeiro, o que deu azo a assalto no qual foi o autor, vigilante patrimonial, ferido no rosto, com perda da visão do olho esquerdo e incapacitação para exercer suas funções. 2. É de ser firmada a legitimidade passiva ad causam da INFRAERO posto que, embora o dever de garantir a segurança dos cidadãos de um modo geral seja do Estado, no caso dos aeroportos do País, a Lei n. 5862/72 comete à INFRAERO o dever legal de tomar as necessárias providências para garantir a segurança nas dependências dos aeroportos por ela administrados. 3. A conduta omissiva da INFRAERO insere-se no campo da responsabilidade subjetiva, não prescindindo da presença do elemento culpa, ou seja, de negligência, imprudência ou imperícia. Passemos, pois ao exame do ato lesivo. 4. Afasta-se a alegação de que o incidente ocorrido é de risco da atividade exercida pelo autor, não se podendo transferir-lhe a responsabilidade pelo evento eis que esse fato não elide a responsabilidade da INFRAERO por tomar as providências a seu cargo no tocante à segurança nas dependências de aeroporto sob sua administração, segundo se depreende do disposto no art. 3º, inciso XII, da Lei n. 5862/72. 5. Impende ressaltar que o risco a que se submeteria normalmente o autor no exercício de sua profissão no caso posto em discussão foi potencializado pela omissão da INFRAERO em tomar as providências a ela incumbidas pela lei. Assim, penso não ser admissível o entendimento segundo o qual o evento criminoso, mostrou-se impossível de se evitar ou impedir, caracterizando-se como hipótese de força maior, desde que a INFRAERO é responsável pelas medidas tendentes a assegurar a segurança dos usuários dos aeroportos como bem registrado na sentença monocrática. 6. Entretanto, no caso dos autos, muito embora fosse o caso de dar-se parcial provimento ao apelo da INFRAERO para reduzir os valores indenizatórios fixados pelo Juízo a quo, tal providência revela-se inócua, na medida em que houve acordo entre o autor e a empresa seguradora da INFRAERO (apólice de responsabilidade civil do operador aeroportuário n. 001002912) (fls. 436/440) em que o mesmo firma declaração de transação, quitação e exoneração de responsabilidade afirmando que recebeu da Seguradora no valor de R$ 950.000,00 (novecentos e cinquenta mil reais) a título indenizatório relativo ao incidente registrado no Boletim de Ocorrências n. 000960/0146/99, de 11/05/1999, pela 146ª Delegacia de Polícia de Campos dos Goytacazes, dando quitação de quaisquer obrigações da apelante relativas ao fato, desobrigando-a de qualquer responsabilização pelo ocorrido e renunciando a quaisquer eventuais direitos sobre os quais se funda a presente ação, o que põe fim à lide, devendo ser julgado extinto o processo com julgamento do mérito, tendo em vista a satisfação do pleito autoral. 7. Apelação provida. Processo julgado extinto (Apelação cível 199951033025714 – Desembargador Federal GUILHERME CALMON NOGUEIRA DA GAMA, TRF2 – Sexta Turma Especializada – E, e-DJF2R – Data: 06/07/2010 – Página: 301)".

transporte aéreo, não se têm dúvidas da natureza objetiva da responsabilidade da Infraero. O dever de ressarcir o dano do usuário surgirá independentemente da apuração de culpa ou dolo, bastando a comprovação do prejuízo e do nexo causal.

O descrito pode ser ilustrado, por exemplo, pela hipótese de dano ocorrido em razão do transporte do usuário entre o terminal e a aeronave; extravio ou dano causado em bagagem no sítio aeroportuário; dano ou extravio de carga sob guarda de agente da Infraero.[304]

---

[304] Os Tribunais Federais têm decidido no sentido deste estudo: "AÇÃO ORDINÁRIA – IMPORTAÇÃO DE PRODUTOS – INFRAERO – RESPONSABILIDADE PELO EXTRAVIO – DANOS MATERIAIS E DANOS MORAIS – COMPROVAÇÃO. 1- É incontroverso que as mercadorias foram importadas, com a finalidade de servirem à exposição e mostruário para a empresa U.S. Shopping no Brasil. 2- Tal mercadoria foi acomodada em 9 caixas, as quais acabaram por se extraviar enquanto aguardavam, nas dependências da ré, o desembaraço aduaneiro. Somente 7 meses depois é que foram localizadas, excetuando-se a caixa de n. 6. 3- Necessário, diante do incidente, que a empresa autora importasse, novamente, mercadoria idêntica à extraviada, a fim de arcar com os compromissos assumidos, o que, obviamente, causou-lhe prejuízos. 4- Demonstrados, portanto, os fatos, o dano e o nexo causal, resta nítido o dever de indenizar, a teor do art. 37, § 6º, da CF, c/c art. 159 do CC/16, vigente à época dos acontecimentos. 5 – A bem da verdade, em sua contestação, a INFRAERO limita-se a tentar imputar a responsabilidade pelo ocorrido à própria autora, que não teria tomado providências junto às autoridades fazendárias, para recuperar o benefício fiscal que alega ter perdido. 6 – Trata-se de alegação que, por dizer respeito à matéria fiscal, não tem o condão de afastar a responsabilidade da ré pela guarda e conservação das mercadorias que se encontram em suas dependências. 7 – Do mesmo modo, não merece acolhida o argumento de que havia grande volume de carga aérea importada na ocasião, agravada pela greve dos funcionários da Receita Federal. 8 – As conseqüências da falha na prestação do serviço público não podem ser transferidas aos usuários. 9- Merece parcial reforma o julgado, no tocante à condenação da INFRAERO a reparar alegados danos morais sofridos pela autora. 10 – É que nem mesmo na petição inicial a demandante esclarece quais seriam esses danos. Em outras palavras, não informa em que o extravio da mercadoria afetou seu nome, imagem e boa fama no mercado. 11- Muito menos há prova nos autos nesse sentido, de sorte que esta pretensão não pode ser atendida (art. 333, I, do CPC). 12- Apelação da INFRAERO parcialmente provida (AC 00279382319964036100, JUIZ CONVOCADO LEONEL FERREIRA, TRF3 – JUDICIÁRIO EM DIA – TURMA D, e-DJF3 Judicial 1 DATA: 29/09/2011 PÁGINA: 818. FONTE_REPUBLICACAO)".

"CIVIL E PROCESSUAL CIVIL. ADMINISTRATIVO. RESPONSABILIDADE OBJETIVA. ATROPELAMENTO E MORTE. DANO MATERIAL E MORAL.

CAPÍTULO V – A EXPLORAÇÃO PELA EMPRESA BRASILEIRA...

INDENIZAÇÃO. SERVIÇOS AEROPORTUÁRIOS. 1. Agravo retido que impugna o indeferimento de prova pericial não comporta provimento. (...) 5. A estipulação contratual produz efeitos entre as partes estipulantes, mas não se sobrepõe às normas legais sobre responsabilidade civil da Constituição Federal, do Código Civil e mesmo do Código Brasileiro de Aeronáutica. 6. Portanto, o referido acordo tem valor exclusivamente entre as partes signatárias, sem o poder de derrogar as normas legais sobre responsabilidade civil decorrente de ato ilícito, não alterando, portanto, a legitimidade para a causa. 7. Os fatos são praticamente incontroversos, posto que ficou sobejamente demonstrado que a vítima foi atropelada e morta por ônibus da empresa Pássaro Marron, no dia 12 de setembro de 2002, quando desembarcou de avião da TAM e tentava alcançar um veículo tipo "Van" que deveria transportar alguns passageiros até a sala de desembarque do Aeroporto de Congonhas, em São Paulo. 8. Diante deste quadro probatório, inegável o nexo causal entre o *eventus damni* e o ato praticado pelo preposto da Empresa Pássaro Marron, o que, só por si, gera a responsabilidade objetiva dela e da INFRAERO 9. Na condição de prestadora de serviços públicos, a INFRAERO responde objetivamente pelos eventos danosos causados na sua área de atuação, ainda que por intermédio de empresas concessionárias ou permissionárias destes serviços, nos termos do art. 37, § 6º da Constituição Federal 10. Não há como negar a responsabilidade objetiva da INFRAERO pelo trágico acidente, por se tratar de empresa pública federal responsável pelo bom funcionamento dos serviços aeroportuários, nos termos da Lei n. 5.862/72, tendo entre as suas atribuições implantar, administrar, operar e explorar a infra-estrutura aeroportuária que lhe for atribuída pelo Ministério da Aeronáutica (caput do art. 2º), competindo-lhe contratar obras e serviços de interesse do Ministério da Aeronáutica, condizentes com seus objetivos (inciso IX do art. 3º). 11. Tanto a INFRAERO como a Empresa Pássaro Marron respondem objetivamente pelos danos causados na prestação de serviços públicos aos respectivos usuários. 12. Ainda que não houvesse responsabilidade objetiva, nem assim as rés estariam isentas da obrigação de indenizar, pois restou claro que houve imprudência e imperícia do motorista do ônibus. 13. Deve-se reconhecer que o preposto da empresa Pássaro Marron agiu de forma culposa no acidente, incidindo nas violações previstas art. 159 do Código Civil de 1916, ainda em vigor ao tempo dos acontecimentos. (...) 17. Incabível a responsabilização da TAM neste feito, não obstante haja previsão legal de sua responsabilidade perante os usuários dos seus serviços, nos termos do § 2º do art. 175, do § 2º do art. 233 e do inciso I do art. 256 da Lei 7.565/86 (Código Brasileiro de Aeronáutica), para acidentes ocorridos no solo, devem prevalecer normas civis acerca da reparação do dano, para abranger os danos emergentes e os lucros cessantes, verificados em cada caso concreto. (...) No que se refere à procedência da denunciação à lide promovida pela União Novo Hamburgo Seguros em face da empresa Pássaro Marron, a sentença deve ser mantida. 30. Em que pese a responsabilidade objetiva das co-rés INFRAERO e Pássaro Marron, conforme explanado anteriormente, o direito de regresso contra o concessionário ou permissionário de serviços públicos é direito assegurado em texto constitucional, especificamente no artigo 37, §6º da Carta Magna. Tendo a seguradora União Novo Hamburgo Seguros se sub-rogado nos direitos da INFRAERO, em face de previsão

A precisão da afirmação é reduzida em face dos danos causados aos usuários do aeródromo na utilização das comodidades ofertadas no sítio, especialmente por serem cada vez mais diversificadas, *v.g.* a exploração de estacionamentos, comércio, hospedagem e conveniências adicionais.

O debate se posiciona frente à seguinte dúvida: ocorrido dano ao usuário em razão da fruição de alguma comodidade de natureza econômica ofertada no sítio aeroportuário por sujeito estranho ali instalado, qual o regime de responsabilidade da Infraero?

Em razão da noção do serviço público definida neste texto, as comodidades, bens e serviços de natureza comercial, ofertados aos frequentadores dos aeroportos, usuário, ou não, do transporte aéreo, não integram o dever de exploração da infraestrutura aeroportuária. Estas atividades atraem regras consumeristas gerais, além de eventual regulamentação peculiar incidente em vista de sua natureza, seja de hospedagem, de guarda de veículos ou consumo regular em lojas e restaurantes etc.[305]

A conclusão aludida não é alterada em vista da previsão legal de que as áreas aeroportuárias poderão ser utilizadas para finalidades comerciais, pois a noção de serviço público independe dessa atuação. A infraestrutura aeroportuária e os serviços prestados são aqueles essenciais ao tráfego aéreo. Se, por impossibilidade material, técnica ou econômica, um aeroporto não possuir qualquer conveniência, mas o tráfego aéreo estiver preservado, o serviço público estará prestigiado, independentemente de uma aparente insatisfação do frequentador do aeroporto.

---

contratual, nasce para ela o direito de buscar o reembolso do valor indenizado junto ao causador direto do dano, no caso, a Empresa de Pássaro Marron Ltda. 31. (...) 32. Agravos retidos desprovidos e Apelações parcialmente providas (Apelação cível 00180395420034036100 – JUIZ CONVOCADO RUBENS CALIXTO, TRF3 – Terceira Turma, DJF3 Judicial 2 DATA: 13/01/2009 PÁGINA: 684. FONTE_REPUBLICACAO)".

[305] Este texto não ingressará sobre o tema da aplicação do código do consumidor na relação de prestação de serviço público, sobre o tema: PEREIRA, Cesar Guimarães. *Usuários de Serviços Públicos*. 2ª ed. São Paulo: Saraiva, 2008.

CAPÍTULO V – A EXPLORAÇÃO PELA EMPRESA BRASILEIRA...

Não obstante, a despeito da natureza da atividade executada, a Infraero não está isenta de responsabilidade sobre os exploradores situados no aeroporto. Sob o influxo dos princípios incidentes ao serviço público, a Infraero deve garantir a segurança do usuário do aeroporto, inclusive em face daqueles que ofertam bens e serviços. Dessa forma, o dever de vigilância e guarda da Infraero se inicia com a seleção do interessado e permanece ao longo da exploração de sua atividade econômica no sítio aeroportuário.

Como conclusão, por não se tratar de parcela integrante do serviço público, é afastada a incidência do disposto no artigo 37, § 6º da Constituição Federal, ou seja, a responsabilidade objetiva sobre eventuais danos causados por esses estabelecimentos comerciais. Reitera-se, não é objeto deste texto avaliar aspectos consumeristas da relação jurídica firmada.

Contudo, caso o entendimento fosse distinto, ou seja, se considerado que tais comodidades compõem o serviço público, sendo forçada a incidência do artigo 37, § 6º, da Constituição Federal, a responsabilidade permaneceria subjetiva. Isso porque o dano derivaria de eventual omissão da Infraero, seja por falha do serviço, no cumprimento do dever de fiscalizar e vigiar sua contratada, seja na obrigação geral de guarda dos usuários.

A natureza da responsabilidade não conduz à impossibilidade de a Infraero ressarcir-se dos valores que utilizou para remediação do dano incorrido, bem como, se devidamente estipulado quando da contratação desses terceiros, de todos os custos incorridos no processamento da causa.

Por derradeiro, grifa-se que as respostas formuladas acima são gerais e independem da natureza da atividade comercial ou de regra peculiar da relação jurídica firmada com a Infraero.

5.4.2.1.2 *Infraero e os operadores de aeronaves*

O texto constitucional fixou a exploração da infraestrutura aeroportuária como serviço público, individualizando a importância do aeroporto embora não tenha função se apartado do transporte aéreo.

São diversos os serviços prestados na exploração da infraestrutura aeroportuária e abrangem toda a cadeia essencial à aviação. Abarcam todos os atos materiais essenciais à utilização do terminal para instalação de postos de atendimentos, escritório, oficinas; os locais para abastecimento de aeronaves; e, principalmente, os serviços de operação que permitem a utilização das pistas e pátios para efetivação do transporte.

Em razão dessa decisão normativa, as operadoras de aeronaves, ou seja, os promotores do transporte assumiram o *status* de usuário desse serviço, atraindo o regime próprio de proteção dessa categoria jurídica. Dessa sorte, a atuação da Infraero, como prestadora de serviço público, deverá pautar-se pelos postulados da atribuição, cuja explanação ocorreu ao longo deste texto, não exigindo sua retomada.

Sem embargo, por agregar conteúdo peculiar, alguns temas próprios à exploração, como a modicidade tarifária, devem ser contextualizados sob a perspectiva desse usuário e do serviço prestado, vez conter premissas distintas e não necessariamente conciliáveis.

As companhias que exploram o transporte aéreo regular prestam serviço público, porém, pela natureza do transporte, sua realização, ao menos até o presente momento, não materializa direito essencial ao indivíduo. A conclusão apontada é atualmente materializada na liberdade tarifária conferida aos operadores de serviços aéreos, o que permite ao prestador definir o preço que melhor convier. Como consequência, ao menos sob a perspectiva do usuário do transporte, a companhia ou operador de aeronave se distanciam do dever de manter os custos tarifários módicos.

Adicionalmente, não são reduzidos os dispêndios imprescindíveis à prestação do serviço público e à manutenção adequada da infraestrutura aeroportuária. Nessa perspectiva, deve-se acrescentar que os valores tarifários exigidos dos operadores aéreos pelo operador aeroportuário serão repassados ao usuário final do transporte, ampliando o custo total do transporte.

O relatado resulta numa difícil conclusão, cuja decisão resultará em efetiva política pública. Se pretendidos investimentos no aeródromo,

CAPÍTULO V – A EXPLORAÇÃO PELA EMPRESA BRASILEIRA...

a manutenção da modicidade exigirá outras fontes de custeio; ao passo que, se pretendida a cobrança dos valores reais exigidos para a atualização constante aeródromo, sua cobrança poderá afastar as companhias aéreas ou, se permanecerem, impactar o número de usuários do transporte.

A decisão passará pelo constante balanço entre o atendimento das exigências da aviação civil e a manutenção do maior número de usuários. Diante disso, torna-se imprescindível que os operadores aeroportuários persigam fontes alternativas de receitas ou eventual política de subvenção. Ou seja, a cobrança tarifária exclusiva, mantida, ou não, a modicidade, poderá afastar pressupostos importantes ao serviço público, como atualidade e eficiência.

Não obstante, entende-se que o dever de busca pela modicidade tarifária deve sempre permear a decisão pública, porém poderá ceder vez e reduzir impacto diante de decisões fundamentadas em outros postulados caros ao serviço público.

Seguindo em atenção ao objeto dos serviços prestados e sua remuneração, muito da atuação da Infraero é identificada pelo conteúdo e finalidade das tarifas incidentes sobre os operadores de aeronaves. Em atenção ao disposto na Lei Federal n. 6.009/1973 e Decreto n. 89.121/1983, as principais tarifas são as de pouso, permanência e conexão.[306]

Nos termos do artigo 3º, II, III e IV, da referida legislação, a *tarifa de pouso* visa remunerar "utilização das áreas e serviços relacionados com as operações de pouso, rolagem e estacionamento da aeronave, até três horas após o pouso"; a *tarifa de permanência*, composta pela tarifa de permanência no pátio de manobras e permanência na área de estadia, é

---

[306] Destarte as tarifas próprias ao serviço público sob avaliação, ainda são devidas ao Comando da Aeronáutica aquelas destinadas à utilização das instalações e serviços de apoio à navegação aérea, propriamente: Tarifas de Uso das Comunicações e Auxílio à Navegação Aérea em Rota; Tarifas de Uso das Comunicações e dos Auxílios-Rádio à Navegação Aérea em Área de Controle de Aproximação; e Tarifa de Uso das Comunicações e dos Auxílios-Rádio à Navegação Aérea em Área de Controle de Aeródromo.

"devida pelo estacionamento da aeronave, além das três primeiras horas após o pouso; por fim, a *tarifa de conexão* "devida pela alocação de passageiro em conexão em Estação de Passageiros durante a execução do contrato de transporte".

Ademais disso, são exigidas tarifas específicas ao transporte de cargas, cujo responsável pela remuneração é o consignatário ou transportador da carga. As *tarifas de armazenagem e capatazia* visam remunerar, respectivamente, nos termos do artigo 3º, incisos IV e V da Lei n. 6.009/1973, o "armazenamento, guarda e controle das mercadorias nos Armazéns de Carga Aérea dos Aeroportos" e a "movimentação e manuseio das mercadorias" das cargas aéreas.

As hipóteses de isenção tarifária se prendem à natureza da pessoa; a importância da atividade e a excepcionalidade da situação, não abrangendo, por regra, os voos comerciais regulares e sem deficiência excepcional. Como exposto alhures, estão isentas as (i) atividades de propriedade ou a serviço militar ou da Administração Federal Direta; (ii) estrangeiras por atendimento à reciprocidade; (iii) as aeronaves em voo de experiência ou instrução; (iv) aeronaves em retorno por motivo de ordem técnica ou meteorológica; por fim, no caso da tarifa de permanência, são acrescidos (v) os casos de acidente, pelo prazo da investigação; (vi) as aeronaves que permanecerem estacionadas em áreas arrendadas pelo proprietário ou explorador da aeronave.

Em conclusão, constata-se que parcela relevante das tarifas se destina a remunerar a utilização de serviços e facilidades presentes no *lado ar*, umbilicalmente relacionados ao transporte de pessoas ou cargas. Por sua vez, a tarifa de conexão e as destinadas ao transporte de cargas objetivam remunerar, ao menos parcialmente, as facilidades do *lado terra*, de apoio ao usuário nos terminais e nas demais estruturas.

A relação entre a Infraero e as diversas prestadoras de serviços aéreos públicos de passageiros e cargas, regulares ou não, não se encerra com a promoção do serviço público destinado à concretização do transporte. Essa relação assume frentes distintas, materializada na cessão

CAPÍTULO V – A EXPLORAÇÃO PELA EMPRESA BRASILEIRA...

de espaços nos sítios aeroportuários destinados às diversas atividades operacionais dos operadores de aeronaves e serviços correlatos.[307]

Como regra, a seleção de interessados para utilização dos espaços aeroportuários dá-se mediante procedimento licitatório. A quantidade finita de espaço e a presença de muitos interessados torna o procedimento concorrencial meio apto ao prestígio da isonomia, além de potencializar os ganhos econômicos da Infraero.

Não obstante, nos termos da Lei n. 5.332, de 11 de outubro de 1967, e do artigo 40 do CBA, foi imposta regra especial de dispensa de licitação para cessão de áreas destinadas a certos fins tidos por imprescindíveis aos prestadores dos serviços aéreos públicos e às empresas prestadoras de serviços auxiliares ao transporte aéreo[308], *i.e.*, para instalação de setores de despacho de passageiros e bagagem, escritórios comerciais, oficinas, depósitos e locais para abrigo reparação e abastecimento de aeronaves.[309]

---

[307] O Código Brasileiro de Aeronáutica prescreve: "Art. 175. Os serviços aéreos públicos abrangem os serviços aéreos especializados públicos e os serviços de transporte aéreo público de passageiro, carga ou mala postal, regular ou não regular, doméstico ou internacional (...) Art. 180. A exploração de serviços aéreos públicos dependerá sempre da prévia concessão, quando se tratar de transporte aéreo regular, ou de autorização no caso de transporte aéreo não regular ou de serviços especializados".

[308] Nos termos do artigo 102 do CBA: "São serviços auxiliares: I – as agências de carga aérea, os serviços de rampa ou de pista nos aeroportos e os relativos à hotelaria nos aeroportos; II – os demais serviços conexos à navegação aérea ou à infra-estrutura aeronáutica, fixados, em regulamento, pela autoridade aeronáutica". Em regulamento próprio, Resolução ANAC n. 116/2009 estabeleceu quais são os serviços considerados auxiliares ao transporte aéreo. Nos termos da resolução, a ANAC teve como pressuposto serem serviços de natureza especializada e voltadas ao apoio das operações do transporte aéreo, cujas empresas organizadas para sua prestação deverão atender requisitos técnicos estabelecidos na resolução para sua habilitação.

[309] O §1º do artigo 18 do Ato Normativo n. 05/2014 da Infraero apresenta outra atividades ligadas ao processamento dos voos de passageiros e suas bagagens, sendo eles: "I – back office (área de apoio ao check in); II – LL (lost luggage – bagagens extraviadas); III – sala de atendimento especial (idosos, crianças desacompanhadas, deficientes, etc.); IV – manutenção de linha; V – área de apoio operacional de rampa; VI – WC e vestiários próprios; VII – Suprimento de rampa; guarda e estacionamento de equipamento de rampa".

A previsão legislativa resulta da junção de dois aspectos. O aeroporto foi concebido para o transporte aéreo, razão suficiente para o prestígio dos prestadores desse serviço e de atividades fundamentais relacionadas. Destarte, o transporte aéreo regular é serviço público, constituindo uma relação peculiar de interdependência entre os operadores dos diferentes serviços. Essa especialidade é ainda mais intensa ao considerar que a União Federal é a titular da exploração de ambas as atividades.

A despeito do disposto na legislação, mas retomando a ideia geral de prestígio à concorrência, a SAC, então no exercício de competência própria oriunda da Lei n. 12.462/2011, publicou a Resolução n. 228, de 27 de novembro de 2013.[310] Essa norma determina a realização de procedimentos licitatórios também para definição das áreas operacionais, promovendo a disputa entre as empresas prestadoras de serviços aéreos públicos e de serviços auxiliares. Nos termos do artigo 4º dessa Resolução, a dispensa de licitação ficaria restrita aos "aeroportos onde a demanda por tais áreas não supere a oferta" ou "nos casos em que a Infraero demonstre o interesse público e satisfeitos os requisitos legais".

Apesar de distinta, entende-se que a decisão da SAC não contrariou o CBA ou a Lei n. 5.332/1967. A análise do ordenamento jurídico apontará para a decisão constitucional de prestígio à licitação. Desse modo, as hipóteses de dispensa não impõem ao administrador o dever de dispensar, mas autoriza que o faça se a decisão melhor atender ao interesse público. Todavia, se o procedimento concorrencial se mostrar o meio adequado à satisfação do interesse perseguido, é dever do agente público fazê-lo em atendimento ao dever constitucional.[311]

---

[310] Disponível em http://www.aviacaocivil.gov.br/acesso-a-informacao/arquivos-pdf/portaria-no-228-de-27-nov-2013.pdf. Acesso em 15 nov. 2015.

[311] "O legislador tem o poder, conferido pelo Constituinte, de indicar as situações de dispensa. No entanto, sob pena de inconstitucionalidade, há de usá-lo sem desvios ou excessos, pois não dispõe de cheque em branco para, sem justificativa razoável, excepcionar o princípio geral da obrigatoriedade da licitação. Não fosse assim, a eficácia da imposição constitucional ficaria dependente dos desejos do legislador, em inversão total da ordem normativa. Essas observações têm relevância, outrossim, para dirigir a

CAPÍTULO V – A EXPLORAÇÃO PELA EMPRESA BRASILEIRA...

Neste sentido, é certo que o esforço da SAC (agora MTAP) e da Infraero deverá voltar-se ao atendimento dos interesses dos usuários do transporte aéreo e dos frequentadores dos aeroportos. Ou seja, se a motivação do certame se revelar contrária ao dever de prestação adequada do serviço público capitaneado pela Infraero, seja por visar, exclusiva ou preponderantemente, a interesses econômicos ou razão diversa, a aludida regra deverá ser combatida no caso concreto, retomando-se a premissa de dispensa de licitação e prestígio ao compartilhamento de áreas operacionais em vista da relevância da companhia e do transporte aéreo.

Adicionalmente ao regulamento da SAC, a Infraero deverá observar os atos normativos provenientes da ANAC, com destaque à Resolução ANAC n. 302/2014, que estabelece os critérios e procedimentos para a alocação e remuneração de áreas aeroportuárias.

Como resultado imediato, visando ao cumprimento das normas destacadas, a Infraero aprovou o Ato Normativo n. 05/PR/DJ/2014, que instituiu o procedimento normativo para concessão de uso de áreas aeroportuárias destinadas às atividades operacionais nos aeroportos da rede Infraero.[312] Tópicos dessas normas exigem atenção.

As disposições do Ato Normativo n. 05/2014 definiram que o uso de áreas para fins operacionais obedecerá à disponibilidade de infraestrutura, à vocação do aeroporto e terá consonância com o PDIR.

---

interpretação e a aplicação do texto legal determinante da dispensa. Para a incidência concreta da norma excepcionadora, mister a presença de situação fática tal a tornar fundada e razoável a não realização de licitação. Se o caso concreto não é daqueles onde se vislumbre a real inconveniência em licitar, a dispensa não se justifica, mesmo quando, à primeira vista, ele pareça enquadrar-se na descrição normativa tomada em abstrato. Cada hipótese de dispensa descrita na lei tem por trás uma finalidade de interesse público a enseja-la. Se, em virtude das peculiaridades do caso concreto, tal finalidade não é atingida com a dispensa, a norma não pode incidir. Do contrário, a aplicação da norma se faria em prejuízo de seus objetivos determinantes – é dizer: em contraste consigo mesma" (SUNDFELD, Carlos Ari. *Licitação e contrato administrativo de acordo com as leis 8.666/93 e 8.883/94*. 2ª ed. São Paulo: Malheiros, 1995, p. 58).

[312] Disponível em http://www.infraero.gov.br/images/stories/Infraero/concessao_areas/ato_normativo2014.pdf. Acesso em 15 nov. 2015.

Nesse sentido, caso a demanda supere a oferta de áreas, pela impossibilidade de escolha, a Infraero deverá proceder à licitação. A verificação e avaliação dos interessados, para compreensão da oferta, serão realizadas pela Infraero, que poderá valer-se de um chamamento público para seu conhecimento.

Os arrendamentos às empresas de transporte aéreo serão formalizados mediante contrato, com prazo certo. A definição do tempo de contrato dependerá do tipo de atividade a ser realizada e/ou a eventual presença de investimentos no aeródromo, pois pretendida sua vigência enquanto perdurar o período de amortização.[313] Mesmo se existente prazo suficiente à amortização, caso a Infraero retome a área antecipadamente, será devida indenização correspondente ao montante não amortizado.

Sem embargo da importância atribuída à presença das empresas aéreas no aeroporto, não se tem dúvida que o custeio da infraestrutura, no mínimo, justifica a contraprestação pela utilização do espaço. Contudo, esse tema revela divergência entre o disposto na Lei n. 5.332/1967 e a Resolução ANAC n. 302/2014.

Enquanto a legislação prescreveu que a remuneração pela exploração dessas áreas seria operacionalizada mediante taxa de arrendamento, cobrada mensalmente, mas fixada anualmente com vistas ao valor praticado por metro quadrado, a referida Resolução intencionou alterar a previsão legal, destituindo a fixação de taxa de arrendamento para cobrança de preços livremente negociados entre o operador aeroportuário e as empresas aéreas, vedada a prática discriminatória ou abusiva. Em complemento, essa Resolução previu que, se identificada prática abusiva ou discriminatória na relação cuja base de avaliação seria o mercado interno e externo, a ANAC poderia regular os preços a serem praticados, fixando preço-teto, receita máxima ou outro método a ser definido.

---

[313] Nos termos dos artigos 21 e 22 do Ato Normativo 05/2014, não havendo investimentos, os prazos podem variar entre 2 (dois), 5 (cinco) e 10 (dez) anos, neste último caso para áreas de manutenção de aeronaves e serviços correlatos, além de abrigo de aeronave. Com investimentos, os prazos ficariam limitados a 15 (quinze) anos para os locais de recebimento e despacho de carga e bens transportados por aeronaves e 25 (vinte e cinco) anos para as áreas de manutenção de aeronaves e serviços correlatos, além de abrigo de aeronave.

CAPÍTULO V - A EXPLORAÇÃO PELA EMPRESA BRASILEIRA...

Acredita-se que o conflito é aparente. Sendo a Resolução ato infralegal, a manutenção da prescrição contida na Lei n. 5.332/67 macula a disposição do artigo 11 da aludida Resolução. Essa interpretação é mantida mesmo considerando a previsão constante da Lei n. 11.182/2005, que estabeleceu que as normas e demais regras acerca da exploração de áreas e instalações aeroportuárias seriam gradativamente substituídas por regulamentação a ser editada pela ANAC. Em suma, essa disposição deve ser interpretada considerando a supremacia da Lei, de sorte que a previsão legal mencionada apenas autoriza que a ANAC realize a substituição de disposições de mesma estatura hierárquica, ou seja, de normas infralegais.

Porém, pouco aderente a qualquer das regras, constatou-se que a Infraero segue sistema híbrido, no qual, sem qualquer justificativa pressuposta, pratica preços previamente estipulados e valores negociáveis casuisticamente a depender da natureza do bem.

No Ato Normativo n. 05/2014 consta disposição prescrevendo que os valores mínimos dos contratos devem estar vinculados à Tabela de Preços Específicos para áreas de despachos de aeronaves, passageiros e respectivas bagagens, carga e descarga de aeronaves e instalações de escritórios administrativos. Por sua vez, para o local de recebimento e despacho de cargas e de bens transportados, manutenção e abrigo de aeronaves e correlatos, não haveria definição prévia de preços, apenas parâmetros para sua definição, como (i) preços já praticados pela Infraero ou, se não houver, os valores presentes no mercado dos aeroportos operados por particulares; (ii) no mercado imobiliário local; ou (iii) em fatores que julgar conveniente.

Outro aspecto interessante deriva da eventual existência de conflito para utilização das áreas aeroportuárias. Tendo por premissa a igualdade de utilização de espaços aeroportuários pelas empresas de transporte aéreo, mas considerando a constante escassez destas áreas, é pertinente a existência de regramento que regule as potenciais disputas.

A legislação foi incipiente e pouco precisa, sem dispor acerca da escassez e sua solução. A norma, sem considerar a impossibilidade prática de sua decisão, impôs o dever de a Infraero proceder à cessão de áreas similares às de maior dimensão cedidas previamente às empresas que exploram atividades semelhantes, desde que comprovada a necessidade.

É justificada a falta de regulamentação acerca da disputa por escassez em razão do momento de edição da legislação, pois no ano 1967 eram poucas empresas aéreas atuantes e tampouco o uso de grandes áreas. Não obstante, mesmo incipiente ou pouco efetivo, o texto legal fixou critério para atendimento da isonomia, que imporia a cessão de áreas similares aos interessados, qual seja, a execução de atividades semelhantes e a comprovação de necessidade do espaço. Sob essa premissa, a Resolução ANAC n. 302/2014, bem como o Ato Normativo n. 05/2014, estabeleceram critérios para resolução dos conflitos e realocação dos espaços nos aeroportos, caso a disputa não seja resolvida por acordo entre as partes envolvidas.

Os critérios previstos na Resolução ANAC para a fixação de áreas exclusivas decorrem, principalmente, das características das atividades prestadas pelas empresas aéreas. A proporção das áreas de uso exclusivo deverá ser definida em atenção aos seguintes critérios: (i) volume de passageiros e/ou cargas movimentadas ou (ii) o volume de pousos e decolagens de aeronaves da companhia interessada no aeroporto; e (iii) a quantidade total desses mesmos quantitativos realizados por todas as empresas no período de 6 (seis) meses anteriores à solicitação. No mais, foi fixado o dever de compartilhamento de, no mínimo, 10% (dez por cento) das áreas destinadas para despacho de aeronaves, passageiros e bagagens entre as companhias que atuem ou pretendam atuar no aeroporto.[314]

Em paralelo, nas contratações de novas áreas em aeroporto em que houver escassez de oferta, o Ato Normativo n. 05/2014 previu que os interessados ficarão obrigados a escolher entre as áreas já ocupadas no sítio e as novas áreas concedidas, desde que (i) a contratada for concessionária no aeroporto, explorando o mesmo ramo de atividade

---

[314] Sobre o tema, a Resolução ANAC n. 208, de 22 de novembro de 2011, estabelece regras específicas para compartilhar instalações e sistemas de atendimento destinados ao processamento de passageiros e despacho de bagagens nos aeródromos brasileiros.

CAPÍTULO V – A EXPLORAÇÃO PELA EMPRESA BRASILEIRA...

operacional; (ii) se a contratada for sócia de concessionária, já estabelecida no aeroporto, que explore o mesmo ramo de atividade prevista no objeto. No caso em questão, o contratado deverá se manifestar formalmente sobre a devolução da área à Infraero antes da formalização do novo contrato, sob pena de cancelamento do procedimento.

Por fim, não havendo escassez, restará ao operador aeroportuário disponibilizar as áreas em atenção à ordem de prioridade definida no artigo 7º da Resolução ANAC e § 2º do artigo 4º do Ato Normativo n. 05/2014. Nesse caso, desde que ignorada a imposição de procedimento licitatório, a distribuição seria iniciada (i) pelas empresas prestadoras de serviços aéreos públicos; seguidas (ii) pelas empresas de transporte aéreo não regular; (iii) empresas de exploração de serviços auxiliares ao transporte e abastecimento de aeronaves; e, ao final, (iv) os exploradores de serviços gerais e pessoas físicas.

Quanto aos prestadores de serviços auxiliares e de abastecimento de aeronaves, pode-se afirmar que o regime de relação com a Infraero é próximo ao dos operadores do transporte aéreo, notadamente quanto à presença nos aeroportos. Em virtude da previsão do artigo 40, § 5º do CBA, a cessão de área aeroportuária para tais atividades não exigiria prévio procedimento licitatório, sob justificativa de serem atividades essenciais ao transporte aéreo. Não obstante, tal qual previsto para as áreas destinadas ao serviço de transporte, a escassez de espaço poderá conduzir à realização de procedimento concorrencial e, havendo conflito, seguirá o rito supradescrito.

Ainda sob a regulamentação da Resolução ANAC n. 302/2014, a remuneração dessas áreas será fixada pela Infraero, sob livre negociação de preços. Nesse tema, o Ato Normativo n. 05/2014, em seu artigo 20, fixou que os preços praticados para serviços auxiliares deveriam corresponder aos valores praticados com as empresas de serviço de transporte regular acrescido em 50% (cinquenta por cento). Ademais, há previsão específica permitindo que as empresas de serviços aéreos públicos firmem *Termo de Contrato de Subconcessão* com a Infraero e com as empresas auxiliares de transporte aéreo, cedendo parte de suas áreas, conforme artigo 10 do Ato Normativo n. 05/2014.

Diferentemente da regulamentação e compartilhamento obrigatório aos operadores do transporte aéreo, é facultado à Infraero limitar o acesso às áreas do sítio aeroportuário às empresas de serviços auxiliares se comprovada a inexistência de espaço. Essa situação obrigará a Infraero a encaminhar à ANAC, em até 30 (trinta) dias do fato, a justificativa para limitação e as possíveis medidas para eliminar a restrição existente, bem como os prazos para sua efetivação. Entende-se que essa situação justificaria a realização de procedimento licitatório previamente à renovação ou nova cessão de áreas, vez ser imperativo o respeito à isonomia.

Em conclusão a esta passagem, resta mencionar consequência adicional à relação em vista da adoção do regime próprio ao serviço público. Comprovado dano ao operador de aeronave enquanto no sítio aeroportuário, por incidência do artigo 37, § 6º da Constituição Federal, a responsabilidade da Infraero será objetiva por ato comissivo, prescindindo de culpa. Em complemento, no caso de o dano resultar de eventual omissão, a responsabilidade será subjetiva, como descrito acima.

Com vistas às tarefas próprias da Infraero, ganha relevância o dever de proteção e guarda das aeronaves enquanto no pátio do aeródromo, havendo cobrança específica para essa função. Dessa forma, eventual dano ocasionado à aeronave não resultaria de falta do serviço ou omissão da Infraero, pois é inerente à função do operador aeroportuário zelar pela segurança do *lado ar* do aeródromo. Por consequência, entende-se preservada a responsabilidade objetiva na situação relatada, bastando a comprovação do dano e do nexo causal para constituir o dever de reparação pela Infraero.

O exposto revelou que a atuação da Infraero como operadora aeroportuária é amplamente normatizada em prestígio dessa categoria especial de usuários do sítio aeroportuário, ratificando a submissão da infraestrutura aeroportuária ao atendimento do transporte aéreo, objetivo precípuo de sua constituição.

5.4.3 Contratos da Infraero

Das diferentes relações firmadas pela Infraero, pretende-se destacar duas fundamentais e distintas das suprarrelatadas. Essa opção decorre da

CAPÍTULO V – A EXPLORAÇÃO PELA EMPRESA BRASILEIRA...

importância que essas situações jurídicas possuem na concepção e funcionamento da infraestrutura aeroportuária.

São diversas as obrigações e ações que devem ser adotadas por qualquer operador aeroportuário para um adequado atendimento dos variados usuários. Para fins didáticos, essas atividades podem ser segregadas em dois grandes grupos: um vinculado aos deveres de exploração do serviço; outro à obtenção de recursos pela exploração comercial do sítio aeroportuário.

O primeiro grupo agrega as avenças cujos objetos revelam atos materiais essenciais à implantação e manutenção da infraestrutura, resultando em dispêndio financeiro da Infraero em sua contraprestação, nominados *contratos de serviços*. O segundo compreende a disponibilização de espaços nos sítios aeroportuários para que sejam ofertadas comodidades aos usuários do transporte, mediante contrapartida econômica que contribuirá para satisfação da finalidade para a qual a Infraero foi constituída, ora *contratos de fins econômicos*. Esta divisão, bem como a nomenclatura aplicada, serão utilizadas quando da avaliação das concessionárias de serviço público.

Essa apresentação terá início pelos *contratos de serviços*, avaliando as relações firmadas entre Infraero e fornecedores de bens e serviços para instalação, gestão, manutenção e operação do aeroporto em sua totalidade, considerando o conjunto de pistas, pátios, terminais e demais instalações que compõem o complexo. Sua conclusão advirá da verificação do regime dos *contratos de fins econômicos*, por meio do qual terceiros ofertam bens e serviços aos frequentadores do aeroporto e remuneram a Infraero pelo uso de espaço.

Reitera-se que toda relação jurídica será precedida de licitação, salvo em situações próprias excepcionais que a dispensem ou a inexijam. Os procedimentos concorrenciais resultam da aplicação da legislação geral de licitações, mas seu detalhamento e operacionalização resultam de normas internas da Infraero: o RLCI e a Norma Infraero – 6.01/F.[315]

---

[315] Nos termos do Regulamento de Licitações e Contratos da Empresa Brasileira de Infraestrutura Aeroportuária (RLCI): "Art. 24. A licitação destina-se a garantir a

Esse tema permeia quaisquer contratações da Infraero, razão pela qual parcela relevante das considerações formuladas em vista dos contratos de serviços deve ser estendida às demais.

5.4.3.1 Contratos de serviços

A decisão da Infraero de contratar implicará na instalação de procedimento administrativo interno, precedente à disputa pública. É dever dos agentes justificar os motivos da decisão e os eventuais dispêndios de recursos, ratificando a real necessidade do negócio. Em atenção à responsabilidade fiscal, a Infraero deverá comprovar a existência de recursos financeiros para remuneração do contratado e, se for o caso, previsão em plano plurianual.

Para ilustrar o exposto. Se o objeto importar em aquisição de serviços ou execução de obras, para que o negócio jurídico possa acontecer, uma série de obrigações deverá ser cumprida. Sob o risco de nulidade e apuração de responsabilidades dos agentes, as contratações dependerão de prévio e motivado planejamento, materializado, por exemplo, na existência de projetos básicos, meios aptos à previsão de quantitativos, além de orçamentos detalhados de custos aderentes aos preços praticados pela Administração ou, no limite, pelo mercado.

Superada a fase interna da licitação, toda operacionalização e ritos previstos nas normas incidentes deverão ser concretizados. Note-se que a Infraero possui uma administração descentralizada e atuação em muitos e distintos locais do território nacional, de sorte que a qualidade das normas procedimentais contribuirá para o prestígio da isonomia mediante

---

observância do princípio constitucional da isonomia e a selecionar a proposta mais vantajosa para a INFRAERO e será processada e julgada em estrita conformidade com os princípios básicos da legalidade, da impessoalidade, da moralidade, da igualdade, da publicidade, da probidade administrativa, da vinculação ao instrumento convocatório, do julgamento objetivo e dos princípios que lhe são correlatos, como os da celeridade, finalidade, razoabilidade, economicidade, proporcionalidade, competitividade, motivação, ampla defesa, contraditório, segurança jurídica, interesse público, eficiência, justo preço, seletividade e comparação objetiva das propostas".

CAPÍTULO V – A EXPLORAÇÃO PELA EMPRESA BRASILEIRA...

padronização das condutas e ritos administrativos, evitando disparidades de tratamentos. Por outro lado, essas normas não devem propor uma rigidez demasiada, que extrapole as obrigações legais, pois o provável resultado será a perda de eficiência e velocidade da gestão, elementos fundamentais à tomada de decisão pública.

Como consequência do regime jurídico-administrativo, os contratos firmados pela Infraero são administrativos. São avenças regidas, predominantemente, por regras de direito público, apenas com aplicação supletiva da teoria geral dos contratos e das disposições de direito privado (artigo 109 do RLCI).

A legislação exige formalidades e controles próprios aos instrumentos. Salvo situações excepcionais, os contratos devem ser escritos e constituídos por um rol mínimo de cláusulas, dentre as quais o número do procedimento de contratação, o prazo, o preço e as condições de pagamento são aspectos prioritários. Para atendimento do dever de publicidade, firmado o contrato, seu extrato deve ser publicado na imprensa oficial, sendo condição indispensável de eficácia à contratação.

A execução da avença é marcada pela obrigação de atendimento de todas as disposições contratadas. Para tanto, os agentes gestores e fiscalizadores deverão apurar eventuais descumprimentos, vícios e prejuízos, aplicando as medidas de ressarcimento e sanções que entenderem adequadas, respeitados a ampla defesa e o contraditório.

Em prestígio ao controle dos agentes e defesa do contratado, é imprescindível a ampla motivação dos atos e ações relacionadas à execução do contrato, especialmente se resultar em interferência nas regras contratadas ou penalização do particular. As decisões, para serem válidas, deverão estar amparadas em aspectos de ordem econômica, financeira, técnica e jurídica.

Ao afirmar que a Infraero celebra contratos administrativos, disposições próprias ao regime jurídico-administrativo requerem maior detalhamento. A autorização para Infraero lançar mão das cláusulas exorbitantes é expressamente ratificada pelo artigo 112 da RLCI. É prevista a possibilidade de a Infraero, unilateralmente, modificar e rescindir os contratos firmados, bem como aplicar sanções e, nos casos de serviços essenciais: "ocupar provisoriamente bens móveis, imóveis, pessoal e serviços vinculados ao objeto do contrato, na hipótese da necessidade de acautelar apuração administrativa de faltas contratuais pela contratada, bem como na hipótese de rescisão do contrato administrativo".

As hipóteses de modificação unilateral, amparadas pela motivação abstrata de atendimento ao interesse público, são descritas no artigo 119 do RLCI. Quanto aos contratos de serviço, o dispositivo prevê à Infraero a faculdade de alterar o projeto ou suas especificações desde que para melhor atender seus objetivos, bem como rever o valor do contrato em vista do acréscimo ou diminuição do quantitativo contratado, considerando o limite de 25% (vinte e cinco por cento).

Ao dispor sobre a rescisão unilateral desses contratos, o artigo 112 do RLCI pretendeu transmitir uma aparente limitação à ação da Infraero, descrevendo as situações específicas que justificariam sua ocorrência. Contudo, o inciso II do referido artigo do RLCI contém previsão abstrata que afasta qualquer tentativa de precisão normativa, permitindo a rescisão unilateral por "razões de interesse público, de alta relevância e amplo conhecimento, justificadas e determinadas pela Diretoria Executiva da INFRAERO e exaradas no processo administrativo a que se refere o contrato" (artigo 132, XVII).

Como contraface às cláusulas exorbitantes, o RLCI ratificou a proteção ao equilíbrio econômico-financeiro dessas relações jurídicas. A norma vedou qualquer modificação unilateral incidente sobre as disposições econômicas do ajuste, bem como garantiu a revisão econômica do contrato em caso de aumento unilateral dos encargos da contratada.

Demais disso, à semelhança do artigo 65, II, 'd' da Lei n. 8.666/93, o RLCI expressamente fixou regra visando:

> (...) restabelecer a relação que as partes pactuaram inicialmente entre os encargos do contratado e a retribuição da INFRAERO para a justa remuneração da obra, serviço, concessão de uso de área aeroportuária ou fornecimento, objetivando a manutenção

CAPÍTULO V – A EXPLORAÇÃO PELA EMPRESA BRASILEIRA...

>do equilíbrio econômico-financeiro inicial do contrato, na hipótese de sobrevirem fatos imprevisíveis, ou previsíveis porém de consequências incalculáveis, retardadores ou impeditivos da execução do ajustado, ou ainda, em caso de força maior, caso fortuito ou fato do príncipe, configurando álea econômica extraordinária e extracontratual (119, II, 'd').

Concluindo esse aspecto, resta mencionar como característica própria dessa relação a natureza *autoexecutória* das sanções administrativas aplicadas aos contratados. Mesmo que potencialmente garantidas a ampla defesa e o contraditório, apurada eventual conduta do contratado, a eficácia da penalização é imediata e independe de interpelação judicial para sua execução.

Como tema relevante, tal como outrora descrito, a contratada assume a responsabilidade pelos danos causados diretamente à Infraero ou a terceiros, mesmo que, aparentemente, perante o usuário final do aeroporto, a Infraero figure como responsável.

Caso o usuário acione diretamente o terceiro contratado da Infraero, a sua responsabilidade será direta e subjetiva. Se a Infraero for acionada, responderá objetivamente pelos danos causados, podendo, ato contínuo, regressar contra o contratado responsável, exigindo o ressarcimento dos custos incorridos.

Ultrapassados aspectos atinentes aos contatos de prestação de serviços firmados pela Infraero e pertinentes ao exercício de sua função administrativa, segue-se a verificação das relações vinculadas à exploração econômica. Ressalta-se, previamente, que parcela dos temas expostos é comum a quaisquer relações contratuais sob avaliação, contudo, em razão da singularidade da concessão de uso das áreas aeroportuárias, entende-se conveniente sua análise em tópico próprio.

5.4.3.2 Contratos de fins econômicos

Conforme mencionado outrora, a importância desses contratos decorre de sua dupla função: oferecimento de comodidades aos usuários e o fornecimento de recursos extratarifários à Infraero.

O primeiro tema é de interesse dos usuários, acentuado pela exigência recorrente de comodidades alheias ao serviço aeroportuário. Todavia, em vista dos investimentos constantes e da restrição de caixa comum às entidades públicas, sobretudo pela limitação das receitas tarifárias, o segundo aspecto assume grande relevância à Infraero.

Nesse contexto, a Portaria n. 228/2013 da SAC fixou regras de atuação à Infraero, com o objetivo de aperfeiçoar sua "política comercial".[316] Sob esse rótulo, pretendeu-se regular as ações destinadas à cessão de áreas aeroportuárias voltadas a fins econômicos, além das áreas operacionais e administrativas outrora avaliadas.

O documento visa ditar a conduta da Infraero, aperfeiçoando suas ações em prestígio ao usuário e em prol da transparência, previsibilidade e estabilidade das relações. Propriamente quanto às áreas comerciais, as premissas fixadas estão diretamente relacionadas com o binômio conforto dos usuários e ampliação de receitas. O regramento objetiva imputar eficiência nas ações, considerando a competição entre os particulares a estratégia prioritária para o aumento das receitas à Infraero sem a consequente majoração de preços aos usuários.

Adicionalmente, outro meio de proteção aos usuários e limitação do ímpeto da Infraero advém das restrições às ações que venham a prejudicar o fluxo e a compreensão do uso regular do aeroporto. O prestígio ao conforto exige uma oferta de serviços variados, porém em localização conveniente, que não resulte em dificuldades ao transporte aéreo.

Em prestígio à transparência, a Portaria SAC n. 228/2013 impôs à Infraero a obrigação de tornar públicos os atos e normas vinculados à política de comercialização de áreas, com a publicação dos Planos Diretores dos Aeroportos; dos atos normativos e contratos que regulamentam a concessão de uso; e a divulgação dos serviços disponíveis nos aeroportos.

---

[316] "Portaria SAC n. 228/2013: Art. 1º Estabelecer diretrizes para a política comercial da Infraero e aperfeiçoamento das regras de concessão de uso de áreas nos aeroportos".

CAPÍTULO V – A EXPLORAÇÃO PELA EMPRESA BRASILEIRA...

A ANAC regulamentou o tema por meio da Resolução ANAC n. 302/2014. Não obstante seu objeto voltar-se predominantemente à regulamentação das áreas operacionais, previu incidência sobre as "lojas de varejo, salas destinadas ao atendimento de clientes exclusivos (áreas VIP), aluguel de carro, estacionamento de veículos, serviços de lazer, bancos, restaurantes, lanchonetes, bares, hotéis e outros", nominando-as de áreas comerciais (art. 2º).

Sobre o tema das áreas comerciais, a referida Resolução ANAC prescreveu normativas sobre a remuneração e o prazo de contratação. Definiu que o preço para utilização dessas áreas é de livre negociação entre o operador e usuário; destarte fixar como prazo limite de contratação o equivalente ao período de outorga para a exploração do aeródromo ou, se não houver, o prazo de 25 (vinte e cinco) anos.

Em complementação às disposições gerais desses textos, os atos internos da Infraero concentram o maior número de regras de conduta. O mencionado RLCI foi adicionado à nova e específica normativa: o Manual de Utilização e Funcionamento de Áreas Comerciais nos Aeroportos.[317]

O RLCI, destarte detalhar o procedimento de contratação, a fim de restringir arbitrariedades ou vantagens indevidas à Infraero, limitou o campo de ação dos dirigentes da sociedade. Foram definidos os parâmetros para a contrapartida pela exploração do espaço, as regras para a fixação de prazo e o tempo máximo de concessão de área comercial, além das hipóteses de modificação e rescisão contratual.

As tratativas de remuneração deverão compor as informações inerentes à fase interna da licitação. Sob os ditames da RLCI, deverá ser

---

[317] Nos termos de seu artigo 1º: "Art. 1º O presente Manual tem por finalidade estabelecer para a Empresa Brasileira de Infra-Estrutura Aeroportuária – INFRAERO, doravante denominada INFRAERO, as normas gerais que regerão as atividades comerciais, em todas as suas dependências, cuja obediência e cumprimento estarão obrigados todos os CONCESSIONÁRIOS de áreas existentes no Aeroporto, bem como todos quantos ali exerçam qualquer tipo de atividade ou que no mesmo se encontrem, seja com que finalidade for, enquanto ali permanecerem" Disponível em http://licitacao.infraero.gov.br/portal_licitacao/details/normas/Manual_de_Utilizacao.pdf. Acesso em 15 nov. 2015.

estabelecida a característica principal do preço, se fixo ou variável, nesse caso, "em forma de percentual sobre o faturamento bruto mensal auferido pelas vendas dos concessionários" (artigo 18), sempre que a atividade envolver a comercialização de bens e produtos.[318]

A premissa determinante para definição dos prazos de concessão é a existência de investimentos atrelados à concessão, ou seja, a previsão de realização de benfeitorias permanentes que serão revertidas à Infraero ao final da relação. Quaisquer prazos que superem as regras gerais dependem de decisão fundamentada, incluídos pareceres técnicos que demonstrem a pertinência da opção para a amortização do capital investido.

O prazo máximo de concessão será de 300 (trezentos meses), desde que haja justificativa especial para tanto, vez a regra geral ser de até 240 (duzentos e quarenta) meses. Não havendo investimentos, também sob motivação peculiar previamente descrita, o prazo é limitado a 240 (duzentos e quarenta) meses, sendo 120 (cento e vinte) meses a regra geral. A utilização eventual de espaço, seja para atividade promocional ou em caráter transitório, não poderá superar o prazo de 6 (seis) meses.

A potencial prorrogação do prazo de contrato deverá estar descrita nos documentos originais de licitação. Se pretendida a sua confirmação, as razões de deferimento deverão amparar-se em efetivo desequilíbrio econômico do contrato, desde que causado pela atuação da administração aeroportuária ou por fatos externos e alheios às partes. Sem embargo, mesmo que justificada a prorrogação, deverá o particular, como condição precedente, demonstrar a manutenção das condições de habilitação e regularidade fiscal.

Ao tratar das cláusulas exorbitantes, o RLCI apresentou regramento diferenciado, justificado pela natureza e objeto desses contratos.

---

[318] Nos termos do artigo 19 do RLCI: "O preço específico aplicado aos contratos temporários, aos autônomos, aos carregadores de bagagem, aos engraxates, àqueles cujo objeto seja atividade agrícola exercida por pessoa física, às atividades de propaganda, às agências de turismo e câmbio, às agências de correio, lotéricas, bancárias e assemelhados e às demais atividades que não envolvam venda de produtos ou serviços, será formado somente pelo preço fixo".

CAPÍTULO V – A EXPLORAÇÃO PELA EMPRESA BRASILEIRA...

Envolvendo investimentos privados, a previsão de alteração unilateral pela Infraero fica restrita à ocorrência de alteração normativa ou "visando melhorar a prestação adequada de serviços aos usuários do aeroporto, tendo por fundamento necessidades operacionais, pesquisas ou estudos mercadológicos" (artigo 119, I, 'd').

Em qualquer dos casos, é imperativa a ocorrência de prévio procedimento apto a apurar a adequação da modificação ao interesse público, sua viabilidade, impactos econômicos e, principalmente, a definição prévia do meio a ser utilizado para o restabelecimento do equilíbrio contratual. Constata-se que, diferentemente dos contratos de serviços, há previsão expressa no RLCI exigindo que os agentes da Infraero, "visando atender o interesse público e preservar os investimentos efetuados pela contratada", privilegiem a alteração bilateral como procedimento preparatório de eventual modificação (artigo 119, §10).

Em decorrência da perspectiva de prestígio à estabilidade, as causas de rescisão unilateral foram mitigadas, a despeito da manutenção da previsão geral de ocorrência por interesse público devidamente motivado.[319] As causas são limitadas à (i) existência de previsão específica de desativação do local; (ii) à modificação física que não permita a continuidade do negócio em prol da operação aeroportuária; e (iii) à ocorrência de alteração normativa ou regulamentar que impossibilite a continuidade da atividade executada no espaço.

Diferentemente das previsões recorrentes, o RLCI previu circunstâncias que permitem a rescisão unilateral promovida e em favor do concessionário da área, tais como (i) a suspensão da execução do contrato pela Infraero por prazo superior a 120 (cento e vinte) dias ininterruptos ou sucessivos, mesmo que ocorram os pagamentos das indenizações correspondentes; e (ii) a não liberação da área ou local objeto da concessão nos prazos contratuais.

As aludidas previsões têm função dúplice: mitigam o risco do particular de investir ou permanecer em contrato cuja execução seja

---

[319] As hipóteses de rescisão constam do artigo 132 do RLCI.

inexistente ou muito distinta do previsto; além de contribuir, apesar de não impedir, que a Infraero tenha que arcar com vultosas indenizações por desequilíbrio contratual.

Somadas as disposições gerais comuns a quaisquer avenças, o RLCI consignou circunstâncias peculiares que podem gerar punição ou extinção do contrato por culpa do concessionário do espaço, propriamente: (i) atraso no pagamento dos valores devidos à Infraero; (ii) omissão, sonegação ou apresentação de informações inverídicas sobre o faturamento bruto auferido quando o contrato prever parcela variável de remuneração da Infraero; (iii) utilização de área para fim diverso do previsto contratualmente; e (iv) modificação da área ou edificação sem a prévia autorização da Infraero.

Do Manual de Áreas Comerciais são destacados aspectos pertinentes à influência relevante da Infraero na gestão e funcionamento das atividades realizadas nas áreas comerciais. As imposições e controles são justificados em favor do prestígio à operação aeroportuária e ao atendimento dos usuários do serviço público, tendo a segurança operacional como seu principal fundamento.

Para alcance desse objetivo, foram previstas regras de conduta e interferências da Infraero em matérias de gestão do negócio.

O horário de funcionamento é regido pela Infraero, tendo por premissa a duração equivalente ao período em que há operação e exista público do aeroporto.[320] Não suficiente, poderão ser estabelecidos horários especiais de funcionamento a depender de ocorrências, razões ou datas especiais, tendo a Infraero que comunicar sua decisão em até 24 (vinte e quatro) horas antes da programação.

---

[320] Nos termos do artigo 16 e 17 do Manual, respectivamente: "Os CONCESSIONÁRIOS que não cumprirem o horário de funcionamento estarão sujeitos, independentemente de qualquer interpelação, às penalidades previstas no Instrumento Contratual firmado com a INFRAERO (...). No horário em que o Aeroporto estiver aberto ao público, será expressamente proibida a colocação ou permanência, nas áreas comuns, de mercadorias, pacotes, embrulhos, volumes, papéis, detritos, lixo ou qualquer tipo de objetos, que eventualmente possa sujar ou obstruir a passagem".

CAPÍTULO V – A EXPLORAÇÃO PELA EMPRESA BRASILEIRA...

Os horários para a realização de atividades operacionais dos estabelecimentos ficam a cargo da Infraero, incluindo a gestão de mercadorias, transporte de coisas, limpeza, conservação etc., bem como a definição de níveis de qualidade mínimos.[321] A interferência sobre horários e ritos não é incomum em ambientes comerciais estruturados, como *shoppings centers*, não representando fator peculiar da gestão pública.

Amparado pela prestação do serviço público, é obrigação da Infraero estabelecer regras sob a contratação e treinamento dos empregados das concessionárias que venham a interagir com os frequentadores do aeroporto. Tais empregados sempre seguirão sob a influência da Infraero, que exige, além da constante identificação de sua função, que sejam "educados, corteses, mantenham boa apresentação pessoal e estejam sempre uniformizados, a fim de que seja mantida a boa imagem do Aeroporto junto à comunidade que o utiliza" (artigo 38 do Manual).

Elementos intrínsecos à atividade econômica, como a publicidade e atuação comercial dos estabelecimentos, também observarão política definida pelo Manual.[322] A Infraero é autorizada a negar campanhas publicitárias ou ações promocionais que entender incompatíveis com os padrões do aeroporto. Ademais, a exposição de letreiros, cartazes, vitrines ou a fixação de promoções comerciais, se não aderentes às regras preestabelecidas, ficarão dependentes da prévia autorização.

---

[321] Nos termos do artigo 75 do Manual: "Os CONCESSIONÁRIOS deverão manter as suas respectivas lojas em perfeito estado de conservação, operacionalidade, segurança e higiene, inclusive no tocante às entradas, tetos e forros, interruptores e tomadas de energia, de telecomunicações e de antena coletiva, pisos, vidros, esquadrias, vitrines, fachadas, divisórias, portas, acessórios, equipamentos, benfeitorias, iluminação e sistema de ar condicionado, devendo, também, executar as pinturas periódicas, de modo a mantê-las de acordo com as exigências da INFRAERO, bem como da legislação específica".

[322] Nos termos do artigo 22 do Manual: "A afixação ou exibição de letreiros, cartazes e avisos, quaisquer que sejam o meio e o local empregados, dependerá sempre de autorização escrita da INFRAERO, precedida de requerimento fundamentado de seus objetivos, localização, natureza e duração. Parágrafo único. É proibida a exibição de cartazes e displays: a) de confecção amadorística; b) de captação de empregados; c) de promoção de lojas não pertencentes ao Aeroporto, mesmo que filiais ou subsidiárias de CONCESSIONÁRIO; d) de cunho político".

Para eficácia dos instrumentos previstos e atestação do atendimento integral das disposições normativas e contratuais, é dever da Infraero realizar ampla fiscalização das áreas cedidas. Se constatado descumprimento, a despeito de eventuais sanções, a Infraero poderá exigir, imediatamente, o cumprimento das obrigações, como a realização de obras ou serviços, ou impor a interrupção de condutas comissivas ou omissivas.

No limite, a depender do risco à operação, a Infraero poderá intervir no local, atuando em nome próprio para satisfação de obrigação do concessionário. Em contrapartida, será exigida a reparação econômica pelo concessionário, sem prejuízo de penalidades ou da execução de eventuais seguros e garantias.

Independentemente de qualquer previsão normativa ou contratual, como proteção do concessionário do espaço, as ações da Infraero, sob o regime jurídico-administrativo, dependerão de motivação válida, podendo ser questionadas administrativa e judicialmente. Inclusive, preenchida a exigência da Lei, a lesão ou ameaça ao direito poderá ser afastada mediante interposição de mandado de segurança.

Em síntese, mesmo sem ingressar em detalhamento próprio de contratos específicos, constata-se a presença de um regime peculiar às concessões de áreas aeroportuárias, vez permeada de características próprias dos contratos administrativos. A presença de um regramento bastante influente da conduta e gestão dos concessionários é marcante, justificado pela missão de atendimento à operação aeroportuária e a satisfação dos usuários do serviço público.

Capítulo VI
CONCESSÃO DE SERVIÇO PÚBLICO PARA EXPLORAÇÃO DA INFRAESTRUTURA AEROPORTUÁRIA

O presente capítulo cuida da identificação e análise do atual regime de exploração da infraestrutura aeroportuária por meio do instrumento da concessão de serviço público.

Sua exposição se desenvolverá em vista das normas gerais aplicadas ao instituto e às disposições específicas constantes dos contratos firmados pela ANAC, pretendendo cotejo e crítica de ambos.

Este trabalho avaliará em maior detalhamento os contratos de concessão já firmados pela ANAC, quais sejam:

- Aeroporto Internacional de São Gonçalo do Amarante – ASGA,[323] localizado no Município de São Gonçalo do Amarante, Estado do Rio Grande do Norte (doravante "ASGA" ou "Aeroporto de São Gonçalo do Amarante");

---

[323] Agora denominado Aeroporto Internacional do Rio Grande do Norte/São Gonçalo do Amarante – Governador Aluízio Alves – ASGA, nos termos da Lei n. 12.920, de 24 de dezembro de 2013.

- Aeroporto Internacional Presidente Juscelino Kubitschek, localizado em Brasília, Distrito Federal (doravante "BSB" ou "Aeroporto de Brasília");

- Aeroporto Internacional Governador André Franco Montoro, localizado no município de Guarulhos, Estado de São Paulo (doravante "GRU" ou "Aeroporto de Guarulhos");

- Aeroporto Internacional de Viracopos, localizado no município de Campinas, Estado de São Paulo (doravante "VCP" ou "Aeroporto de Campinas");

- Aeroporto Internacional do Rio de Janeiro/Galeão – Antônio Carlos Jobim, localizado no município do Rio de Janeiro, Estado do Rio de Janeiro (doravante "GIG" ou "Aeroporto do Galeão"); e,

- Aeroporto Internacional Tancredo Neves, localizado nos municípios de Confins e Lagoa Santa, Estado de Minas Gerais (doravante "CNF" ou "Aeroporto de Confins").

Adicionalmente, porém com menor detalhamento, tendo em vista os contratos de concessão não estarem celebrados quando da publicação deste texto, será exposto o rito de outorga e aspectos atinentes ao contrato de concessão dos seguintes aeroportos:

- Aeroporto Internacional de Salvador – Deputado Luís Eduardo Magalhães, localizado no município de Salvador, Estado da Bahia (doravante "SSA" ou "Aeroporto do Salvador"); e,

- Aeroporto Internacional Fortaleza – Pinto Martins, localizado no município de Fortaleza, Estado do Ceará (doravante "FOR" ou "Aeroporto de Fortaleza").

- Aeroporto Internacional de Porto Alegre – Salgado Filhos, localizado no município de Porto Alegre, Estado do Rio Grande do Sul (doravante "POA" ou "Aeroporto de Porto Alegre").

- Aeroporto Internacional Florianópolis – Hercílio Luz, localizado no município de Florianópolis, Estado de Santa Catarina (doravante "FLN" ou "Aeroporto de Florianópolis").

CAPÍTULO VI – CONCESSÃO DE SERVIÇO PÚBLICO PARA...

Para fins organizacionais da exposição, adotar-se-á a verificação conjunta dos contratos assinalados, mas nuances relevantes entre os instrumentos serão pontuadas em separado. Serão eleitos alguns tópicos das relações contratuais cuja escolha resultou da potencial distinção do regime de exploração da Infraero ou da importância para o atendimento do serviço público.

Ademais, quando da verificação das regras incidentes sobre as relações jurídicas firmadas entre as concessionárias e (i) os órgãos ou entidades da Administração Pública; (ii) os usuários do serviço público; e (iii) os terceiros contratados, serão adicionados temas conexos para compreensão abrangente dos instrumentos firmados.

6.1 Considerações gerais: o instituto da concessão de serviço público

Esta análise se aterá à *concessão de serviço público*, mesmo reconhecendo a existência de debates doutrinários acerca da acepção, alcance e demais enfrentamentos quanto à diversidade de conteúdo ou significado do termo *concessão*.[324] Esta passagem pretende estabelecer os confins do instituto para fins de compreensão do dispositivo constitucional, tendo como fonte o regime jurídico-administrativo.[325] Sua formação resultará do texto constitucional e enveredará pela legislação, com destaque às Leis n. 8.987/95 e n. 9.074/95.

Desde já, adotar-se-á o entendimento de que a natureza jurídica da *concessão de serviço público* tem um caráter dúplice, tanto translativa quanto constitutiva.[326] Noutras palavras, por meio da *concessão de serviço*

---

[324] Para mais esclarecimentos sobre o tema: MONTEIRO, Vera. *Concessão*. São Paulo: Malheiros. 2010. E também MARQUES NETO, Floriano de Azevedo. *Concessões*. Belo Horizonte: Fórum, 2015.

[325] Por coincidência de temática, a metodologia utilizada de premissas e construção é semelhante à desenvolvida por André Luiz Freire, porém as conclusões, muitas das vezes, serão distintas. FREIRE, André Luiz. *O regime de direito público na prestação de serviços públicos por pessoas privadas*. São Paulo: Malheiros, 2014.

[326] Adota-se posição de MARQUES NETO, Floriano de Azevedo. *Concessões*. Belo Horizonte: Fórum, 2015, pp. 121–133.

público é transferido ao concessionário um conjunto de situações passivas e ativas, de direitos e obrigações, que são próprias do titular do serviço; ao passo que serão constituídos direitos novos, inexistentes na esfera do particular, tal como a posse e uso de um dado bem público atrelado à prestação, a ser exercível nos termos da Lei e do contrato de concessão.[327]

Da Lei Maior podem ser extraídos elementos importantes para a noção pretendida. Como aspecto fundamental, o objeto da relação entre a Administração Pública e o terceiro é a prestação de um serviço público da qual seja titular ou receba autorização para fazê-lo em nome próprio. Essa afirmação resulta no entendimento de que somente é possível a transferência da prestação de algo que se tenha a competência para executá-lo.

Ao exercer uma atividade para atendimento de uma competência pública, portanto, do exercício de função administrativa, é atraída à relação uma série de deveres e prerrogativas próprias de seu exercício. Serão formadas relações jurídicas dessa situação, seja com o ente outorgante ou com o usuário do serviço, regidas por disposições de direito público, ressalvados temas excepcionados pela Lei, que exige a aplicação do direito privado.

Na relação com os usuários, o concessionário é sujeito que figura diretamente e em seu próprio nome, tendo recebido outorga específica para tanto. Essa definição resulta da compreensão do artigo 37, § 6º da Lei Maior, ao prescrever que as prestadoras de serviços

---

[327] "Esse caráter dúplice (translativo e constitutivo) não deve ser confundido com abdicação, renúncia ou alienação, pelo Poder Público, das competências (plexo de direitos e deveres) que lhe foram atribuídas em relação ao objeto concedido. Segue ele titular desses poderes e deveres, mantendo, por isso, autoridade sobre o desempenho da concessionária. A concessão, portanto, como instituto, opera um trespasse da execução de atribuições do Poder Público ao concessionário, no âmbito do qual faz surgir, em sua esfera jurídica, direito novo, exercitável nos termos da concessão e enquanto for ela vigente. Como demonstra Bruno Cavallo, a concessão tem sempre, simultaneamente, caráter translativo e constitutivo, não havendo efetivamente razão relevante para apartarmos as concessões em blocos estanques, entre translativas e constitutivas". (MARQUES NETO, Floriano de Azevedo. *Concessões*. Belo Horizonte: Fórum, 2015, p. 133).

públicos responderão pelos danos que seus agentes, nessa qualidade, causarem a terceiros.

Peculiaridades próprias à concessão moldam as características da relação jurídica entre o concedente e o concessionário.

O instrumento contratual possui características do regime jurídico-administrativo que o distinguem dos contratos privados. Os contratos de concessão devem atendimento à Lei, bem como constituem fundamento da relação de sujeição especial constituída entre o concedente e o concessionário, permitindo a mutabilidade constante de aspectos normativos da relação.[328]

Os contratos de concessão formam, por regra, uma relação multilateral entre o concedente,[329] o concessionário e os usuários do serviço. Apesar de estabelecerem regras de conduta aos signatários, à semelhança de qualquer contrato, seu feixe normativo vai além, impondo direitos e obrigações a terceiros, especialmente os usuários do serviço. A Lei n. 8.987/95 (artigo 23, VI) estabelece ser cláusula fundamental dos contratos de concessão a previsão de direitos e deveres dos usuários, sendo certo que suas disposições passam a reger a relação prestacional a partir da utilização do serviço.

De mais a mais, seja pela presença de regras contratuais que permitem a atuação ativa e regulamentar do concedente na prestação dos serviços públicos ou mediante a compreensão de a outorga do serviço público instaurar uma relação jurídica especial, é certo que a concessão possui natureza própria. A regra é de proximidade entre as partes e, principalmente, em vista do dever de atendimento ao interesse público

---

[328] Para esclarecimentos sobre a relação de sujeição especial nas concessões: MOREIRA, Egon Bockmann. *Direito das concessões de serviço público*: inteligência da lei 8.987/1995 (Parte Geral). São Paulo: Malheiros, 2010, pp. 93-95; HERRARTE, Iñaki Lasagabaster. *Las relaciones de sujeción especial*. Madri: Civitas, 1994, pp. 292-302; e SILVA, Clarissa Sampaio. *Direitos fundamentais e relações especiais de sujeição*: o caso dos agentes públicos. Belo Horizonte: Fórum. 2009, pp. 145–155.

[329] Sobre o tema: MOREIRA, Egon Bockmann. *Direito das concessões de serviço público*: inteligência da lei 8.987/1995 (Parte Geral). São Paulo: Malheiros, 2010, pp. 279-281.

materializado num certo serviço, é devida a presença constante do concedente norteando a execução do objeto contratado, em contrapartida à transferência de prerrogativas instrumentais para o particular executar a tarefa.

Trata-se de atração de um conteúdo regulamentar evolutivo próprio à relação jurídica constituída entre as partes.[330] Essas características não desnaturam a natureza contratual ou criam categoria jurídica distinta, porém conformam o instituto, atribuindo um conteúdo e características próprios, como uma categoria contratual.

Como contraface dessas prerrogativas, aliado ao entendimento de que determinados riscos poderão ser alocados para as partes de modo a atender com maior eficiência ao interesse público – pilar fundamental da decisão de *descentralização administrativa* –, incide a previsão constitucional de proteção ao equilíbrio econômico-financeiro da avença, tal como previsto na Lei n. 8.987/95.

A par de o concessionário atuar como instrumento de atendimento ao interesse público, as imputações e exigências não são ilimitadas, uma vez que estará adstrito às obrigações e riscos constantes no contrato de concessão, preservando-se, sob esse regime, a equação econômica que baseia a relação jurídica. Uma vez definidos, de um lado, "direitos e obrigações"

---

[330] "Do direito de explorar o serviço público delegado decorrem alguns direitos associados. O primeiro é de organizar os serviços e a gestão empresarial. No tocante à organização da prestação dos serviços, a autonomia do concessionário encontra parâmetros nas normas previstas no contrato (expressamente ou por via reflexa, quando remeterem a normas regulatórias editadas externamente ao ajuste). Donde se poder dizer que a concessionária tem liberdade mitigada na gestão dos serviços, sujeitando-se às normas regulamentares, de matiz público, que recaiam sobre a prestação do serviço concedido". (MARQUES NETO, Floriano de Azevedo. *Concessões*. Belo Horizonte: Fórum, 2015, p. 181). "Cláusulas que atribuam direitos de expropriação, de receber tarifas, de exercer atividades de polícia e outras, que podem se refletir sobre terceiros, e que, por isso, revogariam a regra da *res inter alios acta nec nocet*, no caso dos contratos administrativos *resultam apenas da aplicação das leis*. Não sendo criações contratuais, eis que, por isso, nesses se incluem apenas para efeitos declarativos e não constitutivos, como poderia parecer". ("O futuro das cláusulas exorbitantes". *In:* ARAGÃO, Alexandre Santos de Aragão; MARQUES NETO, Floriano de Azevedo (coords.). *Direito administrativo e seus novos paradigmas*. Belo Horizonte: Fórum, 2008, p. 581).

CAPÍTULO VI – CONCESSÃO DE SERVIÇO PÚBLICO PARA...

e, de outro, o "equilíbrio econômico financeiro", observa-se uma limitação do risco e o nível de instabilidade econômica do concessionário.

Entende-se inadequada a ideia de que a concessão resulta na transferência de todos os riscos da atividade ao concessionário,[331] uma vez que não se relaciona a qualquer risco e circunstância econômica, mas às hipóteses previstas em contrato.[332] Em vista do dever de equilíbrio econômico da relação, assim como a necessidade de a concessão ser atrativa aos particulares, mostra-se relevante a definição objetiva dos riscos potenciais não transferidos aos particulares, pois impossível ou demasiada onerosa sua gestão.[333] Neste caso, entende-se precisa a construção de

---

[331] Neste sentido aponta Pedro Gonçalves que, no conceito "clássico" de concessão, a expressão por conta e risco implicava a inexistência de "solidariedade financeira da Administração concedente, assumindo o concessionário sozinho as perdas ou os ganhos da exploração do serviço". (GONÇALVES, Pedro. *A Concessão de Serviços Públicos:* uma aplicação da técnica concessória. Coimbra: Almedina, 1999, p. 104). Sobre a evolução da assunção dos riscos nas concessões: GROTTI, Dinorá Adelaide Musetti. "A experiência brasileira nas concessões de serviço público". *In:* SUNDFELD, Carlos Ari (coord.). *Parcerias público-privadas.* 2ª ed. São Paulo: Malheiros, 2011, pp. 180-198.

[332] Segundo Cristina Fortini, a expressão *por conta e risco* exige reflexão, uma vez que o risco a que se submete a concessionária não é absoluto. (FORTINI, Cristina. *Contratos administrativos:* franquia, concessão, permissão e PPP. 2ª ed. São Paulo: Atlas, 2009, p. 146). Por conta disso, a interpretação clássica da expressão não merece prosperar, pois o dever constitucional de planejamento atribui responsabilidade ao Poder Público por sua outorga a particulares. Neste sentido: HARB, Karina Houat. *A revisão na concessão comum de serviço público*. São Paulo: Malheiros, 2012, p. 146. FREIRE, André Luiz. *O regime de direito público na prestação de serviços públicos por pessoas privadas*. São Paulo: Malheiros, 2014, p. 361.

[333] "Ocorre, de fato, que a concessão (por seu longo prazo de duração, por sua complexidade econômico-financeira, por sua repercussão em termos sociais e políticos, ou enfim, em função da rapidez com que, na atualidade, se dá a evolução da tecnologia) é um negócio jurídico mais arriscado do que os comumente firmados pela administração pública e esses riscos são sempre divididos entre concedente e concessionário. Como se isso não bastasse, a tendência atual do Direito brasileiro e estrangeiro (como a edição de leis que regulam parcerias público-privadas ou com a descoberta de novas espécies de contratos de delegação da gestão de serviços públicos) é permitir que a administração pública assuma maiores riscos na contratação da concessão ou, dizendo de outra forma, aceitar uma mais acentuada "solidariedade financeira" entre as partes, cercando-se a realização desse tipo de empreendimento de maiores garantias contratuais. A concessão, portanto, deixou de ser (se é que algum dia, na prática, chegou a ser) um contrato que se dá "por conta e risco" exclusivos dos concessionários, conclusão esta que se encontra suficientemente respaldada pela legislação brasileira vigente (...)". (PEREZ, Marcos

uma concepção que compreende a assunção dos riscos transferidos contratualmente ao concessionário.

O conteúdo ou a origem da remuneração do concessionário não integra a noção geral do instituto. A forma pela qual é materializada a remuneração pela prestação do serviço não é fator determinante para definição da *concessão de serviço público*, vez que o texto constitucional não consigna tal elemento como essencial ao seu regime jurídico.[334]

Se esta característica fosse determinante ao instituto, as potenciais hipóteses de subvenção à remuneração do usuário por decisão pública de redução das tarifas ou, no limite, de gratuidade do serviço prestado não poderiam compor o seu regime. Mesmo que a prestação de um determinado serviço público autorize a cobrança de tarifa, estaria o Poder Público titular, calcado no interesse social da população usuária, autorizado a isentar ou subsidiar o pagamento pela prestação ou, de outra forma, remunerar o concessionário pela integralidade do serviço prestado. Essa decisão é coerente com os ditames da Constituição Federal, com a confirmação de um Estado Social, portanto não desvirtuaria o instituto.

Do exposto, compreende-se a *concessão de serviço público como o contrato administrativo por meio do qual o titular do serviço outorga a terceiro a prestação de serviço público para que o execute em nome próprio, sob sua responsabilidade, em cumprimento da matriz de riscos definida no instrumento contratual.*[335]

A concepção adotada contém elementos essenciais que deverão figurar na *concessão comum*, espécie adotada pela ANAC em todos os

---

Augusto. *O risco no contrato de concessão de serviço público*. Belo Horizonte: Fórum, 2006, pp. 186/187).

[334] Neste sentido ver GUIMARÃES, Fernando Vernalha. *Parcerias público-privadas*. São Paulo: Saraiva, 2012, p. 78.

[335] Este trabalho se afasta do conceito legal de concessão constante do artigo 2º, II, da Lei n. 8.987/95, considerado pouco ou nada útil ao fim que se pretende. O legislador agregou à noção de concessão elementos inúteis à sua definição e deixou de mencionar outros essenciais à sua caracterização. Exemplificando: foi prevista a regra da licitação como elemento do instituto, contudo, se identificada hipótese de dispensa ou inexigibilidade, a concessão não seria descaracterizada; por outro lado, a previsão legal deixou de afirmar a natureza contratual da concessão.

CAPÍTULO VI – CONCESSÃO DE SERVIÇO PÚBLICO PARA...

contratos sob avaliação. Neste sentido, embora seja reconhecida a possibilidade de exploração da infraestrutura aeroportuária através de, ao menos, outra modalidade contratual,[336] este trabalho se aterá a modalidade dos contratos sob estudo.

6.1.1 Concessão comum

Não se tem qualquer pretensão de detalhar a legislação regente da *concessão comum*, porém expor aspectos pontuais pertinentes ao regime dos contratos para exploração da infraestrutura aeroportuária.

A *concessão comum*, cuja nomenclatura decorre do artigo 2º, § 3º, da Lei n. 11.079/2004, é a *concessão de serviços públicos* cuja remuneração do concessionário decorre da prestação dos serviços, mediante o recebimento de tarifas diretamente do usuário e, se for o caso, de outras fontes de receitas alternativas, complementares, acessórias ou de projetos associados.[337]

O regime jurídico predominante da *concessão comum* decorre da Lei n. 8.987/1995. Mesmo não sendo pretensão avançar minuciosamente sobre o texto da legislação mencionada, nem de outras normas gerais sobre concessão (com destaque à Lei n. 9.074/95, que, cuidando de setores específicos da infraestrutura, poderá incidir sobre o serviço público objeto de análise), crê-se relevante a exposição de dispositivos definidores da relação jurídica.[338]

Ato contínuo, a Lei n. 8.987/1995 define quais são as cláusulas indispensáveis aos contratos de concessão, impositivas, portanto, aos

---

[336] Não serão objeto de estudo as modalidades de *concessão administrativa* ou *patrocinada*, ambas instituídas pela Lei n. 11.079, de 30 de dezembro de 2004.

[337] Adota-se a posição de Floriano de Azevedo Marques Neto: "Portanto, após a Lei de PPP, a concessão comum deve ser objeto de remuneração tarifária. O que determina que o objeto envolva utilidade fruível individualmente pelos cidadãos, em quantidades mensuráveis". (MARQUES NETO, Floriano de Azevedo. *Concessões*. Belo Horizonte: Fórum, 2015, p. 180).

[338] Sobre o tema: GROTTI, Dinorá Adelaide Musetti. "A experiência brasileira nas concessões de serviço público". *In:* SUNDFELD, Carlos Ari (coord.). *Parcerias público-privadas*. 2ª ed. São Paulo: Malheiros, 2011, pp. 199-205.

contratos de concessão para exploração da infraestrutura aeroportuária.[339] Dentre essas imposições constam as regras contratuais específicas que serão trazidas à avaliação, tais como a descrição do objeto da concessão; o modo, forma e condições da prestação; os critérios e parâmetros definidores da qualidade dos serviços; o preço do serviço e os critérios e procedimentos para reajuste e revisão das tarifas; os direitos e deveres dos usuários; a natureza de direito privado imposta às relações firmadas pelos Concessionários para a execução da concessão.

Em virtude da incidência dos princípios do serviço público previstos no artigo 6º da Lei n. 8.987/1995, os concessionários deverão prestar um serviço adequado, satisfazendo as condições de regularidade, continuidade, eficiência, segurança, atualidade, generalidade, cortesia e modicidade tarifária.

---

[339] "Art. 23. No contrato de concessão constarão, obrigatoriamente, as cláusulas estabelecidas no art. 23 da Lei n. 8.987, de 13 de fevereiro de 1995, além de cláusulas relativas:

I – ao valor do contrato e sua remuneração;

II – aos critérios de alocação de riscos entre o poder concedente e o concessionário;

III – às condições de reequilíbrio econômico-financeiro;

IV – às regras para transferência do controle societário da concessionária;

V – às regras para assunção do controle da concessionária por parte dos financiadores;

VI – às garantias securitárias em relação aos bens e à responsabilidade civil;

VII – aos níveis de qualidade dos serviços que deverão ser atendidos pela concessionária na execução do contrato e que poderão gerar a necessidade de realização de investimentos, bem como a previsão das sanções em caso de não atendimento dos níveis exigidos;

VIII – à necessidade de certificação aeroportuária;

IX – à vinculação às autorizações pertinentes expedidas pela ANAC, e às condições para suas revisões;

X – aos bens da concessão e à especificação patrimonial do sítio aeroportuário;

XI – a alocação das receitas alternativas, complementares, acessórias ou de projetos associados, com ou sem exclusividade;

XII – às regras para a atuação da concessionária na prestação de serviços auxiliares às empresas prestadoras de serviços de transporte aéreo;

XIII – às condições necessárias à atuação dos órgãos públicos no sítio aeroportuário; e

XIV – às condições de prorrogação".

CAPÍTULO VI – CONCESSÃO DE SERVIÇO PÚBLICO PARA...

Para atendimento da imposição legal aos sujeitos relacionados devem ser previstos variados encargos ao Poder Concedente. O dever de reger, fiscalizar e impor o cumprimento das disposições contratuais é tônica da norma. Para sua eficácia, deve ser garantido acesso às informações pertinentes à administração, contabilidade e recursos da concessionária, além de permissão para, diretamente, apurar descumprimentos, aplicar sanções, intervir diretamente na concessão e prestação do serviço.

O concessionário deverá atender às obrigações e cumprir as disposições contratadas e demais normas impostas à execução dos serviços, inclusive de guarda e segurança dos bens, bem como prestar contas e permitir a fiscalização, incluindo o livre acesso, dos encarregados do concedente às informações, dados e atividades materiais ligadas ao serviço.

Por derradeiro, como elemento relevante da legislação, as regras especiais aplicáveis à assunção temporária dos financiadores do controle ou administração da concessão, bem como à possibilidade de o concessionário ofertar os direitos emergentes da concessão e créditos operacionais futuros como garantia aos financiamentos merecem atenção.[340] Esta previsão visa contribuir com a realidade econômica de muitos desses contratos em que a obtenção de recursos financeiros pelo particular é fundamental à realização dos objetivos pretendidos pela Administração Pública, ao passo que tais instrumentos devem ser contributivos e não impeditivos da manutenção da prestação dos serviços de modo adequado.[341]

---

[340] Sobre o tema de garantias exigidas para *"project finance* à brasileira": NÉBIAS, Diogo; WARDE Jr., Walfrido Jorge. "Breves notas sobre o *project finance* como técnica de financiamento da infraestrutura". *In*: BERCOVICI, Gilberto; VALIM, Rafael (coords.). *Elementos de direito da infraestrutura*. São Paulo: Contracorrente, 2015.

[341] "Os projetos de infraestrutura, por este motivo, costumam mobilizar várias fontes de financiamento visando o adequado fluxo de investimentos, as diferentes rotações do capital, a disparidade de prazos e custos e as etapas de execução do projeto". (MASSONETO, Luís Fernando. "Aspectos macrojurídicos do financiamento da infraestrutura". *In*: BERCOVICI, Gilberto; VALIM, Rafael (coords.). *Elementos de direito da infraestrutura*. São Paulo: Contracorrente, 2015, p. 43).

Ainda sob o aspecto regulamentar abstrato da concessão, imperiosa a exposição do Decreto n. 7.624, de 22 de novembro de 2011, que, em seu artigo 1º, definiu que seu objeto seria a regulação da exploração da infraestrutura aeroportuária pela iniciativa privada, por meio do instituto da concessão.

6.1.2 Decreto n. 7.624, de 22 de novembro de 2011

Em atenção à função atribuída às normas dessa natureza no sistema jurídico pátrio, o Decreto n. 7.624, de 22 de novembro de 2011, objetiva fixar regras procedimentais e definições gerais às autoridades incumbidas de efetivar a contratação da concessão, além de esmiuçar a regulamentação geral aos particulares que irão aderir a essa relação. Como consequência imediata da afirmação formulada, é certo que esse instrumento não deveria inovar, originariamente, na ordem jurídica, sob risco de sua invalidade, aspecto também sob estudo.[342]

O Decreto previu aspectos gerais e abstratos incidentes sobre as futuras relações jurídicas, tais como prazo, remuneração, condições de exploração e obrigações gerais aos futuros concessionários. No mais, foi reafirmado o dever de prestação de serviço adequado e isonômico entre os usuários, incluindo as empresas aéreas sob esse rótulo.

Quanto ao tema da contratação, foram dispostas regras próprias ao procedimento licitatório. O leilão, em atenção à Lei n. 9.491, de 09 de setembro de 1997, foi a modalidade de licitação eleita e, para o julgamento, foram previstos dois critérios: o maior valor de outorga no caso de concessão comum, fator ocorrido quando da licitação dos contratos sob estudo; ou o menor valor da contraprestação pública, se adotada a modalidade de parceria público-privada (artigos 10 e 11).

Previu-se a destinação dos valores obtidos na hipótese de maior outorga para o FNAC quando realizado pela União, ao passo que os

---

[342] BANDEIRA DE MELLO, Celso Antônio. *Curso de direito administrativo*. 32ª ed. São Paulo: Malheiros, 2015, pp. 353–359.

CAPÍTULO VI – CONCESSÃO DE SERVIÇO PÚBLICO PARA...

recursos obtidos pelos demais entes federativos deverão ser aplicados no desenvolvimento e fomento da infraestrutura aeroportuária, "incluindo outros aeródromos do respectivo Plano Aeroviário ou infraestrutura de acesso viário a aeródromos".

A prestação do serviço adequado é tema central ao concessionário. O Decreto reitera o dever de respeito à Lei e às normas regulamentares, especialmente expedidas pela ANAC, seja na função de concedente ou regulador, e pelo COMAER.

Tendo o operador aéreo como importante usuário da infraestrutura, o Decreto reiterou a vedação eventual de discriminação na utilização do aeródromo, independentemente da propriedade ou nacionalidade, ressalvada restrição por motivo técnico, operacional ou segurança (artigos 4º e 5º). Neste sentido, considerando o potencial poder de influência que determinada empresa aérea poderia exercer se gestora da infraestrutura aeroportuária, o Decreto prescreveu que, a critério da ANAC, poderá ser limitada a participação direta ou indireta de empresas prestadoras de serviço de transporte aéreo no capital da concessionária ou o inverso. Pela importância do tema no caso das concessões vigentes, este será retomado em momento próprio.

A definição do prazo contratual ficou a cargo do Poder Concedente, observada a compatibilidade diretamente com o período necessário à amortização dos investimentos.[343] A distinção resulta da limitação ao tempo de prorrogação para o máximo de cinco anos, bem como a restrição das hipóteses justificadoras de sua efetivação, exclusivamente "para fins de reequilíbrio econômico-financeiro decorrente da efetivação de riscos não assumidos pela concessionária no contrato". Com isso, pode-se afirmar que será inválida hipótese diversa,

---

[343] Consideração pertinente fez Antônio Carlos Cintra do Amaral: "(...) na prática, nem sempre a fixação do prazo tem sido sustentada em um sólido embasamento econômico. O que, obviamente, causa preocupação, já que a fixação do prazo da concessão está intimamente ligada ao estabelecimento da equação econômica inicial do contrato, que pode, assim, nascer já desbalanceada". (AMARAL, Antônio Carlos Cintra do. *Concessão de serviço público*. 2ª ed. São Paulo: Malheiros, 2002, p. 87).

de sorte que a motivação do ato de prorrogação deverá revelar a necessidade de extensão do prazo para restabelecimento das condições econômicas contratadas (artigo 6º).

Em complemento, o Decreto exemplificou os demais meios pelos quais o reequilíbrio econômico-financeiro dos contratos poderá ser efetivado. Adicionalmente às hipóteses regulares de revisão de tarifas (ou contraprestação, em caso de parcerias público-privadas) e revisão da contribuição devida pelo concessionário, grifa-se a possibilidade de alteração das obrigações contratuais.[344] Todas as medidas exigem motivação técnica e econômica relevante do concedente, porém o aumento da tarifa e a revisão das obrigações poderão ser efetivadas desde que não aniquilem a modicidade ou impactem sobre a disponibilidade ou adequação dos serviços, sob risco de serem inválidas em vista dos princípios do serviço público.

A remuneração se dará por meio do regime tarifário aprovado pela ANAC, devendo haver previsões contratuais visando à transferência de ganhos de eficiência e produtividade aos usuários, além de abranger mecanismos voltados à promoção da qualidade na prestação dos serviços. Essa previsão do Decreto deve ser interpretada à luz da legislação, pois a absorção da eficiência e produtividade não pode ser tal que afaste a viabilidade ou interesse dos particulares, obstando a melhor execução do objeto da concessão (artigo 7º). Esse tema será detalhado em vista das regras contratuais vigentes.

Ainda sobre a remuneração, há previsão expressa de utilização de receitas adicionais às tarifárias oriundas de atividades adicionais à concessão para fins de modicidade tarifária, considerada a possibilidade de expansão e melhoria da infraestrutura (artigo 8º).

Para a formação dos contratos, o Decreto previu que, além das cláusulas obrigatórias exigidas pela legislação, outras deveriam constar dos instrumentos. Dentre estas, a alocação de riscos entre o Poder

---

[344] Como restrição especial aos Estados e Municípios, o Decreto previu que a revisão tarifária deverá respeitar o teto tarifário imposto pela ANAC (artigo 18, § 2º).

CAPÍTULO VI – CONCESSÃO DE SERVIÇO PÚBLICO PARA...

Concedente e a concessionária; as condições de manutenção do equilíbrio econômico-financeiro da relação; as garantias securitárias em relação aos bens e à responsabilidade civil; os bens da concessão e a especificação patrimonial da área do aeródromo; a cessão de espaços e direitos de construir, manter, operar ou usar a infraestrutura do aeródromo; as condições necessárias para a atuação dos órgãos públicos no aeródromo etc.

Preocupação relevante é trazida para a transferência da concessão ou do controle acionário. Previamente à assunção da posição pretendida, o terceiro terá de comprovar o pleno atendimento às exigências originais de licitação, inclusive quanto às garantias, à regularidade jurídica e fiscal e às qualificações técnica e econômico-financeiras exigidas no edital. No mais, em atendimento à Lei n. 8.987/95, o Decreto ratificou que os terceiros que pretendam assumir a concessão ou o controle acionário deverão aderir ao seu regime jurídico e se comprometer, sem ressalvas, com as cláusulas contratadas.

Há previsão específica para assunção do controle acionário pelos financiadores, porém, neste caso, deverá ser respeitado o fim específico de "promover sua reestruturação financeira e assegurar a continuidade da prestação dos serviços" (artigo 17).[345]

Por fim, como tema pertinente à estrutura econômica exigida para atendimento da finalidade de aplicação pelo concessionário de vultosos investimentos, o Decreto regulamenta a previsão de que os bens da concessão poderão ser dados em garantia dos financiadores. Contudo, em vista da manutenção da continuidade do serviço, em linha com o artigo 28 da Lei n. 8.987/95, prescreveu-se que, "ao final da concessão, sejam transferidos ao poder público livres de quaisquer ônus ou encargos; e no caso de sua alienação durante a concessão, a concessionária proceda à sua imediata substituição por outros em condições de operacionalidade e funcionamento idênticas ou superiores aos substituídos" (artigo 19).

---

[345] Sobre o tema importante alteração promovida pela Lei n. 13.097, 19 de janeiro de 2015, que fixou disposições específicas sobre assunção dos financiadores do controle ou administração temporária da concessionária.

Em vista dessas prescrições abstratas incidentes sobre o regime dos contratos de concessão ora avaliados, segue-se a apresentação do rito de outorga e os impactos provocados sobre as avenças.

6.2 Procedimento e características da concessão para exploração da infraestrutura aeroportuária

6.2.1 Rito para outorga do serviço

Previamente à análise da subsunção das normas regentes do procedimento, importante esclarecer aspectos atinentes à outorga de concessão de serviços públicos de competência da União Federal cujo trâmite exige a prévia inclusão e cumprimento do Programa Nacional de Desestatização (PND), conforme disposições da Lei n. 9.491/97, que revogou a Lei n. 8.031, de 12 de abril de 1990, e Decreto n. 2.594, de 15 de maio de 1998. No caso concreto, essas normas são aplicadas em adição ao prescrito pelas Leis n. 10.683/2003 e n. 11.182/2005.

O PND, a fim de atender aos objetivos descritos em seu artigo 1º,[346] estabeleceu regras e trâmites para a alienação de ativos, bens móveis e imóveis, inclusive ações e quotas de propriedade da União,

---

[346] "Art. 1º O Programa Nacional de Desestatização – PND tem como objetivos fundamentais:
I – reordenar a posição estratégica do Estado na economia, transferindo à iniciativa privada atividades indevidamente exploradas pelo setor público;
II – contribuir para a reestruturação econômica do setor público, especialmente através da melhoria do perfil e da redução da dívida pública líquida;
III – permitir a retomada de investimentos nas empresas e atividades que vierem a ser transferidas à iniciativa privada;
IV – contribuir para a reestruturação econômica do setor privado, especialmente para a modernização da infra-estrutura e do parque industrial do País, ampliando sua competitividade e reforçando a capacidade empresarial nos diversos setores da economia, inclusive através da concessão de crédito;
V – permitir que a Administração Pública concentre seus esforços nas atividades em que a presença do Estado seja fundamental para a consecução das prioridades nacionais;
VI – contribuir para o fortalecimento do mercado de capitais, através do acréscimo da oferta de valores mobiliários e da democratização da propriedade do capital das empresas que integrarem o Programa".

CAPÍTULO VI - CONCESSÃO DE SERVIÇO PÚBLICO PARA...

além de fixar aspectos relacionados à delegação de serviços públicos à iniciativa privada.[347]

Em virtude das distintas frentes do PND, foram estabelecidas diversas modalidades e ritos para as espécies de *desestatização* (artigo 4º). Concentrando interesse somente na previsão de *concessão* e *permissão de serviços públicos*, constata-se que o legislador inseriu etapas procedimentais à validade da outorga, sem prejuízo do cumprimento das normas gerais e específicas atinentes ao serviço objeto da delegação.

Ao Conselho Nacional de Desestatização (CND), órgão superior de decisão subordinado à Presidência da República, compete regulamentar, aprovar a modalidade de outorga do serviço público e as condições aplicáveis à sua ocorrência. Cabe ao CND recomendar à Presidência da República qual órgão da Administração Direta ou entidade da Administração Indireta terá a obrigação de executar e acompanhar o processo de desestatização.

Essa função atribuída ao CND deve ser interpretada em atenção às definições das Leis n. 10.683/2003, alterada pela Lei n. 12.462/2011, bem como pela Lei n. 11.182/2005. Estas normas definem a competência que o MTAP (então SAC), para aprovação dos planos de outorga e da ANAC para estabelecer os modelos de concessão e aprovar as minutas dos documentos do certame. Em suma, as devidas competências para tais atividades foram definidas por normas posteriores, encerrando eventual discricionariedade atribuída ao CND. Conforme será exposto, as competências legais foram devidamente observadas.

Os distintos procedimentos de outorga do serviço de exploração da infraestrutura aeroportuária serão descritos em atenção às normas aludidas, cuja aplicação ou eventuais falhas serão pontuadas em face do caso concreto.

---

[347] O artigo 2º, § 1º, da Lei n. 9.491/1997, seguida pelo artigo 5º do Decreto n. 2.594/1998, pretendeu definir o termo *desestatização*, abarcando sobre seu escopo tanto a alienação de bens e direitos quanto a transferência da execução de serviços públicos. Entende-se que essa definição é inútil, vez abarcar sob o mesmo vernáculo temas e regimes jurídicos completamente distintos, contribuindo apenas com a confusão e pouca precisão na utilização de tal terminologia pelos operadores do direito.

Por regra, a concessão de serviço público em âmbito federal exige a atuação composta entre o CND, a União Federal e os órgãos e eventuais entidades da Administração Indireta cuja legislação atribui competência para atuar e se pronunciar sobre o modelo. No caso dos aeroportos, é exigido, adicionalmente, que o MTAP (então SAC) aprove o plano de outorga específico do(s) aeroporto(s) sob delegação. Por fim, os estudos produzidos e documentos de licitação devem ser submetidos à aprovação do Tribunal de Contas da União, em atenção ao rito definido na Instrução Normativa n. 27, de 02 de dezembro de 1998.

6.2.1.1 Aeroporto de São Gonçalo do Amarante

O procedimento de desestatização do ASGA[348] foi iniciado com a publicação do Decreto n. 6.373, de 14 de fevereiro de 2008, que incluiu esta infraestrutura no PND.[349] A ANAC foi designada responsável pela execução e acompanhamento do procedimento e o BNDES como responsável por contratar, coordenar os estudos técnicos e prover o apoio técnico necessário.[350-350-A]

---

[348] Informações completas sobre a concessão do ASGA disponíveis em http://www2.anac.gov.br/asga/. Acesso em 10 nov. 2015.

[349] Apesar de divergências sobre as posições adotadas, os autores expuseram o rito de desestatização em vista do aeroporto de São Gonçalo do Amarante: PRAZERES, D. L.; PECCI FILHO, R.; BARROS, A. G. "Desestatização de aeroportos: disposições legais". In: SIMPÓSIO DE TRANSPORTE AÉREO, 7, 2008, Rio de Janeiro. *Anais eletrônicos*. Rio de Janeiro: Sitraer, 2008, pp. 650-662. Disponível em http://www.tgl.ufrj.br/viisitraer/pdf/515.pdf. Acesso em 12 nov. 2015.

[350] "O BNDES, por meio da Concorrência PND n. 1/2008, contratou o Consórcio Potiguar, formado pela Ernst & Young Assessoria Empresarial Ltda. (Ernst & Young), CELP Consultoria Técnico Comercial Ltda. (CELP), Aeroservice Consultoria e Engenharia de Projeto Ltda. (Aeroservice) e pelas subcontratadas ERM Brasil Ltda. (ERM) e Albino Advogados Associados para a elaboração dos estudos de viabilidade técnica, econômica e ambiental (EVTEA) e a estruturação da concessão para a construção parcial, manutenção e exploração do aeroporto". Disponível em http://www2.anac.gov.br/asga/. Acesso em 02 nov. 2015.

[350-A] "Este capítulo procura apresentar o conhecimento adquirido pelo autor durante a atuação no grupo de trabalho responsável pela modelagem das primeiras grandes concessões aeroportuárias do Brasil. (...) A concessão de qualquer empreendimento envolve a definição de inúmeras variáveis jurídicas e econômicas que informarão o relacionamento público-privado, durante o longo prazo de vigência contratual. Sem

CAPÍTULO VI – CONCESSÃO DE SERVIÇO PÚBLICO PARA...

A concessão de ASGA não se submeteu ao Decreto n. 7.624/2011, norma publicada após o procedimento licitatório. Sua regulamentação deu-se pelo Decreto n. 7.205, de 10 de junho de 2010, norma específica que ratificou a ANAC como poder concedente, impondo-lhe o dever de elaborar estudos prévios de viabilidade técnica, econômica, financeira e ambiental, para posterior submissão à audiência ou consulta públicas. Condicionando a atuação da ANAC, o Decreto fixou o maior valor ofertado pela outorga como critério de julgamento da licitação.

Ao firmar que o edital deveria conter regras que evitassem práticas anticompetitivas, nos termos do artigo 6º, § 2º do Decreto, foi limitada a participação de empresas aéreas no capital social da futura concessionária em percentual igual ou superior a 10% (dez por cento). Ainda sobre o tema da competição, esta norma dispôs que a ANAC poderia fixar restrições ou condições à obtenção da concessão a fim de preservar a concorrência entre as estruturas, bem como estabelecer regras à prestação de serviços auxiliares às empresas de transporte aéreo.

O Decreto previamente definiu que o prazo de contrato não poderia superar trinta e cinco anos, salvo uma única prorrogação com objetivo de restabelecer o equilíbrio econômico-financeiro.[351] Foi

---

exagero, pode-se dizer que o conhecimento necessário para a estruturação de projetos de concessões somente pode ser internalizado a partir de experiências concretas e não apenas com estudos e com formulações teóricas, por melhores que sejam (*learning by doing*). Nesse contexto repousa a principal importância da concessão do ASGA, pois foi durante a sua modelagem que o Governo Federal definiu importantes diretrizes para as concessões que estavam por vir, ao passo que incorporava a experiência necessária para a realização da concessão dos grandes aeroportos. Como será detalhado no decorrer do presente artigo, o processo de ASGA incorporou conceitos fulcrais no modelo brasileiro de concessão de aeroportos, como a previsão de parâmetros mínimos de dimensionamento do terminal de passageiros, a utilização da pesquisa de satisfação de usuários para a aferição da qualidade do serviço, a adoção do fator de qualidade no cálculo dos reajustes tarifários (fator Q) ou a alocação objetiva de riscos". CHAMBARELLI, Rafael Lopes. "A concessão da infraestrutura aeroportuária: construção de um modelo brasileiro". *In:* RIBEIRO, Leonardo Coelho; FEIGELSON, Bruno; FREITAS, Rafael Véras de (coords.). *A nova regulação da infraestrutura e da mineração*: portos; aeroportos; ferrovias e rodovias. Belo Horizonte: Fórum, 2015, pp. 316-332.

[351] "Uma alternativa consistiria na ampliação dos prazos da concessão, de modo a assegurar que o prazo mais longo permita a realização dos resultados assegurados ao interessado. A

prevista vedação para a utilização dos bens reversíveis resultantes de investimentos do concessionário como meios de garantia aos financiadores, além da proibição da transferência da concessão ao longo dos primeiros 3 (três) anos de contrato.

A política tarifária a ser praticada em ASGA foi objeto do Decreto. Os valores-teto seriam definidos pela ANAC, conforme critérios presentes no edital de licitação,[352] somada a possibilidade de a concessionária, por sua conta, ofertar descontos, mediante critérios previamente divulgados em vista da qualidade do serviço ou do gerenciamento da demanda. Foi estipulado que as receitas adicionais decorrentes da exploração econômica de atividades diversas no aeródromo seriam computadas para favorecimento da modicidade tarifária e para a manutenção do equilíbrio econômico-financeiro.

Como mecanismo adicional à preservação da equação econômica, o Decreto previu que o reajustamento tarifário derivaria de fórmula a ser concebida nos estudos econômicos, prevendo que, juntamente com a aplicação de índices econômicos, a revisão captasse e externasse a produtividade e a qualidade na prestação dos serviços. No mais, foi imposta a revisão ordinária a cada 5 (cinco) anos de contrato, cumulado com a prerrogativa da ANAC escolher a forma como esta seria implementada, seja pela revisão do teto tarifário ou a referida prorrogação contratual.

Com a publicação do Decreto n. 7.205/2010 e em cumprimento do artigo 11, II, da Lei n. 11.0182/2005, a Diretoria da ANAC

---

prorrogação é compatível com a Constituição especialmente quando toda as outras alternativas para produzir a recomposição acarretariam sacrifícios ou lesões irreparáveis às finanças públicas ou aos interessados usuários. Essa alternativa que realiza, de modo mais intenso possível, todos os valores e princípios constitucionais. Compõem-se os diferentes princípios e obtém-se a realização harmônica de todos eles". (JUSTEN FILHO, Marçal. *Teoria geral das concessões de serviço público*. São Paulo: Dialética, 2003, p. 406).

[352] "Art. 16. O teto tarifário será determinado a partir de um dos seguintes critérios, fixados no edital:
I – a receita, por unidade de passageiro e carga equivalente;
II – um valor que corresponda à média ponderada dos valores das diversas espécies de tarifas; ou
III – um valor máximo para cada uma das diversas espécies de tarifas".

CAPÍTULO VI – CONCESSÃO DE SERVIÇO PÚBLICO PARA...

aprovou preliminarmente o modelo de licitação, divulgando-o em audiência e consulta públicas.[353] Concluída esta etapa, o modelo de contratação seguiu para a aprovação definitiva da agência e submissão ao CND.

Somente cerca de três anos após sua inclusão no PND, a modalidade operacional de concessão para a construção parcial, manutenção e exploração do ASGA foi aprovada pelo CND, materializada na Resolução n. 7, de 08 de dezembro de 2010.[354] Essa Resolução, em atenção à disposição da Lei n. 9.491/1997 e do mencionado Decreto, confirmou e impôs premissas gerais à outorga, tais como: (i) modalidade de leilão, com a possibilidade de lances de viva voz; (ii) inversão de fases, com a abertura dos documentos de habilitação somente do melhor preço classificado; (iii) a designação da Bolsa de Valores, Mercadorias e Futuros de São Paulo (BM&FBOVESPA) como local para realização do leilão; (iv) o valor mínimo de outorga fixado em R$ 3.700.000,00 (três milhões e setecentos mil reais); (v) e, condição para participação no leilão, a submissão pelo interessado de garantia de proposta no valor de R$ 6.500.000,00 (seis milhões e quinhentos mil reais), nas modalidades previstas na legislação geral de contratações públicas.

Em adendo, a Resolução do CND estabeleceu premissas concretas à relação, fixando, dentre outras: (i) o prazo do contrato em 28 (vinte oito) anos prorrogáveis, uma única vez, por até 5 (cinco) anos para fins de eventual reequilíbrio econômico-financeiro; (ii) a previsão de revisões ordinárias, a cada 5 (cinco) anos, para fins de reposicionamento tarifário e compartilhamento de ganhos e eficiência com os usuários; e (iii) a adoção dos valores então vigentes das tarifas aeroportuárias e aeronáuticas como valores-teto iniciais das aplicáveis à concessão.

Após esta aprovação, a ANAC enviou ao TCU os estudos de viabilidade técnica, econômico-financeira e ambiental (EVTEA), acompanhado

---

[353] Disponível em http://www2.anac.gov.br/asga/audienciapublica.asp. Acesso em 15 nov. 2015

[354] Disponível em http://www2.anac.gov.br/Concessoes/concessoes_vigentes/asga/Outros_documentos/Resolucao_CND_N_07_de_08_12_2010_ASGA.pdf. Acesso em 15 nov. 2015.

das minutas de edital e contrato,[355] para efetivação do primeiro estágio de avaliação deste Tribunal, nos termos do artigo 7º, I, da Instrução Normativa n. 27/1998.[356]

Formado o TC 034.023/2010-0, sob relatoria do Ministro Valmir Campelo, foi aprovado com ressalvas o primeiro estágio de fiscalização da outorga para a concessão de ASGA, sendo exigidos ajustes aos documentos técnicos e minutas para início do procedimento licitatório,[357] nos termos ao

---

[355] A ANAC enviou estudos técnicos (EVTEA) por meio do Ofício n. 11, de 10, de dezembro de 2010.

[356] "Art. 7º A fiscalização dos processos de outorga de concessão ou de permissão de serviços públicos será prévia ou concomitante, devendo ser realizada nos estágios a seguir relacionados, mediante análise dos respectivos documentos:
I – primeiro estágio:
a) relatório sintético sobre os estudos de viabilidade técnica e econômica do empreendimento, com informações sobre o seu objeto, área e prazo de concessão ou de permissão, orçamento das obras realizadas e a realizar, data de referência dos orçamentos, custo estimado de prestação dos serviços, bem como sobre as eventuais fontes de receitas alternativas, complementares, acessórias e as provenientes de projetos associados;
b) relatório dos estudos, investigações, levantamentos, projetos, obras e despesas ou investimentos já efetuados, vinculados à outorga, de utilidade para a licitação, realizados ou autorizados pelo órgão ou pela entidade federal concedente, quando houver;
c) relatório sintético sobre os estudos de impactos ambientais, indicando a situação do licenciamento ambiental".

[357] "(...) 9.1 aprovar, com ressalvas, com fulcro no artigo 258, inciso II, do Regimento Interno do TCU c/c artigo 7º, inciso I, da Instrução Normativa TCU n. 27/1998, o primeiro estágio de fiscalização da presente outorga de concessão para a construção parcial, manutenção e exploração do Aeroporto Internacional de São Gonçalo do Amarante – RN (Asga);
9.2 determinar à Agência Nacional de Aviação Civil (Anac), com fundamento no art. 43, inciso I, da Lei 8.443/1992 c/c o art. 250, inciso II, do Regimento Interno do TCU, que, relativamente à concessão para a construção parcial, manutenção e exploração do Aeroporto Internacional de São Gonçalo do Amarante – RN (Asga):
9.2.1 esclareça, no edital e na minuta do contrato de concessão, a metodologia de cálculo a ser utilizada para reversão das receitas comerciais à modicidade tarifária a fim de atender ao preconizado pelos arts. 6º, § 1º, e 11, da Lei n. 8.987/1995 e art. 23, inciso XI, do Decreto n. 7.205/2010 (parágrafo 202);
9.2.2 inclua na minuta de contrato de cláusula destinada a exigir que a concessionária solicite autorização do poder concedente para se desfazer dos ativos considerados reversíveis e de cláusula destinada a exigir que a concessionária mantenha inventário atualizado de todos os bens reversíveis da concessão, contendo informações sobre o seu estado de conservação, e disponível, a qualquer tempo, para eventuais consultas e fiscalizações do poder concedente (parágrafo 269);

CAPÍTULO VI – CONCESSÃO DE SERVIÇO PÚBLICO PARA...

9.2.3 inclua no edital de licitação de concessão para a construção parcial, manutenção e exploração do Aeroporto Internacional de São Gonçalo do Amarante – RN as especificações técnicas essenciais para a caracterização dos investimentos mínimos obrigatórios em obras e equipamentos do Terminal de Passageiros (TPS), compatíveis com o padrão de qualidade adotado como referência nas estimativas de custos apresentadas no estudo de viabilidade, contendo pelo menos, além das áreas mínimas previstas para cada componente, o padrão de acabamento e a qualidade dos materiais, bem como qualquer outra informação necessária para subsidiar a elaboração das propostas pelos proponentes, por força dos arts. 6º e 18, inciso XV, da Lei n. 8.987/1995 (parágrafo 258);

9.2.4 altere a minuta de contrato integrante do edital a ser publicado para prever que o fluxo de caixa marginal será descontado à taxa de desconto calculada à época do ajuste de forma a mais fielmente espelhar a realidade econômica em que se situa a atividade concedida, em qualquer momento da execução contratual, em respeito aos princípios da eficiência e da razoabilidade, e ao disposto no art. 6º, § 1º, da Lei n. 8.987/1995 (parágrafo 279);

9.3 informar à Agência Nacional de Aviação Civil (Anac) que, sempre que o reenvio dos estudos de viabilidade técnica, econômico-financeira e ambiental que embasam os processos de concessão de serviços públicos contiverem alterações consideradas relevantes e implicarem reanálise pelas unidades técnicas desta Corte, será reiniciada a contagem dos prazos preconizados na IN TCU n. 27/1998;

9.4 recomendar à Agência Nacional de Aviação Civil (Anac) que, com relação ao processo de concessão para a construção parcial, manutenção e exploração do Aeroporto Internacional de São Gonçalo do Amarante – RN:

9.4.1 analise a possibilidade da inclusão no edital de licitação, nos requisitos de exigência de qualificação técnica dos proponentes, item sobre a necessidade do licitante possuir em seu quadro permanente, na data prevista para entrega da proposta, profissional de nível superior devidamente reconhecido por entidade competente, detentor de atestado de responsabilidade técnica por execução de obra ou serviço de características semelhantes, limitadas estas exclusivamente às parcelas de maior relevância e valor significativo do objeto da licitação (parágrafo 65);

9.4.2 avalie a conveniência de incluir, no edital e na minuta de contrato, parâmetros mínimos a serem usados na metodologia de cálculo do fator X, de modo a diminuir a incerteza dos licitantes e maximizar as propostas econômicas a serem apresentadas (parágrafo 288);

9.4.3 especifique extensa e detalhadamente o nível de serviço que se espera oferecer aos usuários do Asga a ponto de poder avaliar se as propostas e projetos dos licitantes atendem os patamares de qualidade desejados pelo poder concedente;

9.4.4 avalie a oportunidade e conveniência de flexibilizar a exigência de atendimento integral dos passageiros internacionais por meio de ponte de embarque, a qual pode gerar ineficiência ao impor ônus excessivo de investimento à futura concessionária do Asga, eventualmente desproporcional ao correspondente impacto na qualidade do serviço prestado (parágrafo 264); (...)".

Acórdão 393/2011 – TCU – Plenário.[358] As ressalvas resultaram numa série de alterações nas minutas de edital e contrato, exigindo nova aprovação dos documentos finais pela Diretoria da ANAC.[359]

O aviso de licitação foi publicado no Diário Oficial da União em 12 de maio de 2011, dando início à fase externa do certame. A homologação do processo licitatório e a adjudicação do objeto do contrato ocorreram concomitantemente, ambas em 11 de outubro de 2011, pela Decisão n. 111, proferida pelo então Diretor Presidente da ANAC.[360]

Registra-se, ao final, que as minutas de edital e contrato foram analisadas pelo TCU em cumprimento do segundo estágio de fiscalização, nos termos do artigo 7º, II, da Instrução Normativa n. 27/1998.[361] Por meio do Acórdão n. 1795/2011 – TCU – Plenário, também relator Ministro Valmir Campelo, foi aprovado o segundo estágio,[362] restando recomendações à ANAC para futuras concessões aeroportuárias.[363]

---

[358] Disponível em https://contas.tcu.gov.br/juris/SvlHighLight. Acesso em 15 nov. 2015.

[359] Ajustes relatados na Nota Técnica 4/SRE/SIA, de 29 de abril de 2011.

[360] Disponível em http://www2.anac.gov.br/asga/pdf/homologacao.pdf. Acesso em 15 nov. 2015.

[361] Artigo 7º (...) II – segundo estágio:
a) edital de pré-qualificação;
b) atas de abertura e de encerramento da pré-qualificação;
c) relatório de julgamento da pré-qualificação;
d) recursos eventualmente interpostos e decisões proferidas referentes à pré-qualificação;
e) edital de licitação;
f) minuta de contrato;
g) todas as comunicações e esclarecimentos porventura encaminhados às empresas participantes da licitação, bem como as impugnações ao edital, acompanhadas das respectivas respostas".

[362] O terceiro e quarto estágio de fiscalização pelo TCU do processo de outorga de ASGA, nos termos dos incisos III e IV do artigo 7 da Instrução Normativa n. 27/1998, resultaram na publicação do Acórdão n. 1846/2012 – TCU- Plenário, relatório Ministro Valmir Campelo, tendo sido aprovados com ressalvas, vez que as impropriedades identificadas não seriam capazes de ensejar a reprovação da outorga.

[363] "(...) 9.2.1 faça constar, no instrumento convocatório, comando análogo ao do art. 15, §4º, da Lei 8.987/1995;

CAPÍTULO VI – CONCESSÃO DE SERVIÇO PÚBLICO PARA...

6.2.1.2 Aeroportos de Guarulhos, Campinas e Brasília

Os procedimentos para outorga dos Aeroportos de Guarulhos, Campinas e Brasília[364] ocorreram de modo concomitante e, por vezes, conjuntamente.

O rito teve início com a Resolução n. 06, de 28 de junho de 2011, por meio da qual o CND recomendou, para a aprovação da Presidência da República, a inclusão desses aeroportos no PND. Essa resolução definiu a ANAC como autoridade responsável pela execução e acompanhamento do processo de desestatização, sob supervisão da SAC. Tal recomendação foi seguida pela publicação do Decreto n. 7.531, de 21 de julho de 2011, que efetivou a inclusão dos aeroportos no PND e confirmou a competência da ANAC e da SAC no procedimento.

Diferentemente do feito para ASGA, o CND não recomendou que o BNDES participasse do procedimento na elaboração dos estudos para a efetivação da outorga. Essa decisão implicou na obrigação da

---

9.2.2 calcule e registre no competente instrumento convocatório o valor do contrato de acordo com a orientação provida pela Decisão 586/2001-TCU-Plenário;
9.3 recomendar à Agência Nacional de Aviação Civil (Anac), com base no art. 43, inciso I, da Lei 8.443/1992 c/c o art. 250, inciso III, do Regimento Interno do TCU, que promova a adequação do teor do item 4.44.1, de forma a limitar a experiência laboral ali exigida ao âmbito do setor aeroportuário;
9.4 recomendar à Agência Nacional de Aviação Civil (Anac), com supedâneo no art. 43, inciso I, da Lei 8.443/1992 c/c o art. 250, inciso III, do Regimento Interno do TCU, que, com relação a futuros processos concessórios sob sua égide:
9.4.1 estude a viabilidade de aperfeiçoar a fórmula de cálculo do Fator X, de forma que a nova metodologia contemple proporcionalidade entre o montante revertido aos usuários e a magnitude da produtividade atingida pelo agente privado;
9.4.2 discrimine, no competente edital, o número de casas decimais das taxas, índices e indicadores ali previstos, sempre que potencialmente relevante para aferição dos encargos e remunerações do concessionário;
9.4.3 estude a viabilidade de aperfeiçoar o algoritmo de cálculo do fator de qualidade, de forma que o método desenvolvido contemple medida de proporcionalidade entre a qualidade do serviço e o desconto a ser efetuado quando do reajuste tarifário; (...)".
[364] Informações completas sobre a concessão estão disponíveis em http://www2.anac. gov.br/Concessoes/processos_de_licitacao/index.asp. Acesso em 15 nov. 2015.

ANAC de realizar essa atribuição, resultando na publicação da Chamada Pública de Estudos n. 01/2011, em 25 de julho de 2011,[365] facultando que pessoas físicas e jurídicas da iniciativa privada se candidatassem a apresentar, por conta e risco, os estudos que, se escolhidos pela autoridade, subsidiariam a modelagem para concessão dos aeroportos.[366] Segundo o edital de chamada, deveriam ser apresentados estudos de mercado, preliminares de engenharia, ambientais e avaliação econômico-financeira, visando subsidiar a modelagem das concessões.[367]

Com a inclusão destes aeroportos no PND, a SAC, em atendimento de sua competência, publicou a Portaria n. 98, de 25 de agosto de 2011, aprovando a outorga à iniciativa privada para a concessão da exploração da infraestrutura destes aeroportos.

Divergindo da decisão de publicação de um decreto específico para regulamentar apenas essas novas concessões, foi publicado o Decreto n. 7.624/2011, outrora avaliado. Como mencionado, seus dispositivos objetivaram nortear as decisões que comporiam a licitação e contrato dos demais aeroportos brasileiros.

Em 13 de outubro de 2011, em atendimento à IN n. 27/1998, a SAC e a ANAC[368] encaminharam ao Tribunal de Contas da União os documentos integrantes dos estudos de viabilidade técnica, econômica

---

[365] Este edital foi aprovado pela Diretoria da ANAC pela decisão n. 83, de 19 de julho de 2011. Seu inteiro teor segue no sítio eletrônico da ANAC Disponível em http://www2.anac.gov.br/concessoes/Edital%20CPE%20001_2011.pdf. Acesso em 15 nov. 2015.

[366] O procedimento para solicitação, autorização e aprovação de projetos, estudos, levantamentos ou investigações que subsidiem a modelagem de concessões para exploração da infraestrutura aeroportuária pela iniciativa privada foi regulamentado pela ANAC por meio da Resolução ANAC n. 192, de 28 de julho de 2011.

[367] Segundo publicação no Diário Oficial da União de 10 de outubro de 2011, os estudos apresentados pela sociedade empresária Estruturadora Brasileira de Projetos S/A, CNPJ n. 09.376.475/0001-51, foram selecionados para subsidiar a modelagem das concessões dos Aeroportos Internacionais Governador André Franco Montoro e Viracopos, no Estado de São Paulo, e Presidente Juscelino Kubitschek, no Distrito Federal.

[368] Respectivamente Aviso 60/GM/SAC-PR e Ofício 682/Gab/Dir-P.

CAPÍTULO VI – CONCESSÃO DE SERVIÇO PÚBLICO PARA...

e ambiental (EVTEA) relativos às concessões.[369] Foram abertos autos distintos para cada aeroporto, sendo TC 032.696/2011-6 para o Aeroporto de Brasília, TC 032.695/2011-0 para o Aeroporto de Viracopos e TC 032.786/2011-5 para o Aeroporto de Guarulhos.

Em decisões semelhantes aos três aeroportos, com diferenças pontuais em virtude de particularidades de cada um, em 07 de dezembro de 2011, o TCU aprovou com ressalvas o primeiro estágio de fiscalização da concessão para a ampliação, manutenção e exploração dos aeroportos, nos termos dos Acórdãos n.s 3232/2011, 3233/2011, 3234/2011, todos dos Plenário, respectivamente vinculados aos aeroportos de Guarulhos, Brasília e Viracopos. A tabela abaixo apresenta as recomendações e condicionantes impostas pelo TCU:

---

[369] Nos termos descritos nos Acórdãos do TCU: "Os estudos foram encaminhados a esta Sefid-1 no mesmo dia, sendo compostos dos seguintes elementos relativos ao Aeroporto Internacional de Viracopos: a) Relatório 0 – Memorando de Entendimento (peça 3) – com descrição dos aspectos gerais do aeroporto; b) Relatório 1 – Estudos de Mercado e Modelo de Demanda (peça 4) – com os estudos de demanda de passageiros, carga e mala postal; c) Relatório 2 – Estudos Preliminares de Engenharia (peças 5 a 9) – com os elementos de projeto básico do aeroporto, estimativa dos investimentos necessários e custos operacionais ao longo da concessão; d) Relatório 3 – Estudos Ambientais (peças 10 a 55) – com a avaliação dos estudos ambientais preliminares relacionados à ampliação do aeroporto; e) Relatório 4 – Avaliação Econômico-Financeira e Modelo Financeiro (peças 56 e 57) – com a avaliação da viabilidade econômico-financeira do projeto; f) Relatório 5 – Índice de Qualidade de Serviço (IQS) (peça 58) – com os parâmetros de desempenho de prestação dos serviços da concessionária a serem avaliados pelo poder concedente; g) Relatório 6 – Estratégia para Eventos Especiais (peça 59) – recomendações de estratégias para assegurar capacidade suficiente que comporte o tráfego durante a realização de eventos especiais sediados no Brasil, como, por exemplo, a Copa do Mundo em 2014 e as Olimpíadas no Rio de Janeiro em 2016; h) Relatório 7 – *Due Diligence* Contratual (peça 60) – análise dos contratos firmados com a Infraero; i) Relatório 8 – Relatório trabalhista (peça 62) – análise da situação jurídica dos empregados da Infraero nos aeroportos internacionais de Guarulhos, Campinas e Brasília; e j) Relatório 9 – Matriz de Riscos – definição dos riscos do projeto e a sua respectiva alocação ao poder concedente ou à concessionária. 17.Ressalte-se que, na ocasião, também foi enviado pen drive com diversas planilhas relacionadas ao projeto".

Recomendações e condicionantes comuns aos três aeroportos
"em virtude do disposto no art. 14, inciso II, do Decreto n. 7.624/2011 e do que consta nos estudos de viabilidade ambiental apresentados a este Tribunal: inclua na minuta contratual o dever de a concessionária cumprir integralmente as condicionantes ambientais ainda não atendidas das licenças prévias e de instalação já obtidas pelo poder concedente; especifique na minuta contratual a quem será imputado o ônus pelo atraso nas obras decorrente da demora de obtenção de licenças ambientais quando os prazos de análise do órgão ambiental responsável pela emissão das licenças ultrapassarem as previsões legais; (...)"
"a fim de resguardar a prestação de serviço adequado ao pleno atendimento dos usuários do aeroporto, nos termos do art. 6º, caput e § 1º, da Lei n. 8.987/1995, elabore e envie ao TCU, no prazo de 150 (cento e cinquenta) dias, plano de ação, incluindo atividades, prazos e responsáveis, voltado à implementação de providências destinadas ao estabelecimento: (a) das métricas de utilização para as instalações do lado ar do aeroporto e; (b) dos padrões de desempenho dos Indicadores de Qualidade de Serviço adotados para a concessão; informando, inclusive, o prazo previsto para a realização das respectivas consultas ou audiências públicas; "para o regime tarifário do contrato de concessão (...), utilize fórmula de reversão de ganhos de eficiência e de produtividade em favor dos usuários do serviço outorgado que efetivamente reflita o incremento de eficiência e de produtividade obtido pela futura concessionária, a teor do que preconiza o inciso X do art. 29 da Lei Geral das Concessões c/c o art. 7º, § 1º, do Decreto n. 7.624/2011; (...)"
"com fundamento no art. 43, inciso I, da Lei n. 8.443/1992 c/c o art. 250, inciso III, do Regimento Interno do TCU recomendar à Agência Nacional de Aviação Civil (Anac), (...) examine a necessidade de participação da Infraero na futura SPE ou que seja estabelecido, na minuta de contrato, mecanismo que possibilite e estimule a diminuição gradativa dessa participação no capital social da concessionária; inclua na minuta de contrato de concessão as especificações técnicas essenciais para a caracterização dos investimentos mínimos obrigatórios em obras e equipamentos, compatíveis com o padrão de qualidade adotado como referência nas estimativas de custos apresentadas no estudo de viabilidade, contendo, além das áreas mínimas previstas para cada componente, o padrão de acabamento e a qualidade dos materiais, bem como qualquer outra informação necessária para subsidiar a elaboração das propostas pelos proponentes; (...)"
"revise o Plano de Exploração Aeroportuária de forma que o documento reflita os parâmetros utilizados nos estudos de viabilidade, de forma a assegurar tanto a consistência dos documentos quanto o adequado dimensionamento das áreas disponíveis para os usuários do aeroporto"
"reconsidere a fixação do padrão mínimo para os itens "conforto e disponibilidade de assentos no saguão de embarque e outras áreas públicas", e "disponibilidade de vagas de estacionamento", elevando-os de forma a harmonizá-los com o limite mínimo imposto aos demais indicadores de qualidade do aeroporto a serem aferidos por meio de pesquisa de satisfação dos passageiros; (...)"

Fonte: Elaboração Própria.

CAPÍTULO VI – CONCESSÃO DE SERVIÇO PÚBLICO PARA...

Recomendações ou condicionantes distintas aos aeroportos		
Brasília	**Guarulhos**	**Viracopos**
9.1.1. em obediência aos princípios da economicidade e da eficiência, e com fulcro no art. 3º da Lei 8.666/1993 e art. 15, inciso II, da Lei n. 8.987/1995, deduza de suas estimativas de investimentos alocados para a futura concessionária do aeroporto os valores de R$ 289,66 milhões na Fase 0, R$ 161,59 milhões na Fase 1, R$ 130,74 milhões na Fase 2 e R$ 157,48 milhões na Fase 3, correspondentes às superestimativas apuradas pela 1ª Secretaria de Fiscalização de Obras, nos termos do parecer acostado à peça 159 destes autos;	9.1.1. em obediência aos princípios da economicidade e da eficiência, e com fulcro no art. 3º da Lei n. 8.666/1993 e no art. 15, inciso II, da Lei n. 8.987/1995, deduza de suas estimativas de investimentos alocados para a futura concessionária os valores de R$ 757,72 milhões na Fase 0, R$ 506,60 milhões na Fase 1, R$ 241,61 milhões na Fase 2 e R$ 125,45 milhões na Fase 3, correspondentes às superestimativas apuradas pela 1ª Secretaria de Fiscalização de Obras, nos termos do parecer acostado à peça 188 destes autos;	9.1.1 em obediência aos princípios da economicidade e da eficiência, e com fulcro nos arts. 3º da Lei n. 8.666/1993 e 15, inciso II, da Lei n. 8.987/1995, deduza de suas estimativas de investimentos alocados para a futura concessionária os valores de R$ 533,18 milhões na Fase 0, R$ 180,16 milhões na Fase 1, R$ 407,50 milhões na Fase 2, R$ 1.213,16 milhões na Fase 3 e R$ 403,15 milhões na Fase 4, correspondentes às superestimativas apuradas pela 1ª Secretaria de Fiscalização de Obras, nos termos do parecer acostado à peça 162 dos autos;
-	*9.1.2 corrija, no estudo ambiental, o tipo e o número da licença ambiental referente às obras parciais de terraplanagem;*	-
-	9.2 determinar à Agência Nacional de Aviação Civil (Anac), com fundamento no art. 43, inciso I, da Lei n. 8.443/1992 c/c o art. 250, inciso II, do Regimento Interno do TCU, que: 9.2.1 abstenha-se de encaminhar a este Tribunal os estudos de viabilidade técnica, econômico-financeira e ambiental de que trata o art. 7º, inciso I, da IN – TCU 27/1998 contendo premissas desprovidas de amparo legal e regulamentar;	-
-	9.3 com fundamento no art. 43, inciso I, da Lei n. 8.443/1992 c/c o art. 250, inciso II, do Regimento Interno do TCU, determinar à Secretaria de Aviação Civil da Presidência da República que apresente ao TCU, no prazo de 90 (noventa) dias, plano de ações, contendo cronograma e indicação de responsáveis, destinado à elaboração da regulamentação do Fundo Nacional de Aviação Civil (FNAC), conforme disposto no art. 12, § 1º, do Decreto n. 7.624/2011;	-

9.3.3. adote no Plano de Exploração Aeroportuária, para a Fase 1-B (Fase 0 dos estudos de viabilidade), a área total mínima de 43.000 m² para as novas áreas destinadas a terminal de passageiros, conforme previsto nos estudos de viabilidade e de forma a atender a demanda na hora-pico.	9.3.3. adote no Plano de Exploração Aeroportuária, para a Fase 1-B (Fase 0 dos estudos de viabilidade), a área total mínima de 100.000 m² para as novas áreas destinadas a terminal de passageiros, conforme previsto nos estudos de viabilidade e de forma a atender a demanda na hora-pico;	9.3.3. adote no Plano de Exploração Aeroportuária, para a Fase 1-B (Fase 0 dos estudos de viabilidade), a área total mínima de 59.000 m² para as novas áreas destinadas a terminal de passageiros, conforme previsto nos estudos de viabilidade e de forma a atender a demanda na hora-pico.
-	9.4.1 sistematize, em conjunto com a Infraero e preferencialmente sob coordenação da Secretaria de Aviação Civil da Presidência da República, as informações existentes referentes a aspectos ambientais dos aeroportos públicos brasileiros, criando um banco de dados para subsidiar a análise dos custos ambientais para futuros projetos de concessões;	-
-	9.4.2 crie indicadores para avaliar o desempenho da gestão ambiental dos operadores aeroportuários;	-
-	9.4.3 nas modelagens de futuras concessões aeroportuárias, adote variáveis regionais em seus modelos de previsão de demanda;	-
-	9.4.4 nas modelagens de futuras concessões aeroportuárias, abstenha-se de proceder a ajustes arbitrários nos resultados gerados pelos modelos quantitativos escolhidos, de forma a manter a robustez e a consistência dos estudos de demanda;	-
-	9.5.2 abstenha-se de incluir no edital do leilão vedação de participação dos autores ou responsáveis economicamente por projeto, estudo, levantamento ou investigação apresentados em atenção aos termos do Edital de Chamamento Público de Estudos (CPE) 1/2011, pelo risco de afronta ao princípio da ampla concorrência;	-
-	9.5.6 averigue a situação de cada termo de compromisso ambiental pendente de atendimento e demonstre, nos estudos ambientais, todos os valores de compensação ambiental que devem ser assumidos pela concessionária, com base nas informações contidas nas licenças e autorizações ambientais válidas;	-

| - | 9.6 com fundamento no art. 43, inciso I, da Lei n. 8.443/1992 c/c o art. 250, inciso III, do Regimento Interno do TCU, recomendar à Casa Civil da Presidência da República, à Secretaria de Aviação Civil da Presidência da República (SAC/PR) e à Agência Nacional de Aviação Civil (Anac) que avaliem a oportunidade e conveniência de incorporar as áreas destinadas ao abastecimento de combustível de aviação no rol de "áreas essenciais" de que trata o art. 12, § 1º, do Decreto 89.121/1983, ante o risco de que a concessionária a operar o aeroporto venha a exercer poder de fixação de preços em níveis de monopólio. | - |

Fonte: Elaboração Própria.

Após o pronunciamento do TCU, o Presidente do CND emitiu a Resolução n. 11, de 15 de dezembro de 2011, aprovando a modalidade operacional para a exploração desses aeroportos *ad referendum* do colegiado. Além disso, esta decisão condicionou a validade da outorga ao atendimento de certas disposições, tais como: (i) os aeroportos deveriam ser concedidos a grupos econômicos distintos; (ii) a manutenção da operação da torre de controle permaneceria sob responsabilidade do Poder Público; (iii) a Infraero participaria das concessionárias com até 49% (quarenta e nove por cento) dos respectivos capitais sociais; (iv) apresentação, pelo licitante, de garantia de proposta; (v) a participação do operador aeroportuário em, no mínimo, 10% (dez por cento) do capital do consórcio licitante.

Outras imposições confirmaram a decisão adotada no procedimento licitatório, dentre as quais o valor mínimo de outorga a ser paga pelas futuras concessionárias em contribuição ao sistema e o prazo de contrato, quais sejam: R$ 582.000.000,00 (quinhentos e oitenta e dois milhões de reais) e 25 (vinte cinco) anos para BSB; R$ 1.471.000.000,00 (um bilhão e quatrocentos e setenta e um milhões de reais) e 30 (trinta) anos para VCP; e R$ 3.424.000.000,00 (três bilhões e quatrocentos e vinte e quatro milhões de reais) e 20 (vinte) anos para GRU.

O aviso de licitação foi publicado em 30 de setembro de 2011, em edição extra do Diário Oficial da União, dando início à fase externa do certame para os três aeroportos. A homologação do processo licitatório e a adjudicação de todos os aeroportos ocorreram concomitantemente, todas em 05 de abril de 2012, pela Decisão n. 34, proferida pelo então Diretor-Presidente da ANAC.[370] Os contratos de concessão foram assinados em 14 de junho de 2012, com a publicação do extrato no Diário Oficial da União em 20 de junho de 2012.[371]

As minutas de edital e contrato foram analisadas pelo TCU em cumprimento ao segundo estágio de fiscalização. Por meio do Acórdão n. 157/2012 – Plenário, TC 032.786/2011-5, relator Ministro Aroldo Cedraz, aprovou com ressalvas o segundo estágio, restando recomendações à ANAC para futuras concessões aeroportuárias.[372]

---

[370] Nos termos da Decisão ANAC n. 34/2012, publicada no Diário Oficial da União em 09 de abril de 2012: "[...] Art. 2º Adjudicar os objetos do processo licitatório do Leilão n. 2/2011, conforme a seguir: I – Aeroporto Internacional de Guarulhos ao consórcio INVEPAR – ACSA, composto pelas empresas INVESTIMENTOS E PARTICIPAÇÕES EM INFRA-ESTRUTURA S.A. – INVEPAR E AIRPORTS COMPANY SOUTH AFRICA SOC LIMITED; II – Aeroporto Internacional de Viracopos ao CONSÓRCIO AEROPORTOS BRASIL, composto pelas empresas TPI – TRIUNFO PARTICIPAÇÕES E INVESTIMENTOS S.A., UTC PARTICIPAÇÕES S.A. e EGIS AIRPORT OPERATION; e III – Aeroporto Internacional Presidente Juscelino Kubitschek ao consórcio INFRAMERICA AEROPORTOS, composto pelas empresas INFRAVIX PARTICIPAÇÕES S.A. e CORPORACIÓN AMÉRICA S.A." Disponível em http://pesquisa.in.gov.br/imprensa/jsp/visualiza/index.jsp?jornal=1&pagina=4&data=09/04/2012. Acesso em 10 nov. 2015.

[371] Disponível em http://www2.anac.gov.br/Concessoes/concessoes_vigentes/vcp/outros_documentos/Extratos_dos_Contratos_de_Concessao.pdf. Acesso em 20 nov. 2015.

[372] "(...) 9.2 determinar à Agência Nacional de Aviação Civil – Anac, com fundamento no art. 43, inciso I, da Lei 8.443/1992 c/c o art. 250, inciso II, do Regimento Interno do TCU, por ocasião de futuras concessões destinadas a delegar a exploração de infraestrutura aeroportuária, que: 9.2.1 reencaminhe ao TCU os Estudos de Viabilidade Técnica, Econômico-Financeira e Ambiental (EVTEA), reiniciando o processo fiscalizatório, caso efetue modificações que tenham impacto no fluxo de caixa do projeto posteriormente à aprovação do primeiro estágio de fiscalização por este Tribunal, nos termos do inciso I do art. 7º da Instrução Normativa TCU 27, de 2/12/1998; 9.2.2 divulgue aos potenciais interessados as cláusulas dos contratos firmados pela Agência com possível reflexo no certame por ela conduzido, em atenção ao princípio da segurança jurídica e da positividade do direito; 9.2.3 adote os procedimentos necessários para

CAPÍTULO VI – CONCESSÃO DE SERVIÇO PÚBLICO PARA...

Os terceiros e quarto estágios de acompanhamento da concessão dos três aeroportos também foram aprovados com ressalvas pelo TCU, por meio do Acórdão n. 736/2015 – TCU – Plenário, relator Ministro João Augusto Ribeiro Nardes. A decisão deu ciência à ANAC de equívocos verificados nos certames, dentre os quais (i) a presença de termos imprecisos, obscuros e ambíguos nos editais, que poderiam ocasionar infringência ao princípio do julgamento objetivo; (ii) a realização de alterações nos instrumentos convocatórios mediante ato exclusivo da comissão de licitações teria contrariado o artigo 11, IV, parágrafo único da Lei n. 11.182/2005, vez ser competência exclusiva da Diretoria da ANAC. Com isso, foi recomendado à ANAC que aprimorasse seus procedimentos internos, visando conferir maior estabilidade,

---

garantir que todas as informações, estudos e projetos necessários à elaboração das propostas econômico-financeiras estejam disponíveis aos interessados até a data prevista para entrega das propostas econômicas, em consonância com o princípio da publicidade e com o inciso IV do § 2º do art. 40 da Lei 8.666/1993; 9.2.4 estabeleça prazo adequado para interposição de impugnações ao Edital e seus anexos, garantindo, neste ínterim, a estabilidade dos seus termos, de forma a incrementar a segurança jurídica, em função do disposto no art. 21, § 4º, c/c o art. 41, §§ 1º e 2º, todos da Lei 8.666/1993; 9.2.5 promova a reabertura de prazos estabelecidos em edital sempre que modificadas as condições de formulação das propostas, quer por acréscimo, alteração ou supressão de cláusulas diretamente no edital, quer pela divulgação de retificação ou interpretação que possa alterar a percepção dos potenciais interessados acerca de comandos pré-existentes no edital e seus anexos, em função do disposto no art. 21, § 4º, da Lei 8.666/1993; 9.2.6 faça constar no instrumento convocatório cláusulas suficientes voltadas às pessoas jurídicas estrangeiras, quando prevista tal participação, a fim de fazê-las cumprir, tanto quanto possível, as exigências habilitatórias estabelecidas, de forma tanto a não eximi-las das obrigações a todos os demais licitantes impostas quanto a não configurar um possível cerceamento de sua participação no certame ante eventual impossibilidade de cumprimento, nos termos do § 4º do art. 32 da Lei 8.666/1993; 9.3 recomendar à Agência Nacional de Aviação Civil, com fundamento no art. 43, inciso I, da Lei 8.443/1992 c/c o art. 250, inciso III, do Regimento Interno do TCU, por ocasião de futuras concessões destinadas a delegar a exploração de infraestrutura aeroportuária, que: 9.3.1 efetue sessão pública presencial destinada a sanar dúvidas relativas aos termos do edital e da ata de esclarecimentos, de modo a incrementar a transparência e a segurança jurídica do processo licitatório; 9.3.2 confira prioridade, para elaboração das regras do edital, a métodos contábeis e financeiros de uso disseminado e de longeva consolidação teórica; 9.3.3 busque dedicar cláusulas editalícias específicas para cada objetivo e tema, abstendo-se, sempre que possível, de endereçar temas distintos por meio de cláusula pretensamente abrangente (...)".

objetividade e clareza aos termos e condições dos documentos jurídicos dos futuros certames.

6.2.1.3 Aeroportos de Confins e Galeão

Os procedimentos licitatórios para outorga da concessão dos aeroportos de Confins e Galeão[373], à semelhança de GRU, BSB e VCP, ocorreram de forma concomitante, com muitos atos comuns.

O rito teve início por meio da recomendação da Resolução n. 02, de 16 de janeiro de 2013,[374] por meio do qual o CND propôs à Presidência da República a edição de decreto autorizando a inclusão dos dois aeroportos no PND. Esse ato atribuiu à ANAC a responsabilidade pela execução e acompanhamento do procedimento, sob supervisão da SAC. Porém, a despeito do ocorrido nas situações anteriores, foi recomendada a designação da SAC como responsável pela condução e aprovação dos estudos, projetos e levantamentos ou investigações que subsidiariam a desestatização.

Também de forma distinta, o CND, diretamente no ato de recomendação, previu condições regentes do rito de desestatização: (i) a manutenção da torre de controle dos aeroportos sobre a responsabilidade do Poder Público; (ii) a manutenção da Infraero com 49% (quarenta e nove por cento) das novas concessionárias, podendo transferir aos funcionários até 5% (cinco por cento) das sociedades; (iii) a obrigatoriedade de que os operadores aeroportuários, considerados aqueles que comprovassem experiência prévia no processamento de 35 (trinta e cinco) milhões de passageiros anuais em um único aeroporto, detivessem o mínimo de 25% (vinte e cinco por cento) de participação nos consórcios licitantes.

---

[373] Informações completas sobre a concessão estão disponíveis em http://www2.anac.gov.br/Concessoes/processos_de_licitacao/index.asp. Acesso em 10 nov. 2015.

[374] Publicado no Diário Oficial da União em 18 de janeiro de 2013. Disponível em http://www2.anac.gov.br/Concessoes/concessoes_vigentes/glg/arquivos/Resolucao_do_Conselho_Nacional_de_Desestatizacao.pdf . Acesso em 10 nov. 2015.

CAPÍTULO VI – CONCESSÃO DE SERVIÇO PÚBLICO PARA...

Em 1º de fevereiro de 2013 foi publicado o Decreto n. 7.896, incluindo os aeroportos de Confins e Galeão no PND. Esse Decreto ratificou a posição da ANAC e da SAC no procedimento, ampliando as funções da última para a condução do procedimento de aprovação dos estudos, projetos, levantamentos e investigações, tal como recomendado pelo CND. Reitera-se a aplicação do Decreto n. 7.624, de 22 de novembro de 2011, incidindo as aludidas regras sobre a estruturação e outorga dessas novas concessões.

Sob a recomendação do CND, mesmo previamente ao Decreto n. 7.896/2013, a SAC iniciou a condução dos estudos para a estruturação dos documentos de outorga. Nessa toada, a SAC publicou a Portaria n. 09, de 29 de janeiro 2013, por meio da qual, em virtude de provocação do particular, autorizou a Estruturadora Brasileira de Projetos S.A. (EBP) a desenvolver os estudos técnicos preparatórios à concessão, incluindo estudos de mercado, engenharia e afins, ambientais e a avaliação econômico-financeira.[375]

Nos termos da referida Portaria, essa autorização foi concedida sem exclusividade à EBP. Em razão da presença de outros particulares para elaboração dos estudos, a SAC publicou a Portaria n. 31, de 27 de fevereiro de 2013, autorizando a participação de outro interessado.[376] Acredita-se que o interesse para oferta desses estudos foi reduzido em relação à GRU/BSB/VCP, em virtude da inclusão de regra que impedia a participação de quem ofertasse tais estudos, seja direta ou indiretamente, no futuro procedimento concorrencial.

Em 08 de maio de 2013, a SAC, por meio da Portaria n. 71, selecionou os estudos técnicos preparatórios às concessões produzidos pela EBP.[377]

---

[375] Publicado no Diário Oficial da União em 30 de janeiro de 2013. Disponível em http://www.aviacao.gov.br/acesso-a-informacao/arquivos-pdf/portaria-no-9-de-29-01-2013-dou-autorizacao-preliminar-ebp-e-demais-interessados.pdf. Acesso em 10 nov. 2015.

[376] Disponível em http://www2.anac.gov.br/biblioteca/portarias/2013/PS2013-031.pdf. Acesso em 10 nov. 2015.

[377] Publicado no Diário Oficial da União em 09 de maio de 2013. Disponível em http://www.aviacao.gov.br/acesso-a-informacao/arquivos-pdf/portaria-no-71-de-8-05-2013-dou-seleciona-os-estudos.pdf. Acesso em 10 nov. 2015.

Os estudos formulados foram encaminhados à ANAC, que, por sua vez, submeteu as minutas de edital e contrato à audiência pública, cuja convocação foi publicada no Diário Oficial da União em 31 de maio de 2013. Além do período de contribuição, ocorreram duas sessões públicas de apresentação, em Belo Horizonte e no Rio de Janeiro.

Por meio do Ofício 501/2013/GAB/DIR-P, em 01 de agosto de 2013, foram encaminhados ao TCU os estudos de viabilidade técnica, econômica e ambiental (EVTEA) para atendimento do primeiro estágio de fiscalização. Nesta hipótese, de modo diverso das situações anteriores, o TCU foi enfático ao mencionar que não haveria avaliação das minutas de edital e contrato, objeto de estágio diverso de fiscalização.[378]

Diferentemente do procedimento adotado pelo TCU para avaliação do primeiro estágio de GRU/BSB/VCP, a fiscalização e a decisão foram realizadas conjuntamente para GIG/CNF, autuado sob o TC 007.578/2013-0, sendo relatora a Ministra Ana Arraes. Os estudos técnicos foram aprovados com ressalvas, impondo uma série de exigências e condicionantes abaixo descritas:

---

[378] "(...) 10. Deve-se registrar que não faz parte do escopo deste relatório a análise das minutas de edital e contrato. Esses documentos, em sua versão definitiva, serão analisados pelo Tribunal posteriormente, conforme estabelecido pelo art. 7º, inciso II, da IN TCU 27/1998. Dessa forma, assuntos compreendidos nesses documentos, tais como qualidade de serviço, equilíbrio econômico-financeiro, fator X, fator Q e reversão de receitas para a modicidade da tarifa, somente serão abordados no segundo estágio de análise pelo Tribunal". Acórdão 2466/2013 – TCU – Plenário, TC 007.578/2013-0, Relatora: Ministra Ana Arraes.

CAPÍTULO VI – CONCESSÃO DE SERVIÇO PÚBLICO PARA...

Condicionantes gerais à publicação do edital de licitação	(...) inclusão no processo de concessão, expressamente, dos fundamentos legais e técnicos (além daqueles constantes da Nota Técnica 001/DERC/DEOUT/SPR/SAC-PR) da exigência de experiência em processamento de passageiros e da restrição à participação no leilão de acionistas das atuais concessionárias de serviço público de infraestrutura aeroportuária, de forma a demonstrar, tecnicamente, que os parâmetros fixados são adequados, imprescindíveis, suficientes e pertinentes ao objeto licitado.
Recomendar à SAC e à ANAC	"(...) façam constar, do processo de concessão, memorial justificativo das diferenças entre os quantitativos de área dos componentes da infraestrutura considerados nos investimentos integrantes dos estudos de viabilidade da outorga em foco e os exigidos no Plano de Exploração Aeroportuária". "(...) adotem medidas com vistas a assegurar que, na execução dos contratos a serem firmados, sejam observados padrões, em termos de áreas mínimas, que propiciem conforto aos usuários".
Recomendação à ANAC	"(...) inclua, na minuta de contrato das concessões examinadas, cláusula para estabelecer que o padrão de acabamento das obras previstas deve ser, no mínimo, compatível com o adotado nas estimativas de custos apresentadas no estudo de viabilidade; (...)". "(...) reexamine a necessidade de participação da Empresa Brasileira de Infraestrutura Aeroportuária nas futuras Sociedades de Propósito Específico e fundamente sua decisão ou estabeleça, na minuta do contrato relativa ao certame em tela, mecanismo que contribua para diminuição gradativa dessa participação; (...)" "(...) inclua, na minuta contratual associada à concessão de aeroportos, inclusive dos casos ora examinados, mecanismos de incentivos a que as concessionárias promovam a qualidade ambiental do empreendimento, com observância, se viável, das soluções ventiladas neste processo pela Secretaria de Fiscalização de Desestatização e Regulação de Transportes".

Fonte: Elaboração Própria.

Após o pronunciamento do TCU, o Presidente do CND emitiu a Resolução n. 15, de 02 de outubro de 2013, aprovando a modalidade operacional para a exploração destes aeroportos *ad referendum* do colegiado.

A decisão do CND ratificou premissas ao modelo, dentre as quais se destacam: (i) adoção da modalidade de leilão simultâneo dos dois aeroportos; (ii) inversão de fases da licitação, com a abertura dos documentos de qualificação jurídica, fiscal, econômico-financeira e técnica somente do vencedor do leilão; e (iii) a determinação de os aeroportos serem concedidos a grupos econômicos distintos. O atendimento destas prescrições era impositivo ao prosseguimento válido da outorga.

Ainda neste tema, a Resolução promoveu alteração sobre a redação do artigo 6º da Resolução CND n. 02/2013, impondo que o edital exigisse que os licitantes comprovassem experiência prévia no processamento de, no mínimo, 22 milhões e de 12 milhões de passageiros anuais em um único aeroporto, aplicável, respectivamente, à concessão do Aeroporto Internacional Antônio Carlos Jobim – Galeão e à do Aeroporto Internacional Tancredo Neves.

A Resolução confirmou o valor mínimo de contribuição fixa ao sistema a ser pago pelas futuras concessionárias e o prazo previsto para os contratos: R$ 4.828.025.755,00 (quatro bilhões, oitocentos e vinte e oito milhões, vinte e cinco mil e setecentos e cinquenta e cinco reais) e 25 (vinte cinco) anos para Galeão; e R$1.096.371.552,00 (um bilhão, noventa e seis milhões, trezentos e setenta e um mil e quinhentos e cinquenta e dois reais) e 30 (trinta) anos para Confins.

Como disposição econômica complementar, foi fixado o percentual de 5% (cinco por cento) sobre a totalidade da receita bruta da concessionária, diretamente ou mediante subsidiárias integrais, como valor devido a título de contribuição variável ao sistema, adicionalmente ao referido montante de contribuição fixa.

Por fim, a Resolução previu a possibilidade da ANAC estabelecer restrições à participação de natureza regulatória e concorrencial. Esta disposição veio ratificar regra integrante da minuta do edital de licitação que visava impedir a participação de qualquer sociedade integrante do Acionista Privado das concessionárias de GRU/BSB/VCP, bem como suas controladoras, controladas e coligadas, ou as controladas e coligadas das controladoras e das controladas, em percentual superior a 14,99% (quatorze vírgula noventa e nove por cento), do consórcio de licitação e, portanto, da futura SPE.[379]

---

[379] Abordagem interessante sobre o tema: BERCOVICI, Gilberto. "Inconstitucionalidade da restrição à participação de concessionários de serviços de infraestrutura aeroportuária

CAPÍTULO VI – CONCESSÃO DE SERVIÇO PÚBLICO PARA...

O aviso de licitação foi publicado em 03 de outubro de 2013, em edição extra do Diário Oficial da União, para a outorga dos dois aeroportos. A homologação do processo licitatório e a adjudicação ocorreram concomitantemente, nos termos da Decisão n. 08, de 23 de janeiro de 2013, publicada no Diário Oficial da União de 24 de janeiro de 2014.[380]

O contrato de concessão do Aeroporto do Galeão foi assinado em 02 de abril de 2014, com a publicação do extrato no Diário Oficial da União em 04 de abril de 2014, então republicado em 07 de abril de 2014.[381] O contrato de concessão do Aeroporto de Confins foi firmado em 07 de abril de 2014, com a publicação do extrato no Diário Oficial da União em 09 de abril de 2014.[382]

A ANAC, em 07 de outubro de 2013, encaminhou os documentos de licitação ao TCU para processamento dos estágios seguintes de fiscalização. Nos termos do Acórdão n. 2905/2014 - Plenário, Relator Ministro-Substituto Marcos Bemquerer Costa, foram aprovados os segundo, terceiro e quarto estágios do processo de concessão.[383]

---

em novas concessões de aeroportos". *Revista Brasileira de Infraestrutura* – RBINF. Belo Horizonte, n. 6, ano 3, p. 205-228, jul./dez. 2014. Parecer.

[380] Nos termos do artigo 2º da Decisão n. 08/2013: "Art. 2º Adjudicar os objetos do processo licitatório do Leilão n. 1/2013, conforme a seguir: I – Aeroporto Internacional do Rio de Janeiro/Galeão – Antonio Carlos Jobim ao CONSÓRCIO AEROPORTOS DO FUTURO, composto pelas empresas ODEBRECHT TRANSPORT AEROPORTOS S/A e EXCELENTE B. V.; e II – Aeroporto Internacional Tancredo Neves/Confins ao CONSÓRCIO AEROBRASIL, composto pelas empresas COMPANHIA DE PARTICIPAÇÕES EM CONCESSÕES, ZURICH AIRPORT INTERNATIONAL AG e MUNICH AIRPORT INTERNATIONAL BETEILIGUNGS GmbH". Disponível em http://pesquisa.in.gov.br/imprensa/jsp/visualiza/index.jsp?jornal=1&pagina=2&data=24/01/2014. Acesso em 10 nov. 2015.

[381] Disponível em http://www2.anac.gov.br/Concessoes/concessoes_vigentes/cnf/arquivos/Extrato_do_Contrato_CFN.pdf. Acesso em 10 nov. 2015.

[382] Disponível em http://www2.anac.gov.br/Concessoes/concessoes_vigentes/glg/arquivos/Extrato_do_Contrato_GIG.pdf. Acesso em 10 nov. 2015.

[383] A despeito da aprovação constante do Acórdão, foi dado ciência à ANAC sobre o não atendimento integral de recomendações proferidas em Acórdãos anteriores, expondo que a repetição da ocorrência poderá resultar em providências e responsabilização pelo TCU. Ademais, foi recomendada à ANAC uma séria de medidas para os certames que

6.2.1.4 Aeroportos de Salvador, Fortaleza, Porto Alegre e Florianópolis

Os procedimentos licitatórios para outorga da concessão dos aeroportos de Fortaleza, Salvador, Florianópolis e Porto Alegre, à semelhança dos demais, tramitaram, até a publicação deste livro, de forma concomitante.[384]

O rito teve início por meio da recomendação da Resolução n. 06, de 26 de junho de 2015,[385] por meio do qual o CND propôs à Presidência da República a edição de decreto autorizando a inclusão dos quatro aeroportos no PND. Esse ato atribuiu à ANAC a responsabilidade pela execução e acompanhamento do procedimento, sob supervisão da SAC. Assim como ocorrido na licitação de Galeão e Confins, foi recomendada a designação da SAC como responsável pela condução e aprovação dos estudos, projetos e levantamentos ou investigações que subsidiariam a desestatização.

O CND, diretamente no ato de recomendação, previu condições regentes do rito de desestatização: (i) a manutenção da torre de contro-

---

vierem a ocorrer, sendo eles: "[...] 9.3.1 com o objetivo de potencializar e tornar mais tempestiva a atuação fiscalizatória exercida, envide esforços para obter junto às concessionárias dos aeroportos em tela acesso, em tempo real, aos sistemas informatizados desenvolvidos para gerir contratos firmados, com amparo na cláusula 7.3 dos respectivos instrumentos; 9.3.2 inclua em futuros processos de concessão de infraestrutura aeroportuária, com o mesmo objetivo descrito no subitem anterior, cláusula contratual que expressamente faculte ao poder concedente acesso aos sistemas mencionados; 9.3.3 desenvolva estudos, com base, entre outras fontes, em parâmetros apresentados em aeroportos nacionais e internacionais, e elabore base de dados que possibilitem: 9.3.3.1 estabelecer, nas revisões dos Planos de Qualidade de Serviços das concessões em tela e em futuros contratos, indicadores e/ou parâmetros de desempenho que comportem avaliação da qualidade das obras executadas; e 9.3.3.2 indicar, nos próximos certames, maior número possível de áreas mínimas para componentes da infraestrutura aeroportuária que afetam diretamente usuários e padrões mínimos de qualidade dos materiais empregados nas respectivas obras; [...]". Acórdão n. 2905-TCU – Plenário.

[384] Esta edição foi impressa previamente à conclusão do processo licitatório e definição do vencedor.

[385] Publicado no Diário Oficial da União em 29 de junho de 2015. Disponível em http://www.aviacao.gov.br/assuntos/concessoes-de-aeroportos/resolucao-n-6-2015-de-26-de-junho-de-2015-pnd.pdf . Acesso em 23 fev. 2017.

CAPÍTULO VI – CONCESSÃO DE SERVIÇO PÚBLICO PARA...

le dos aeroportos sobre a responsabilidade do Poder Público; (ii) a obrigatoriedade de que os operadores aeroportuários comprovassem, quando da licitação, experiência prévia no processamento de 10 (dez) milhões de passageiros anuais em um único aeroporto.

Em 11 de setembro de 2015 foi publicado o Decreto n. 8.517, cumpriu designação do CND, incluindo os referidos aeroportos internacionais no PND. Esse Decreto ratificou a posição da ANAC e da SAC no procedimento, ampliando as funções da SAC na condução do procedimento de aprovação dos estudos, projetos, levantamentos e investigações. Ademais, este decreto reiterou a aplicação do Decreto n. 7.624, de 22 de novembro de 2011, impondo as regras dispostas no instrumento sobre a estruturação e outorga das novas concessões.

Em 09 de junho de 2015 a ANAC publicou o Edital de Chamamento Público de Estudos 001/2015, sob o processo 00055.000799/2015-93,[386] facultando que pessoas físicas e jurídicas da iniciativa privada se candidatassem a apresentar, por conta e risco, estudos sobre a viabilidade destes aeroportos, incluindo estudos de mercado, preliminares de engenharia, ambientais e avaliação econômico-financeira, visando subsidiar a modelagem das concessões. Desde que escolhidos pela ANAC, tais estudos iriam subsidiar a modelagem para concessão dos aeroportos, permitindo eventual reembolso sobre os estudos escolhidos.[387-387-A]

---

[386] Este edital foi aprovado pela Diretoria da ANAC pela decisão n. 83, de 19 de julho de 2011. Seu inteiro teor segue no sítio eletrônico da ANAC Disponível em http://www2.anac.gov.br/concessoes/Edital%20CPE%20001_2011.pdf. Acesso em 15 nov. 2015.

[387] O procedimento para solicitação, autorização e aprovação de projetos, estudos, levantamentos ou investigações que subsidiem a modelagem de concessões para exploração da infraestrutura aeroportuária pela iniciativa privada foi regulamentado pela ANAC por meio da Resolução ANAC n. 192, de 28 de julho de 2011.

[387-A] Em 04 e 14 de dezembro de 2015 a SAC publicou o Edital de Aprovação de seleção das pessoas físicas, ou jurídicas, que selecionou: i) Grupo BF Capital Assessoria em Operações Financeiras Ltda., JGP Consultoria e Participações Ltda., Logit Engenharia Consultiva Ltda., Moyses & Pires Sociedade de Advogados, Proficenter Negócios em Infraestrutura Ltda., e Infraway Engenharia, representadas pelo escritório Moyses & Pires Sociedade de Advogados; e, para Salvador e ii) Verax Consultoria e Projetos Ltda., Empresa Brasileira de Engenharia de Infraestrutura Ltda., Fernandes Arquitetos

273

Ato contínuo, foram encaminhados ao TCU os estudos de viabilidade técnica, econômica e ambiental (EVTEA) para atendimento do primeiro estágio de fiscalização. Novamente, o TCU foi enfático ao mencionar que não haveria avaliação das minutas de edital e contrato, objeto de estágio diverso de fiscalização.[388]

Foram autuados processos independentes de análise de EVTEA para cada um dos aeroportos, a saber: TC 035.257/2015-6 (Porto Alegre/RS)[389], TC 035.260/2015-7 (Florianópolis/SC)[390], TC 035.263/2015-6 (Fortaleza/CE)[391] e TC 035.261/2015-3 (Salvador/BA)[392], todos sob relatoria do Min. Walton Alencar Rodrigues. Ressalvadas algumas particularidades de cada projeto, de modo geral, os estudos foram aprovados com as mesmas ressalvas, impondo uma série de exigências e condicionantes comuns:

Associados S/S., e Geo Brasilis Consultoria, Planejamento, Meio Ambiente e Geoprocessamento Ltda., denominado Consórcio Aéreo Brasil.

[388] "(...) 38 Deve-se registrar que não faz parte do escopo deste relatório a análise das minutas de edital e contrato e seus anexos, apesar da relevância e do interesse da unidade técnica em avalia-los. Dessa forma, assuntos compreendidos nesses documentos, tais como qualidade de serviço, equilíbrio econômico-financeiro, Fator X, Fator Q e alocação de riscos entre poder concedente e concessionária, somente serão abordados no segundo estágio de análise pelo Tribunal" (Acórdão 925/2016 – Plenário). Texto se repete nos acórdãos que julgaram os EVETEA dos demais aeroportos: Acórdão 926/2016 – Plenário; Acórdão n. 956/2016 – Plenário.

[389] Acórdão n. 957/2016 – Plenário

[390] Acórdão n. 956/2016 - Plenário

[391] Acórdão n. 926/2016 - Plenário

[392] Acórdão n. 925/2016 - Plenário

CAPÍTULO VI – CONCESSÃO DE SERVIÇO PÚBLICO PARA...

Condicionantes gerais à publicação do edital de licitação	"(...) adoção de requisitos de habilitação que sejam tecnicamente adequados, imprescindíveis, suficientes e pertinentes ao objeto licitado". "(...) inclusão, no âmbito de discussão das audiências públicas, das informações técnicas, econômico-financeiras, ambientais e jurídicas constantes dos estudos de viabilidade do aeroporto em tela, disponibilizando ao público documentos que permitam identificar claramente as metodologias, premissas e estimativas aferidas, calculadas e utilizadas na tomada de decisão do Poder Público".
Recomendar à SAC e à ANAC	"(...) para as próximas concessões de infraestrutura aeroportuária, se abstenham de encaminhar ao TCU estudos de viabilidade técnica, econômico-financeira e ambiental antes da consolidação e análise das contribuições advindas da audiência pública". "(...) reavaliem a amostra de empresas utilizada no cálculo do parâmetro beta desalavancado, dentro do cálculo do custo médio ponderado de capital (WACC), a fim de garantir a sua representatividade". "(...) considerem, no cálculo do WACC dos EVTEA as condicionantes do Banco Nacional de Desenvolvimento Econômico e Social (BNDES) para obtenção de financiamentos destinados a investimentos no setor de infraestrutura logística". "(...) promovam uma revisão crítica no percentual de participação de capital de terceiros estimado para fins de cálculo do WACC, considerando, se possível, informações sobre alavancagem histórica de empresas concessionárias do setor de infraestrutura logística que tiveram financiamentos concedidos pelo Banco Nacional de Desenvolvimento Econômico e Social (BNDES)".
Recomendação à ANAC	"(...) inclua no edital de licitação cláusula que disponha expressamente que o concessionário deverá, preferencialmente, buscar absorver na contratação de seus quadros os empregados da Infraero atualmente lotados no aeroporto objeto deste processo de desestatização". "(...) seja objeto de discussão nas audiências públicas a necessidade de alocação de recursos da respectiva concessão destinados a garantir a execução do plano de demissão voluntária da Infraero, referente aos empregados daquela empresa lotados em aeroportos concedidos que não forem absorvidos pelas respectivas concessionárias; (...)".

Fonte: Elaboração Própria.

6.2.2 Definição do modelo jurídico

Este tópico avaliará o modelo jurídico adotado para fins de exploração da infraestrutura aeroportuária, previamente à análise dos termos contratados. O objetivo desta passagem é identificar as decisões públicas adotadas, permitindo seu cotejo com as regras jurídicas e o possível impacto sobre a prestação do serviço público.

Certos temas poderão revelar regras contratuais existentes, resultando no enfrentamento imediato de seu conteúdo, embora o tratamento desses instrumentos ocorra em tópico próprio.

6.2.2.1 *Concessionárias como SPE e a presença da Infraero como acionista*

Todos os contratos firmados até o presente momento, bem como os contratos de SSA; POA; FLN e FOR optaram por utilização das nominadas sociedades de propósito específico (SPE). São sociedades criadas exclusivamente para a execução da concessão, nos termos do artigo 20 da Lei n. 8.987/95.[393] Trata-se de prática recomendável para o isolamento das atividades da sociedade/concessionária em face das sociedades/acionistas, seja perante os riscos ou receitas geradas.[394]

---

[393] A sociedade de propósito específico, ordinariamente referida por meio do acrônimo "SPE", é constituída com objeto social determinado, restrito a um único projeto ou atividade principal alavancada por um esquema padronizado de financiamento, que pressupõe a capitalização pelos organizadores ou a obtenção de recursos iniciais decorrentes de mútuos feneratícios". (NÉBIAS, Diogo; WARDE Jr., Walfrido Jorge. Breves notas sobre o project finance como técnica de financiamento da infraestrutura. *In:* BERCOVICI, Gilberto; VALIM, Rafael (coords.) *Elementos de direito da infraestrutura.* São Paulo: Contracorrente, 2015, p. 54).

[394] "Em vista a necessidade de autonomia administrativa, patrimonial, financeira e técnica par a gestão de um projeto concessionário, é usual os editais de licitação (quando não a legislação, como fez a Lei n. 11.079/2004 – Lei de PPPs, em seu artigo 9º) exigirem que o vencedor constitua uma Sociedade de Propósito Específico – SPE para assinatura do contrato. Será a SPE a concessionária do serviço público. As SPEs destinam-se basicamente à dissociação de parcela do patrimônio daqueles que a integram, permitindo a efetiva separação dos ativos e dos riscos envolvidos em determinado negócio. A SPE dirige-se á apenas e tão-somente em um empreendimento: no que respeita às concessões,

CAPÍTULO VI – CONCESSÃO DE SERVIÇO PÚBLICO PARA...

Em regra, a SPE/concessionária é constituída pelos vencedores da licitação (adjudicatária), tal como ocorrido no contrato de ASGA e como ocorrerá nos contratos de SSA; POA; FLN; FOR. Contudo, os contratos de GRU/BSB/VCP/CNF/GIG apresentam construção peculiar para a concessionária, cuja SPE é composta pelos vencedores do certame e pela Infraero. As licitantes vencedoras das outorgas de GRU/BSB/VCP/CNF/GIG tiveram que constituir duas SPEs distintas: a denominada Acionista Privado[395], formada exclusivamente por elas; e a Concessionária, formada por 51% (cinquenta e um por cento) das ações com direito a voto do Acionista Privado e outros 49% (quarenta e nove por cento) remanescentes da Infraero.

Sob a perspectiva do concedente, a existência da SPE contribui para a fiscalização de sua atuação. No caso em tela, optou-se pela constituição de sociedades por ações, regidas pela Lei n. 6.404/1976, sendo facilitada a análise do balanço, das receitas, despesas e demais relações travadas sem eventuais dificuldades decorrentes de interferências próprias de relações comerciais distintas da concessão, seja em vista da formação de estruturas associativas desprovidas de personalidade jurídica ou da execução direta pela(s) sociedade(s) vencedora(s) do certame.

Dentre os controles possíveis do concedente, destaca-se a imposição de estabilidade da relação societária, materializado no dever de manutenção do controle acionário das sociedades em atenção às participações no certame. Como previsto no artigo 27 da Lei n. 8.987/1995,[396]

---

cabe a esta empresa gerir a atividade concessionária daquele específico contrato". (MOREIRA, Egon Bockmann. "Concessão de serviço público: breves notas sobre a atividade empresarial da concessionária". *Revista de Direito da Procuradoria Geral*, Rio de Janeiro, (edição especial), 2012, pp. 100-112. Disponível em http://download.rj.gov.br/documentos/10112/915066/DLFE-53908.pdf/REVISTAEDESP100.pdf. Acesso em 01 nov. 2015).

[395] "1.1.1 Acionista Privado: sociedade de propósito específico, constituída na forma de sociedade por ações pela Proponente vencedora da concessão de cada Aeroporto, de acordo com as leis brasileiras, com sede e administração no Brasil, para deter a participação na Concessionária e celebrar o Acordo de Acionistas com a Infraero".

[396] "Art. 27. A transferência de concessão ou do controle societário da concessionária sem prévia anuência do poder concedente implicará a caducidade da concessão.

§ 1º Para fins de obtenção da anuência de que trata o caput deste artigo, o pretendente deverá: (Renumerado do parágrafo único pela Lei n. 11.196, de 2005)

a alteração de controle depende de prévia e expressa autorização do concedente, sob pena de caducidade da concessão.[397] O terceiro interessado deverá comprovar o atendimento de requisitos equivalentes aos exigidos na concorrência, *v.g.* a demonstração de qualificação jurídica, econômica, regularidade fiscal e, eventualmente, técnica.[398]

A obrigação de estabilidade dos acionistas é intensificada nos contratos de concessão sob estudo. No contrato de ASGA foi vedada a transferência do controle acionário da concessão ao longo dos primeiros 3 (três) anos a contar da data de eficácia do contrato. Todas as demais transferências societárias que não impliquem em alteração do controle acionário dependerão de prévia e expressa anuência do concedente ao longo dos 5 (cinco) primeiros anos de contrato.

Nos demais contratos constam restrições semelhantes. Durante os 5 (cinco) primeiros anos das concessões, toda e qualquer mudança societária que não implique em troca de controle dependerá de prévia e expressa anuência do concedente. Por outro lado, são vedadas alterações societárias que impliquem em mudança de controle durante o mesmo período, proibida a alienação de ações a terceiros ou a realização de oferta

---

I – atender às exigências de capacidade técnica, idoneidade financeira e regularidade jurídica e fiscal necessárias à assunção do serviço; e
II – comprometer-se a cumprir todas as cláusulas do contrato em vigor".

[397] Sobre o tema: FRANZONI, Diego. "Transferência do poder de controle nas concessões". *Revista de Direito Administrativo Contemporâneo*. São Paulo, n. 11, pp. 77-95, 2014; SUNDFELD, Carlos Ari. "A transferibilidade como elemento essencial da concessão: pareceres". *Direito Administrativo Contratual*. São Paulo: Revista dos Tribunais, 2013.

[398] "Portanto, a alteração subjetiva deve ser admitida quando não importar sacrifício das condições originalmente pactuadas acerca da execução do contrato. Se as condições objetivas da proposta forem mantidas, a alteração subjetiva não representará qualquer infringência ao postulado da prevalência do interesse público. Também é obvio que não atenderá ao interesse público alteração que beneficie sujeito destituído dos requisitos de habilitação exigidos por ocasião da licitação. Reconhece-se que nem se pode considerar proposta formulada por sujeito inidôneo. Presume-se desvantajosa a proposta apresentada por quem não reúne condições de habilitação. Portanto, somente poderá admitir-se alteração subjetiva que não conduza à supressão das condições de habilitação do contratado". (JUSTEN FILHO, Marçal. *Teoria Geral das concessões de serviço público*. São Paulo: Dialética, 2003, p. 535).

CAPÍTULO VI – CONCESSÃO DE SERVIÇO PÚBLICO PARA...

pública das ações do Acionista Privado na concessionária. No mais, há vedação de que o Acionista Privado admita como acionista qualquer entidade, suas controladas, controladoras, coligadas, que sejam acionistas, diretos ou indiretos, das concessionárias dos outros aeroportos concedidos.

Os contratos de GIG/CNF/POA/SSA/FLN/FOR apresentam regras adicionais e distintas dos demais. No caso de GIG/CNF, mesmo superados os 5 (cinco) primeiros anos da concessão, a transferência de ações de propriedade da empresa que comprovou qualificação técnica de operador aeroportuário, ou qualquer operação societária que implique em redução de sua participação societária, somente poderá ser efetuada mediante prévia e expressa anuência da ANAC e dependerá da manutenção dos requisitos de habilitação técnica.

No caso de POA/SSA/FLN/FOR, durante todo o prazo da Concessão, a transferência de ações de propriedade do Operador Aeroportuário, ou qualquer outra operação, que implique redução de sua participação societária na Concessionária a patamar inferior a 15% (quinze por cento), somente poderá ser efetuada mediante prévia e expressa anuência da ANAC, que deverá considerar na análise a manutenção dos requisitos de habilitação, inclusive técnica.

As regras incidentes sobre a liberdade de movimentação do operador aeroportuário reflete mudança na compreensão da importância do operador aeroportuário para o bom desenvolvimento da concessão se comparado aos aeroportos de ASGA/GRU/VCP/BSB, estendendo as exigências de qualificação técnica dos editais de licitação destes aeroportos às relações contratuais.

Ainda neste tema, destaca-se que a restrição à transferência do controle ultrapassa a concessionária ou o Acionista Privado, alcançado o *controle indireto* do Acionista Privado. Ao mencionar o controle indireto, pretendeu-se superar as SPEs e atingir diretamente o seu acionista, sócio ou bloco controlador.

Neste aspecto, mesmo compreendendo adequada a vinculação das alterações de controle direto do Acionista Privado aos requisitos exigidos na legislação e contrato, vez representarem efetivamente os interessados que venceram o procedimento licitatório, a extensão dessa prerrogativa ao controle indireto se revela demasiada, ou, ao menos, injustificada. Isso porque a sociedade que participou do certame, ou seja, que comprovou a qualificação jurídica, fiscal, técnica e econômica, é pessoa detentora de personalidade jurídica própria e distinta de seus acionistas/sócios, não se confundindo com estes.[399]

Portanto, escapando aos requisitos legais que permitem o controle por parte do concedente, entende-se não ser adequada a gestão sobre o controle indireto do Acionista Privado, de sorte que a preservação da prestação do serviço ou interesse público não sejam fundamentos jurídicos suficientes para ratificar ingerência desta ordem.

O tratamento deste tema é diverso perante a possibilidade de transferência do controle dessas sociedades aos financiadores da concessão, desde que para a sua reestruturação financeira.

Um dos pilares motivadores da concessão é a necessidade de disponibilização de vultosos recursos financeiros em curto prazo, permitindo o avanço das estruturas e atendimento ao pretendido pelo concedente. Para tanto, é imprescindível que as estruturas concebidas permitam a obtenção desses recursos com o menor custo de capital possível, a fim de evitar que os valores envolvidos impeçam a realização do pretendido. O isolamento da execução da concessão em uma sociedade empresária permitirá a segregação das receitas oriundas de sua realização, facilitando sua cessão a terceiros, desde que a prestação dos serviços não seja comprometida.

Além disso, como ato adicional, há previsão de que os financiadores poderão assumir o controle temporário das concessionárias para promover sua "reestruturação financeira e assegurar a continuidade da exploração do objeto da Concessão, nas condições pactuadas, diretamente, entre a SPE e o financiador". A previsão confere segurança ao financiador, pois autoriza a realização de ajustes diretamente na administração da

---

[399] MOREIRA, Egon Bockmann. "Concessão de serviço público: breves notas sobre a atividade empresarial da concessionária". *Revista de Direito da Procuradoria Geral*. Rio de Janeiro, (edição especial), 2012, pp. 100-112. Disponível em http://download.rj.gov.br/documentos/10112/915066/DLFE-53908.pdf/REVISTAEDESP100.pdf> Acesso em 01 nov. 2015.

CAPÍTULO VI – CONCESSÃO DE SERVIÇO PÚBLICO PARA...

concessionária, permitindo afastar dificuldades que, por vezes, são representativas do insucesso da concessão.

Essa transferência deverá ser anuída pelo concedente e dependerá da prévia comprovação da idoneidade financeira, regularidade jurídica e fiscal do financiador, bem como de seu compromisso com o atendimento integral do Contrato. Constata-se não haver exigência de comprovação de capacidades técnicas, cuja dispensa era autorizada pelo artigo 27, § 3º da Lei n. 8.987/95, ora renumerado para 27-A, § 1º, nos termos da mudança promovida pela Lei n. 13.097/2015. Pela natureza da atividade econômica do financiador, sua inclusão à semelhança do exigido para fins de transferência do controle a terceiros interessados, impediria a efetivação do pretendido.

6.2.2.2 *Infraero como acionista das concessionárias: histórico e disposições contratuais*

De acordo com o histórico relatado pelo TCU nos processos de avaliação dos primeiros e segundos estágios para outorga dos aeroportos de GRU/VCP/BSB, respectivamente Acórdãos n.s 3.232, 3.234 e 3.233/2011-Plenário e 157/2012-Plenário; bem como no Acórdão n. 548/2014 – Plenário, oriundo de auditoria operacional de avaliação do estágio de execução dos contratos de GRU/VCP/BSB, é amplamente relatado que a SAC[400], quando do processo de outorga dos aeroportos de GRU/VCP/BSB, informara que a participação da Infraero como acionista da Concessionária objetivaria (i) o recebimento de dividendos para a manutenção de um volume de receitas suficientes para a gestão da grande malha de aeroportos deficitários, mantendo o sistema de subsídios cruzados entre os aeroportos superavitários e os demais, e (ii) a possibilidade de assimilar as melhores práticas societárias e de gestão aeroportuária, permitindo novos conhecimentos a serem aplicados nos aeroportos que administra.

---

[400] Há menção à motivação da SAC, por meio da Nota Técnica n. 25 DEOUT/DERC/SPR/SAC-PR.

No primeiro estágio de avaliação dos aeroportos de GRU/VCP/ BSB os Acórdãos proferidos continham disposições no sentido de reconhecer que a decisão da ANAC era discricionária, porém, que deveria ser reconsiderada, recomendando: "examine a necessidade de participação da Infraero na futura SPE ou que seja estabelecido, na minuta de contrato, mecanismo que possibilite e estimule a diminuição gradativa dessa participação no capital social da concessionária". Para tanto, argumentou o Ministro Aroldo Cedraz, relator dos Acórdãos:

> 92. Além dos pontos discutidos com maior detalhe neste voto, merece reflexão a obrigatoriedade da participação da Infraero na composição acionária da futura Sociedade de Propósito Específico (SPE). Conforme destacou a Sefid-1, a automática inclusão da Infraero como participante da SPE gerenciadora da concessão surge desarrazoada, não se encontrando, nos autos, argumentação que a sustente. Regidos por lógicas distintas, vislumbra-se que a coexistência da empresa pública e do agente privado na SPE responsável pela gestão do aeroporto ostenta significativa possibilidade de extenso prejuízo à capacidade decisória da concessionária, em detrimento da eficiência originalmente almejada pelo instituto da concessão. Sublinha-se, assim, que a obrigatoriedade de participação da Infraero potencializa os riscos quanto à governança corporativa da SPE.
>
> 93. As atividades da futura empresa concessionária resultariam, portanto, mais bem alinhadas aos interesses públicos em decorrência da diligente atuação da agência reguladora do setor do que pela pretendida participação direta de empresa estatal na SPE, representando a injustificada permanência da Infraero no arranjo societário um desnecessário risco à concessão para prestação do serviço público nos aeroportos.

A despeito da recomendação do TCU, foi mantida a decisão de participação da Infraero na sociedade concessionária dos três aeroportos. Nos termos das minutas encaminhadas à avaliação do segundo estágio de fiscalização, a Infraero assumiria 49% (quarenta e nove por cento) do capital social, firmando acordo de acionistas, então anexo ao edital.

CAPÍTULO VI – CONCESSÃO DE SERVIÇO PÚBLICO PARA...

O acordo de acionistas tem a função de regular as obrigações e principais relações societárias entre o Acionista Privado e a Infraero, tendo sido incluído dentre os documentos de licitação para conhecimento prévio de todos os interessados. Dentre as regras previstas, destacam-se:

(i) Dever de integralização do capital social pela Infraero na proporção dos valores exigidos no certame;

(ii) Integralização adicional de capital de acordo com o cronograma e condições acordadas pelas partes, em atenção, se for o caso, ao contrato de concessão e o acordo de acionistas;

(iii) A opção da INFRAERO de acompanhar o Acionista Privado no aumento de capital social, proporcionalmente à sua participação, devendo exercê-la no prazo de 30 (trinta) dias contados da data que o Acionista Privado informar à Infraero sobre a necessidade do aumento de capital;

(iv) Permissão para constituição de ônus sobre suas ações em favor dos financiadores, bem como ofertar garantias corporativas adicionais na proporção de sua participação;

(v) Previsão do direito da Infraero de vender em conjunto com o Acionista Privado suas ações para eventual terceiro comprador, na hipótese de aquisição do controle da concessionária ou do Acionista Privado, observados os mesmos prazos, condições e preços sob pena de nulidade do negócio jurídico entre o terceiro e o Acionista Privado;

(vi) Direito de eleição de membros do conselho de administração na proporção de sua participação societária, sempre garantido ao menos 1 (um) membro independente de sua participação na sociedade – garantida sempre a maioria da eleição para o Acionista Privado;

(vii) Direito de veto sobre as seguintes matérias: "(a) qualquer alteração no Capital Social autorizado, ou a redução do Capital Social; (b) qualquer alteração do Estatuto Social da Concessionária, com exceção das alterações decorrentes de aumento de capital social; (c) qualquer decisão de liquidação da Concessionária, com exceção da hipótese descrita na cláusula

2.1 (c); (d) formação de qualquer parceria, consórcio, *joint venture* ou empreendimento similar; (e) qualquer operação de fusão, cisão, transformação, incorporação de ações, cisão parcial, da Concessionária; (f) a nomeação ou a troca da entidade responsável pela realização de auditoria externa da Concessionária; (g) a venda, transferência ou alienação de ativos da Concessionária, seja por meio de uma única operação ou por uma série de operações, interrelacionadas ou não, exceto pela alienação de ativos não mais necessários ou úteis na condução dos negócios da Concessionária pelo seu justo valor de mercado; (h) a contratação de qualquer Endividamento que não seja vinculado à realização dos investimentos previstos no Plano de Exploração Aeroportuária (PEA); (i) celebração de qualquer contrato, acordo, arranjo ou compromisso com qualquer Parte Relacionada dos Acionistas do Acionista Privado, ou alteração ou aditamento de qualquer deles, salvo se em termos e condições de mercado".

(viii) Abstenção em relação à aprovação de qualquer modificação, renúncia ou execução do contrato de concessão;

(ix) Imposição de que qualquer contrato firmado com parte relacionada do Acionista Privado seja em condições de mercado;

(x) Dever de eleição de auditoria independente de grande porte e reconhecida nacional e internacionalmente para cada exercício financeiro;

(xi) Imposição de que qualquer modificação do acordo de acionistas seja contemplada em documento escrito e assinado por todos os acionistas;

(xii) Eleição de foro arbitral para resolução de toda e qualquer controvérsia e/ou disposta oriunda ou relacionada ao acordo de acionista. Eleição da Câmara de Comércio Internacional – CCI, na cidade de Brasília/DF, idioma em português e aplicação da legislação brasileira.

O conteúdo do documento revela a intenção de impedir o exercício de controle pela Infraero, a fim de afastar eventual incidência do regime jurídico-administrativo, porém ainda garante à empresa

CAPÍTULO VI - CONCESSÃO DE SERVIÇO PÚBLICO PARA...

pública algum privilégio perante matérias consideradas essenciais à proteção de seus interesses.

No voto proferido pelo Ministro Aroldo Cedraz, relator do segundo estágio de fiscalização das concessões de GRU/VCP/BSB, foi reiterada a recomendação para que o CND e a ANAC, quando das futuras concessões, examinem a real necessidade de participação da Infraero nas concessionárias.[401]

Não obstante as recomendações firmadas, as outorgas seguintes de GIG/CNF mantiveram a mesma estruturação. O capital social da

---

[401] "O relatório deste acórdão apresenta críticas severas dos técnicos do TCU sobre a modelo pretendido, tendo sido endossadas pelo Ministro Relator em seu voto: 143. Considerando-se os efeitos nefastos que o arranjo acima descrito pressagia em relação à eficácia e eficiência da concessão em exame, entende-se imperioso renovar as admonições contidas no relatório associado ao Acórdão 3.232/2011-TCU-Plenário. Note-se, preliminarmente, que a composição delineada agride o próprio conceito da concessão, estipulado pela Lei 8.987/1995 (art. 2º, inciso II) como sendo o de serviço prestado por conta e risco de pessoa jurídica ou consórcio de empresas – é dizer, o instituto concessório é legalmente concebido como gerenciamento integralmente privado, sujeito à regulação, porém isento de co-administração estatal. 144. Com efeito, uma concessão executada por uma empresa pública é uma *contradictio in adjecto*, eis que as entidades da Administração Indireta já são titulares de delegação do Poder Público e, portanto, não podem se furtar à observância das normas de Direito Público nem transcender as limitações determinadas por tal condição. No que se refere à salvaguarda do interesse público patrocinado por tais entidades, encontramo-las transplantadas, quando da desestatização desses serviços, às agências reguladoras, às quais cabe orientar, de perspectiva externa à firma, a atuação da incumbente. 145. Outrossim, tem-se que a regulação do setor conta com entidade legalmente concebida para tanto, uma vez que a Lei 11.182/2005 é clara ao confiar à Anac o mister de 'regular e fiscalizar as atividades de aviação civil e de infraestrutura aeronáutica e aeroportuária' (art. 2º). A especialização técnica e a centralização normativa requeridas pela atividade regulatória tornam inadequada sua diluição organizacional, motivo pelo qual o ordenamento nacional – seguindo as melhores práticas internacionais – homenageia o princípio da especialidade no que tange à instituição de entidades reguladoras. 146. Assim, se o objetivo precípuo da concessão é justamente aproveitar a flexibilidade inerente à iniciativa privada, regulando-se o serviço em função dos resultados apresentados (qualidade, tarifa etc.), não se concebe justificativa para que se sacrifique precisamente essa característica, impondo-se a participação de agentes públicos no diuturno processo de formulação decisória da sociedade empresarial. Evidente que, nessa situação, não há mais que se falar em iniciativa privada, e sim em administração híbrida ou bicéfala, teratologia suscetível de ocasionar imprevisíveis prejuízos à condução da SPE".

concessionária seria formado por 51% (cinquenta e um por cento) do Acionista Privado e 49% (quarenta e nove por cento) da Infraero. Constata-se que a Resolução CND n. 02/2013, que propôs a inclusão dos aeroportos no PND, impôs a participação da Infraero com o referido percentual, afastando eventual margem para verificação de conveniência de sua manutenção pela ANAC ou SAC.

No primeiro estágio de fiscalização destas concessões, o Acórdão n. 2466/2013 – TCU – Plenário, sob relatoria da Ministra Ana Arraes, foi recomendado que a ANAC reexaminasse a "(...) necessidade de participação da Empresa Brasileira de Infraestrutura Aeroportuária nas futuras Sociedades de Propósito Específico e fundamente sua decisão ou estabeleça, na minuta do contrato relativa ao certame em tela, mecanismo que contribua para diminuição gradativa dessa participação".

A despeito da recomendação, os documentos de licitação mantiveram a redação e a estrutura observada quanto às concessões anteriores, com diferenças pontuais nas minutas de acordo de acionistas anexas aos documentos de licitação. As principais mudanças impuseram regras de governança; novas disposições procedimentais para eventual contratação de parte relacionada ao Acionista Privado e incluíram novas hipóteses permissivas de veto pela Infraero, propriamente quanto a (i) alterações na política de distribuição de dividendos; (ii) nomeação do auditor interno; e (iii) um nome da lista tríplice a ser apresentada para Diretor Presidente.

Foram revisitadas normas de governança relevantes à gestão da concessionária, impactando diretamente sobre o efetivo controle do Acionista Privado, cuja liberdade decisória foi diminuída. Foi atribuído ao conselho de administração a nomeação do Diretor-Presidente da concessionária, escolhido dentre profissionais indicados em lista tríplice a ser apresentada por empresa especializada de recrutamento profissional. Foi previsto que o diretor de operações aeroportuárias seria nomeado em lista tríplice indicada pelo sócio operador aeroportuário do Acionista Privado.

As novas regras sobre a contratação de parte relacionada ao Acionista Privado passaram a exigir:

> (i) a celebração por escrito, com especificação no respectivo instrumento, das suas principais características, especialmente a forma de contratação; (ii) os preços, prazos, garantias de prazo de execução e de qualidade, impostos e taxas, as condições de subcontratação, direitos e responsabilidades; (iii) as condições de mercado, acompanhadas de solicitação de proposta de, pelo menos, três empresas com similar capacidade técnica ou, quando não haja parâmetro de mercado, de negociações assemelhadas anteriores; (iv) observar as políticas definidas no plano estratégico da Concessionária e ser equivalente em relação a outra opção de contratação de mesma natureza, em termos de regime de contratação, alocação de riscos entre contratante e contratado, tempo, custo e qualidade.

Os documentos licitatórios foram submetidos à Corte de Contas para julgamento do segundo estágio de fiscalização, então cumulado, neste caso, com o terceiro e quarto estágios. No julgamento desses estágios o Acórdão n. 2905/2014 – TCU – Plenário, de relatoria do Ministro-Substituto Marcos Bemquerer Costa, reiterou as recomendações anteriores, porém com alerta efetivo no sentido de que

> (...) no caso de recomendações, a repetição da ocorrência nos próximos certames com o mesmo objeto, sem motivação adequada ou sem adoção de soluções alternativas para cumprir princípios e normas que nortearam as orientações deste Tribunal, poderá gerar adoção de providências com vistas à responsabilização em trabalhos futuros do TCU.

O referido julgamento ocorreu após a prolação do Acórdão n. 584/2014 – TCU de acompanhamento das concessões dos aeroportos de GRU/VCP/BSB. O relatório produzido pelas áreas técnicas e a consequente decisão da Corte de Contas foi crítica ao modelo adotado em vista dos resultados então percebidos pela Infraero. O voto do Ministro Aroldo Cedraz, relator do Acórdão, consignou passagens sobre as conclusões oriundas do mencionado relatório, cujo conteúdo é relevante ao texto:

40. Por fim, no que tange à participação da Infraero nas Sociedades de Propósito Específico (SPE), da mesma forma manifestei a minha preocupação quanto à adequação dessa decisão governamental. As justificativas para a participação da Infraero como sócia relevante nas concessionárias foram, basicamente, a de receber dividendos e a de assimilar as melhores práticas de gestão.

41. Entretanto, os problemas identificados na atuação da Infraero apresentados neste Relatório me deixam ainda mais apreensivo quanto ao alcance desses objetivos.

42. Foi constatado que a organização da Infraero não é compatível com o sistema de governança corporativa de empresas estatais que detêm participações acionárias relevantes. Somente dois funcionários atuam no acompanhamento das concessões. Não há estrutura formal para a área. Não existe levantamento detalhado dos processos, fluxos e produtos, como também procedimentos para orientar as atividades. Essas fragilidades identificadas representam risco para a concretização dos objetivos previstos pelo governo.

43. Foi observado que a Infraero não possui ações e procedimentos definidos para avaliar, considerando os aportes de capital efetuados, o retorno financeiro de suas participações acionárias nas concessionárias de infraestrutura aeroportuárias.

44. Quanto à assimilação das melhores práticas para utilização em aeroportos de sua rede, foi constatado que a Infraero não possui ações definidas com vista à captação, disseminação e aplicação dessas práticas. A equipe de auditoria inferiu, valendo-se de preceitos de mercado aplicados a questões concorrenciais, uma possível restrição de as concessionárias compartilharem conhecimentos estratégicos da gestão de seus aeroportos, principalmente aqueles relacionados a questões comerciais, que possam ser utilizados em aeroportos concorrentes da rede Infraero.

45. O mais grave, no entanto, entendo que seja a constatação de que a Infraero possui limitações para verificar se os contratos assinados pelas concessionárias com partes relacionadas, que representam a grande maioria dos valores contratados, atendem a termos e condições de mercado. É de ser lembrado que, para a realização desses contratos, é necessário consentimento prévio e por escrito da Infraero, que pode vetar qualquer contrato com parte relacionada realizado em condições diversas às de mercado.

CAPÍTULO VI – CONCESSÃO DE SERVIÇO PÚBLICO PARA...

46. Os valores dos contratos para a realização dos investimentos, apresentados na tabela 10, Peça 76, são, para o Aeroporto de Guarulhos, cerca de R$ 2,1 bilhões; Viracopos, R$ 2,065 bilhões; e Brasília, 863 milhões.

47. Nem mesmo os argumentos de que são exíguos os prazos previstos para a entrega das obras da Fase I-B; de que é expressivo o valor da multa imposta em caso de atraso; ou, ainda, o fato de haver dificuldade de entendimento acerca da expressão "termos e condições de mercado", são razões aceitáveis para justificar o risco incorrido pela Infraero em autorizar, ainda que em caráter provisório, a realização de tão vultosos contratos. Conforme informado no Relatório, os contratos assinados entre as concessionárias e as construtoras não possuem cláusulas dispondo que os valores inicialmente acordados poderão ser alterados em decorrência de análise que vier a ser procedida pela Infraero. Ou seja, pode haver impossibilidade jurídica de ressarcimento, caso sejam identificados valores superiores aos de mercado. Tal situação representa risco de que a Infraero tenha eventuais prejuízos no recebimento de dividendos.

48. Assim, diante dos riscos envolvidos neste procedimento, entendo mais conveniente expedir, em vez de recomendação, determinação à Infraero, com fundamento no art. 43, inciso I, da Lei 8.443/1992 c/c o art. 250, inciso II, do Regimento Interno do TCU, que se abstenha de consentir a celebração de qualquer contrato ou instrumento congênere com parte relacionada às concessionárias das quais participa como sócia relevante, sem analisar previamente e de maneira consistente, o atendimento aos termos e às condições de mercado.

Com fulcro nas constatações, foram proferidas as recomendações diretamente à Infraero, a fim de que fosse aprimorada sua atuação como acionista das concessionárias de GRU/BSB/VCP:

9.4 com fundamento no art. 250, inciso III, do Regimento Interno do TCU[402], recomendar à Empresa Brasileira de Infraes-

---

[402] "Art. 250. Ao apreciar processo relativo à fiscalização de atos e contratos, o relator ou o Tribunal: (...) III – recomendará a adoção de providências quando verificadas

trutura Aeroportuária (Infraero) que:

9.4.1 implemente estrutura para tratar da gestão de participações acionárias e defina e formalize procedimentos para as atividades desenvolvidas no acompanhamento de suas participações acionárias (parágrafo 198);

9.4.2 implemente mecanismos para gerenciar os riscos associados aos objetivos da participação da Infraero nas concessões (parágrafo 214);

9.4.3 desenvolva e formalize procedimento específico para avaliar o retorno financeiro de suas participações acionárias nas concessionárias de infraestrutura aeroportuária, de modo a utilizar tais avaliações, por exemplo, na tomada de decisão sobre futuros aportes de capital nessas empresas (parágrafo 214);

9.4.4 comunique à Secretaria de Aviação Civil da Presidência da República o resultado das análises que vierem a ser procedidas relacionadas ao retorno financeiro dos investimentos feitos nas concessionárias (parágrafo 214);

9.4.5 envide esforços destinados ao estabelecimento de uma política de dividendos nas concessionárias, que contenha, entre outros aspectos: a periodicidade dos pagamentos, o parâmetro de referência a ser utilizado para definição do montante a ser distribuído e as circunstâncias e os fatores que podem afetar a distribuição (parágrafo 214);

9.4.6 adote o Pronunciamento Técnico CPC 18 (Revisão 2), especialmente em relação à divulgação das possíveis perdas por redução ao valor recuperável dos investimentos efetuados nas concessionárias dos aeroportos, quando comparado com os valores contabilizados, em suas demonstrações contábeis anuais (parágrafo 216);

9.4.7 especifique as matérias em relação às quais deverá absorver as melhores práticas das concessionárias e defina os mecanismos para captá-las e implementá-las nos aeroportos de sua rede, indicando etapas, atividades, cronograma de implementação e possíveis produtos (parágrafo 230);

---

oportunidades de melhoria de desempenho, encaminhando os autos à unidade técnica competente, para fins de monitoramento do cumprimento das determinações".

CAPÍTULO VI – CONCESSÃO DE SERVIÇO PÚBLICO PARA...

> 9.4.8 aperfeiçoe os procedimentos, firmados mediante protocolo junto às concessionárias, de verificação da adequabilidade dos termos e das condições de mercado em relação a obras e serviços de engenharia, notadamente em relação à conferência dos quantitativos constantes do orçamento (parágrafo 252);
>
> 9.4.9 desenvolva e estabeleça procedimentos, próprios ou mediante protocolo, para análise dos contratos assinados pelas concessionárias com partes relacionadas além daqueles referentes a obras e serviços de engenharia (parágrafo 252);

Em vista do histórico e regramento ao qual a Infraero foi submetida como acionista da Concessionária, relevante avaliação crítica do regramento incidente e do modelo adotado.

6.2.2.2.1 *Considerações gerais e críticas ao modelo adotado*

Duas são as linhas de avaliação deste tópico. A primeira, voltada à verificação da situação jurídica da Infraero enquanto sócia minoritária de uma empresa privada, e a segunda dedicada à avaliação do modelo em vista da motivação exarada pela SAC e pela ANAC no momento da tomada de decisão.

6.2.2.2.2 *Regime da Infraero como acionista das concessionárias*

A participação da Infraero diretamente em empresas privadas foi permitida com a promulgação da Lei n. 12.648/2012. Com fulcro nesse dispositivo, considerando o entendimento acerca da suficiência dessa autorização legislativa, as concessionárias foram constituídas como empresas privadas com participação minoritária da empresa pública.[403]

---

[403] Sobre tema similar: AURÉLIO, Bruno. "Definições e parâmetros para a constituição das subsidiárias de sociedade de economia mista (Ação Direta de Inconstitucionalidade n. 1.649-1/DF)". In: PEREIRA, Flávio Henrique Unes *et al.* (coords.). *O direito administrativo na jurisprudência do STF e do STJ*: homenagem ao professor Celso Antônio Bandeira de Mello. Belo Horizonte: Fórum, 2014, pp. 83-90.

O tema da participação minoritária é relevante para a avaliação do regramento ao qual a concessionária se submeterá, mas não é determinante. Deter o controle societário seria o fator relevante condutor de subsunção ao regime público ou privado, a despeito da atividade executada pela sociedade.

A inexistência de controle distanciou essas sociedades daquelas integrantes da Administração Indireta, propriamente das empresas públicas e das sociedades de economia mista. Dessa forma, seriam essas sociedades estritamente privadas, cujo regime jurídico incidente seria também próprio dessas empresas.[404]

Mesmo prestadora de serviço público, tal como ocorre com as concessionárias sob estudo, por se tratar de sociedade privada com capital minoritário público, o regime jurídico-administrativo somente incidirá quando houver imposição normativa específica, tal como para qualquer outra sociedade/concessionária. O regime jurídico-administrativo próprio às entidades da Administração Pública Indireta prestadoras de serviço público é afastado.

A conclusão acima torna bastante peculiar a situação da Infraero.

Ao receber a delegação legislativa para exercício do serviço público de exploração aeroportuária, a Infraero atua sob tutela da União

---

[404] Acerca do regime jurídico aplicado às sociedades com capital minoritário público e controladas por sociedades privadas: GUIMARÃES, Bernardo Strobel. "A participação de empresas estatais no capital de empresas controladas pela iniciativa privada: algumas reflexões". *In*: MARQUES NETO, Floriano de Azevedo; ALMEIDA, Fernando Dias Menezes de; NOHARA, Irene Patrícia; MARRARA, Thiago (coords.). *Direito e administração pública*: estudos em homenagem a Maria Sylvia Zanella Di Pietro. São Paulo: Atlas, 2013, pp. 374-389; MONTORO FILHO, André Franco. "A aviação no Brasil: estudo econômico da demanda de transporte aéreo para passageiros". *Revista Brasileira de Economia*, Rio de Janeiro, vol. 25, n. 2, p. 39-74, abr./jun. 1971; SCHWIND, Rafael Wallbach. *Participação estatal em empresas privadas*: as "empresas público-privadas". 2014. 385 f. Tese (Doutorado em Direito). Faculdade de Direito, Universidade de São Paulo, 2014. SUNDEFLD, Carlos Ari; SOUZA, Rodrigo Pagani de; PINTO, Henrique Motta. "Empresas semiestatais". *Revista de Direito Público da Economia* – RDPE, Belo Horizonte, n. 36, pp. 75-99, out./dez, 2011; PINTO JUNIOR, Mario Engler. *Empresas estatais*: função econômica e dilemas societários. 2ª ed. São Paulo: Atlas, 2013.

CAPÍTULO VI – CONCESSÃO DE SERVIÇO PÚBLICO PARA...

Federal, atraindo a integralidade do regime público. Por outro lado, não obstante executar a mesma atividade material, ou seja, a prestação de serviço público, a partir do momento em que passa a atuar como acionista minoritária de sociedade/concessionária, portanto, em igualdade de condições com outros particulares, o regime de direito privado se torna predominante.

Portanto, o retrato atual revela a Infraero, direta e indiretamente, exercendo a mesma competência de natureza pública – exploração da infraestrutura aeroportuária –, contudo o fará sob regimes jurídicos distintos em vista de sua posição jurídica. As diferenças são evidenciadas no cotejo do regime de exploração das concessionárias, ora objeto deste capítulo, com o disposto no capítulo dedicado a Infraero.

6.2.2.2.3 Críticas ao modelo de participação da Infraero nas concessionárias

As observações terão a norma jurídica, seja ela a legislação ou o contrato, como fonte e limite. Sob esta luz, nesta passagem será avaliado o alcance da decisão pública em cotejo com o regime jurídico e a motivação exposta para definição da Infraero como acionista das concessionárias.

O primeiro tema para reflexão é decisão que impôs o ingresso da Infraero diretamente como sócia das licitantes vencedoras do certame, ou seja, que a inseriu no capital social das concessionárias por meio de previsão no edital de licitação.

A premissa inicial passa pelo entendimento do conteúdo e alcance da decisão da União Federal, recomendada pelo CND, em conceder determinado serviço público para a execução por particulares.

Parte da resposta deriva da Lei n. 9.491, de 09 de setembro de 1997, que instituiu o Plano Nacional de Desestatização, o qual considera desestatização a "transferência, para a iniciativa privada, da execução de serviços públicos explorados pela União, diretamente ou através de entidades controladas, bem como daqueles de sua responsabilidade".

Mesmo considerando que a norma não retrataria o conteúdo do instituto da concessão de serviço público, conforme exposto previamente, trata-se de instrumento para outorga aos particulares da execução de serviço público de competência da União. Inclusive, para tanto, por imposição constitucional, é imperativo o dever de licitar, a fim de que seja preservada a isonomia entre os interessados em realizar esta atividade.

Isso significa que se a decisão pública pretende que o serviço público passe a ser realizado indiretamente por particulares, sua transferência dependerá de concorrência e disputa pelo mercado interessado. Em contrapartida, tomada essa decisão, entende-se ter sido ponderado e decidido que a manutenção da prestação direta, inclusive mediante delegação às entidades da Administração Indireta, não atenderia ao interesse público. Isso porque, se o interesse público fosse mais bem atendido dessa forma, a Administração deveria fazê-lo.

Decidido pela concessão, deixa de existir o interesse e o vínculo próprio constituído pela legislação para atribuição desse serviço à Infraero, nos termos da Lei n. 5.862/1972. Noutras palavras, o privilégio atribuído ao ente da Administração Indireta para que receba determinado serviço público e o exerça em nome da União não mais é verificado, no mínimo, para os aeroportos postos à concessão.

Nesta hipótese, se existente algum interesse da Infraero em permanecer na exploração dessa atividade, este se assimilaria a todo e qualquer interesse particular. A mudança de posição jurídica em vista do interesse perseguido pela empresa pública pode vincular o regime de sua atuação.

Ao deixar de atuar diretamente como prestador do serviço público em virtude de delegação legislativa específica, o interesse da empresa pública torna-se equivalente ao de outras sociedades empresárias, exigindo que sua atuação seja pautada pelo regime privado e, portanto, pelo dever de igualdade de condições concorrenciais. Essa situação é confirmada se a finalidade perseguida – tal como exposto pela ANAC e SAC – é a obtenção de dividendos, objetivo próprio da atividade econômica.

CAPÍTULO VI – CONCESSÃO DE SERVIÇO PÚBLICO PARA...

Ao atuar no mercado privado é atraído o regime jurídico próprio por imposição constitucional. Se uma empresa pública atua em posição similar à dos particulares, é exigida a incidência do artigo 173, § 1º, II da Constituição Federal, *in casu*, "a sujeição ao regime próprio das empresas privadas, inclusive quanto aos direitos e obrigações civis, comerciais, trabalhistas e tributários".

A decisão da União de impor a participação direta da Infraero como acionista minoritária de uma empresa privada prestadora de serviço público pode ser identificada como meio de superar o trâmite de sua participação no certame, atribuindo-lhe posição privilegiada perante uma atividade cuja decisão pública foi de colocar à disputa do mercado, ou seja, para a livre concorrência como qualquer atividade econômica.[405]

Estando sob controle do particular, acabará a Infraero por seguir os preceitos e premissas internas e de governança que guiam qualquer explorador de atividade econômica, mesmo que o objeto final seja o serviço público. Por derradeiro, como mencionado acima, é criada situação inusitada de a mesma pessoa jurídica exercer exatamente a mesma atividade material, porém sobre regimes jurídicos distintos, cuja intersecção se dá apenas quando a norma ou o contrato impuserem.[406]

---

[405] Sob perspectiva diversa, mas alcançando conclusão semelhante, Marcos Juruena Vilela Souto concluiu que seria inconstitucional a previsão constante do projeto de Lei n. 5.938/2009, impondo que as empresas vencedoras das licitações do pré-sal deveriam formar consórcios com a Petrobras: "Não resta dúvidas de que esta obrigatoriedade da formação de consórcio das empresas privadas vitoriosas nas licitações do pré-sal com a Petrobras viola o sistema constitucional de atuação das empresas estatais, a liberdade de associação e a liberdade de contratar das licitantes vencedoras. Trata-se, em última análise, de uma intervenção indevida na liberdade de empresas das licitantes vencedoras, que corresponde a uma das facetas da liberdade iniciativa. Enfim, todos são valores inerentes ao fundamento da liberdade de iniciativa". SOUTO, Marcos Juruena Villela. "Propostas legislativas de novo marco regulatório do pré-sal". *Revista de Direito da Procuradoria Geral*, Rio de Janeiro, (edição especial), 2012, pp. 263-297. Disponível em http://download.rj.gov.br/documentos/10112/915066/DLFE-53915.pdf/REVISTAEDESP263.pdf. Acesso em 31 out. 2015.

[406] Em perspectiva distinta, sob o aspecto concorrencial e regulatório, Rafael Wallbach Schwind alerta sobre potencias dificuldades do modelo: "A participação da Infraero

Em suma, a decisão e a inclusão dessa posição de privilégio à Infraero não parece condizente com a igualdade de regimes imposta pela Constituição Federal quando uma sociedade privada integrante da Administração Indireta pretende atuar no campo reservado aos particulares.[407] Essa posição se materializou a partir do momento em que o titular do serviço público definiu que seu exercício seria realizado mediante o instrumento da concessão de serviço público, portanto, mediante escolha do particular-prestador por meio de procedimento licitatório específico.

6.2.2.2.4 Adequação da motivação exposta à finalidade pretendida

A motivação exposta para inclusão da Infraero como acionista da concessionária foi de, em síntese, (i) obtenção de dividendos para

---

como sócia minoritária das concessionárias de aeroportos ainda poderá gerar algumas perplexidades em termos concorrências. Um dos objetivos dessas concessões era justamente o de proporcionar uma maior concorrência entre os aeroportos – que poderiam utilizar como mecanismo de competitividade a fixação de tarifas aeroportuárias mais baixas e a prestação de serviços de melhor qualidade. Na medida em que a Infraero é sócia de todas as concessionárias, isso significa que ela será acionista de empresas que concorrem diretamente entre si. Nessa situação, e considerando que a participação da Infraero no capital das concessionárias pode vir a ser diferente uma vez que ela pode reduzir a sua participação acionária nas concessionárias, é possível que a empresa estatal acabe por privilegiar uma das concessionárias (possivelmente aquela que lhe proporcione melhores resultados) em detrimento das demais. Há, portanto, risco de que haja certos conflitos objetivos de interesse, os quais acabarão por ter efetivos concorrenciais. Outro desvio em razão de conflito de interesses poderá ocorrer em relação à própria União, que, na regulação do setor, poderá privilegiar a concessionária cujos resultados proporcionarão maiores retornos à Infraero". *Participação estatal em empresas privadas*: as "empresas público-privadas". 2014. 385 f. Tese (Doutorado em Direito). Faculdade de Direito, Universidade de São Paulo, 2014).

[407] Entendimento distinto sobre o tema: CHAMBARELLI, Rafael Lopes. "A concessão da infraestrutura aeroportuária: construção de um modelo brasileiro". *In:* RIBEIRO, Leonardo Coelho; FEIGELSON, Bruno; FREITAS, Rafael Véras de (coords.). *A nova regulação da infraestrutura e da mineração*: portos; aeroportos; ferrovias e rodovias. Belo Horizonte: Fórum, 2015, p. 336. GARCIA, Flávio Amaral; FREITAS, Rafael Véras de. "Concessão de aeroportos: desafios e perspectivas". *In:* RIBEIRO, Leonardo Coelho; FEIGELSON, Bruno; FREITAS, Rafael Véras de (coords.). *A nova regulação da infraestrutura e da mineração:* portos; aeroportos; ferrovias e rodovias. Belo Horizonte: Fórum, 2015, p. 307.

CAPÍTULO VI – CONCESSÃO DE SERVIÇO PÚBLICO PARA...

manutenção da estrutura de subsídios cruzados e manutenção dos aeroportos deficitários, e (ii) compreensão das melhores práticas na gestão aeroportuária a fim de incrementar sua atividade.

Essa análise seguirá com o cotejo da decisão pública com os motivos expostos, a fim de verificar se a estruturação societária é adequada ao atendimento da finalidade pretendida.

O alcance do pretendido quanto ao tema (i) foi prejudicado em vista da modalidade de licitação adotada (leilão) e da estrutura constituída para pagamento da outorga. Essa circunstância foi ainda deteriorada se considerado o intensivo capital exigido das concessionárias nos primeiros anos da concessão.

Adotada a modalidade de leilão e decidido que somente seriam abertos os documentos de habilitação do interessado que ofertasse a maior contribuição financeira pela outorga, a competição se concentrou sob o aspecto econômico. Dessa forma, os interessados no certame formataram o plano de negócio para permitir o maior valor possível de contribuição ao FNAC, vez que, se não o fizessem, o risco de derrota seria iminente. As maiores ofertas deveriam ser adicionadas aos investimentos exigidos para atendimento do objeto de licitação, bem como os custos efetivos que incidiriam para atendimento das rígidas obrigações contratadas, especialmente para garantia de *performance*, seguros e integralização de capital social.[408]

---

[408] "Os Ativos totais da Empresa apresentaram crescimento de 24,4%, chegando ao montante de R$ 2.902,3 milhões. Em destaque está o aumento do grupo Investimentos em função dos aportes de capital nas Sociedades Propósito Específicos (SPEs), da aquisição de equipamentos e da reversão da provisão para redução ao valor recuperável – *impairment*. A Infraero detém 49% do capital social nas Sociedades de Propósito Específico – SPE das concessionárias dos aeroportos concedidos. Foram aportados, em 2014, R$ 177,1 milhões para constituição do capital da SPE Galeão e R$ 129,1 milhões para SPE Confins. Para a SPE Brasília já foram aportados desde 2012 R$ 339,6 milhões, R$ 570,2 milhões na de Campinas e R$ 595,6 milhões na de Guarulhos, totalizando o montante de R$ 1.811,6 milhões". (*Relatório de administração de 2014*. Disponível em http://www.infraero.gov.br/images/stories/Infraero/Contas/Relatorios/relatorio2014.pdf. Acesso em 10 nov. 2015).

A despeito da falta de participação da Infraero em qualquer das fases de estruturação das propostas comerciais das interessadas, não exercendo qualquer influência na definição dos valores de oferta ou investimentos envolvidos, a estrutura dos contratos de concessão acabou por impor à Infraero 49% (quarenta e nove por cento) de toda a dívida assumida pela licitante.[409] Pouco importando se haveria coerência no plano de negócios e no volume de sua oferta no leilão, especialmente por serem documentos sequer avaliados pela comissão de licitações, a definição contratual imputou uma dívida relevante à Infraero.

Sem considerar novos e adicionais suportes de capitais dos acionistas, momento no qual a Infraero poderia decidir pela redução de seu capital social, os planos de negócios das licitantes deveriam ser estruturados de modo que as dívidas e os custos fizessem frente ao volume de receitas obtidas com a concessão, de sorte que somente o remanescente seria absorvido como dividendos pelos acionistas.

A estrutura normativa da licitação e do contrato de concessão resultou na falta de controle ou conhecimento dos planos e metas das licitantes, corroborado pela inexistência de previsão firme sobre a situação futura de crescimento das receitas das concessões. Essas premissas parecem resultar na presente conclusão: certeza da assunção imediata de riscos não conhecidos e de dívidas relevantes, perante um volume incerto de receitas e dividendos.[410]

---

[409] Modelo de cláusula contida nos contratos de concessão: "A Concessionária se obriga a pagar à União, mediante depósito no FNAC, a parcela anual da Contribuição Fixa e a Contribuição Variável, conforme os valores, percentuais e condições indicadas abaixo". "Contribuição Fixa: montante anual a ser pago em decorrência da oferta realizada no Leilão objeto da presente Concessão".

[410] Para ilustrar o descrito seguem trechos dos relatórios anuais de 2014 da Infraero: "Em 2014, a receita bruta da Infraero chegou a R$ 2.992,7 milhões, com variação negativa de 3,4%, principalmente em função da transferência dos aeroportos do Galeão e de Confins a partir de agosto. Comparando os resultados, sem considerar os aeroportos concedidos, a receita bruta apresentou crescimento de 7,8% em relação ao ano anterior. Os custos tiveram variação negativa de 1%, chegando a R$ 2.186,5 milhões. Sem os aeroportos concedidos cresceu 13,4% em decorrência, principalmente, da baixa adesão de empregados à proposta das novas concessionárias dos aeroportos concedidos. Em relação aos investimentos, foram aplicados R$ 2.185,6 milhões na infraestrutura

CAPÍTULO VI – CONCESSÃO DE SERVIÇO PÚBLICO PARA...

Portanto, ao menos quanto ao item (i) da motivação exposta, a decisão adotada não é adequada à finalidade pretendida. Em face das dívidas assumidas pela Infraero, a busca de novas receitas para sistema aeroportuário não parece possível, ao menos nos primeiros anos das concessões. Pelo contrário, de maneira imediata, esta medida exigiu e exigirá o aporte de capital próprio ou de sua controladora, a União Federal.

Adicionalmente ao presente cenário, a prática da Infraero, de acordo com o exposto no Acórdão n. 584/2014 – Plenário, acabou por materializar riscos maiores à entidade. Nos termos da decisão do TCU, a fiscalização do tribunal constatou inexistir um procedimento específico para avaliar o retorno financeiro de suas participações acionárias ou uma política de dividendos desenvolvida.

Especialmente quanto às concessões de GRU/BSB/VCP, foi relatada a aceitação dos contratos das concessionárias com partes relacionadas dos acionistas privados, sem que houvesse, efetivamente, um rito próprio para avaliação dos valores de mercado desses contratos. O risco dessa contratação reside na potencial assunção de preços elevados, fator que escoaria o eventual lucro da atividade econômica para a parte relacionada, situação contrária aos interesses da Infraero.

Por fim, somado aos riscos econômicos, figurando a Infraero como acionista desprovida de controle, as dificuldades ou penalidades contratuais poderão impactá-la mesmo não participando efetivamente das decisões de gestão. Ou seja, esta empresa pública poderá ser atingida por penalidades que venham a ser aplicadas às concessionárias, dificultando a pretensão de usufruir do lucro percebido.

---

aeroportuária, sendo R$ 1.424,6 milhões em empreendimentos e equipamentos que integram o Programa de Aceleração do Crescimento – PAC, R$ 760,3 milhões na integralização do capital social das concessionárias dos Aeroportos de Brasília, Campinas, Guarulhos, Galeão e Confins, e R$ 0,8 milhões em obras realizadas com recursos de convênios. Para financiar esta execução, que traduz os investimentos estratégicos do Governo Federal, a União aportou R$ 1.750,9 milhões no capital social da Infraero no ano de 2014". Disponível em http://www.infraero.gov.br/images/stories/Infraero/Contas/Relatorios/relatorio2014.pdf. Acesso em 10 nov. 2015.

Em virtude do descrito, entende-se que o modelo jurídico adotado terá de ultrapassar as dificuldades descritas para alcançar a finalidade pretendida. Em contrapartida, acredita-se existirem outros meios aptos à obtenção de recursos suficientes para aplicação no sistema sem que a Infraero tivesse de assumir todo o ônus do modelo e da sociedade.[411]

O ideal de manutenção da subvenção aos aeroportos deficitários poderia ser alcançado a despeito da presença da Infraero na estrutura societária das concessionárias. Como, por exemplo, a atribuição ao FNAC de subvencionar os aeroportos deficitários sob gestão da Infraero, esmiuçando a destinação geral à aviação civil e à infraestrutura aeroportuária e aeronáutica. Sendo prestadora de serviço público, entende-se que esse incentivo apenas prestigiaria o serviço, não gerando posição jurídica privilegiada à sociedade.

Se mantida a posição de acionista visando o atendimento do item (ii) relatado, que trata da potencial melhoria na gestão da Infraero por meio do conhecimento de práticas diversas de gestão aeroportuária, deveriam ser adotadas medidas que, ao menos, mitigassem os riscos relacionados ao desconhecimento do plano de negócios e à ousadia comercial das licitantes. Para tanto, bastaria que as principais obrigações fossem alocadas ao Acionista Privado, com destaque para o pagamento de outorga e os aportes dos investimentos iniciais do contrato. Porém,

---

[411] Entendimento distinto foi exposto por Flávio Amaral Garcia e Rafael Verás de Freitas: "Adotando-se tal modelagem, sobressaem-se, portanto, as seguintes vantagens para o desenvolvimento da infraestrutura aeroportuária: (i) o aprimoramento da gestão da Infraero, com absorção das melhores práticas de administração dos sócios privados; (ii) tal formato pode viabilizar, ainda, as condições pra uma futura abertura do capital social desta empresa pública, na medida em que se tornar mais eficiente; (iii) a presença da Infraero na qualidade de acionista minoritária de uma SPE permite maior acesso ados dados do negócio, evitando a assimetria de informações e a sua "captura" pelos agentes privados; (iv) os recursos auferidos pela SPE poderão ser redirecionados para os aeroportos deficitários; (v) ostentando a SPE natureza de direito privado e sendo a Infraero sócia minoritária, as contratações da SPE não se submetem aos princípios e normas de direito público, não se sujeitando ao regime da Lei n. 8666/93". "Concessão de aeroportos: desafios e perspectivas". *In:* RIBEIRO, Leonardo Coelho; FEIGELSON, Bruno; FREITAS, Rafael Véras de (coords.). *A nova regulação da infraestrutura e da mineração:* portos; aeroportos; ferrovias e rodovias. Belo Horizonte: Fórum, 2015, p. 307.

esse formato não impedirá riscos decorrentes da má gestão empresarial e sanções decorrentes.

Ainda sobre o item (ii) supra, entende-se que a definição adotada não geraria crítica imediata, de sorte que, ao menos de modo aparente, a finalidade pretendida pode ser alcançada mediante a participação direta e o conhecimento efetivo das decisões adotadas nas concessões. Por outro lado, considerando que a fiscalização e o amplo acompanhamento dos contratos são instrumentos primordiais do instituto da *concessão,* haja vista a busca pelo interesse da melhor prestação do serviço, a participação acionária não figura como o único ou o mais adequado mecanismo para compreensão da gestão dos serviços e da operação dos aeroportos.

Seja em razão de previsão legislativa que impõe a fiscalização do método e das práticas de execução dos serviços, ou em vista da relação de sujeição especial que autorizaria a construção de meios e mecanismos de conhecimento da gestão dos serviços pela ANAC e pela SAC, entende-se que os ônus assumidos pela Infraero como acionista das concessionárias não justificariam o potencial benefício da decisão pública, reiterando sua inadequação.

Em suma, em atenção a todos os aspectos envolvidos e à assunção de relevantes riscos pela Infraero, sua presença como acionista das concessionárias não seria o único ou mais adequado meio para atendimento das finalidades almejadas pelas autoridades estatais.

6.2.3 Definição do objeto da outorga

O objeto da outorga, no mínimo, deve ser a atividade material exigida para o atendimento das necessidades dos diversos usuários da infraestrutura aeroportuária.

Em todos os contratos de concessão analisados, o objeto concedido ultrapassa a prestação de serviços aos usuários, vez compreender a realização de obras, seja para a construção parcial de um novo sítio aeroportuário ou a ampliação dos aeroportos em operação.

A concessão do aeroporto de ASGA, diferentemente dos demais, acabara por exigir a conclusão da construção do aeroporto pela concessionária para que, enfim, fosse iniciada sua operação. Para os demais aeroportos, concomitante à operação, previu-se a ampliação, adequação, melhorias e requalificação do *complexo aeroportuário*.[412]

A obrigação de construir, adquirir, manter e operar recai sobre os elementos aeroportuários obrigatórios, rol mínimo de bens que deverão ser disponibilizados pelas concessionárias ao longo do período da concessão. Os Planos de Exploração Aeroportuária (PEA), documento anexo aos contratos, estabeleceram quais seriam os elementos aeroportuárias obrigatórios, consideradas as instalações, sistemas e equipamentos exigidos a regular operação do serviço público, quais sejam:

(i) Sistema de Pistas;

(ii) Sistema Viário (vias internas – lado terra; vias de serviço – lado ar etc.);

(iii) Sistema terminal de passageiros;

(iv) Estacionamento de veículos;

(v) Pátio de aeronaves de aviação regular e não regular;

(vi) Central de Utilidades;

(vii) Sistema de Carga Aérea;

(viii) Sistema de aviação geral (incluindo, dentre outros, pátio de estacionamento de aeronaves);

(ix) Sistema de apoio (sistema de prevenção, salvamento e combate a incêndio e infraestrutura básica ao parque de abastecimento de aeronaves);

---

[412] Em todos os contratos o complexo aeroportuário foi definido "a área da Concessão, caracterizada pelo sítio aeroportuário descrito no Anexo 2 – Plano de Exploração Aeroportuária (PEA), incluindo faixas de domínio, edificações e terrenos, bem como pelas áreas ocupadas com instalações operacionais, administrativas e para exploração econômica relacionadas à Concessão".

CAPÍTULO VI – CONCESSÃO DE SERVIÇO PÚBLICO PARA...

(x) Sistema industrial de apoio (infraestrutura básica para empresas prestadoras de serviços aeroportuários; correios e empresas de comissaria);

(xi) Sistema administrativo e de manutenção (edifício de manutenção e área de administração);

(xii) Sistemas de empresas aéreas (infraestrutura básica às atividades de carga e de manutenção);

(xiii) Sistema de infraestrutura básica (fonte secundária e expansão de energia elétrica; sistema de água e tratamento de efluentes; disposição final de resíduos sólidos e telecomunicações);

(xiv) Sistema comercial externo;

(xv) Sistema de atendimento ao usuário;

(xvi) Infraestrutura de Suporte às atividades dos órgãos e entidades públicas.

Em complemento ao referido conteúdo, no caso de ASGA, foi incluído o sistema de proteção de voo dentre os elementos de infraestrutura obrigatória a serem adquiridos e mantidos pela concessionária. Essa distinção resulta do fato de apenas o ASGA incluir a exploração da estação prestadora de serviços de telecomunicação e o controle do tráfego aéreo no objeto da concessão, tal como autorizado pelo artigo 14 do Decreto n. 7.205/2010. As demais concessões mantiveram essa atividade a cargo do Poder Público, propriamente do DECEA.[413]

---

[413] "3.2 Não se inclui no objeto da Concessão a prestação dos serviços destinados a apoiar e garantir segurança à navegação aérea em área de tráfego aéreo do Aeroporto, sendo atribuição exclusiva do Poder Público, inclusive quando prestados por meio da Estação Prestadora de Serviços de Telecomunicações Aeronáuticas e de Tráfego Aéreo (EPTA), a aquisição, instalação, operação e manutenção dos equipamentos relacionados aos seguintes serviços e facilidades:
3.2.1 Serviços de Informação Aeronáutica (AIS);
3.2.2 Gerenciamento de Tráfego Aéreo (ATM);
3.2.3 Meteorologia (MET);
3.2.4 Facilidades de Comunicações e Auxílios em Área Terminal de Tráfego Aéreo (COM);

Neste sentido, nos termos do Anexo 9 – *Disposições relativas à Exploração da Estação Prestadora de Serviços de Telecomunicações e de Tráfego Aéreo* do contrato de ASGA, é obrigação da concessionária implantar e operar a Estação Prestadora de Serviços de Telecomunicações e Tráfego Aéreo, comportando uma Torre de Controle, auxílios à navegação aérea e demais instalações especificadas no referido anexo. Em contrapartida, o contrato de concessão previu a cobrança pela concessionária da Tarifa de Uso das Comunicações e Auxílios Rádio e Visuais em Área Terminal de Tráfego Aéreo (TAT), conforme previsão então contida no Decreto-Lei n. 1.898, de 17 de dezembro de 1981 e Anexo 4 – Tarifas do contrato de concessão.

Quanto a este último aspecto, constata-se que o aludido Decreto-Lei foi revogado pela Lei n. 12.648/2012, que promoveu mudanças na Lei n. 6.009/1973, alterando a aludida tarifa.[414] Em virtude da mudança normativa, entende-se pertinente a revisão do contrato de ASGA, adaptando-o à legislação atualizada. Contudo, da análise dos 4 (quatro) termos aditivos disponibilizados pela ANAC, não foi identificada a revisão deste tópico.

A despeito das atividades estáticas de implantação ou melhorias na infraestrutura aeroportuária, o objetivo da concessão foi a transferência da prestação dos serviços aeroportuários. Sob esta luz, pode-se afirmar

---

3.2.5 Busca e Salvamento (SAR); e
3.2.6 Outros Serviços Auxiliares de Proteção ao Voo, exceto os auxílios visuais (PAPI, VASIS, ALS, balizamento de pista de pouso e de taxi, luzes de eixo de pista de pouso e de eixo de pista de taxi, luzes de zona de toque, barras de parada, farol de aeródromo e biruta), que são de responsabilidade da Concessionária".

[414] "Art. 8º A utilização das instalações e serviços destinados a apoiar e tornar segura a navegação aérea, proporcionados pelo Comando da Aeronáutica, está sujeita ao pagamento das seguintes tarifas de navegação aérea:
I – Tarifa de Uso das Comunicações e dos Auxílios à Navegação Aérea em Rota – devida pela utilização do conjunto de instalações e serviços relacionados ao controle dos voos em rota, de acordo com as normas específicas do Comando da Aeronáutica;
II – Tarifa de Uso das Comunicações e dos Auxílios-Rádio à Navegação Aérea em Área de Controle de Aproximação – devida pela utilização do conjunto de instalações e serviços relacionados ao controle de aproximação, de acordo com as normas específicas do Comando da Aeronáutica;
III – Tarifa de Uso das Comunicações e dos Auxílios-Rádio à Navegação Aérea em Área de Controle de Aeródromo – devida pela utilização do conjunto de instalações e serviços relacionados ao controle de aeródromo ou aos serviços de informações de voo de aeródromo, de acordo com as normas específicas do Comando da Aeronáutica".

CAPÍTULO VI – CONCESSÃO DE SERVIÇO PÚBLICO PARA...

que os contratos não foram explícitos e precisos na definição dos respectivos objetos.

Para o contrato de ASGA, a operação aeroportuária compreenderia o conjunto de atividades rotineiras cuja concessionária deveria realizar ao longo da concessão, observados os parâmetros mínimos da legislação e do contrato.

Os contratos de GRU/BSB/VCP/GIG/CNF/POA/SSA/FLN/FOR prescreveram com maior detalhamento os serviços, compreendendo a "prestação dos serviços de embarque, desembarque, pouso, permanência, armazenagem e capatazia, conforme descrito no Anexo 4 – Tarifas, bem como todos os demais serviços relacionados à infraestrutura aeroportuária"; a "manutenção de todas as instalações, bens, equipamentos existentes e implementados no Complexo Aeroportuário, conforme a legislação e regulamentação em vigor"; e "disponibilizar aos Usuários a infraestrutura de apoio necessária ao bom funcionamento do Complexo Aeroportuário".

Para uma melhor compreensão do objeto da concessão, mesmo sendo certo que se trata de uma definição geral do tema, é imperativa a avaliação do conteúdo de atividades remuneradas pela cobrança das tarifas destinadas à remuneração da concessão. Em breve síntese, nos termos da Lei n. 6.009/1973, estas remuneram os serviços relacionados ao embarque e desembarque de passageiros; as atividades relacionadas ao pouso, decolagem e permanência de aeronaves; movimentação, armazenagem e guarda de bens.

Como conclusão, a avaliação dos instrumentos resultou na identificação de um objeto contratual propositadamente abstrato e impreciso.

Depreende-se que seu conteúdo pretendeu abranger a totalidade das atividades exigidas para a efetivação do transporte aéreo e satisfação do usuário, razão de existência e operação do aeroporto. Ressalvados aspectos diretamente excluídos contratualmente, as concessionárias se submeteram a uma relação contratual evolutiva e não hermética, cujas obrigações poderão ser alteradas de modo a abranger uma atuação diversa do previsto quando de formação da relação, porém relacionadas à evolução dos serviços e à atualidade da prestação.

Essas características se amoldam à natureza da concessão de serviço público, uma vez que o instituto objetiva a transferência da prestação, ou seja, de um plexo obrigacional do ente estatal titular da atividade. A evolução da prestação segue com a evolução das necessidades dos usuários.

A absorção dessas mudanças requer a fixação de um objeto contratual aberto, passível de ser moldado. No setor sob estudo, as alterações são impostas pelas decisões próprias e evolução do transporte aéreo, estando, ou não, juridicizadas. Como exemplo, atualmente, a despeito da previsão contratual, são regras vinculantes aos concessionários os RBAC 153: Aeródromo – operação, manutenção e resposta à emergência; RBAC 154: Projeto de Aeródromos; RBAC 161 – Planos de Zoneamento de Ruídos de Aeródromos etc.

A conclusão acima é refletida por disposições contratuais. Em todos os contratos é expressamente prevista a obrigação de os concessionários aderirem a um regime jurídico mutável, evolutivo em atenção às alterações regulamentares atinentes às variações próprias ao transporte aéreo:

ASGA
2.21 No prazo de 90 (noventa) dias antes da data pretendida pela Concessionária para início da operação, a Concessionária deverá apresentar o Manual de Operações do Aeroporto, para aprovação da ANAC, conforme disposto em regulamentação específica vigente, para fins de certificação aeroportuária.
2.26 Após a emissão da Ordem de Serviço da Fase II, o Aeroporto deverá operar conforme o disposto no Contrato, na legislação e regulamentação aplicáveis.
3.1.1 cumprir e fazer cumprir integralmente o Contrato, em conformidade com as disposições legais e regulamentares, e ainda as determinações da ANAC editadas a qualquer tempo.
BSB/GRU/VCP/GIG/CNF/POA/SSA/FLN/FOR
2.37 (2.39 ou 2.43) Durante a Fase II, o Aeroporto deverá operar conforme o disposto no Contrato, nos seus anexos, na legislação e regulamentação aplicáveis.
3.1.1 cumprir e fazer cumprir integralmente o Contrato, em conformidade com as disposições legais e regulamentares, e ainda as determinações da ANAC editadas a qualquer tempo.

Fonte: Elaboração Própria.

CAPÍTULO VI – CONCESSÃO DE SERVIÇO PÚBLICO PARA...

Seja em vista de posição doutrinária aderente à relação de sujeição especial à qual o concessionário se submete, seja quanto à rigidez de uma relação contratual estanque, entende-se que as previsões descritas acabam por acomodar eventuais divergências,[415] vez pretender ratificar a manifestação dos concessionários aderindo ao conteúdo aberto da relação jurídica. Tenta-se afastar eventual debate doutrinário acerca do poder regulamentar das autoridades públicas, seja diretamente do concedente, do ente regulador ou de outras entidades com tal competência.

Contudo, mesmo que tenha sido reduzido o campo de discussão sobre a evolução do regime e, por consequência eventual, das características exigidas ao cumprimento das obrigações atribuídas ao concessionário, o debate passaria a se concentrar sobre a assunção dos custos oriundos dessas mudanças.

Nos termos mencionados, há na *concessão de serviço público* a preservação de interesses econômicos dos particulares nos quadrantes de riscos assumidos na relação contratual. Não sendo risco ou obrigação assumida pelo particular, nasce o dever estatal de preservar a equação econômico-financeira.

Os contratos de concessão não são precisos sobre quem assume os riscos e consequências econômicas dessas alterações. É mantida margem para discussão sobre quem assumirá a responsabilidade sobre eventuais adaptações nas atividades executadas pelas concessionárias na prestação do serviço público:

---

[415] Sobre este tema: MARQUES NETO, Floriano de Azevedo. *Concessões*. Belo Horizonte: Fórum, 2015, pp. 133–154.

ASGA	
Risco ANAC	**Risco Concessionário**
5.2.3 mudanças nas especificações dos serviços objeto da Concessão mediante solicitação da ANAC ou decorrentes de nova legislação ou regulamentação públicas brasileiras; 5.2.4 criação pela ANAC de novos padrões de desempenho relacionados a mudanças tecnológicas ou a adequações a padrões internacionais.	5.4.4 investimentos, custos ou despesas adicionais necessários para o atendimento do PEA ou de quaisquer das obrigações contratuais e dos parâmetros mínimos de dimensionamento e de qualidade na prestação do serviço previstos no Contrato; 5.4.23 quaisquer outros riscos afetos à execução do objeto da Concessão, que não estejam expressamente previstos na subcláusula 5.2.
BSB/GRU/VCP/GIG/CNF/POA/SSA/FLN/FOR	
Risco ANAC	**Risco Concessionária**
5.2.2 mudanças nas especificações dos serviços em decorrência de novas exigências de procedimentos de segurança por solicitação da ANAC ou decorrentes de nova legislação ou regulamentação públicas brasileiras.	5.4.5 investimentos, custos ou despesas adicionais necessários para o atendimento do PEA ou de quaisquer das obrigações contratuais, do nível de serviço estabelecido e da qualidade na prestação dos serviços previstos no Contrato; 5.4.17 mudanças tecnológicas implantadas pela Concessionária e que não tenham sido solicitadas pela ANAC; 5.4.24 (ou 5.4.25) quaisquer outros riscos afetos à execução do objeto da Concessão, que não estejam expressamente previstos no item 5.2.

Fonte: Elaboração Própria.

Eventuais mudanças nos serviços ou novas imposições tecnológicas pelo Poder Concedente conformariam riscos não assumidos pelo concessionário, podendo resultar em potencial revisão para restabelecimento do equilíbrio da relação. Por outro lado, há previsão específica definindo que os investimentos, custos ou despesas adicionais necessárias ao atendimento de *quaisquer obrigações contratuais* – dentre as quais se incluem o atendimento às disposições legais e regulamentares e ainda as determinações da ANAC editadas a qualquer tempo – seriam riscos exclusivos dos concessionários.

Somado a esse aspecto, a previsão dos contratos de que os riscos não assumidos expressamente pelo concedente seriam integralmente das concessionárias pode tornar a relação conflituosa, pela constante tentativa das concessionárias de enquadramento dessas mudanças nas hipóteses

CAPÍTULO VI – CONCESSÃO DE SERVIÇO PÚBLICO PARA...

taxativas próprias ao concedente, visando, sempre, à revisão das condições econômicas da concessão.

Além do atendimento ao serviço público, ressalvado o contrato de ASGA, os demais instrumentos impuseram aos concessionários a obrigação de obterem receitas não-tarifárias mediante a exploração eficiente dos complexos aeroportuários.

Não obstante a exploração de atividades econômicas geradoras de receitas não-tarifárias não comporem objeto próprio à outorga, escapando ao plexo de obrigações atinentes ao serviço público concedido, a redação contratual implica em afirmar que a sua não realização a contento poderá conduzir à apuração, pelo concedente, de eventual falta de eficiência do concessionário, fator que poderá resultar em potencial penalidade por descumprimento de obrigação contratual.

Por integrar fonte relevante de remuneração da concessão e, principalmente, por integrar o volume de receitas a ser compartilhada com o concedente, a exploração comercial é atividade relevante à concessão. Nessa seara, a previsão coaduna-se, ao menos parcialmente, com o disposto no artigo 11 da Lei n. 8.987/95, uma vez que houve a devida previsão no edital da possibilidade de exploração dessas fontes de receitas distintas das tarifárias. A aderência justaposta à legislação resultará do efetivo favorecimento à modicidade tarifária pelos valores obtidos, tema que será detidamente tratado em tópico próprio.

Ademais disso, essa obrigação contratual, a despeito da validade de sua inclusão com objeto da concessão, se revela em sintonia com a evolução das operações aeroportuárias, haja vista que as comodidades ofertadas aos usuários dos sítios aeroportuários poderão condicionar a percepção de satisfação pela utilização do aeródromo.

6.2.4 Equilíbrio econômico-financeiro das concessões

Esta passagem avaliará as regras contratuais que definem a contrapartida econômica a ser recebida pelo concessionário pela prestação do serviço público. Entretanto, a análise não pode ater-se à exposição das potenciais fontes de receitas, mas requer a observação dos elementos que compõem a equação econômica da relação jurídica firmada.[416]

A exploração de atividade econômica, como regra, objetiva o lucro. A finalidade para o qual o particular se submete à relação jurídica da concessão, com todas as peculiaridades e instabilidades próprias vinculadas ao desiderato público, concentra-se sobre a remuneração projetada.

Ressalvadas exceções, a expectativa de retorno econômico é o motivador dos interesses privados, razão que impulsionou a construção normativa voltada à proteção e ao prestígio do equilíbrio econômico-financeiro na concessão de serviço público. Sua relevância atinge tal proporção que mesmo as teorias que não consideram a concessão como contrato administrativo afirmam que as premissas e disposições determinantes da remuneração do particular conformam a parcela contratual da relação.[417]

A construção da equação econômica exige a compreensão e alinhamento de elementos contratuais que, reunidos, permitirão a definição do quadro completo de expectativas. O interessado em integrar a relação contratual deverá observar, de um lado, as obrigações e riscos

---

[416] Nas palavras de Celso Antônio Bandeira de Mello: "Dita equação é a expressão econômica de valor fruível pelo concessionário como resultado da exploração do serviço ao longo da concessão, segundo os termos constituídos à época do ato concessivo". *Curso de direito administrativo*. 32ª ed. São Paulo: Malheiros, 2015, p. 737.

[417] Como expoente desta teoria no direito brasileiro, leciona Osvaldo Aranha Bandeira de Mello: "Na realidade, a concessão resulta de acordo de vontade entre o concedente e o concessionário. Contudo, esse acordo existe para a formação do vínculo jurídico, pois o regime jurídico da concessão, ante o caráter público do ato jurídico a ser praticado, da obra a ser executada e do serviço a ser prestado, se rege por normas regulamentares, unilaterais, baixadas pelo concedente, no seu curso, quanto aos meios, modos e formas da prática do ato jurídico, da feitura da obra e satisfação do serviço, a que o concessionário se subordina. Decorre de ato convencional, mas não contratual, portado de ato união. É verdade, ao lado existem normas que asseguram a equação econômico-financeira do concessionário e que obrigam os concedentes. Correspondem a cláusulas contratuais adjetas ao ato união, integrando no patrimônio daquele utilidades concretas e constituindo a seu favor situação jurídica subjetiva de efeitos futuros. Essa orientação, procura conciliar as concepções unilateral e contratual, ganha terreno sobre as demais". *Princípios gerais de direito administrativo*. Rio de Janeiro: Forense, 1969, p. 491.

assumidos; e, noutra mão, as fontes de receitas e meios para restabelecimento das condições econômicas estimadas.

Este tópico, sem apresentar as obrigações de prestação do serviço de exploração da infraestrutura aeroportuária, se concentrará na descrição das fontes de receitas, riscos assumidos e métodos de recomposição ou revisão do equilíbrio econômico-financeiro da relação.

6.2.4.1 Regras de remuneração das concessionárias

A remuneração das concessionárias de exploração da infraestrutura aeroportuária é formada pela adição de duas fontes de receitas contratuais passíveis de serem exploradas: as tarifárias e as não-tarifárias.

As receitas tarifárias têm origem na exploração do serviço público, devidas pela prestação e pagas pelos usuários do serviço. [418]

As receitas não-tarifárias são todas as demais resultantes da exploração de atividades econômicas no complexo aeroportuário,[419] além de recursos financeiros vinculados ao manejo do capital da concessionária. Essas receitas são classificadas pela Lei n. 8.987/95, nos termos de seu artigo 11, como alternativas, complementares, acessórias ou de projetos associados.

A concessionária é autorizada a arrecadar exclusivamente as tarifas previstas no contrato de concessão, sendo vedada a criação ou cobrança

---

[418] Para maior aprofundamento no tema: CÂMARA, Jacintho Arruda. *Tarifa nas concessões*. São Paulo: Malheiros, 2009; SCHWIND, Rafael Wallbach. *Remuneração do concessionário*: concessões comuns e parcerias público-privadas. Belo Horizonte: Fórum, 2010; MELO, Suzana Soares; TORRES, Heleno Tavares. "Concessões de serviços públicos e PPPs: aspectos financeiros e tributários". *In:* BERCOVICI, Gilberto; VALIM, Rafael (coords.). *Elementos de direito da infraestrutura*. São Paulo: Contracorrente, 2015, pp. 115-159.

[419] Nos termos dos contratos de concessão: "*Complexo Aeroportuário*: a área da Concessão, caracterizada pelo sítio aeroportuário descrito no Anexo 2 – Plano de Exploração Aeroportuária (PEA), incluindo faixas de domínio, edificações e terrenos, bem como pelas áreas ocupadas com instalações operacionais, administrativas e para exploração econômica relacionadas à Concessão".

de qualquer outra espécie. As tarifas descritas no contrato (anexo 4 dos contratos) são equivalentes às criadas pela Lei n. 6.009/73, alterada pela Lei n. 12.648/2012 para a inclusão da tarifa de conexão no quadro de cobranças, sendo elas: (i) tarifa de embarque; (ii) tarifa de conexão; (iii) tarifa de pouso; (iv) tarifa de permanência; (v) tarifa de armazenagem; e (vi) tarifa de capatazia.

No caso de ASGA, adicionalmente às demais, é prevista a cobrança da tarifa de uso das comunicações e dos auxílios de rádio e visuais em áreas de terminal de tráfego aéreo. Como mencionado acima, essa cobrança resulta da prestação adicional dos serviços de tráfego aéreo, facilidades de comunicações, auxílio para aproximação, pouso e decolagem em áreas terminais de tráfego aéreo.

As hipóteses de incidência das tarifas, os sujeitos passivos e as isenções são previstas nos contratos. Em vista da natureza da atividade e a constatação de uma duplicidade de usuários, as companhias aéreas e os usuários do aeroporto (que em grande parte se confundem com o usuário do transporte aéreo), as cobranças são repartidas conforme o quadro abaixo:

CAPÍTULO VI – CONCESSÃO DE SERVIÇO PÚBLICO PARA...

Tipo de tarifa	Natureza dos serviços	Sujeito passivo
Embarque	**Embarque:** (i. área de pré-embarque; ii. climatização da sala de pré-embarque; iii. ponte de embarque; iv. sistema de esteiras para despacho de bagagem; v. carrinhos à disposição dos passageiros para transporte de suas bagagens; vi. inspeção de segurança; e vii. ônibus para transporte de passageiros entre o terminal e a aeronave). **Desembarque:** (i. área de restituição de bagagem com esteiras ou carrosséis; ii. carrinhos à disposição dos passageiros para transporte de suas bagagens; iii. ponte de desembarque; e iv. ônibus para transporte de passageiros entre a aeronave e o terminal). **Orientação:** (i. circuito fechado de televisão; ii. sistema semiautomático anunciador de mensagens; iii. sistema de som; e iv. sistema informativo de voo). **Conforto e segurança:** (i. climatização geral; ii. serviço médico de emergência; e iii. sistema de ascenso-descenso de passageiros por escadas rolantes ou elevadores).	(i) Passageiro de empresa de transporte aéreo regular e não regular; (ii) Proprietário ou explorador da aeronave aeronaves de Aviação Geral registradas para as seguintes atividades: i. Públicas: (a) administração Direta Federal, Estadual, Municipal e do Distrito Federal; (b) Instrução; (c) Experimental; e (d) Histórica; ou ii. Privadas: (a) Administração Indireta Federal, Estadual, Municipal e do Distrito Federal; (b) Serviços Aéreos Especializados; (c) Serviços de Transporte Público Não Regular – Táxi Aéreo; (d) Serviços Aéreos Privados; (e) Instrução; (f) Experimental; e (g) Histórica.
Conexão	**Embarque:** (i. ponte de embarque; ii. carrinhos à disposição dos passageiros para transporte de suas bagagens; iii. inspeção de segurança quando aplicável; e iv. ônibus para transporte de passageiros entre o terminal e a aeronave). **Desembarque**: (i. área de restituição de bagagem com esteiras ou carrosséis; ii. carrinhos à disposição dos passageiros para transporte de suas bagagens; iii. ponte de desembarque; e iv. ônibus para transporte de passageiros entre a aeronave e o terminal); **Orientação**: (i. circuito fechado de televisão; ii. sistema semiautomático anunciador de mensagens; iii. sistema de som; e iv. sistema informativo de voo) **Conforto e segurança**: (i. climatização geral; ii. serviço médico de emergência; e iii. sistema de ascenso-descenso de passageiros por escadas rolantes ou elevadores).	Passageiro de empresa de transporte aéreo regular e não regular.

Pouso	Operações de pouso, decolagem, rolagem e permanência da aeronave até três horas após o pouso, incluindo: i. sinalização horizontal (balizamento diurno); ii. sinalização luminosa (balizamento noturno); iii. iluminação do pátio de manobras; iv. remoção de emergência; v. serviços especializados de salvamento e de combate a incêndio; vi. taxiamento de aeronaves; vii. conservação e manutenção de pistas e pátios; viii. sinalização de docagem de aeronaves; ix. auxílios, facilidades e sinalização para controle de movimentação de aeronaves nos pátios de manobras; x. áreas destinadas à permanência de aeronaves; xi. sinalização de vias de serviço; xii. áreas de estacionamento de equipamentos de superfície; xiii. barreiras patrimoniais e operacionais e vias de serviço para inspeção; xiv. vigilância das pistas, dos pátios de manobra, das áreas de permanência e das barreiras patrimoniais e operacionais, e xv. sistemas e controles de segurança.	Proprietário ou explorador da aeronave de transporte aéreo regular e não regular; Proprietário ou explorador da aeronave de aviação geral pública ou privada, cobrada junto com a tarifa de embarque.
Permanência	Operações de permanência no pátio de manobras e na área de estadia do Aeroporto a partir de três horas do pouso, definida de acordo com o local onde fica estacionada: i. pátio de manobra; e ii. Área de estadia.	Proprietário ou explorador da aeronave de transporte aéreo regular e não regular; Proprietário ou explorador da aeronave de aviação geral pública ou privada.
Armazenagem	Serviços de armazenamento, guarda e controle das mercadorias nos Armazéns de Carga Aérea do Aeroporto.	Importação: sobre o consignatário ou seu representante legal; Carga em trânsito: sobre o transportador ou beneficiário do regime; Exportação: sobre o exportador, transportador ou seu representante legal.

CAPÍTULO VI – CONCESSÃO DE SERVIÇO PÚBLICO PARA...

Capatazia	Serviços de movimentação e manuseio das mercadorias nos Armazéns de Carga Aérea do Aeroporto.	Importação: sobre o consignatário ou seu representante legal; Carga em trânsito: sobre o transportador ou beneficiário do regime; Exportação: sobre o exportador, transportador ou seu representante legal.
Exclusivamente ao aeroporto de São Gonçalo do Amarante		
Uso das Comunicações e dos Auxílios Rádio e Visuais em Área Terminal de Tráfego Aéreo	Serviços do tráfego aéreo e facilidades de comunicações, auxílio para aproximação, pouso e decolagem em áreas terminais de tráfego aéreo.	Proprietário ou explorador da aeronave de transporte aéreo regular e não regular; Proprietário ou explorador da aeronave de aviação geral pública ou privada.

Fonte: Elaboração Própria.

Os contratos definiram política específica de valores e reajuste tarifário, distanciando da regra de revisão incidente nos aeroportos geridos pela Infraero.

O teto tarifário é definido nos contratos.[420] As concessionárias não poderão praticar valores mais elevados, porém poderão praticar descontos, desde que informado ao concedente e estendido a todos os usuários, indistintamente. Esses descontos devem estar fundamentados em parâmetros objetivos previamente divulgados, tais como a qualidade dos serviços, horário, dia ou temporada.

Por tratarem de mera liberalidade resultante de política comercial da concessionária, os descontos ofertados não poderão ser fundamento

---

[420] "Forma mais branda de conferir alguma participação ao concessionário na fixação de tarifas está na adoção de uma "tarifa-teto" (*price cap*). Nestes casos, o poder concedente estabelece um valor máximo a ser cobrado pela prestação do serviço, mas este valor não é absoluto, pois se admite que o concessionário pratique valores mais baixos. O sistema implica uma transferência ao concessionário de certo grau de responsabilidade pela variação da demanda pelo serviço. Com a liberdade de cobrar valor mais baixo que o máximo fixado, há espaço para que o particular ofereça condições econômicas mais atraentes ao aumento da demanda pelo serviço". CÂMARA, Jacintho Arruda. *Tarifa nas concessões*. São Paulo: Malheiros, 2009, p. 92.

para eventual pedido de revisão e reequilíbrio da concessão. Por outro lado, em eventual alteração de Lei ou de regulamentação específica que vier a ser incorporada ao contrato, atingindo a estrutura ou sistema tarifário em prejuízo da concessionária, o concessionário poderá requerer a revisão da avença visando ao restabelecimento da equação econômica.

O reajuste tarifário é realizado nos termos contratados, escapando ao praticado nos aeroportos geridos pela Infraero, nos quais os reajustes resultam de definição da ANAC,[421] propriamente por meio de portaria da Superintendência de Regulação Econômica e Acompanhamento de Mercado.[422]

A função principal do reajuste das tarifas é a estabilidade financeira do contrato, utilizando de instrumentos econômicos para manutenção do valor da remuneração cobrada, mitigando riscos de variações dos preços dos insumos. No entanto, o objetivo perseguido pelo concedente foi além da mera atualização monetária e restabelecimento das condições econômicas, pretendendo a captura de parcela de ganhos ou resultando em perdas a depender da eficiência e da qualidade na prestação do serviço público.

As fórmulas de reajuste dos contratos preveem dois fatores, o Fator X e Fator Q, sendo o primeiro voltado à repartição de ganhos de

---

[421] Nos termos da Resolução n. 350, de 19 de dezembro de 2014: "Art. 1º Estabelecer, nos termos dessa Resolução, o modelo de regulação tarifária, o reajuste dos tetos das tarifas aeroportuárias e as regras para arrecadação e recolhimento. Parágrafo único. O modelo de regulação tarifária e o reajuste dos tetos das tarifas aeroportuárias aplicam-se somente aos aeroportos públicos que não estejam sob condições tarifárias específicas definidas em ato de autorização ou contrato de concessão".

[422] O relatório do Acórdão n. 1795/2011 – TCU – Plenário, Relator Ministro Valmir Campelo, resultado da análise do 2º estágio de fiscalização da outorga de ASGA consignou: "58. matriz tarifária dos aeroportos públicos é estabelecida por ato normativo da Superintendência de Regulação Econômica e Acompanhamento de Mercado (SRE) da Anac, de acordo com a classificação conferida ao aeródromo. Todavia, o caso do Asga destoa dos demais por encontrarem-se as tarifas pré-definidas no Anexo 4 da minuta contratual a compor o Edital Anac 1/2011. 57. Assim, mesmo que no presente momento tenham sido atribuídas ao Asga tarifas coincidentes com as praticadas nos demais aeródromos de mesma categoria – fixadas pela Portaria Anac/SRE 174, de 28 de janeiro de 2001 –, sua dinâmica tarifária é essencialmente distinta: os reajustes observarão regras de periodicidade, índice etc. contidas no edital do certame".

CAPÍTULO VI – CONCESSÃO DE SERVIÇO PÚBLICO PARA...

produtividade mediante redução ou limitação do reajuste e, portanto, do valor da tarifa cobrada;[423] o segundo destinado à redução ou acréscimo de valores em vista da qualidade do serviço prestado.[424]

A utilização do Fator X decorre da concepção que a exploração de serviços públicos, em razão da inexistência de um sistema concorrencial

---

[423] Manifestou-se o TCU no relatório de acompanhamento do 2º estágio de acompanhamento da concessão de ASGA – Acórdão n. 1795/2011, relator Ministro Valmir Campelo: "63. Os princípios da regulação econômica aplicáveis à provisão de serviços públicos por particulares objetivam, basicamente, resguardar os usuários contra o exercício do poder de monopólio potencialmente disponível à concessionária. Entre as manifestações desse poder monopolista, destaca-se o fato de que eventuais ganhos de produtividade são apropriados exclusivamente pela firma, não repercutindo no preço do bem ou serviço ofertado. 64. Visando a simular situação mais próxima à concorrencial, a literatura especializada aponta como boa prática a introdução de um Fator X no cálculo tarifário, de forma a promover periodicamente a partição de ganhos de produtividade mediante decesso ou limitação do preço cobrado pela prestação do serviço. No caso em exame, nota-se que a Anac dedica o Anexo 13 da minuta contratual (peça 148) à quantificação da parcela a ser revertida em prol do usuário. 65. Do cotejo desse anexo, verifica-se que o mecanismo consiste em deduzir, do reajuste tarifário, a variação de produtividade, calculada pelo índice de Tornqvist, observada em 49 aeroportos públicos de categorias 1 e 2 e administrados pela Infraero. Destarte, caso o concessionário desenvolva incremento de produtividade superior à taxa de variação média anual da produtividade total dos fatores calculada pela Anac, apropriar-se-á da parcela que a exceder, seja qual for. Simetricamente, caso não alcance o aumento de produtividade médio do setor, recairá na situação em que a redução de seus custos não compensará o desconto do Fator X. 66. Embora hábil a estimular a eficiência do concessionário e a redistribuir parte do acréscimo de produtividade – além de apresentar relativa simplicidade de cálculo –, pode-se ponderar que o emprego do Fator X, tal como concebido pela Anac, não comporta gradação. Ou seja: ou o concessionário beneficia-se da totalidade do ganho que extrapolar a média ou, alternativamente, arca integralmente com os efeitos de uma produtividade aquém do apurado no setor. O benefício ao usuário, a seu turno, não se afigura tanto maior quanto mais produtivo se tornar o concessionário – como afirmado, o referido benefício é fixo e dependente da produtividade média do setor".

[424] Manifestou-se o TCU no relatório de acompanhamento do 2º estágio de acompanhamento da concessão de GRU – Acórdão n. 3232/2011, relator Ministro Raimundo Carreiro: "374. Os efeitos da aplicação da fator Q poderão afetar de forma positiva ou negativa o resultado do reajuste tarifário, a depender do desempenho da concessionária em relação à qualidade do serviço. Para medir a qualidade de serviço, o fator Q é determinado anualmente com base no desempenho de serviço do aeroporto no ano anterior, abrangendo até quinze entre os trinta Indicadores de Qualidade de Serviço (IQS) previstos no Apêndice C do Plano de Exploração Aeroportuária (peça 170, p. 28)".

desenvolvido, e da oportunidade oriunda de ganhos de produtividade resultantes de alterações tecnológicas ou eficiência distintas da atuação direta das empresas prestadoras, deveriam ser capturados, em alguma medida, pelos usuários dos serviços. Apesar do aparente acerto, instrumentos dessa ordem não podem aniquilar eventuais ganhos de eficiência próprios e objetivados pelos particulares, cujo resultado poderá ser nefasto ao serviço público, seja por desincentivo ao incremento da produção ou por desestímulo às próprias concessões.

O contrato de ASGA definiu que a metodologia de cálculo aplicada ao Fator X variaria a depender do ano da concessão. Para o primeiro reajuste contratual o método e a fórmula de apuração constaram do anexo 13 do contrato.[425] O Fator X aplicado nos demais reajustes seria definido pela ANAC posteriormente à assinatura do contrato, mediante regulamentação específica, ora materializada na Resolução n. 354, de 17 de março de 2015, que fixou o pretendido para os anos de 2015 a 2019.[426]

Nos contratos de GRU/BSB/VCP, as regras e metodologia de cálculo do Fator X seriam definidas periodicamente pela ANAC, ressalvados os primeiros 5 (cinco) anos da concessão cujas regras foram definidas no anexo 11 do contrato. Para os 2 (dois) primeiros anos da concessão o Fator X seria igual a zero; e entre o terceiro e quinto anos seria calculado considerando as bases definidas no anexo.[427] Tendo em vista que o

---

[425] A despeito da aprovação quanto à introdução do Fator X na fórmula de reajuste, no Acórdão n. 1795/2011 – TCU – Plenário, relatório Ministro Valmir Campelo, foi recomendado que a ANAC: "9.4.1 estude a viabilidade de aperfeiçoar a fórmula de cálculo do Fator X, de forma que a nova metodologia contemple proporcionalidade entre o montante revertido aos usuários e a magnitude da produtividade atingida pelo agente privado".

[426] Disponível em http://www2.anac.gov.br/biblioteca/resolucao/2015/RA2015-0354.pdf. Acesso em 10 nov. 2015.

[427] Sobre o tempo de carência para incidência do Fator X, pronunciou-se o TCU no Acórdão n. 3232/2011 – Plenário, relator Ministro Raimundo Carreiro: "413. Cabe registrar, ainda, que a modelagem da concessão submetida à Audiência Pública Anac 16/2011 prevê uma carência de cinco anos para o início da incidência do Fator X nos reajustes tarifários. Inquirida sobre o motivo dessa especial condescendência – uma vez

CAPÍTULO VI – CONCESSÃO DE SERVIÇO PÚBLICO PARA...

referido anexo dispôs sobre os três aeroportos, a metodologia considerou especificidades de cada localidade e respectiva obrigação contratual.

A regulamentação aplicada aos aeroportos de GIG/CNF foi semelhante, diferenciada quanto ao tempo de aplicação e valores do Fator X. O anexo 11 ao contrato definiu que o Fator X seria igual a zero nos 3 (três) primeiros anos da concessão;[428] e seria calculado com vistas à

---

que, no processo de concessão do Asga, o Fator X incidia mesmo sobre os períodos anteriores à operação do aeródromo –, a Agência pronunciou-se por conduto do Ofício Anac/SRE/GT-CA 2, de 21/10/2011 (peça 106, p. 4-5). Por oportuno, reproduzimos abaixo as ponderações da agência reguladora: Comparativamente ao ASGA, a ANAC mantém seu entendimento de que a indústria aeroportuária continuará apresentando ganhos de produtividade independentemente do início ou transferência das operações e que o concessionário já deverá ter os ganhos de produtividade da indústria incorporados às suas tarifas. Não obstante, a explicação para o prazo de carência conferida em favor do futuro concessionário de Guarulhos, Viracopos e Brasília está associada a pesadas obrigações de investimento no curto prazo e à imposição de ineficiências de partida refletidas na minuta de contrato de concessão, conforme exposto a seguir: b1) A necessidade de realização de um volume de investimentos significativo em um período de tempo consideravelmente curto para esse tipo de projeto. (...) b2) Os aeroportos de Guarulhos, Viracopos e Brasília operam atualmente em condições de nível de serviço consideravelmente abaixo da que será exigida no contrato. Dessa forma, os concessionários terão de readequar os terminais em curto espaço de tempo, o que implicará necessariamente uma redução da produtividade. Dessa forma, o valor do Fator X calculado para esses aeroportos poderia superestimar os ganhos potenciais de produtividade. b3) A manutenção dos empregos dos funcionários da Infraero nos aeroportos concedidos (...)".

[428] Sobre o tempo de carência para incidência do Fator X, pronunciou-se o TCU no Acórdão n. 2905/2014 – Plenário, relator Ministro Marcos Bemquerer da Costa: "157. Em vista do expressivo hiato entre as instalações necessárias para atender o nível de serviço prescrito em edital e as precárias condições em que os aeródromos a serem concedidos se encontram, a Anac optou por conferir carência trienal para incidência do Fator X (...). 160. Deve-se considerar legítima a instituição de carência para a aplicação do Fator X, a exemplo de concessões realizadas em outros setores, porquanto razoável estipular prazo para que as modificações operacionais possam desenvolver-se no aeroporto a ponto de o concessionário avançar em sua trajetória na curva de eficiência. 161. Ademais de consistir em prerrogativa do poder concedente, a aludida carência não premune a concessionária de adotar tecnologias de ponta na prestação do serviço, nem de compartilhar os correspondentes ganhos com os usuários tão logo esses investimentos comecem a maturar, inscrevendo-se dentro da razoabilidade ínsita ao regular desempenho da função administrativo-regulatória".

fórmula contida no anexo para o quarto e quinto anos de concessão. Ademais, foi previsto na cláusula 6.10 do contrato que do sexto ao décimo ano o Fator X poderia apresentar qualquer valor desde que estivesse entre o intervalo de -1,12 (menos um vírgula doze) e 2,06 (dois vírgula zero seis).

Para os contratos de POA/SSA/FLN/FOR a regulamentação foi distinta. A regulamentação preponderante consta do Anexo 11, cumulado com a definição contratual de que o Fator X teria aplicação igual a zero nos 5 (cinco) primeiros anos da concessão, contados da data de eficácia[429]; além de que durante todo o período de concessão, o espectro de diferença do Fator X poderia variar entre -2,00% (menos dois por cento) e 2,00% (dois por cento).

O Fator Q deriva da apuração da qualidade dos serviços prestados. Nos termos dos contratos, seu resultado decorre da avaliação do cumprimento dos Indicadores de Qualidade e Serviço (IQS) constantes do Plano de Exploração Aeroportuária (PEA),[430] apurados anualmente pelo concedente. A depender do resultado, o Fator Q poderá atingir de forma positiva ou negativa o resultado do reajuste tarifário.[431]

---

[429] "2.9 Para todos os efeitos do presente Contrato, a Data de Eficácia é aquela em que estiverem implementadas as seguintes condições suspensivas: 2.9.1 publicação do extrato do Contrato no Diário Oficial da União; 2.9.2 ciência pela Concessionária da emissão da Ordem de Serviço da Fase I pela ANAC, a ser expedida em até 30 dias a contar da publicação do extrato do Contrato no Diário Oficial da União".

[430] Nos termos do PEA do ASGA: "3.1.2 A avaliação dos parâmetros operacionais inclui os elementos passíveis de mensuração direta. A Concessionária deverá dispor de sistemas de controle e registro dos parâmetros operacionais listados na Tabela 3, permitindo que sejam auditados pela ANAC, sem prejuízo de outras formas de apuração do desempenho daqueles parâmetros, como medição *in-loco*, questionários aplicados pela ANAC às empresas aéreas ou relatórios por elas elaborados. 3.1.3 A percepção da qualidade de serviço será levantada por meio de pesquisa de satisfação com os passageiros que utilizam o Aeroporto, com aferição de resultados em periodicidade anual, conforme metodologia a ser definida em regulamentação da ANAC. A escala de conceitos da avaliação será de 1 a 5, sendo (1) muito ruim; (2) ruim; (3) satisfatório; (4) bom; (5) excelente".

[431] Nos termos do PEA do ASGA: "3.1.5 No caso da Concessionária atingir ou superar simultaneamente os padrões especificados para todos os componentes, será bonificada por excelência na qualidade de serviço, por meio da aplicação do fator Q negativo em

CAPÍTULO VI – CONCESSÃO DE SERVIÇO PÚBLICO PARA...

Para ASGA, o cálculo anual do Fator Q dependerá de uma avaliação anual de qualidade dos serviços, a partir da verificação dos parâmetros operacionais e da percepção de qualidade dos serviços. Foi incluída tabela no PEA com elementos a serem avaliados, desde parâmetros operacionais, cuja apuração dá-se mediante questionários à ANAC e às empresas aéreas, quanto de tópicos próprios aos passageiros do aeroporto. O valor aplicado será totalizado a partir do somatório dos possíveis decréscimos aplicados para cada componente avaliado, sendo que, para o primeiro ano de operação, o Fator Q assumiu valor igual a zero.

Para os aeroportos de GRU/BSB/VCP a apuração do cálculo anual do Fator Q passou a depender de 15 (quinze) indicadores de IQS, que incluiriam (i) serviços diretos; (ii) disponibilidade de equipamentos e instalações; e (iii) pesquisa de satisfação dos passageiros.[432] Seu valor poderá variar de 7,5% (sete e meio por cento) de decréscimo a 2% (dois por cento) de bônus.

Para esses aeroportos, o Fator Q produziu efeitos no reajuste tarifário a partir do final do primeiro ano de operação integral pelas concessionárias, considerado o ano civil seguinte ao de encerramento da Fase I-A (fase de transferência das operações do Aeroporto da Infraero para a concessionária). Os decréscimos decorrentes do não cumprimento dos padrões para o Fator Q deveriam ser reduzidos a 30% (trinta por cento) no primeiro ano; 70% (setenta por cento) no segundo ano e integrais a partir do terceiro ano.

Para os aeroportos de GIG/CNF, a apuração do cálculo anual do Fator Q passou a depender de 16 (dezesseis) indicadores de IQS, que incluíram (i) serviços diretos; (ii) disponibilidade de equipamentos; (iii)

1% (um por cento) para o caso de superação no período de 1 (um) ano e 2% (dois por cento) quando a superação ocorrer no período de 2 (dois) anos consecutivos".

[432] Nos termos do PEA de GRU/BSB/VCP: "Alinhada às melhores práticas internacionais, a amostra de entrevistas deverá representar pelo menos 0,05% dos passageiros que estão embarcando no Aeroporto, escalonada durante cada mês, e com no mínimo 150 entrevistas por mês. Em terminais onde a proporção de passageiros internacionais ultrapassar 20%, a amostragem mínima será aplicada separadamente para os passageiros domésticos e internacionais".

instalações do lado ar; (iv) sistemas de pistas; e (v) pesquisa de satisfação dos passageiros.[433] Seu valor poderá variar de 7,5% (sete e meio por cento) de decréscimo a 2% (dois por cento) de bônus. O Fator Q produzirá efeitos a partir do final do primeiro ano de operação integral do aeroporto pela concessionária, considerado o ano civil seguinte de encerramento da Fase I-A (fase de transferência das operações do Aeroporto da Infraero para a concessionária).

Considerando que essa apuração poderá repercutir diretamente na remuneração das concessionárias, foi prevista a possibilidade de elas se manifestarem quando da apuração do IQS, informando à ANAC sobre fatos, atividades e serviços desempenhados por outras delegatárias; órgãos públicos ou empresas aéreas que tenham impactado na qualidade dos serviços prestados no aeroporto. Nesse caso, haveria ponderação do fato relatado para fins de revisão dos fatores.

Em todos os contratos de concessão foi previsto um evento quinquenal de revisão dos indicadores de qualidade dos serviços, bem como da metodologia de cálculo dos Fatores X e Q. Neste momento, nominado de Revisão dos Parâmetros da Concessão, o concedente revisitará aspectos atinentes ao tema e, após submissão à audiência pública, os redefinirá com vistas à criação de incentivos para melhoria da qualidade dos serviços prestados. As decisões e resultados incidirão sobre os reajustes tarifários seguintes, até a ocorrência da próxima revisão.

Para concluir o tema do reajuste tarifário, consigna-se que os contratos de concessão elegeram o Índice Nacional de Preços ao Consumidor Amplo, calculado pelo Instituto Brasileiro de Geografia e Estatística (IBGE), como índice econômico de referência para restabelecimento dos valores dos insumos. Este índice é aplicado na fórmula que comportará, a depender do momento da apuração, os referidos Fatores X e Q.

---

[433] Nos termos do PEA de GRU/BSB/VCP: "Alinhada às melhores práticas internacionais, a amostra de entrevistas deverá representar pelo menos 0,05% dos passageiros que estão embarcando no Aeroporto, escalonada durante cada mês, e com no mínimo 150 entrevistas por mês. Em terminais onde a proporção de passageiros internacionais ultrapassar 20%, a amostragem mínima será aplicada separadamente para os passageiros domésticos e internacionais".

A periodicidade do reajuste é anual. Nos casos dos contratos de ASGA, GRU/BSB/VCP sua implementação será pela concessionária nos termos de cada contrato e a homologação pelo concedente mediante publicação no Diário Oficial da União, em atenção ao previsto no artigo 31, V, da Lei n. 8.987/95. Por sua vez, nos termos dos contratos de GIG/CNF, a implementação e publicação do Diário Oficial da União serão de responsabilidade do concedente. Não obstante a diferença apontada, os procedimentos são similares, todos realizados mediante decisão proferida pela Diretoria da ANAC.[434]

Constata-se que os contratos de GIG/CNF retiraram a regra de homologação pelo concedente, porém lhe atribuem a competência para a *implementação* do reajuste, nomenclatura pouco precisa. A despeito da natureza dessa atuação, a dependência do concedente para a eficácia do reajuste poderá desencadear atrasos, justificados ou arbitrários, que poderão influenciar a saúde financeira da concessão e resultar na obrigação de reequilíbrio pelo concedente.[435] Considerada a obrigação de o usuário remunerar a concessionária no momento da utilização dos serviços, caso não seja autorizada a revisão dos valores no momento correto, a diferença entre as tarifas deixará de ser cobrada, gerando direito da concessionária face à inércia do concedente.[436]

Superada a análise da remuneração de origem tarifária, segue-se a outra fonte contratualmente prevista. Especialmente em vista das características do ambiente no qual se desenvolve a prestação do serviço público, é relevante o volume de receitas não-tarifárias próprias à exploração de atividades econômicas variadas.

---

[434] Disponível em http://www2.anac.gov.br/Concessoes/concessoes_vigentes/. Acesso em 10 nov. 2015.

[435] Filia-se à posição de Carlos Ari Sundfeld, que entende que a homologação do reajuste tarifário é ato administrativo vinculado, cabendo ao concedente a verificação da regularidade de sua realização pelo concessionário. SUNDFELD, Carlos Ari. "A regulação de preços e tarifas dos serviços públicos de telecomunicação". *In:* SUNDFELD, Carlos Ari (coord.). *Direito administrativo econômico.* São Paulo: Malheiros, 2006, pp. 317–328.

[436] CÂMARA, Jacintho Arruda. *Tarifas nas concessões*. São Paulo: Malheiros, 2009, p. 182.

As receitas provenientes de fontes alternativas, complementares, acessórias ou de projetos associados, assumem importância preponderante para a viabilidade econômica da concessão, notadamente em razão dos vultosos investimentos e custos incorridos para a manutenção de um serviço adequado.

A previsão dessa fonte de receitas como parcela da remuneração das concessionárias gera observações distintas, pertinentes à definição da equação econômico-financeira das concessões.

A primeira resulta da verificação dos estudos econômicos que justificam a viabilidade da concessão. Nestes estudos foram compatibilizados o volume de receitas estimado e o risco pela sua obtenção em face das obrigações exigidas, inclusive de investimentos impostos à concessionária e o volume mínimo pretendido pela outorga.

Desta constatação surgem os seguintes questionamentos: caso o volume de receitas não-tarifárias fique aquém do estimado para remuneração da concessão, qual obrigação surgirá ao concedente e aos usuários do serviço? Trata-se de risco exclusivo assumido pelo concessionário? As tarifas cobradas dos usuários poderão ser majoradas em virtude da não realização das demais receitas?

As respostas serão obtidas nos contratos de concessão. A avaliação dos instrumentos, neste momento, se aterá à identificação das receitas e suas consequências em vista do equilíbrio econômico-financeiro da avença, ao passo que o modo de realização e as relações jurídicas resultantes serão avaliados em tópico próprio.

O contrato de ASGA definiu as receitas comerciais obtidas no complexo aeroportuário como parte integrante da remuneração da concessionária. O Plano de Exploração Aeroportuária enumerou as atividades previamente autorizadas pela ANAC para obtenção de tais receitas (*v.g.*: serviços de apoio às companhias aéreas como *catering*, limpeza e abastecimento; exploração de lojas e espaços comerciais de alimentos e varejo; serviços turísticos e áreas para exploração de hotéis e escritórios). A realização de outras não integrantes das categorias constantes do PEA exigiriam prévia autorização da ANAC.

CAPÍTULO VI – CONCESSÃO DE SERVIÇO PÚBLICO PARA...

Em complementação, o anexo 11 do contrato de ASGA previu as regras para a reversão anual dessas receitas à modicidade tarifária. Como parâmetro contratual, foi definido que não haveria dever de compartilhamento se as receitas não-tarifárias representassem um volume menor que 35% (trinta e cinco por cento) das receitas totais auferidas com a exploração aeroportuária. Superado esse percentual, deflagra a obrigatoriedade de reversão de parcela das receitas. Dependendo do resultado apurado, o quanto compartilhado variará, sendo maior se superado 60% (sessenta por cento) do montante total auferido; e menor se entre 60% (sessenta por cento) e 35% (trinta e cinco por cento). O total auferido do compartilhamento é contabilizado na fórmula de reajuste anual, pretendendo atender a modicidade diretamente na redução dos valores das tarifas praticadas no aeroporto.[437]

O contrato de ASGA não apresenta previsão específica acerca da alocação do risco de não realização das receitas comerciais, assim como não define qualquer mecanismo que permita o acréscimo de valor das tarifas praticadas na hipótese de sua redução.

Uma possível conclusão surgirá da interpretação sistemática do contrato. Constata-se a existência de previsão contratual isentando o compartilhamento de ganhos se os recursos obtidos forem reduzidos (igual ou

---

[437] Sobre o tema, pronunciou-se o TCU no Acórdão n. 1795/2011 – Plenário, relator Ministro Valmir Campelo: "22. Ao debruçar-se sobre o fator de reversão das receitas não tarifárias, a unidade especializada identificou que o modelo não permite o incremento na tarifa decorrente de queda de receitas comerciais, o que, para o usuário, seria benéfico. A modelagem atua sempre no sentido de preservar ou reduzir os valores cobrados; todavia, foi situado que 'diferentemente do que se poderia supor, o mecanismo desenvolvido não incentiva a busca imediata pela maior percepção possível de receitas não tributárias – situação usualmente colimada pelo particular e pelos usuários. Em vez disso, a forma funcional eleita para operacionalizar a reversão estimula o particular em desenvolver uma estratégia em que sopese com precisão os impactos intertemporais exercidos por cada ingresso de recurso dessa natureza, eventualmente antecipando ou adiando tais encaixes – sem, contudo, facultar ao particular frustrar a contribuição em favor da modicidade tarifária legalmente exigida' 23. Nas simulações realizadas, entendeu-se que a reversão de receitas comerciais pode assumir uma multiplicidade de trajetórias, ora levemente a favor dos usuários, ora brandamente em prol da concessionária. Em todos os casos, as discrepâncias apresentaram-se diminutas. Concordo, pois, que as ressalvas quanto à possibilidade de se preverem incentivos mais concretos visando à antecipação das receitas não tributárias não representam, propriamente, um prejuízo ao usuário. Avalio, portanto, que o método de reversão de receitas atende satisfatoriamente o disposto no art. 11 da Lei 8.987/95, como alvitrado pela unidade técnica".

inferior a 35% da receita total); adicionalmente, há previsão de que todos os riscos não expressamente alocados ao concedente são assumidos pela concessionária. A junção dessas previsões conduz ao aparente entendimento de que é possível a obtenção de receitas em volume reduzido; neste caso, não haverá o dever de compartilhamento em prol do equilíbrio econômico do contrato, porém se trata de risco exclusivo da concessionária.

A conclusão descrita poderá gerar conflito entre as partes, motivado pela concessionária. A dúvida é posta considerando que o dever de favorecimento à modicidade tarifária deve recair sobre o montante das receitas que superaram o volume considerado para a formação do equilíbrio econômico-financeiro originalmente previsto para a concessão. Considerando que os tetos tarifários foram definidos pelo concedente, a estimativa dessas receitas condicionou as premissas da relação e definiu a atratividade ao projeto, considerado como fator de equilíbrio entre o risco assumido e o retorno financeiro pretendido pelas concessionárias.

O conflito derivaria da compreensão de que as receitas não-tarifárias estimadas foram consideradas no bojo de uma remuneração que permitiria o equilíbrio da relação. A composição da remuneração com a previsão de receitas não-tarifárias teria possibilitado a definição de investimentos e a realização das obrigações contratuais sem que as tarifas assumissem valores exorbitantes, o que inviabilizaria o desenvolvimento do serviço público. Ou seja, se retiradas essas receitas, muito provável que seriam menores os investimentos exigidos e os níveis de serviço, bem como o valor mínimo de outorga estimado para o leilão.

Os contratos de GRU/BSB/VCP/GIG/CNF/POA/SSA/FLN/FOR mantiveram a previsão de a remuneração da concessionária dar-se pelo somatório das receitas tarifárias e não-tarifárias.

Guardando identidade com ASGA, o Plano de Exploração Aeroportuária previu as atividades previamente autorizadas pela ANAC para obtenção de tais receitas. No mais, também não há regra expressa acerca da assunção do risco pela falta de atendimento dos parâmetros utilizados nos estudos econômicos como previsão de equilíbrio econômico da concessão, mantida a mesma ponderação feita sobre eventual conflito quando da avaliação de ASGA. As semelhanças de regime encerram com essas disposições.

CAPÍTULO VI – CONCESSÃO DE SERVIÇO PÚBLICO PARA...

Os contratos de GRU/BSB/VCP/GIG/CNF/POA/SSA/FLN/FOR não previram regra de utilização dessas receitas para favorecimento da modicidade tarifária. A construção é distinta, voltada ao compartilhamento de parte desses recursos com a União Federal, mediante depósito no FNAC.

Somada a previsão da contribuição resultante dos valores ofertados pela outorga do serviço (contribuição fixa), os contratos contêm mecanismos de constante compartilhamento das receitas obtidas pelas concessionárias. Trata-se de *contribuição variável* correspondente a percentual da totalidade das receitas tarifárias e não-tarifárias obtidas pela concessionária (ou suas subsidiárias integrais) e transferidas anualmente ao FNAC. A alíquota incidente sobre a remuneração da concessionária varia por aeroporto e por volume de receita bruta apurada anualmente:

Aeroporto	Alíquota base	Alíquota resultante sobre receita excedente ao volume estimado no contrato
BSB	2% (dois por cento)	4,5% (quatro e meio por cento)
GRU	10% (dez por cento)	15% (quinze por cento)
VCP	5% (cinco por cento)	7,5% (sete e meio por cento)
CNF	5% (cinco por cento)	-
GIG	5% (cinco por cento)	-
POA	5% (cinco por cento)	-
SSA	5% (cinco por cento)	-
FLN	5% (cinco por cento)	-
FOR	5% (cinco por cento)	-

Fonte: Elaboração Própria.

A decisão contratual afastou a reversão dos recursos em favor dos usuários do próprio aeroporto onde foram obtidas. Vai-se além. Essa decisão revela o interesse da União de que as concessionárias sempre obtenham o maior volume possível de receitas de seus usuários para transferência ao FNAC. A justificativa da decisão pública é fundamentada na necessidade de manutenção do sistema aeroportuário, considerando o usuário como parte do todo, desvinculando-o de certa estrutura.

O tema foi levado ao TCU quando da avaliação do primeiro estágio de acompanhamento da concessão do aeroporto de GRU, cuja decisão foi replicada aos demais. O entendimento da Corte de Contas foi distinto da União, sendo recomendado que a ANAC incluísse, na minuta dos contratos, "(...) mecanismo destinado a garantir, durante a execução contratual, a reversão de receitas não-tarifárias em prol da modicidade das tarifas e/ou dos preços específicos praticados no próprio aeroporto".[438]

---

[438] "72. É possível que a solução mais intuitiva, que preceitua que as receitas não tarifárias devam ser (parcialmente) revertidas em prol do mesmo aeroporto em que são auferidas, não se afigure ótima sob o ponto de vista do sistema aéreo. Considerando o caráter pendular desse meio de transporte – em que a grande maioria dos passageiros retorna a seu local de origem, embarcando no mesmo aeroporto em que outrora desembarcara –, parece ser plausível, à primeira vista, que a promoção da modicidade das tarifas praticadas nesses outros aeroportos favoreça os usuários do aeroporto em que as receitas comerciais foram arrecadadas. 73. Com base nesse contexto, a Sefid-1 diligenciou a Anac para que fosse esclarecido de que forma seria dado cumprimento ao art. 11 da Lei de Concessões, ou seja, de que maneira a modicidade das tarifas seria favorecida com a exploração de atividades comerciais pela concessionária. 74. Em resposta, a Agência informou que, objetivando conferir atendimento ao citado art. 11 da Lei 8.987/1995, os EVTEA contemplam: (a) a prestação de 'contribuição variável' por parte da empresa concessionária, em percentual de sua receita bruta total, havendo 'gatilho' segundo o qual o aludido percentual é majorado quando o nível de receita supera o originalmente estimado no fluxo de caixa; e (b) a estimativa de percepção de receitas comerciais já no fluxo de caixa. 75. O primeiro argumento aduzido pela Anac faz menção à 'contribuição variável' que incidirá sobre o montante total de receitas tarifárias e não tarifárias, tanto aquelas previstas quanto aquelas não previstas, e mesmo receitas imprevisíveis que ainda assim vierem a ser obtidas. No caso do aeroporto de Guarulhos, essa contribuição variável será de 10% sobre a receita bruta total. Caso as receitas totais do aeroporto superem as estimativas utilizadas no fluxo de caixa e definidas em contrato, o valor da contribuição variável incidente será de 15%. 76. Segundo a Agência, pretende-se que os valores dessa contribuição variável destinem-se à composição do Fundo Nacional de Aviação Civil (FNAC), criado pelo art. 63 da Lei 12.462/2011. Segundo a norma legal, os recursos do fundo serão 'aplicados no desenvolvimento e fomento do setor de aviação civil e das infraestruturas aeroportuária e aeronáutica civil'. 77. A aplicação dos recursos do FNAC, pelo que entende a Anac, garantiria o atendimento ao disposto no art. 11 da Lei 8.987/1995, pois permitiria a realização de investimentos no setor de aviação civil sem que necessariamente houvesse majoração das tarifas cobradas dos usuários. 78. Nos termos do Acórdão n. 3232/2011 – Plenário, Relator Ministro Raimundo Carreiro: 'Ao examinar os argumentos da Anac, a Sefid-1 pontuou que não assiste razão à Anac quando alega que a cobrança da contribuição variável cumpre o art. 11 da Lei 8.987/1995, pois o parágrafo único, ao estabelecer que 'as fontes de receita previstas neste artigo serão obrigatoriamente consideradas para a aferição do inicial

CAPÍTULO VI – CONCESSÃO DE SERVIÇO PÚBLICO PARA...

Apesar da recomendação do TCU, não foi previsto mecanismo em nenhum dos contratos de concessão, quanto aos GIG/CNF/POA/SSA/FLN/FOR.[439]

A manifestação do TCU suscitou questionamento quanto à validade da previsão desses contratos e o alcance do previsto no artigo 11

---

equilíbrio econômico-financeiro do contrato', deixa explícito que a modicidade tarifária prevista no caput desse artigo refere-se exclusivamente ao objeto do contrato e não ao sistema ou ao serviço público aeroportuário em geral. Ressaltou que não se contesta o mecanismo de cobrança de uma contribuição variável para manter a sustentabilidade do sistema, pois isso está na esfera de discricionariedade do Poder Concedente. Entretanto, não se pode afirmar que esse mecanismo cumpre o princípio da reversão da receita extraordinária em prol da modicidade tarifária, prevista no art. 11 da Lei 8.987/1995. (...) 81. O segundo argumento trazido pela Anac para justificar o atendimento ao disposto no art. 11 da Lei 8.987/1995 tem como fundamento a inclusão da estimativa de receitas comerciais diretamente no fluxo de caixa da outorga. A Agência alega que, não fossem as estimativas de receitas não tarifárias estarem presentes na modelagem da concessão, as tarifas a serem cobradas dos usuários teriam que ser mais elevadas. 82. Ao examinar tal argumento, a unidade técnica entende que, embora a modelagem em exame atenda, em essência, ao princípio de modicidade previsto no art. 11 da Lei 8.987/1995, porquanto garante que as receitas derivadas de atividades econômicas conexas sejam usadas como fonte de custeio à prestação dos serviços, por outro lado, existe a possibilidade de que o concessionário venha a se valer de receitas não tarifárias que extrapolem as estimativas feitas pelo Poder Concedente no fluxo de caixa inicial da outorga. 83. Conforme evidenciou a Sefid-1, a modelagem em exame é um retrocesso em relação ao modelo aplicado para o Aeroporto Internacional de São Gonçalo do Amarante (Asga) em que, além de serem previstas receitas não tarifárias já no fluxo de caixa da outorga, foi adotado um mecanismo destinado a garantir que as receitas superiores àquelas previstas favoreçam a modicidade tarifária. 84. Pertinente, assim, formular a recomendação proposta pela unidade técnica, ipsis litteris: '(...) recomendar à Anac que inclua, na minuta de contrato de concessão do Aeroporto Internacional de Guarulhos, mecanismo destinado a garantir, durante a execução contratual, a reversão de receitas não tarifárias em prol da modicidade das tarifas e/ou dos preços específicos praticados no próprio aeroporto. (...)'".

[439] Em virtude do descumprimento desta e outras recomendações, pronunciou o Ministro Marcos Bemquerer Costa em voto proferido no 2º, 3º e 4º estágios de acompanhamento da concessão de GIG/CNF, Acórdão n. 2905/2014 – TCU – Plenário: "28. Contudo, pelo fato de os contratos terem sido assinados, concluo por ser suficiente neste processo cientificar a Anac sobre o não atendimento da orientação do Tribunal no certame, sem prejuízo de que eventuais consequências da ausência dos mecanismos recomendados venham a ser objeto de análise e responsabilização em trabalhos futuros do TCU pelo descumprimento do princípio indicado".

da Lei n. 8.987/95. As receitas alternativas obtidas em função da situação jurídica do prestador de um determinado serviço público devem ser aplicadas em prestígio direto dos usuários daquela infraestrutura?

A interpretação da Lei n. 8.987/95 conduz à compreensão de que as receitas obtidas por meio da exploração de atividades econômicas alternativas, complementares, acessórias e projetos associados devem ser revertidas em favor do usuário da concessão específica, reduzindo os custos tarifários por ele incorridos.

Não obstante a natureza do serviço público objeto da concessão revelar uma relação de interdependência das infraestruturas para a promoção do transporte aéreo, vez que a saída e chegada dependerão de aeroportos distintos e a redução de estruturas impedirá o desenvolvimento efetivo do transporte, não escapa ao Poder Concedente o dever de prever mecanismos que atendam a legislação, ou seja, que promovam o compartilhamento das receitas com os usuários efetivos do aeroporto concedido.[440]

Ressalvada a concessão de AGSA, a falta de previsão de reversão de parcela das receitas não-tarifárias em vista da redução dos custos tarifários incorridos pelos usuários dos aeroportos de GRU/BSB/VCP/GIG/CNF/POA/SSA/FLN/FOR revela descumprimento do previsto na Lei n. 8.987/95.

Eventual ajuste poderá advir de revisão contratual que destine parcela da contribuição variável para fins de redução dos custos tarifários suportados pelos usuários das especificas estruturas. Essa alteração deverá ser materializada sem que resulte em novos custos aos concessionários, a fim de não representar motivo para reequilíbrio econômico-financeiro dos contratos.

Segue a avaliação da configuração e método de revisão dos contratos de concessão para fins de manutenção do equilíbrio econômico-financeiro das relações.

---

[440] Sobre o tema: SCHWIND, Rafael Wallbach. *Remuneração do concessionário:* concessões comuns e parcerias público-privadas. Belo Horizonte: Fórum, 2010, pp. 276/277.

CAPÍTULO VI – CONCESSÃO DE SERVIÇO PÚBLICO PARA...

6.2.5 Composição da equação econômica dos contratos

Ressalvada a aplicação das cláusulas de reajuste tarifário, esta passagem pretende avaliar os elementos de contorno da relação jurídica, incluídas as condições do contrato, os limites, regras e os métodos de revisão contratual destinadas à manutenção do equilíbrio econômico-financeiro das concessões.

6.2.5.1 *Definição do quadro de riscos e o dever de reequilíbrio dos contratos*

Os contratos de concessão foram construídos pretendendo estabelecer, com certa precisão, os fatos e ocorrências que não configurariam riscos passíveis de gerar o direito de as concessionárias pleitearem a recomposição do equilíbrio econômico-financeiro.[441]

Todos os contratos analisados contêm duas premissas definidoras da contratação: (i) a concessionária não fará jus à recomposição do equilíbrio econômico-financeiro caso o risco materializado esteja sob sua responsabilidade; (ii) ressalvados os riscos expressamente assumidos pelo concedente, a concessionária é exclusiva e integralmente responsável por todos os riscos relacionados à concessão. Ademais, os contratos contêm previsão expressa ratificando o pleno conhecimento pelas concessionárias da natureza e extensão dos riscos, bem como da obrigação de utilização quando da elaboração de sua proposta econômica.

---

[441] Entende-se aplicável às concessões comuns a conclusão de Marcos Barbosa Pinto ao tratar dos contratos de PPPs: "Deve-se ressaltar, também, que é só por meio da repartição objetiva de riscos que as partes podem ter certeza de que o contrato é realmente vantajoso para ambas. Sem que o Estado saiba quais riscos está transferindo para o setor privado, a administração pública não consegue avaliar se a PPP é o caminho mais indicado ou se, ao contrário, o melhor seria realizar os investimentos públicos necessários e prestar o serviço diretamente à população. Da mesma forma, as empresas privadas não podem formular propostas atrativas nas licitações se não sabem os riscos que estão aceitando correr: via de regra, elas presumem que terão de suportar todos os riscos que não foram claramente repartidos no contrato, elevando consideravelmente suas propostas financeiras. A incerteza na alocação de riscos tem, portanto, um custo, e ele é pago por todos nós". PINTO, Marcos Barbosa. "Repartição de riscos nas parcerias público-privadas". *Revista do BNDES*. Rio de Janeiro, vol. 13, n. 25, pp. 155-182, jun. 2006, p. 161.

Essas disposições objetivaram efetivar a previsão contida no artigo 10 da Lei n. 8.987/95, que afirma estar mantido o equilíbrio econômico sempre que atendidas as condições do contrato;[442] bem como ao texto constitucional, que afirma ser dever estatal a "manutenção das condições efetivas da proposta".[443] Tais previsões atribuem elevado grau de importância às bases da relação jurídica, sendo o contrato o instrumento que materializa as disposições de segurança e previsibilidade da atuação do particular interessado em executar a prestação do serviço público, delimitando o espectro dos riscos por ele assumidos para a execução dessa peculiar atividade econômica.

Pode-se concluir, portanto, que a equação econômica dessas avenças é formada pelo rol de obrigações e riscos assumidos pelas concessionárias face à estimativa de remuneração. Ressalvada a imposição de novas obrigações ou a ocorrência de riscos que não estejam sobre sua gestão, não haveria espaço para o concessionário requerer a revisão extraordinária da concessão.[444]

---

[442] "Já no artigo 10 *[da Lei n. 8.987/1995]* encontramos regra mais ampla, que afirma que o equilíbrio é considerado incólume caso sejam 'atendidas as condições do contrato', o que, contrário senso, daria margem a entender que os impactos que levam ao desatendimento do pactuado (não só ensejados por decisão do poder concedente) ensejam reequilíbrio. A aferição do desequilíbrio em uma concessão na modalidade ora enfocada envolve quatro momentos, a saber: (i) a constatação de ocorrência de um evento com o condão de afetar o equilíbrio inicial; (ii) a verificação de quanto à responsabilidade, à luz das disposições contratuais, pelo risco associado ao evento ocorrido; (iii) a avaliação do impacto do evento, tomando como parâmetro o critério de apuração do equilíbrio e (iv) a escolha da medida mais adequada e eficiente para recompô-lo". MARQUES NETO, Floriano de Azevedo. *Concessões*. Belo Horizonte: Fórum, 2015, pp. 190/191.

[443] Essa previsão é considerada pelos autores que compreendem que a incidência da previsão do inciso XXI, do artigo 37 da Constituição Federal em virtude da presença do vocábulo *serviços* no dispositivo. Nesse sentido leciona Celso Antônio Bandeira de Mello: "Tais soluções são obrigatórias em face de nosso Direito Positivo, visto que o artigo 37, XXI, da Lei Magna do país estatui que as obras e *serviços* (tanto como compras e alienações) serão contratados com cláusulas que estabeleçam obrigações de pagamento, mantidas as condições efetivas da proposta". MARQUES NETO, Floriano de Azevedo. *Concessões* Belo Horizonte: Fórum, 2015, pp. 190/191.

[444] Filia-se à posição de MONTEIRO, Vera. *Concessão*. São Paulo: Malheiros. 2010, p. 166; MARQUES NETO, Floriano de Azevedo. *Concessões*. Belo Horizonte: Fórum,

CAPÍTULO VI – CONCESSÃO DE SERVIÇO PÚBLICO PARA...

Para melhor compreensão da extensão dos riscos assumidos pelas concessionárias e pelo concedente, é relevante sua exposição.

Todos os contratos possuem hipóteses comuns de alocação e particularidades ligadas às circunstâncias do objeto ou da relação. Como aspecto geral, os riscos que permaneceram com o concedente têm duas grandes características predominantes: ilustram a potencial atuação unilateral da Administração Pública para alterar as disposições contratadas; e, absorvem situações fáticas incertas, sobre as quais os particulares não possuem mecanismos para seu conhecimento prévio ou controle, impedindo a devida mensuração.[445]

A primeira categoria é exemplificada pelas hipóteses de (i) alteração no objeto contratado por ação do poder público, *v.g.* mudanças de projetos ou nas especificações dos serviços; (ii) atrasos para atuação dos poderes públicos, seja para liberação de acesso aos locais de obras, licenças, autorizações, permissões, seja para construção ou operação dos serviços; (iii) alterações que possam repercutir diretamente sobre aspectos econômicos da relação, seja por mudanças de ordem tributária

---

2015, p. 192; PEREZ, Marcos Augusto. *O risco no contrato de concessão de serviço público.* Belo Horizonte: Fórum, 2006, pp. 135-146. PINTO, Marcos Barbosa. "Repartição de riscos nas parcerias público-privadas". *Revista do BNDES*, pp. 160/161. RIBEIRO, Mauricio Portugal. *Concessões e ppps:* melhores práticas em licitações e contratos. São Paulo: Atlas, 2011, pp. 78/79.

[445] "Feita a identificação e a análise dos riscos, a sua correta alocação pressupõe a adoção de estrutura contratual correta, que contemple as peculiaridades do projeto: financeiras, de garantia, de risco operacional etc. Normalmente, os riscos devem ser alocados à parte que melhor posicionada à sua gestão, tanto administrativa quanto financeiramente. A alocação de riscos entre as partes é essencial para que projetos de infraestrutura sejam desenvolvidos. (...) Importante notar que o risco pode ser classificado, para os fins de sua alocação e administração, em razão: (i) do objeto, a exemplo dos riscos geológicos, ambientais e técnicos, da eficiência de mão de obra e do equipamento, da operação e da manutenção, bem como demanda ordinária e extraordinária; (ii) do valor, da dívida ou dos custos de capital, os preços contratuais ou orçamento operacional; e (iii) da duração, seja na fase de implantação, da fase de testes, seja do tempo de operação ou ainda, nos casos em que certas datas, marcos de operação ou índices financeiros devem ser atingidos no tempo." NÉBIAS, Diogo; WARDE Jr., Walfrido Jorge. "Breves notas sobre o *project finance* como técnica de financiamento da infraestrutura". *In:* BERCOVICI, Gilberto; VALIM, Rafael (coords.). *Elementos de direito da infraestrutura.* São Paulo: Contracorrente, 2015, pp. 73/74.

(ressalvados imposto sobre a renda), criação de benefícios tarifários, criação ou extinção de novas tarifas etc.

São situações que ilustram potenciais incertezas assumidas pelo concedente (i) as restrições operacionais decorrentes da ação ou omissão dos entes públicos; (ii) a ocorrência de eventos de força maior ou caso fortuito, exceto quando a sua cobertura possa ser contratada junto a instituições seguradoras, no mercado brasileiro, na data da ocorrência ou quando houver apólices vigentes que cubram o evento (ou, como para ASGA, exceto quando a sua cobertura seja aceita por instituições seguradoras, no mercado brasileiro, à época da contratação do seguro); (iii) a existência de sítios ou bens arqueológicos na área dos aeroportos; (iv) os custos relacionados aos passivos ambientais que tenham origem e não sejam conhecidos até a data de publicação dos editais das concessões.

As peculiaridades de cada contrato derivam do contexto fático de assunção dos aeroportos pelas concessionárias.

A concessão de ASGA pressupôs a complementação da construção de um novo aeroporto, iniciada pela Infraero. Esse fato atraiu à relação riscos relacionados à inexistência de prévia operação no local e outras dificuldades próprias à instalação da infraestrutura. Por consequência, o concedente assumiu os riscos de (i) atraso na entrega das obras a cargo do Poder Público e dos defeitos ou desacordos com as especificações previstas na licitação que viessem a impedir a execução das obrigações da concessionária; (ii) comprometimento do cronograma de execução das obrigações da concessionária devido à não disponibilização de outros serviços públicos ou da infraestrutura indispensável ao funcionamento de ASGA, tais como sistema de saneamento básico, energia elétrica, acesso rodoviário e telefonia fixa.

Ademais, no contrato de ASGA, houve o compartilhamento de risco relativo às manifestações sociais e/ou públicas que afetassem de qualquer forma a execução das obras ou a prestação dos serviços relacionados. O risco seria da concessionária se as manifestações durassem certo período de tempo previsto contratualmente; se ultrapassado, o risco passaria a ser gerido pelo concedente.

CAPÍTULO VI – CONCESSÃO DE SERVIÇO PÚBLICO PARA...

Por fim, como elemento marcante desta concessão, era pressuposto de sua ocorrência a transferência da operação do Aeroporto Augusto Severo, ativo na área de influência. A não ocorrência ou eventual atraso poderia influir na estrutura da concessão. A fim de afastar esse risco, o concedente assumiu a responsabilidade de promover a revisão do contrato de concessão caso fosse mantido o funcionamento do Aeroporto Augusto Severo para voos comerciais após a entrada em operação de ASGA, exceto se houvesse solicitação da concessionária; bem como a assunção dos custos e prejuízos decorrentes do atraso na transferência das operações por desconformidade de órgãos ou entidades públicas com o Plano de Transferência e Prontidão Operacional.

Os aeroportos de GRU/BSB/VCP/GIG/CNF/POA/SSA/FLN/FOR, por sua vez, possuíam grande infraestrutura física à disposição e uma operação aeroportuária ativa e que não seria interrompida, apenas transferida à concessionária nos termos da concessão. Os riscos são de ordens distintas, relacionados à eventual sucessão de passivos anteriores ou desconhecidos no momento da outorga.

Sendo assim, ficaram com o concedente os riscos e custos (i) relacionados aos passivos decorrentes das relações trabalhistas anteriores à data de transferência do contrato de trabalho da Infraero ou terceiros atuantes no aeroporto, tendo sido, ou não, objeto de reclamação judicial, incluindo os encargos previdenciários; (ii) relacionados aos passivos fiscais, previdenciários, cíveis e outros que decorressem de atos ou fatos anteriores ao início da efetiva operação pela concessionária, salvo se por ela provocada quando da execução da concessão; (iii) relacionados aos passivos ambientais que tenham origem e não fossem conhecidos até a data de publicação do edital do leilão da concessão; (iv) relacionados à confirmação de existência de contaminação do solo e águas subterrâneas na área do aeroporto que decorressem de atos ou fatos anteriores à data de eficácia do contrato.

Outras peculiaridades devem ser destacadas no caso de GIG. A primeira relaciona-se ao risco assumido pelo concedente em virtude das alterações ou novos custos ligados à realização de investimentos ou ações necessárias ao atendimento das obrigações assumidas pelo(s) Poder(es) Público(s), em data posterior ao Edital, em razão de o Município do Rio de Janeiro ser sede dos jogos olímpicos e paraolímpicos em 2016.

O contrato de FLN traz peculiaridade quanto ao risco relacionado ao acesso rodoviário ao novo terminal de passageiros. Neste caso, configura-se a hipótese de restrição operacional decorrente de decisão ou omissão de entes públicos, exceto se decorrente de fato imputável à Concessionária a não disponibilização pelo Poder Público, após o término da Fase I-B, de acesso rodoviário ao sítio aeroportuário, desde que demonstrado pela Concessionária que o novo terminal de passageiros se encontra em condições de operar.

Somada às disposições alocadas ao concedente, a formação do quadro de riscos exige o conhecimento daqueles expressamente assumidos pelas concessionárias, não obstante, reitera-se, terem assumido todos os riscos não alocados ao concedente.

Os riscos expressamente previstos aos concessionários podem ser repartidos em vista de características semelhantes.

Podem ser agrupados os riscos de natureza econômica ou financeira: (i) aumentos de preço nos insumos para a execução das obras, de investimentos, custos ou despesas decorrentes de custos operacionais, compra ou manutenção de equipamentos ou para execução de qualquer obrigação contratual; (ii) estimativa incorreta de custos de investimentos; (iii) aumento de custos de capital, inclusive taxa de juros; (iv) variação cambial[446]; (v) inadimplência dos usuários nos pagamentos de tarifas.

Concentrando as hipóteses voltadas à execução do objeto contratual, podem ser destacadas: (i) estimativa incorreta do cronograma

---

[446] Ao longo do procedimento licitatório relativo aos aeroportos de POA/SSA/FLN/FOR, o Ministério dos Transportes, Portos e Aviação colocou em consulta pública proposta de norma que disciplinaria proteção cambial aos contratos de concessão da infraestrutura aeroportuária, passíveis de incidir, a depender do interesse do futuro concessionário, sobre eventuais financiamentos obtidos em moeda estrangeira voltados aos investimentos exigidos nestas concessões.

CAPÍTULO VI – CONCESSÃO DE SERVIÇO PÚBLICO PARA...

de execução dos investimentos; (ii) prejuízos decorrentes de falha na segurança no local de realização das obras ou na realização que exija que seja refeita; (iii) situação geológica do aeroporto diferente da prevista para a execução das obras; (iv) responsabilidade e danos causados, direta ou indiretamente, a terceiros em decorrência de obras ou da prestação dos serviços; (v) prejuízos; (vi) mudanças em projetos ou tecnológicas realizadas por interesse da concessionária; (v) greves dos empregados da concessionária ou terceiras contratadas à serviço da concessionária; (vi) custos de ações judiciais de terceiros em face da concessionária ou contratada, salvo pelo fato imputável ao concedente; (vii) responsabilidade civil, administrativa e criminal por danos ambientais, salvo aqueles decorrentes diretamente das obras realizadas pelo Poder Público.

Nuances e especificidades marcam os contratos. No de ASGA, há previsão de compartilhamento de riscos em razão de atrasos na obtenção de licenças, permissões ou autorizações de qualquer ente federativo ou entidade da Administração Pública, salvo se decorrente de fato não imputável à concessionária. No caso de GRU/BSB/VCP/GIG/CNF/POA/SSA/FLN/FOR, o concedente assumiu o risco de atraso perante as licenças emitidas pela Administração Pública Federal, transferindo aos concessionários os demais. Adicionalmente, nos contratos de POA/SSA/FLN/FOR o concedente assumiu os riscos de atraso nas obras decorrentes da demora na obtenção de licenças ambientais quando os prazos de análise do órgão ambiental responsável pela emissão das licenças ultrapassarem as previsões legais, exceto se decorrente de fato imputável à Concessionária; bem como, a assunção do risco quanto a não concessão de benefício tributário do Regime Especial de Incentivos para o Desenvolvimento da Infraestrutura – REIDI às futuras concessionárias.

Quanto ao tema da demanda ou restrição de capacidade operacional, salvo se a alteração resultar de ação direta do Poder Público, os contratos de GRU/BSB/VCP/GIG/CNF/POA/SSA/FLN/FOR foram bastantes abrangentes, visando retirar qualquer hipótese de pedido de revisão extraordinária do contrato em vista de (i) não efetivação da demanda projetada ou sua redução por qualquer motivo, inclusive se decorrer da implantação de novas infraestruturas aeroportuárias dentro ou fora da área de influência dos aeroportos; (ii) impossibilidade de atingimento das capacidades previstas em anexo próprio de cada aeroporto; (iii) ou variação da demanda pelos serviços prestados nos aeroportos. A restrição de demanda de usuários, por tratar de tema próprio às relações jurídicas firmadas nos aeroportos, será objeto de avaliação pontual.

Em vista da assunção da operação de aeroportos ativos, os contratos de GRU/BSB/VCP/GIG/CNF/POA/SSA/FLN/FOR previram como risco da concessionária os custos de eventual rescisão dos contratos de exploração econômica de áreas vigentes quando da assunção da operação.

Como aspecto peculiar aos aeroportos de GIG/CNF, foi previsto como risco da concessionária os custos decorrentes das desocupações do sítio aeroportuário e eventuais reassentamentos e realocações. Esta hipótese dá-se em vista de ocupações irregulares especialmente no sítio e imediações do aeroporto de GIG.

Em conclusão ao descrito, a definição do quadro de riscos e responsabilidades das partes contribui para a previsibilidade da relação, dando concretude ao que se crê como adequada concepção da expressão *por conta* presente na noção aplicada às concessões de serviço público.[447] No mais, a previsão adequada do regramento contratual evitará a eventual transposição de todos os riscos ao Poder Público, pervertendo as

---

[447] "A estruturação jurídica do projeto de infraestrutura deve levar em conta os riscos associados às diversas atividades que o integram. De um lado, existe a estratégia de estabilização do projeto a longo prazo, que distribui os riscos entre os seus participantes e viabiliza a sua execução. Nesta perspectiva macro, o foco da análise é a estabilidade da operação, a definição dos riscos e sua alocação e a construção de um ambiente de interação entre os agentes que viabilize o projeto. De outro, existe a percepção subjetiva dos riscos pelos vários agentes econômicos envolvidos no projeto. Nesta perspectiva micro, o foco da análise são as condições individuais para que os agentes participem daquele risco, mensurando a incerteza, calibrando expectativas de retorno, perquirindo o preço das garantias necessárias para mitigar a situação de desconforto". MASSONETO, Luís Fernando. "Aspectos macrojurídicos do financiamento da infraestrutura". *In:* BERCOVICI, Gilberto; VALIM, Rafael (coords.). *Elementos de direito da infraestrutura*. São Paulo: Contracorrente, 2015, p. 43.

razões da concessão visando ganhos econômicos decorrentes da ineficiência pública.[448]

A formatação desses contratos buscou afastar a atuação temerária dos particulares, seja no momento de concorrer à posição jurídica ou no decorrer da execução contratual.

6.2.5.2 Regras para a revisão extraordinária e o método de restabelecimento do reequilíbrio econômico-financeiro

Os contratos de concessão apresentam passagem nominada de revisão extraordinária, cuja realização visa ao restabelecimento do equilíbrio econômico-financeiro da concessão. Destarte essa previsão contratual, esta passagem irá considerar a Resolução n. 355, de 17 de março de 2015, que dispôs sobre os procedimentos e outros aspectos dos processos de revisão extraordinária dos contratos de concessão. Essa resolução foi emitida pela ANAC sob um duplo fundamento, apoiando-se na figura de concedente e de agente normativo e regulador, conforme motivação referida na norma, respectivamente os incisos IV e V da Lei n. 11.182/2005.

Logo na cláusula de abertura desta seção contratual, constata-se a presença de premissa relevante que norteará a compreensão da amplitude do conceito de equilíbrio econômico-financeiro para essas relações. Definiu-se que a revisão extraordinária é mecanismo contratual que

---

[448] Sobre o tema, em virtude do descumprimento desta e outras recomendações, pronunciou o TCU no Acórdão N. 2905/2014 – TCU – Plenário, avaliação dos 2º, 3º e 4º estágios de acompanhamento da concessão de GIG/CNF, relator Ministro Marcos Bemquerer Costa: "109. No presente desenho contratual, somente os riscos expressamente alocados ao poder concedente ensejam processo de revisão extraordinária, ficando a cargo da Concessionária todos os demais riscos. Os referidos riscos a cargo do poder concedente são, portanto, *numerus clausus*, segundo o subitem 5.3 do Contrato de Concessão, possuindo os riscos do Concessionário, assim, uma natureza residual na avença. Nesse sentido, qualquer risco não expressamente incluído no rol de riscos do poder concedente, a teor do que dita o subitem 5.4.25, será suportado pela concessionária. 110. A alocação de riscos, tal como consignada no Edital Anac 1/2013, condiz com as boas práticas internacionais e propicia uma regular execução contratual".

permitirá não apenas a recomposição de perdas percebidas pelas concessionárias, mas também de ganhos extraordinários não capturados pelo Fator X.

O tema da divisão de ganhos deve ser compreendido com cautela, a fim de que não aniquile o interesse dos particulares em desenvolver a concessão. Não se pode perder de vista que o particular tem interesse em figurar como concessionário para obter ganhos econômicos. Trata-se de uma atividade econômica que atrai uma série de peculiaridades, obrigações e riscos e cujo interesse é traduzido por certo retorno econômico definido pelo mercado como adequado.

A restrição demasiada da possibilidade de o concessionário superar a rentabilidade estimada, mesmo que mediante o aproveitamento de alterações macroeconômicas, poderá retirar seu interesse em assumir as obrigações e riscos da relação, impedindo o desenvolvimento do serviço público por meio da concessão.

Os contratos de concessão estabelecem duas hipóteses próprias que poderiam gerar a revisão extraordinária em prol do concedente: (i) ganhos econômicos de novas fontes de receitas tarifárias não previstas quando do cálculo inicial do teto tarifário; e (ii) ganhos econômicos que não decorram da eficiência empresarial, como diminuição de tributos, encargos legais ou novas regras sobre os serviços.

A primeira hipótese é bastante específica e justifica a revisão da situação do concessionário. Todavia, a segunda hipótese tem conteúdo aberto e, ressalvada a ocorrência das hipóteses exemplificadas ou outras que fixem com elevado grau de certeza a inexistência de eficiência empresarial, prevê-se a instalação de conflito entre as partes.

Concentrando-se sobre o tema do reequilíbrio em favor das concessionárias, pode-se afirmar que a recuperação e cessação de perdas econômicas ocorrerão após a devida comprovação de que a alteração de custos ou receitas é consequência de situações fáticas ou econômicas externas, cujo risco tenha sido expressamente assumido pelo concedente.

CAPÍTULO VI – CONCESSÃO DE SERVIÇO PÚBLICO PARA...

A redação dos contratos visa restringir ao máximo essas hipóteses, impondo o dever de as concessionárias comprovarem a causa e o efeito *relevante* sobre os custos ou a diminuição de receitas. O vocábulo foi destacado por constar na cláusula contratual. Mesmo havendo a demonstração de alteração nos custos e despesas, esse vocábulo gera margem para eventuais debates acerca da *relevância* do impacto.

A ANAC, por meio da Resolução n. 355/2015, tentou atribuir conteúdo ao termo, afirmando considerar relevante a alteração que causar impacto líquido combinado superior a 5,5% (cinco vírgula cinco por cento) da receita bruta anual média referente aos três exercícios anteriores ao início do processo de revisão extraordinária (parágrafo 1º do artigo 2º).[449] Todavia, entende-se que essa decisão poderá ser objeto de questionamento pelas concessionárias, vez inexistir disposição legal que limite o dever de reequilíbrio sobre qualquer abalo negativo que interfira no fluxo de caixa das concessionárias.

A instauração da revisão extraordinária poderá ser de ofício ou a pedido do concessionário. O requerimento do concessionário deverá ser instruído com os documentos que comprovem a solicitação formulada e um relatório técnico (ou laudo pericial) que revele a repercussão financeira, verificada ou projetada, conforme previsão do método de fluxo de caixa marginal eleito pelo contrato.

O concedente poderá exigir outros documentos e provas que entenda imprescindível para a tomada de decisão, dentre as quais requerer a contratação pelo concessionário de entidades independentes.

---

[449] Nos termos da Resolução n. 355/2015: "Artigo 2º (...) § 5º Na ausência de informações disponíveis referentes às receitas brutas de algum dos 3 (três) exercícios anteriores ao início do processo de Revisão Extraordinária, a ANAC poderá considerar as últimas 3 (três) informações anuais disponíveis referentes às receitas brutas do aeroporto em questão para complementar o cálculo da receita bruta anual média a que se refere o § 1º deste artigo.
§ 6º Na hipótese de Revisão Extraordinária do contrato de concessão do Aeroporto Internacional de São Gonçalo do Amarante, serão consideradas as últimas 3 (três) informações anuais disponíveis referentes às receitas brutas do Aeroporto Internacional Augusto Severo quando necessário para complementar o cálculo da receita bruta anual média a que se refere o § 1º deste artigo".

Não apenas os custos referidos, mas todos os demais incorridos para a realização do procedimento foram transferidos à concessionária. Essa imposição é conveniente ao concedente, mas poderá gerar discussão acerca de sua inclusão no volume total a ser ressarcido se a causa, dentre as possíveis, tenha fonte em ação ou omissão do concedente.

O contrato prefixou a metodologia a ser utilizada para a verificação do impacto econômico e o seu *quantum*. Foi eleito o método de verificação do fluxo de caixa marginal, cuja aplicação deverá seguir as disposições constantes de documento anexo ao contrato, bem como os termos da Resolução n. 355/2015.

A recomposição dar-se-á com a busca por um processo que torne nulo o valor presente líquido do fluxo de caixa marginal.[450] Trata-se de meio pelo qual é projetado um fluxo de despesas ou receitas marginais resultantes do evento que deu origem à recomposição, utilizando critérios de mercado para definição dos investimentos, custos, despesas ou demandas resultantes do evento, para, ao final, ser descontado em vista de uma de taxa arbitrada, definindo seu valor presente líquido.

A Resolução n. 355/2015 definiu as taxas de desconto a serem utilizadas nos fluxos de caixas marginais das concessões, firmando valor de 6,81% (seis vírgula oitenta e um por cento) aplicável até a 1ª (primeira) revisão dos parâmetros da concessão para GRU/BSB/VCP/GIG/CNF e de 7,47% (sete vírgula quarenta e sete) de 1º de fevereiro de 2015 até a 2ª (segunda) de ASGA.

A utilização de premissas de mercado eleitas unilateralmente, mesmo que oriundas de discussões públicas, poderá gerar disputas

---

[450] "A sua utilização implica em – todas as vezes que se realizar evento cujo risco não seja do parceiro privado e que cause desequilíbrio do contrato – o Poder Concedente gerar um fluxo de caixa paralelo para o parceiro privado que compense o desvio criado pelo evento causador do desequilíbrio econômico-financeiro. Esse fluxo de caixa, que compensará o desvio, poderá ser criado por qualquer das formas lícitas de realizar a recomposição do equilíbrio-econômico financeiro: aumento do prazo do contrato, aumento do valor da contraprestação pública, redução do pagamento pela outorga, pagamento a vista, aumento de tarifa ou redução dos custos ou encargos do parceiro privado". RIBEIRO, Mauricio Portugal. *Concessões e ppps:* melhores práticas em licitações e contratos. São Paulo: Atlas, 2011, pp. 121/122.

CAPÍTULO VI – CONCESSÃO DE SERVIÇO PÚBLICO PARA...

entre as partes, por influir diretamente nos resultados econômicos da relação. Por outro lado, essa metodologia mostra-se potencialmente adequada, vez permitir, de modo aparentemente objetivo, a identificação da realidade econômica no momento de ocorrência do evento de desequilíbrio.[451]

O TCU, no Acórdão n. 1795/2011 – Plenário, relator Ministro Valmir Campelo, se pronunciou sobre o tema:

> Tal metodologia, detalhada no anexo 5 da minuta contratual, inspira-se na redação da Resolução 3.651, de 7 de abril de 2011, dimanada pela Agência Nacional de Transportes Terrestres (ANTT). Como se extrai do caput dos arts. 1º e 2º do normativo, o Fluxo de Caixa Marginal aplica-se àqueles desequilíbrios ocasionados por alterações relativas a novos investimentos e serviços não previstos originalmente no contrato.
>
> Nos termos constantes da minuta contratual, o procedimento ganha uma envergadura um pouco mais ampla. Será utilizado sempre que decorrer um evento cujo risco não deva ser contratualmente absorvido pela concessionária. Metodologicamente, será realizado de forma que seja nulo o valor presente líquido do Fluxo de Caixa Marginal projetado em razão do evento que ensejou a recomposição, considerando os fluxos dos dispêndios marginais resultantes do evento que deu origem à recomposição; e os fluxos das receitas marginais resultantes do evento que deu origem à recomposição.
>
> Para tal, será utilizada uma taxa de Desconto específica do Fluxo

---

[451] Acordaram os Ministros do TCU, na análise do 1º estágio de acompanhamento da concessão de ASGA que a ANAC deveria alterar os documentos de licitação para não prever uma taxa de desconto rígida, deixando-a à decisão quando do momento da ocorrência do evento. Conforme disposto no Acórdão n. 939/2011 – TCU – Plenário, relator Ministro Valmir Campelo: "9.2.4 altere a minuta de contrato integrante do edital a ser publicado para prever que o fluxo de caixa marginal será descontado à taxa de desconto calculada à época do ajuste de forma a mais fielmente espelhar a realidade econômica em que se situa a atividade concedida, em qualquer momento da execução contratual, em respeito aos princípios da eficiência e da razoabilidade, e ao disposto no art. 6º, § 1º, da Lei n. 8.987/1995 (parágrafo 279)".

de Caixa Marginal, como também critérios atuais de mercado, custos e despesas decorrentes da ação que promoveu o equilíbrio. Para essas novas circunstâncias, ainda, serão adotadas projeções baseadas na demanda real constatada nos anos anteriores ao ponto de desequilíbrio e adotar-se-ão práticas de projeção de demanda até o encerramento da concessão. Para cada processo de recomposição de rebalanceamento do contrato em que tenha sido adotada uma projeção de demanda, a Anac realizará periodicamente a revisão dos respectivos fluxos das receitas marginais para ajustar os dados da projeção de demanda aos dados reais apurados durante a vigência da concessão; mas somente desses eventos acessórios ao contrato original.

O conceito, pois, considerando um longo período de pactuação, busca a manter ao máximo, dentro do possível, as condições iniciais ofertadas, alterando de maneira segregada os eventos causadores do desequilíbrio. Busca-se, deste modo, prestigiar os ideais estabelecidos no art. 37, inciso XXI, da Carta Magna.

O modelo, repito, só é válido nas condições em que o risco não esteja abarcado contratualmente pelo particular. Na realidade, o fluxo de caixa marginal busca exatamente manter a repartição de riscos inicialmente estabelecida; esta perfeita divisão materializada no instrumento de contrato, acompanhada de regras claras de manutenção do equilíbrio contratual, constituem o cerne do processo concessório.

Além dessas disposições, ressalvado o contrato de ASGA, ora submetido à mesma regra em razão da Resolução n. 355/2015, os demais previram a elaboração de projeto(s) básico(s) previamente à realização de novos investimentos ou execução de serviços não previstos no contrato e solicitados pelo concedente. Previamente à realização do requerido e ao processo de recomposição do equilíbrio econômico-financeiro, as concessionárias deveriam elaborar os respectivos projetos das obras e serviços, contendo elementos pertinentes à precificação do investimento e às estimativas sobre as receitas das concessionárias.

A determinação acima deve ser enfrentada com prudência. Entende-se recomendável a prévia elaboração de projetos e conhecimento

CAPÍTULO VI – CONCESSÃO DE SERVIÇO PÚBLICO PARA...

da precificação adequada em momento anterior à decisão, permitindo o conhecimento real do resultado. No entanto, o resultado desses projetos deverá ter influência limitada na decisão do concedente, considerando que, por regra, acredita-se que requisições dessa natureza devam ocorrer exclusivamente quando essenciais, imprescindíveis ao serviço público. Apesar da correção da medida, o resultado deve ser absorvido em vista ao melhor atendimento ao interesse público, sendo devidamente ratificados por agentes públicos aptos para tanto. Em suma, os valores não poderão demover a intenção do investimento se imprescindível ao serviço público, bem como não podem representar meios de captura indevida de receitas em favor das concessionárias.

Neste sentido, como crítica à decisão contratual, a transferência de obrigações dessa natureza vinculará a concessionária ao resultado obtido e, mesmo que ratificado pelo concedente, poderá tornar instável a decisão de revisão contratual em vista dos órgãos de controle. Estes parâmetros de precificação serão levados ao crivo dos órgãos de controle, situação que exigirá a demonstração da correção das informações perante a lógica da concessão. Caso a precificação fosse realizada por entidade independente ou vinculada diretamente à ANAC, a insegurança junto aos órgãos de controle poderia diminuir, em vista da isenção da ação; contudo, a controvérsia seria direcionada à relação com a concessionária, caso esta não concordasse com o projeto ou custos praticados.

Somados às disposições de procedimento, os contratos estabelecem as medidas que o concedente poderá adotar, conjunta ou isoladamente, para recomposição das condições econômicas da contratação. Todos os contratos preveem a possibilidade de (i) alteração das tarifas; (ii) alteração do prazo da concessão, com prorrogação limitada a 5 (cinco) anos; (iii) alteração das obrigações contratuais das concessionárias.

Além disso, é prevista a possibilidade de serem efetivadas outras medidas desde que definidas em comum acordo pelas partes e, ressalvado o contrato de ASGA, a concordância da SAC (agora MTAP). Em vista das competências definidas à SAC pela Lei n. 12.462/2011, ora absorvidas pelo MTAP, e tratando de atuação própria ao poder concedente, entende-se que a presente disposição contratual extrapola a previsão legal, sendo inválida. Definido o plano de outorga ou os estudos, projeções e políticas, encerra-se a competência da SAC (agora MTAP), restando à ANAC exercer sua função como pessoa jurídica de direito público com autonomia decisória.

Os contratos de GIG/CNF/POA/SSA/FLN/FOR previram expressamente a possibilidade de o reequilíbrio efetivar-se por meio de revisão da contribuição fixa, desde que acordado pelas partes e aprovado pelo Ministério dos Transportes, Portos e Aviação (então pela SAC). Essa disposição foi repetida e estendida pela Resolução n. 355/2015 aos demais contratos de concessão. A par dessa situação, considera-se que a previsão geral anterior, de mero acordo das partes e aprovação, neste momento, pelo Ministério dos Transportes, Portos e Aviação, já autorizaria essa decisão. De toda sorte, o texto incorre na mesma mácula aludida.

Ainda neste tema, observa-se que, salvo o contrato de ASGA, os demais incluíram como regra condutora da decisão do concedente a verificação da "periodicidade e o montante dos pagamentos vencidos e vincendos a cargo da Concessionária, relativo aos contratos de financiamento celebrados para a execução do objeto da Concessão". Entende-se ser providência relevante, pois objetiva preservar a estabilidade da relação e a segurança jurídica, algo que, em último grau, representa a manutenção da prestação adequada do serviço público.

Por fim, para conclusão deste tópico, a previsão de revisões ordinárias do contrato figura como atuação que pode impactar a remuneração das concessionárias. O concedente, a cada 5 (cinco) anos, deverá proceder à revisão dos parâmetros da concessão, avaliando os (i) indicadores de desempenho de qualidade do serviço; (ii) da metodologia de cálculo dos fatores X e Q; e (iii) da taxa de desconto a ser utilizada no fluxo de caixa marginal. Somado a esses requisitos, a partir da segunda revisão, poderão ser incorporados outros parâmetros, desde que sejam preservados o equilíbrio econômico-financeiro e o quadro de riscos previstos contratualmente.

A previsão de revisões ordinárias contribui para a manutenção dos objetivos perseguidos pela Administração Pública quando decide

CAPÍTULO VI – CONCESSÃO DE SERVIÇO PÚBLICO PARA...

promover a outorga da prestação de um serviço público, objetivando a constante adequação dos serviços. Em se tratando de contratos de longo prazo e da evolução tecnológica contínua, revela-se pertinente a constante verificação dos indicadores de desempenho do contrato.

Se utilizada de modo legítimo e eficiente, a revisão é meio adequado à evolução das atividades atinentes ao serviço público, materializando o dever de eficiência imposto à Administração Pública. Permite que o dinamismo das relações possa influenciar nos contratos de concessão e na prestação do serviço público, mantendo a avença sempre atualizada em prol dos usuários e em respeito às partes.

Por outro lado, não se pode perder de vista o dever de preservar a manutenção das condições econômicas da relação e respeitar demais imposições normativas. Nesse sentido, mesmo não tendo sido precisamente definidas premissas rígidas norteadoras dessa revisão, aspectos fundamentais da relação são limites e determinam a validade do ato. Aspectos determinantes da contração figuram como barreiras ao concedente, com destaque ao objeto contratado, a repartição de riscos, o prazo máximo de contrato etc.

Ademais, o ato de revisão deve observar deveres próprios impostos a qualquer sujeito no exercício de função administrativa. O concedente deverá agir de modo transparente, eficiente e motivar sua ação, afastando arbitrariedades e permitindo a defesa do concessionário perante eventual atuação contrária às normas.

6.3 Análise das relações jurídicas decorrentes da execução dos contratos de concessão

Tal como no capítulo dedicado à Infraero, a eleição das relações jurídicas resultou de opção metodológica, tendo como premissa a identificação dos liames imprescindíveis à prestação do serviço público ou dele decorrente.

Este tópico avaliará as relações firmadas entre a concessionária e os entes da Administração Pública, seja federal, estadual ou municipal.

A principal relação nesta passagem será com a ANAC, ao mesmo tempo concedente e órgão regulador do serviço público.

Por imposição da natureza do serviço e do dever de promoção do transporte aéreo, serão analisadas as relações jurídicas firmadas com os usuários, *in casu*: os operadores de aeronaves em geral, especialmente as empresas aéreas; e o usuário final do transporte.

Em conclusão, serão identificadas e tratadas as relações jurídicas voltadas à prestação do serviço público e à obtenção de receitas não-tarifárias às concessionárias. À semelhança do realizado previamente, a aglutinação das relações em face de sua diversidade se dará pela característica econômica do negócio jurídico firmado.

Este tópico acabará por revelar regras ancilares às relações, porém relevantes para o conhecimento do regime de exploração pelas concessionárias, passando a integrar a avaliação geral do instituto da concessão aplicado à exploração da infraestrutura aeroportuária.

6.3.1 Relação jurídica com entidades ou órgãos da Administração Pública

Serão avaliadas as relações jurídicas entre entidades integrantes da Administração Pública e as concessionárias estabelecidas em razão da exploração da infraestrutura aeroportuária ou do atendimento do transporte aéreo.

O tópico será iniciado com atenção especial à relação firmada com a ANAC, ora concedente e agente normativo e regulador do serviço público objeto da concessão.

6.3.1.1 Relação entre a ANAC e as concessionárias

A ANAC, nos termos da Lei n. 11.182/2011, reuni competências distintas relacionadas à exploração da infraestrutura aeroportuária. Uma breve síntese da legislação permite o destaque das seguintes atribuições:

CAPÍTULO VI – CONCESSÃO DE SERVIÇO PÚBLICO PARA...

I – expedir regras sobre segurança em área aeroportuária e a bordo de aeronaves civis, porte e transporte de cargas perigosas, inclusive o porte ou transporte de armamento, explosivos, material bélico ou de quaisquer outros produtos, substâncias ou objetos que possam pôr em risco os tripulantes ou passageiros, ou a própria aeronave ou, ainda, que sejam nocivos à saúde (...);

XII – regular e fiscalizar as medidas a serem adotadas pelas empresas prestadoras de serviços aéreos, e exploradoras de infra-estrutura aeroportuária, para prevenção quanto ao uso por seus tripulantes ou pessoal técnico de manutenção e operação que tenha acesso às aeronaves, de substâncias entorpecentes ou psicotrópicas, que possam determinar dependência física ou psíquica, permanente ou transitória (...);

XIX – regular as autorizações de horários de pouso e decolagem de aeronaves civis, observadas as condicionantes do sistema de controle do espaço aéreo e da infra-estrutura aeroportuária disponível;

XX – compor, administrativamente, conflitos de interesses entre prestadoras de serviços aéreos e de infra-estrutura aeronáutica e aeroportuária;

XXI – regular e fiscalizar a infra-estrutura aeronáutica e aeroportuária, com exceção das atividades e procedimentos relacionados com o sistema de controle do espaço aéreo e com o sistema de investigação e prevenção de acidentes aeronáuticos (...);

XXIV – conceder ou autorizar a exploração da infra-estrutura aeroportuária, no todo ou em parte;

XXV – estabelecer o regime tarifário da exploração da infra-estrutura aeroportuária, no todo ou em parte (...);

XXVIII – fiscalizar a observância dos requisitos técnicos na construção, reforma e ampliação de aeródromos e aprovar sua abertura ao tráfego;

XXIX – expedir normas e padrões que assegurem a compatibilidade, a operação integrada e a interconexão de informações entre aeródromos;

XXX – expedir normas e estabelecer padrões mínimos de segurança de vôo, de desempenho e eficiência, a serem cumpridos pelas prestadoras de serviços aéreos e de infra-estrutura aeronáutica e aeroportuária, inclusive quanto a equipamentos, materiais, produtos e processos que utilizarem e serviços que prestarem (...)".

A realização dessas competências determina a natureza da relação jurídica a ser constituída entre a agência e os concessionários. Superadas as críticas sobre a cumulação das funções administrativas de concedente e regulador, esta passagem se concentrará no detalhamento dessas relações.

Previamente ao início do pretendido, merece destaque disposição distinta contida nos contratos de GIG/CNF/POA/SSA/FLN/FOR.

Ao ser definido quem seria o Poder Concedente, os contratos dispuseram ser a União Federal representada pela ANAC. Entende-se tratar de imprecisão técnica. A Lei n. 11.182/2004 transferiu a titularidade dessa função para outra pessoa jurídica de direito público, com personalidade jurídica própria e distinta da União Federal. Não se trata de mera desconcentração administrativa, na qual o ente, sem personalidade jurídica, exerce certa atribuição em representação de terceiro. Apesar do equívoco, entende-se que essa previsão não repercute sobre a validade da avença.[452] A ponderação unicamente questiona as razões da desacertada variação identificada nesses contratos.

São distintas as funções próprias de um agente regulador e do Poder Concedente de determinado serviço público. Contudo, por se tratar de regulação incidente sobre a prestação de um serviço público, ou seja, atividade de titularidade estatal, identifica-se uma zona de interseção entre as atribuições exercidas. As funções coincidentes serão descritas abaixo.

É comum a atuação regulamentar do concedente e do regulador, afora, por vezes, resultar em consequências distintas.

Entende-se que a relação jurídica entre o concedente e o concessionário é de sujeição especial, constituída pela submissão e adesão do particular a um regime peculiar de direito público. Há uma proximidade entre as partes e um influxo normativo próprio, marcado pela imposição

---

[452] Posição semelhante adotada por Letícia Queiroz de Andrade: *Teoria das relações jurídicas:* prestação do serviço público sob regime de concessão. São Paulo: Malheiros, 2015, p. 135.

de condutas em volume e detalhamento superior se comparado às relações comuns, habitualmente travadas entre o Poder Público e os particulares.

Os contratos de concessão apreciados revelam e ratificam a atuação regulamentar do concedente, confirmando essa relação especial entre as partes. As avenças previram a obrigação dos concessionários atenderem as exigências, recomendações e regulamentações, bem como prestar informações, esclarecimentos e permitir a recorrente fiscalização do concedente. O desatendimento destas poderá deflagrar outra função do concedente, de penalização do concessionário.

Mesmo que a Lei não atribuísse à ANAC a função de concedente, as competências descritas seriam, em certa medida, preservadas na figura da agência reguladora, especialmente por atuar perante prestadoras de serviço público. É dever da ANAC, nos termos e limites da Lei, normatizar condutas e ações de natureza técnica dos operadores e administradores aeroportuários. Exercendo essa competência a ANAC promoveu a publicação de extensa regulamentação técnica, notadamente de resoluções que aprovaram diversos temas integrantes do referido Regulamento Brasileiro da Aviação Civil (RBAC).

Para eficácia de suas ações, a ANAC, na função de regulador, possui competência para fiscalizar o cumprimento das normas jurídicas incidentes sobre a operação da infraestrutura aeroportuária, além de, motivadamente, aplicar sanções àqueles que deixaram de observá-las.

A despeito do amplo espectro de ação da ANAC, ele não é ilimitado. O concedente deve submissão às normas jurídicas, incluídas as disposições dos contratos de concessão, assim como ao direito do concessionário de manter o equilíbrio econômico-financeiro da concessão. Caso a decisão regulamentar seja contrária à norma jurídica ou desequilibre a relação, a concessionário poderá amparar-se no Judiciário ou, se for o caso, acionar o mecanismo de solução de controvérsias adotado pelo contrato.

Considerada a crítica feita outrora, o acúmulo de funções resulta na perda da oportunidade de agentes distintos agirem em prol da prestação do serviço público, atuando de modo complementar em benefício dos usuários. Porém, o prejuízo dessa circunstância pode ir além. Essa decisão legislativa tem o potencial de prejudicar a atuação da ANAC no caso concreto, vez que sua ação poderá ser influenciada por resultados ou consequências estranhas a um agente regulador independente.

O regulador não tem o potencial desequilíbrio econômico-financeiro de um dado contrato de concessão como elemento preponderante de sua ação, dedica-se notadamente à função de garantir a mais adequada prestação do serviço público. Preocupações de ordem econômica específicas de determinada concessão não deveriam integrar o leque de considerações relevantes que devem ser valorizadas em sua decisão.

Por outro lado, esse mesmo direito é limite ou consequência da atuação do concedente, sendo devida a revisão contratual para a reversão de eventual desequilíbrio.

Assumindo a dupla função, esse efeito acompanhará qualquer decisão da ANAC, de modo que, eventualmente, poderá deixar de agir a fim de evitar o nascimento desse direito. Apesar da decisão afastar-se do interesse público perseguido pela função de regulador, muitos atos regulamentares proferidos pela ANAC poderão deixar de existir ou de ser impositivos por influência de sua atuação como concedente.

Essa conclusão não se restringe à situação da infraestrutura dos aeródromos concedidos. A influência dos efeitos econômicos das decisões, mesmo que equivocadamente, poderá espraiar-se às decisões atinentes à aviação civil e ao transporte aéreo, pois mudanças em sua regulamentação poderão repercutir sobre a operação dos aeroportos, o que, eventualmente, desencadearia nas mesmas consequências.

Outras atribuições da ANAC interferem diretamente como autoridade promotora do equilíbrio entre as infraestruturas aeroportuárias e entre elas e o transporte aéreo.

A ANAC, como agente regulador, possui a competência para compor administrativamente os conflitos de interesses entre as prestadoras de serviços aéreos e de infraestrutura aeronáutica e aeroportuária.

CAPÍTULO VI – CONCESSÃO DE SERVIÇO PÚBLICO PARA...

Essa função foi repetida nos contratos de concessão como ato do concedente, autorizando-o a intervir se não houver acordo entre as partes envolvidas nas relações decorrentes da prestação do serviço público ou exploração de receitas alternativas.

O exercício dessa competência poderá ser influenciado pelas mesmas razões expostas anteriormente. O conflito poderá ser instaurado em razão de imposição normativa do regulador e sua decisão poderá repercutir em revisão extraordinária da concessão. Na tentativa de afastar eventual resultado econômico indesejado, a ANAC poderá agir em desprestígio da melhor solução técnica.

Outros temas têm ainda maior relevância ao sistema e às concessões. Destaca-se a competência para intervir e estabelecer o regime tarifário da infraestrutura aeroportuária; de regular as autorizações e horários de pouso e decolagem de aeronaves civis, observadas as condicionantes do sistema de controle do espaço aéreo e da infraestrutura disponível; e de autorizar a construção, homologar, registrar e cadastrar os aeródromos, permitindo novas estruturas concorrentes das atuais.

Todas as medidas expostas podem influir no equilíbrio das relações, interferindo na demanda e na concorrência entre as estruturas. Não sendo objeto de avaliação o sistema de definição de tarifas ou de distribuição de horários de pousos e decolagens de aeronaves (nominados de "slot")[453], insta grifar que a redução de tarifas praticadas em aeroportos localizados em áreas de influência das estruturas concedidas ou a imposição de regras diversas para distribuição dos *slots* poderão impactar sobremaneira a competição, bem como a demanda de passageiros estimada para os aeroportos. Da mesma forma, a permissão para a construção de novas estruturas poderá impactar na demanda da aviação civil ou cargas, também influindo no atual modelo de concessão.

---

[453] Nos termos do artigo 2º, inciso XX da Resolução ANAC n. 338/2014: "XX – slot: é o horário de chegada ou de partida alocado para o movimento de uma aeronave numa data específica em um aeroporto coordenado, sendo que, para efeitos de planejamento, considera-se o horário em que aeronave chega ou sai do terminal, caracterizado pelo calço e descalço, respectivamente".

O exercício dessas funções poderá comprometer a estabilidade das próprias concessões a depender do risco assumido pelas concessionárias.

A previsão dos contratos é abstrata quanto às alterações tarifárias em benefício aos aeroportos não concedidos, porém permite inferir ser evento que gerará dever de revisão extraordinária. Preveem os contratos que a criação de benefícios, criação ou extinção de tarifas aeroportuárias são riscos assumidos pelo concedente. O debate recairia sobre o alcance da revisão ou redução das tarifas de outros aeroportos, se capaz de influir na demanda das estruturas concedidas. Compreendendo que o contrato protege o concessionário em face de mudanças de tarifas de outros aeroportos, o reequilíbrio parece ser devido.

A distribuição dos horários de pouso e decolagem está fora da atribuição do concessionário, trata-se de relação entre a ANAC e as companhias aéreas. Não obstante, esta distribuição importa para as concessionárias, pois poderá repercutir sobre a demanda estimada para a concessão. A restrição do volume de passageiros, portanto, de usuários da infraestrutura, pode se dar em virtude da mudança na distribuição de *slot*, limitando, por ação ou omissão, os horários nos aeroportos concedidos, conquanto exista interesse do transportador aéreo.

No caso em questão, os contratos foram explícitos, atribuindo tal risco ao concedente. Neste caso, comprovada a restrição operacional por ato de autoridade, será devido o reequilíbrio econômico da relação.

Por fim, o tema da autorização para instalação de infraestrutura concorrente, ou a concessão de nova estrutura em área de influência do aeroporto concedido, gerando redução da demanda projetada, ganhou tratamento específico e bastante controverso nos contratos de concessão. Tirante esta decisão exigir a atuação direta da União, seja por meio do MTAP (ora pela SAC) ou da ANAC, a instalação de outra estrutura, de modal de transporte distinto ou a redução da demanda por fator alheio à eventual restrição operacional, materializa risco atribuído às concessionárias, não gerando dever de revisão extraordinária da concessão.

A decisão da ANAC poderá ser questionada em vista de fatores próprios dos atos administrativos, porém, se considerada válida, abalará as concessões sem maior amparo aos concessionários.

CAPÍTULO VI – CONCESSÃO DE SERVIÇO PÚBLICO PARA...

Sem embargo dessas competências coincidentes entre o concedente e o agente regulador da infraestrutura aeroportuária, outras passagens dos contratos de concessão impõem obrigações e prerrogativas que marcam a relação entre a ANAC e as concessionárias.

Os contratos esmiuçaram tais competências, procedimentalizando as condutas das partes para atendimento do interesse público. São imposições próprias ao exercício da função administrativa daquele que outorga a prestação de serviço público ao particular. Emerge o dever do concedente de assegurar que o concessionário cumpra as normas jurídicas e obrigações contratuais, preserve os direitos das partes, proteja os direitos dos usuários, apoie as ações institucionais junto aos órgãos competentes.

No exercício dessa tarefa, o concedente poderá valer-se dos meios jurídicos essenciais à proteção da concessão. Como instrumentos voltados à imposição e acompanhamento do cumprimento do serviço público, os contratos previram mecanismos que possibilitam a influência sobre a operação aeroportuária e a gestão da concessionária. Ao concedente é garantida a participação em aspectos centrais da execução contratual, incluída a aprovação dos projetos, planos e programas à implantação do aeroporto.[454]

Somado ao dever de regulamentar a prestação dos serviços, constata-se disposição expressa autorizando o concedente a, motivadamente, rejeitar ou sustar a execução de serviços que possam comprometer a segurança dos bens e pessoas.

Ainda sob a função diretiva da concessão, os concessionários são obrigados a apresentar, de modo satisfatório, a critério do concedente, o planejamento, informações, documentos e as ações pertinentes à manutenção do nível de serviço, assim como os investimentos destinados à instalação e operação de novas estruturas nos aeroportos.

---

[454] Portaria ANAC n. 1410/SIA, de 12 de julho de 2012: "Art. 1º Estabelecer, nos termos dos Anexos desta Portaria, o padrão a ser adotado pelas concessionárias de infraestrutura aeroportuária na codificação de documentos integrantes de estudos, planos e projetos que estejam sujeitos, por obrigação contratual, à análise e aprovação da ANAC".

Em complementação ao exposto acerca da função de fiscalizador do concedente, algumas peculiaridades dos contratos serão relatadas.

A fiscalização pretende garantir a prestação dos serviços, dever do titular do serviço. Sua execução se dará pela verificação de atendimento dos índices de qualidade dos serviços, inclusive mediante a exigência de contratação de auditoria independente pela concessionária. Em contrapartida ao seu exercício, foi previsto o pagamento pela concessionária da Taxa de Fiscalização da Aviação Civil (TFAC) em favor do concedente.

Adicionalmente às implicações financeiras, as concessionárias deverão (i) desenvolver e constantemente atualizar banco de dados para acesso irrestrito do concedente, contendo informações sobre os serviços, estatísticas de trafego aéreo e o número de passageiros processados; (ii) produzir e divulgar, regularmente, diferentes relatórios sobre os serviços; e (iii) informar toda e qualquer ocorrência, desde eventual desconformidade da operação até acidentes que afetem a segurança ou comprometa o serviço.

A regra dessa relação é de transparência e ampla circulação de informação entre as partes. O concedente poderá exigir que as concessionárias forneçam todas as informações, documentos, contratos e acordos de qualquer natureza que venham a ser requisitados. Sem qualquer exigência adicional, o contrato prevê que as concessionárias devem divulgar os balancetes trimestrais; demonstrativos contábeis anuais completos; pareceres dos auditores independentes próprios e de eventuais subsidiárias.

No mais, é prevista a autorização de acesso do concedente, em qualquer época, aos dados relativos à administração, à contabilidade e aos recursos técnicos, econômicos e financeiros da concessionária. Do mesmo modo, foi deferido o acesso irrestrito às dependências do aeroporto, às obras, equipamentos e instalações integrantes ou vinculadas à concessão, inclusive por meio de auditores designados pelo concedente.

Muitas das obrigações contratuais impõem a existência de uma atuação contributiva entre as partes em prol do atendimento do contrato

CAPÍTULO VI – CONCESSÃO DE SERVIÇO PÚBLICO PARA...

e do serviço público. Constata-se previsão para que o concedente, nos limites de sua atuação institucional, auxilie as entidades financiadoras para a viabilidade dos financiamentos.

Ainda neste tópico, ressalvados os contratos de GIG/CNF/POA/SSA/FLN/FOR, os demais previram a presença do concedente como interveniente em convênios e parcerias que as concessionárias firmassem com órgãos públicos, desde que necessárias à execução do objeto concedido. Acredita-se que a retirada dessa previsão dos contratos de GIG/CNF/POA/SSA/FLN/FOR resultou do entendimento de que as concessionárias, como entidades privadas com fins lucrativos, não poderiam firmar convênios ou parcerias com entes da Administração Pública, em vista do disposto no artigo 116 da Lei n. 8.666/93.[455]

Ao final, a atuação do concedente poderá estender-se à apuração de condutas indevidas e descumprimentos contratuais, resultando na intervenção na concessão e na aplicação de sanções às concessionárias.

O primeiro caso trata de medida de interferência direta do concedente na concessão, nos termos da Lei n. 8.987/95. O concedente, por meio de um interventor nomeado, poderá assumir a gestão da concessionária e da concessão visando assegurar e proteger a prestação de serviços, o cumprimento do contrato e das demais normas incidentes.

Chama atenção a previsão de transferência ao interventor da decisão quanto à manutenção ou interrupção dos compromissos

---

[455] Este entendimento é refletido pelo TCU: "É o acordo, ajuste ou qualquer outro instrumento que discipline a transferência de recursos financeiros dos orçamentos da União visando à execução de programa de governo, o qual envolve a realização de projeto, atividade, serviço, aquisição de bens ou evento de interesse recíproco, em regime de mútua cooperação, e tenha como partícipes, de um lado, órgão da administração pública federal direta, autarquia, fundação pública, empresa pública ou sociedade de economia mista, e, de outro, órgão ou entidade da administração pública estadual, distrital ou municipal, direta ou indireta, ou ainda, entidade privada sem fins lucrativos." (TRIBUNAL DE CONTAS DA UNIÃO. *Convênios e outros repasses*. 5ª ed. Brasília: Secretaria-Geral de Controle Externo, 2014, p. 13. Disponível em https://portal.convenios.gov.br/documents/10180/43156/2675299.PDF/3e74a38f-61be-416e-94f1-5d3a81493e40. Acesso em 10 nov. 2015).

financeiros assumidos pelas concessionárias para execução da concessão. Considerando que as concessionárias, por regra, apenas assumem obrigações financeiras para atendimento da concessão, seria pouco adequada outra decisão que não de cumprimento dessas obrigações em prol da preservação do serviço público.

A permissão de imposição de sanções às concessionárias é característica peculiar dessas relações. Sob a prerrogativa da autotutela e autoexecutoriedade própria do exercício da função administrativa, poderá o concedente, motivadamente e após o devido processo legal, aplicar as sanções previstas no contrato de concessão, cuja dosimetria exigirá a verificação da gravidade da conduta.

As penalidades previstas nos contratos são de advertência para infrações leves e sem reincidência específica; multa por descumprimento de hipóteses definidas no contrato ou regulamentação específica, aplicáveis em adição a outras penalidades; suspensão do direito de participar de licitações e de contratar com a Administração Pública Federal nos casos de práticas reiteradas de infrações contratuais ou regulamentares; e caducidade, nos casos previstos no artigo 38 da Lei n. 8.987/95.

Em vista do modelo jurídico adotado para as concessões de GRU/BSB/VCP/GIG/CNF, da composição das concessionárias pelos Acionistas Privados e pela Infraero, a pena de suspensão do direito de participar de licitações e de contratar da Administração Pública Federal teve que ser estendida ao "(...) acionista controlador da Concessionária, assim entendido o acionista ou grupo de acionistas que detenham o controle do Acionista Privado (...)".

O tipo e a intensidade da penalidade serão definidas após sua dosimetria, a ser realizada mediante a apuração e apontamento da ocorrência de circunstâncias descritas sobretudo nos contratos, sendo elas: (i) a natureza e gravidade da infração; (ii) o caráter técnico e as normas de prestação do serviço; (iii) os danos resultantes da infração para o serviço e para os usuários; (iv) a vantagem auferida pela concessionária em virtude da infração; (v) a proporcionalidade entre a gravidade da falta e a intensidade da sanção, inclusive quanto ao número de usuários atingidos;

CAPÍTULO VI – CONCESSÃO DE SERVIÇO PÚBLICO PARA...

(vi) as circunstâncias gerais agravantes e atenuantes; (vii) o histórico de infrações da concessionária; e (viii) a reincidência da concessionária no cometimento da infração.

Independentemente do extenso rol de parâmetros destinados à dosimetria da penalidade, há, no contrato, a obrigação de o concedente também observar a regulamentação vigente. Essas normas poderão repercutir sobre o contrato, porém com limitação. As disposições contratadas devem ser consideradas para a fixação de penalidade ao concessionário, constituindo efetivo núcleo de proteção aos particulares. Crê-se, portanto, ser vedada a sua retirada ou substituição em potencial prejuízo dos concessionários, por interferir em previsão destinada à segurança das relações.

Como tema geral, grifa-se que todas as regras e competências relatadas devem ser interpretadas e exercidas em estrito cumprimento da Lei; dos princípios regentes do serviço público; e dos princípios próprios às relações jurídicas, com destaque à manutenção da boa-fé, lealdade e segurança jurídica. Pretende-se a prestação adequada do serviço público, finalidade pública que define a atuação das partes signatárias do contrato de concessão e demais agentes atuantes sobre esta relação.

6.3.1.2 Demais relações com órgãos e entidades públicas

As relações jurídicas com os demais órgãos ou entidades públicas poderão advir diretamente da legislação ou de imposição contratual.

As normas jurídicas, Lei ou regulamentação técnica decorrente, atribuem aos diferentes órgãos e entidades públicas competências impositivas da relação direta com os operadores aeroportuários. Em cumprimento às diversificadas atribuições, esses entes da Administração Pública deverão estar presentes no sítio aeroportuário, para o transporte aéreo ou para atuar perante atividade relacionada.

A natureza das atividades desempenhadas pelos entes públicos não é, por regra, alterada em razão da mudança do sujeito que explora a infraestrutura aeroportuária. Sendo assim, neste momento, serão descritos aspectos relacionados aos contratos de concessão, vez as funções e características do regime terem sido expostas no capítulo destinado à Infraero.

Em vista do transporte aéreo, as relações mais evidentes são firmadas com o MTAP (então competências da SAC); o CONAERO; o Comando da Aeronáutica (COMAER) e o Departamento de Controle do Espaço Aéreo (DECEA), órgãos subordinados ao Ministério da Defesa; as Autoridades Aeroportuárias; e a Infraero. Esta última, cuja principal relação é de acionista das concessionárias de GRU/BSB/VCP/GIG/CNF, foi retratada alhures.

O Ministério dos Transportes, Aviação e Portos, em substituição à SAC, figura como órgão representante da União na relação jurídica, ao qual a ANAC é vinculada. A relação com a concessionária poderá surgir em momentos diversos, cujas situações foram amplificadas nos contratos de GRU/BSB/VCP/GIG/CNF/POA/SSA/FLN/FOR.

O MTAP indicará o procedimento para efetivação do pagamento das contribuições fixa e variável ao FNAC, fundo vinculado a esse órgão.[456] Como exposto anteriormente, os contratos indicam o MTAP como órgão responsável para a aprovação de potencial meio apto à revisão extraordinária da concessão ou de possível redução da contribuição fixa para o reequilíbrio da relação. Por fim, na hipótese de extinção da concessão, como representante da União, caberá ao MTAP assumir a operação e o sítio aeroportuário, incluídos todos os bens reversíveis e direitos vinculados à concessão.

Somada a essas funções, mesmo tratando de ato externo à relação jurídica direta, o exercício de outras competências próprias ao MTAP poderá influir diretamente sobre a concessão e os interesses das concessionárias.

---

[456] No caso de ASGA, a outorga é paga à União por indicação da Secretaria do Tesouro nacional (Seção IV do contrato).

CAPÍTULO VI – CONCESSÃO DE SERVIÇO PÚBLICO PARA...

Nos termos da Lei n. 12.462/2014, então SAC, agora o MTAP, é competente para formular e implementar o planejamento estratégico do setor; elaborar e aprovar os planos de outorgas para exploração da infraestrutura aeroportuária; administrar recursos e programas de desenvolvimento da infraestrutura de aviação civil. Todas essas atividades poderão impactar diretamente sobre a concessão, *v.g.* permitindo ou outorgando novas estruturas concorrentes e alterando a política de aviação civil com impacto sobre a demanda.

Como mencionado no tópico dedicado à Infraero, o CONAERO é órgão destinado à promoção e coordenação das competências dos demais órgãos situados nos aeroportos. Suas decisões impactarão as concessionárias na prestação do serviço público e na obtenção de receitas não-tarifárias, vez que influirão diretamente sobre a localização desses órgãos, procedimentos e rotinas de trabalho.

Eventuais decisões poderão influir de modo negativo ou mais custoso à atividade das concessionárias. Tais mudanças possuem natureza operacional, escapando aos riscos assumidos pelas concessionárias, portanto passível de revisão contratual se comprovado impacto nos custos da operação ou eventual redução de receitas. Caso essas decisões não materializem as finalidades pretendidas pelo CONAERO de incrementar os requisitos de segurança, qualidade e celeridade recomendáveis às atividades públicas exercidas nos aeroportos, poderão ter sua validade questionada pelas concessionárias.

O Sistema de Controle do Espaço Aéreo Brasileiro é explorado pela União, por intermédio do COMAER, órgão ao qual o DECEA está vinculado. A atuação direta do COMAER será, por regra, externa à relação contratual.[457] O COMAER atuará na formulação de políticas e regras incidentes sobre a operação da aviação civil, podendo interferir diretamente na concessão, seja sobre a gestão aeroportuária, sobre o transporte aéreo ou a demanda de usuários da infraestrutura.

O DECEA, órgão subordinado ao COMAER, tem relação direta com as concessionárias, especialmente GRU/BSB/VCP/GIG/CNF,

---

[457] Lei n. 10.683/2003; Lei n. 11.182/2004 e Decreto n. 6.834/2009.

pois os serviços de telecomunicações, provimento e segurança do tráfego aéreo desses aeroportos foram mantidos sob o seu controle. O DECEA é responsável pela gestão da torre de controle do espaço aéreo, pela comunicação entre a infraestrutura e as aeronaves, além do comando de pouso e decolagem nessas estruturas. Trata-se de relação relevante e, por vezes, determinante da atuação das concessionárias.

A despeito da situação descrita, somente os contratos de GIG/CNF/POA/SSA/FLN/FOR expressamente preveem a obrigação de as concessionárias consultarem previamente o DECEA sempre que pretendam realizar modificações na infraestrutura aeroportuária que possam afetar o controle aéreo ou as áreas definidas como especiais para tais fins, onde estão instalados os Destacamentos de Controle do Espaço Aéreo (DTCEA), os radares e os demais equipamentos de auxílio à navegação aérea.

Ainda que inexistente semelhante regulação nos demais contratos, em vista da especialidade e importância da interação pretendida, crê-se válida a instituição de regulamentação que estenda as obrigações de GIG/CNF/POA/SSA/FLN/FOR às demais concessionárias. Isso porque, caso seja realizada eventual modificação que influa nas obrigações do DECEA ou na segurança dos usuários, o concedente deverá exigir a reversão da deliberação da concessionária.

Diferentemente dos demais contratos, o objeto de ASGA compreende a execução do controle e navegação área, razão pela qual a relação entre a concessionária e o DECEA é peculiar. Este órgão deverá autorizar a ativação da Estação Prestadora de Serviços de Telecomunicações e de Tráfego Aéreo e será responsável em fiscalizar, apurar e penalizar a concessionária se cometer infrações relacionadas à prestação dos serviços de navegação aérea em área de tráfego de ASGA.

A atuação das Autoridades Aeroportuárias poderá impactar diretamente nos serviços prestados pelas concessionárias. Consideradas as competências definidas no Decreto n. 7.554/2011 e relatadas quando da exposição sobre a Infraero, as decisões adotadas por este órgão colegiado, do qual as concessionárias fazem parte, poderão modificar

CAPÍTULO VI – CONCESSÃO DE SERVIÇO PÚBLICO PARA...

diretamente a operação aeroportuária, influindo os procedimentos e rotinas visando melhorias aos usuários.

A repercussão dessas medidas poderá ser de duas ordens, influindo diretamente na operação aeroportuária, majorando ou reduzindo investimentos e custos, ou alternando perspectivas de ganhos econômicos pela intervenção na ocupação dos espaços dos aeroportos. Em vista da perspectiva de riscos definidas no contrato, as mudanças nas especificações dos serviços poderão resultar em necessária revisão extraordinária do contrato, cujo resultado poderá favorecer qualquer das partes.

Como aspecto adicional, é possível questionar se a participação das concessionárias poderá impedir eventual requerimento de reequilíbrio. A depender da consequência e do pleito pretendido, cumulado com a postura adotada pela concessionária em vista da decisão proposta, a sua participação poderá influir no dever de reequilíbrio.

Caso a decisão tenha sido favorável à concessionária, a despeito de sua iniciativa ou concordância, o concedente poderá promover a revisão econômica em seu favor. Se a decisão interferir negativamente nas condições econômicas da concessão, porém resultar de proposta da concessionária, entende-se que houve a assunção do risco quando da propositura, não sendo devido reequilíbrio. Todavia, não sendo iniciativa da concessionária, independentemente de sua concordância expressa, acredita-se que o reequilíbrio ainda é devido, pois, ao executar um serviço público, deverá a concessionária atuar em favor do interesse público, mesmo que, em princípio, essa decisão possa prejudicar seus interesses privados. Em caso de discordância, a pretensão por reequilíbrio torna-se mais evidente.

A última hipótese guarda peculiaridade. Deverá ser ponderado se a discordância da concessionária se deu por entendimento de a medida ser inválida, por não atender às finalidades que pautam o órgão. Sendo assim, a concessionária, sem embargo do pleito econômico, deverá atuar pela invalidação da medida, em favor da manutenção e da legitimidade das ações das Autoridades Aeroportuárias.

As demais relações jurídicas com órgãos ou entidades variadas derivam da obrigatoriedade da presença de certos serviços e atividades públicas no sítio aeroportuário. Como mencionado, a alteração do sujeito que opera a infraestrutura não imprime distinção nas funções públicas exercidas por tais entes públicos, sendo coincidentes os órgãos e as regras gerais incidentes sobre as áreas administrativas ou institucionais.[458] Dessa forma, esta passagem se concentrará sobre as regras específicas aplicadas às concessões e substitutivas dos regulamentos e normativos incidentes sobre a Infraero.

Essa avaliação inicia-se pelo Decreto n. 7.205/2010, que regulamentou o modelo de concessão de ASGA, seguindo para as disposições do Decreto n. 7.624/2011, regente das concessões em geral. Essas normas impuseram que os contratos de concessão regulamentassem as condições gerais de alocação e atuação dos órgãos e entidades públicas cujas presenças nos aeródromos concedidos fossem impostas ou necessárias.

Os Planos de Exploração Aeroportuária dos contratos de concessão previram a obrigação de disponibilidade de espaços próprios aos entes públicos, tratando-os como elementos aeroportuários obrigatórios. As concessionárias, mediante prévia consulta sobre os projetos e execução de obras pertinentes ao exercício das respectivas funções administrativas, deveriam disponibilizar toda a "infraestrutura necessária (áreas, mobiliário e equipamento)" à referida presença desses sujeitos nos aeroportos.

Nos contratos de GRU/BSB/VCP/GIG/CNF/POA/SSA/FLN/FOR, há imposição específica definindo que a cessão dos espaços e da infraestrutura necessária não geraria qualquer ônus financeiro às entidades do Poder Público, somente a obrigação de contribuir com o rateio dos custos com as despesas correntes ordinárias incorridas diretamente por cada órgão ou entidade.

Mesmo não havendo previsão específica sobre este tema no contrato de ASGA, entende-se ser essa a regra aplicável ao aeródromo, nos termos da Resolução ANAC n. 302/2014. Será devida somente a contribuição desses órgãos ou entidades com o ressarcimento de

---

[458] Resolução ANAC n. 302, de 05 de fevereiro de 2014.

CAPÍTULO VI – CONCESSÃO DE SERVIÇO PÚBLICO PARA...

despesas gerais, como água, energia, limpeza, manutenção de equipamentos e outros semelhantes.

A relação entre as partes deverá ser regulamentada mediante instrumento contratual, sendo inexigível a licitação em razão da impossibilidade de competição, sem embargo da existência de eventual hipótese específica que dispense o procedimento concorrencial. A regularização contratual é relevante para que sejam entabuladas as obrigações recíprocas (*v.g.* permissão de acesso dos servidores e agentes terceirizados, consideradas as exigências impostas para ingresso no "lado ar") e definidos os valores ou parâmetros para a contribuição dos órgãos.

Por derradeiro, os contratos preveem que as concessionárias devem disponibilizar espaços, tempos de mídia e de pontos destinados à veiculação de publicidade institucional de interesse público no complexo aeroportuário, sem ônus financeiro às entidades públicas. Considerada atividade de interesse público, não deve haver ônus financeiro adicional ao mero rateio de despesas. Essa previsão não abarca a publicidade voltada à exploração de atividade econômica de qualquer ordem da Administração Indireta, cuja regulamentação é semelhante aos demais particulares.

6.3.2 Relações jurídicas com os usuários da concessão

Para início deste tópico, retoma-se característica exposta outrora. As diferentes obrigações e atividades objeto da prestação do serviço público de exploração da infraestrutura aeroportuária relevam distintas categorias de usuários. O aeroporto tem por finalidade a realização do transporte aéreo; desta feita, duas frentes de serviços são formadas: aquelas voltadas à satisfação de utilidade material às pessoas jurídicas prestadoras do serviço de transporte aéreo, seja de cargas e pessoas – as empresas aéreas e demais operadores de aeronaves de serviços não regulares; e os próprios usuários do transporte aéreo, pessoas físicas ou jurídicas, que usufruem do aeroporto pretendendo a satisfação de outras utilidades.

Em vista da complexidade dos atuais aeroportos, adicionalmente ao serviço público, outras tantas frentes são desenvolvidas para atração de recursos financeiros em favor das concessionárias e comodidade dos seus frequentadores. É possibilitada a frequência de pessoas desprovidas da intenção de utilizar o transporte aéreo, voltadas à finalidade diversa para a qual a infraestrutura foi concebida.

Reconhecendo essa realidade e perante uma potencial distinção, os contratos previram como obrigação das concessionárias o atendimento adequado do público em geral e, em especial, dos usuários. Observa-se a distinção das diferentes naturezas de frequentadores. Nesse sentido, o contrato de ASGA afirmou serem usuários as pessoas físicas e jurídicas tomadoras dos serviços prestados no aeroporto; os demais contratos trouxeram texto semelhante, apenas indicando que o serviço poderia ser prestado pelas concessionárias ou terceiro indicado. Mesmo considerando a existência de, ao menos, duas categorias de frequentadores dos aeroportos, será pontual o tratamento do não usuário, apenas quando pertinente a distinção.

Concentrando-se sobre os usuários, constata-se a existência de um plexo de normas incidentes independentemente de quem seja, ao passo que poderão existir dispositivos particulares em vista da natureza e pretensões distintas.

Os contratos previram capítulo destinado à descrição de direitos e deveres fundamentais dos usuários, em cumprimento à Lei n. 8.987/95. O principal direito é de receber o serviço adequado. Outro direito é de obter a completa informação sobre os serviços, com especial atenção ao valor da tarifa. Os deveres são de diferentes naturezas: (i) pagar as tarifas; (ii) levar a conhecimento das autoridades e da concessionária as irregularidades na prestação do serviço que tiver conhecimento; e (iii) contribuir para a conservação das boas condições dos bens públicos.

Em contrapartida aos direitos descritos, as concessionárias têm a obrigação de prestar adequadamente os serviços. Esta obrigação é partilhada com qualquer outro prestador de serviço público, independentemente de quem seja, razão pela qual, em vista do serviço sob estudo, o detalhamento e alcance da imposição legal foram descritos em passagem destinada à Infraero.

Neste sentido, este tópico será dedicado à exposição das obrigações contratuais impostas aos prestadores de serviço público de exploração

CAPÍTULO VI – CONCESSÃO DE SERVIÇO PÚBLICO PARA...

da infraestrutura aeroportuária. O texto se desenvolverá com a explanação de regras comuns incidentes sobre os diferentes usuários; em seguida, serão pontuadas as disposições contratuais e aspectos legais próprios à relação ao prestador – usuário, constatando, se for o caso, as características e aspectos peculiares de cada espécie de usuário.

6.3.2.1 *Regras contratuais à prestação adequada do serviço e à satisfação do usuário*

Conhecendo os princípios aplicados ao serviço público, pretende-se expor as regras contratuais que visam atribuir concretude a tais postulados sem distinção de usuário. São relatadas as disposições contratuais que vinculam a prestação dos serviços e a satisfação dos usuários da exploração da infraestrutura, norteando a relação jurídica, vez determinar a conduta do último perante o primeiro.[459]

As regras contratuais revelam atenção com o período de troca de prestadores, ou seja, com a transição da operação aeroportuária realizada pela Infraero às novas concessionárias.

O regime de assunção da operação de ASGA é distinto. O tratamento contratual considerou peculiaridade perante os demais aeroportos, haja vista que não havia operação no local, mas em outro aeródromo, mitigando o risco de interrupção da operação.

A concessionária, nos termos da cláusula 3.1.19, deveria adotar a "(...) segurança operacional nos aeroportos envolvidos e o menor impacto possível na população (...)" como premissa da transição dessa operação. Para tanto, o anexo 12 do contrato previu regramento específico à transferência da operação, exigindo a elaboração de um Programa de Transferência e Prontidão Operacional (PTPO), bem como a constituição de grupo de trabalho com a participação da (i) ANAC; (ii) MTAP (então SAC; (iii) Infraero; (iv) COMAER; (v) Receita Federal do Brasil (RFB); (vi) Departamento de Polícia Federal e Polícia Rodoviária Federal; (vii)

---

[459] Disposições normativas e regulamentares aplicadas a despeito do operador, portanto que não têm peculiaridade às concessionárias ou à Infraero, foram expostas previamente em tópico destinado à Infraero e não serão retomadas neste trecho.

ANVISA; (viii) Sistema de Vigilância Agropecuária Internacional (Vigiagro); (ix) entidades do Poder Público Estadual e Municipal; (x) representantes de Companhias Aéreas; (xi) outros órgãos públicos ou privados relevantes para a operação do aeroporto.

O PTPO deveria conter (i) o planejamento da abertura ao tráfego e transferência das operações, com o cronograma de execução; (ii) o planejamento e acompanhamento do treinamento e familiarização; (iii) a avaliação da prontidão técnica; e (iv) a avaliação da prontidão operacional. O PTPO deveria revelar a programação de treinamento daqueles que iriam trabalhar no aeroporto, além de prever mecanismos e rotinas para "familiarização da comunidade aeroportuária às instalações, sistemas e procedimentos".

A transferência das operações deveria ocorrer de uma única vez, de forma a evitar a operação simultânea dos aeroportos. No prazo mínimo de 6 (seis) meses do início da operação, marcada pela conclusão das obras de infraestrutura, a concessionária deveria submeter ao concedente a estratégia que pretenderia colocar em prática a fim de garantir a eficácia da transferência e a ampla publicidade da operação.

Como fase final à autorização para operação aeroportuária, o concedente deveria aprovar as características físicas e operacionais do aeroporto, outorgando o Certificado Operacional Provisório e expedindo a ordem de serviço para a operação do aeroporto e à abertura do tráfego aéreo.

A premissa adotada pelos contratos de GRU/BSB/VCP/GIG/CNF/POA/SSA/FLN/FOR foi a transição paulatina da operação. O objetivo dos contratos foi a operação ininterrupta, resguardada a segurança e o mínimo prejuízo aos usuários das estruturas.

A primeira etapa de transição seria para conhecimento da operação; a seguinte para operação compartilhada, para, enfim, haver assunção das atividades pelas concessionárias. Em paralelo, foi conferida atenção à expansão e modernização concomitante das instalações físicas dos aeroportos, potencialmente impactantes da prestação dos serviços. Objetivou-se forçar o planejamento para que a assunção dos serviços ocorresse sem interrupções ou percalços.

CAPÍTULO VI – CONCESSÃO DE SERVIÇO PÚBLICO PARA...

Iniciada a fluência contratual, o primeiro estágio de transição abarcaria a elaboração do Plano de Transferência Operacional (PTO), no qual as concessionárias deveriam produzir documentos demonstrando a capacidade de compreender e analisar a operação aeroportuária. O PTO objetivava "(...) assegurar uma transição eficaz das operações aeroportuárias e da segurança operacional do Aeroporto entre a Infraero e a Concessionária, minimizando o impacto sobre os passageiros, companhias aéreas e outros usuários (...)".

Como parte do PTO, obrigou-se a criação de um Comitê de Transição liderado pela concessionária com a participação de representantes de entidades e órgãos relevantes à operação aeroportuária: (i) ANAC; (ii) Infraero; (iii) DECEA; (iv) Receita Federal do Brasil (RFB); (v) Departamento de Polícia Federal; (vi) ANVISA; (vii) Sistema de Vigilância Agropecuária Internacional (Vigiagro); (viii) representantes de Companhias Aéreas ou comitê de companhias aéreas, conforme o caso; (ix) representante dos empregados, indicado pela representação sindical dos trabalhadores aeroportuários; (x) Administradores do Aeroporto ou comitê de administradores; e (xi) outros órgãos públicos ou privados relevantes para a operação do aeroporto.

O segundo estágio da transição teria início mediante a aceitação do PTO pelo concedente. Esse estágio teria a duração de, no mínimo, 70 (setenta) dias, período no qual as concessionárias deveriam constituir o Comitê de Transição, treinar e mobilizar mão de obra e adquirir os materiais necessários para iniciar a assunção das atividades dos aeroportos. As competências para operação e guarda de bens e recursos próprios à operação aeroportuária ficariam com a Infraero, ora acompanhada por prepostos das concessionárias. As concessionárias deveriam notificar os detentores de contratos ligados à operação aeroportuária ou a utilização dos espaços dos aeroportos, para sua rescisão ou sub-rogação, respectivamente.

As concessionárias assumiriam a operação do aeroporto no terceiro estágio, porém ainda acompanhadas pela Infraero. Como pressuposto desta etapa, foram exigidas das concessionárias de GRU/BSB/VCP adesão aos respectivos Termos de Aceitação Definitiva e de Permissão de Uso de Ativos e Instalações dos Aeroportos, documento que indica a situação definitiva de recebimento dos bens da concessão. Quanto aos demais aeroportos, esse termo ficaria para o término desse estágio, cujo início era marcado pela assinatura do Certificado Operacional Provisório[460], documento regulamentado pelo Regulamento Brasileiro de Aviação Civil (RBCA) n. 139, aprovado pela resolução ANAC n. 96, de 11 de maio de 2009.

O terceiro estágio teria a duração mínima de 3 (três) e máxima de 6 meses, mediante acordo entre as concessionárias e a Infraero. As concessionárias, sempre acompanhadas de prepostos indicados e funcionários cedidos pela Infraero, operariam o aeroporto ao longo desse período, sendo responsáveis pelas despesas e receitas.

A transição se encerraria com a conclusão do terceiro estágio, podendo alcançar o período total de 12 (doze) meses do início da fluência do prazo de concessão. Este momento marcaria a assunção completa e independente da prestação dos serviços pelas concessionárias.

Sem embargo de a operação plena deflagrar com o término da transição, o período de avaliação do nível e parâmetros dos serviços foi postergado, iniciando somente após a conclusão de parcela das obras de ampliação e revitalização das infraestruturas aeroportuárias. Essa decisão contratual fundamentou-se no reconhecimento de que parcela relevante dos investimentos seria destinada ao restabelecimento das condições de prestação dos serviços, então perdidas pela saturação das estruturas.[461]

---

[460] De acordo com a RBAC n. 139, todos os operadores de aeródromos responsáveis por aeródromos que tenham embarcado e desembarcado mais de um milhão de passageiros no ano anterior ao corrente devem ser titulares de Certificado Operacional de Aeroporto, de sorte que as demais concessionárias, ao atingir essa marca, serão obrigadas a obter essa certificação junto à ANAC.

[461] "O atraso dos voos é tido como uma das principais preocupações dos usuários e operadores do aeroporto, pois os voos deixam de começar ou terminar no horário programado por causa da fila de aeronaves esperando para decolar, aterrissar ou fazer o uso das pistas de táxi e portões nos terminais.

Logo, significa dizer que o aeroporto não tem facilidades em número suficiente, tais como pistas de pouso, pistas de táxi ou portões, para acomodar aqueles que querem utilizá-lo durante os períodos de pico da demanda (OFFICE OF TECHNOLOG ASSESSMENT – OTA, 1984:45). (...) Logo, o desafio da Administração Aeroportuária será expandir sua capacidade de forma mais econômica com o intuito de possibilitar o

CAPÍTULO VI – CONCESSÃO DE SERVIÇO PÚBLICO PARA...

Somadas às etapas de transição da operação aeroportuária, muitas são as imposições e obrigações relacionadas à sua adequada execução. Todos os contratos de concessão previram regras para a exploração aeroportuária, com deveres vinculados à prestação dos serviços. Constata-se elevada atenção à atividade operacional, concentrando importância na definição de regras rígidas de atendimento da qualidade e indisponibilidade dos serviços, com grande apreço ao planejamento das atividades pelas concessionárias, assim como a previsão de instrumentos de participação dos usuários.

Os documentos trazem passagem definindo como obrigação das concessionárias o abrangente atendimento do serviço adequado, com zelo e diligência, nos termos do artigo 6º da Lei n. 8.987/95, valendo-se de todos os meios e recursos necessários à sua verificação.

Embora exista passagem específica nos contratos dedicada aos direitos e deveres das concessionárias, muitas obrigações seguem difusas nos instrumentos contratuais. Como obrigação geral e constante, as concessionárias terão de promover a implantação de mecanismos constantes de melhoria dos serviços, a serem submetidos previamente à ANAC para conhecimento e aprovação.

Esses postulados fixam imposições gerais de cautela das concessionárias para com os bens, instalações e serviços, além de atenção especial ao dever de informar o concedente e os usuários na hipótese de qualquer ocorrência diversa na execução das atividades. No mais, é imperativo às concessionárias o atendimento do PEA e demais programas de gestão, com o devido treinamento de seus empregados e terceiros contratados; a obrigação de manutenção de um sistema de atendimento físico e eletrônico dos usuários, com a operacionalização de ouvidoria voltada às reclamações, a previsão e planejamento de atendimento às emergências, mantendo recursos humanos e materiais necessários.

---

maior número de operações sem alterar sua infraestrutura física. Caso não seja possível, a Administração deverá proceder à expansão física do aeroporto. Entretanto, a expansão da capacidade não dependente somente dos atos isolados da Administração Aeroportuária, mas da interação entre os governos locais, autoridades ambientais, companhias aéreas, controle de tráfego aéreo e a própria Administração". SOUTELINO, André Luís Dias. A *regulação para introduzir a competição no setor aeroportuário*. 2009, 178 f. Dissertação (Mestrado em Direito Econômico e Desenvolvimento). Universidade Candido Mendes, Rio de Janeiro, 2009, pp. 48-50.

Não obstante o esforço contratual, as obrigações retratadas não objetivam ou detalham minuciosamente o dever legal de prestação adequada do serviço. Tal como exposto acima, entende-se que as previsões contratuais são propositadamente abstratas, visando permitir a atuação constante do concedente impondo exigências de atendimento mutáveis no tempo. Em contrapartida à generalidade dessas previsões, muitos poderão ser os conflitos instalados para a apuração do acerto, erro ou omissão da concessionária.

Como eventual mecanismo apto a mitigar tais conflitos, previu-se a obrigação de as concessionárias planejarem e minutarem manuais e planos voltados à prestação dos serviços, cujo conteúdo deveria ser submetido à aprovação do concedente. Esses manuais e planos devem demonstrar à ANAC e demais interessados que a concessionária possui planejamento e implementará adequadamente as exigências próprias ao atendimento do nível de serviços, assegurando a qualidade da prestação exigida contratualmente.[462] Como função adicional, esses manuais devem ser utilizados para fins de monitoramento da concessão, permitindo que suas previsões possam pautar a atuação da concessionária e eventual juízo do concedente.[463]

Ressalvado o contrato de ASGA, que apenas previu a exigência de apresentação de um Manual de Operações do Aeroporto, tal como exigido pelo aludido RBAC n. 139, os demais contratos impuseram a formulação de diferentes planos de ação às concessionárias. Os principais foram denominados de Plano de Gestão da Infraestrutura (PGI) e Plano de Qualidade dos Serviços (PQS). Ambos deveriam ser apresentados pelas concessionárias em até 90 (noventa) dias da eficácia do contrato, sendo o PGI revisto ordinariamente a cada 5 (cinco) anos e o PQS anualmente.

As regras contratuais são rígidas quanto ao dever de cumprimento dos planos. As concessionárias são obrigadas a atender o PGI "sem direito

---

[462] Sobre o tema do planejamentos nas concessões: HARB, Karina Houat. *A revisão na concessão comum de serviço público*. São Paulo: Malheiros, 2012, pp. 89-121.

[463] Nos termos dos contratos de GRU/BSB/VCP/GIG/CNF, conforme definição do PEA: "O objetivo do PGI é proporcionar a melhoria contínua das instalações e sistemas do aeroporto, avaliando suas condições e planejando sua manutenção e modernização"; e "O objetivo do PQS é definir as responsabilidades, procedimentos e requisitos mínimos, inclusive de treinamento, para a equipe dedicada ao atendimento aos Usuários. Além disso, deve definir um sistema para identificar as necessidades dos Usuários, documentá-las e rastreá-las, a fim de propor um plano de ações para mitigar e corrigir problemas".

CAPÍTULO VI – CONCESSÃO DE SERVIÇO PÚBLICO PARA...

a qualquer pedido de reequilíbrio econômico-financeiro do Contrato". Essa regra deve ser aplicada em consonância com as demais disposições atinentes ao tema. Ocorrido fato cujo risco foi assumido pelo concedente, o reequilíbrio poderá ser devido, de modo que tal previsão não pode ser utilizada com salvaguarda geral, sob risco de esvaziamento do direito.

Os contratos de GIG/CNF/POA/SSA/FLN/FOR adicionaram dois outros planos a serem apresentados pelas concessionárias: o Plano de Eventos Especiais (PEE) e o Plano de Contingências e Situações Excepcionais (PCSE).

O PEE deve ser elaborado sempre que determinado evento possa impactar os usuários do aeroporto, contendo descrição dos procedimentos, cronogramas e atos que as concessionárias adotaram e os meios de monitoramento e fiscalização por parte do concedente.

O PCSE pretende revelar o planejamento das concessionárias para a redução das eventuais ocorrências que venham a "fugir de sua governabilidade" e possam repercutir sobre os usuários. Este plano, realizável a qualquer tempo e motivado por causas variadas, dar-se-á por iniciativa das concessionárias ou a pedido do concedente. Seu conteúdo poderá abranger atos e obrigações que extrapolam as concessionárias desde que aptos à mitigação dos efeitos dos eventos que possam interromper ou dificultar a prestação dos serviços. O plano deverá ser concebido com a participação e eventual compromisso das empresas aéreas e dos demais agentes atuantes no aeroporto.[464]

Observa-se que estes dois últimos planos descritos têm ampla importância e aderência à melhor prestação dos serviços, independentemente do aeroporto e da previsão contratual. Em vista dessas características, a ANAC, ora como regulador, poderá requerer a sua elaboração aos demais concessionários.

---

[464] Nos termos do PEA de GIG/CNF/POA/SSA/FLN/FOR: "Para cada ocorrência prevista no PCSE a Concessionária deverá apresentar: 11.6.1 a descrição dos programas de ação que a Concessionária adotará em caso de significativa interrupção de modo a minimizar o impacto sobre os passageiros e mantê-los informados sobre o status de seus planos de viagem, acompanhadas de elementos que permitam o monitoramento e fiscalização por parte da ANAC; a identificação dos responsáveis por cada ação; e gatilhos para execução de cada ação prevista".

A discussão recairá sobre o dever de reequilíbrio dos contratos de nova obrigação imposta às concessionárias de ASGA/GRU/BSB/VCP, traduzida em exigência unilateral provocada para incremento da segurança. Eventual tentativa do concedente de afirmar se tratar de obrigação implícita ou decorrência lógica das regras gerais da contratação não prosperará, vez somente ter alcançado *status* de obrigação às concessionárias após previsão expressa nos contratos de GIG/CNF/POA/SSA/FLN/FOR.

Como aspecto complementar aos planos, ganha destaque a participação dos usuários na formação do conteúdo de regulares relatórios de qualidade dos serviços que poderão integrar o Fator Q[465] e impactar o reajuste tarifário.[466]

---

[465] Exemplos de indicadores de desempenho previsto no contrato para apuração do Fator Q previstos no PEA de GIG/CNF: *Serviços Diretos* (1. Tempo na fila de inspeção de segurança (Q); 2. Tempo de atendimento a Passageiros com Necessidades de Assistência Especial – PNAE; 3. Número de eventos graves relatados (roubos, furtos, atos violentos etc.)); *Disponibilidade de Equipamentos* (4. Elevadores, escadas e esteiras rolantes (Q); 5. Sistema de processamento de bagagens (embarque) (Q); 6. Sistema de restituição de bagagens (desembarque) (Q); 7. Equipamento apropriado para embarque e desembarque de Passageiros com Necessidades de Assistência Especial – PNAE (Q); 8. Ar pré-condicionado ("Preconditioned Air")); *Instalações Lado Ar* (9. Pontes de Embarque (Q); 10. Fonte de energia elétrica auxiliar; 11. Posições de pátio (Q); 12. Atendimento de Pontes de Embarque (Q)); *Sistema de Pistas* (13. Fluxo de Pistas (Q)); *Pesquisa de Satisfação dos Passageiros* (14. Qualidade das informações: sinalização, informações de voo, sistema sonoro de aviso aos passageiros e outros (Q); 15. Limpeza e disponibilidade de banheiros (Q); 16. Conforto e disponibilidade de assentos no saguão de embarque e outras áreas públicas (Q); 17. Limpeza geral do aeroporto (Q); 18. Cordialidade dos funcionários do aeroporto (Q); 19. Disponibilidade de carrinhos para bagagem (Q); 20. Disponibilidade de vagas de estacionamento (Q); 21. Variedade e qualidade de lojas e praças de alimentação; 22. Custo benefício das lojas e praças de alimentação; 23. Satisfação geral em relação ao aeroporto; 24. Conforto térmico e acústico; 25. Percepção de segurança no aeroporto; 26. Opções de estacionamento e custo benefício; 27. Disponibilidade de meio fio para embarque e desembarque; 28. Existência de equipamentos para facilitar o deslocamento dentro do terminal de passageiros; 29. Organização da fila de inspeção de segurança; 30. Disponibilidade, conveniência e localização de serviços bancários; 31. Disponibilidade de rede sem fio e outras conexões de internet; 32. Disponibilidade de serviços hoteleiros no sítio aeroportuário).

[466] "Há de certo modo, uma valorização do usuário que deixa o papel de espectador passivo, de mero objeto das ações do concedente e do concessionário, para assumir uma função ativa e participativa na concessão, passando a atuar como agente no processo

CAPÍTULO VI – CONCESSÃO DE SERVIÇO PÚBLICO PARA...

Salvo o contrato de ASGA, os demais previram que esses relatórios comporão o PQS. Sua elaboração ficará a cargo da concessionária, que selecionará e contratará empresa especializada e independente para sua confecção. A contratação e a metodologia de apuração poderão ser revistas ou vetadas pelo concedente,[467] restando às concessionárias atenderem a tais determinações. Elaborado o relatório e formado seu conteúdo mediante a participação dos usuários, as concessionárias encaminharão cópias mensais à ANAC e às empresas aéreas, além de publicarem versão resumida para consulta dos demais interessados. Essas regras materializam o cumprimento do princípio da publicidade inerente à prestação e ao prestador de serviço público.

Os contratos previram que os índices de qualidade são de duas ordens, repartidos (i) em parâmetros operacionais, incluída a verificação dos serviços diretos aos usuários, disponibilidade de equipamentos e instalações; e (ii) pesquisa de satisfação do usuário, representando, pelo menos, 0,05% (cinco décimos) dos passageiros embarcando no aeroporto com, no mínimo, 150 (cento e cinquenta) entrevistas por mês.[468]

---

de regulação, no controle e na fiscalização dos serviços concedidos. (...) Inegável, portanto, a alteração do status jurídico do usuário, que passa agora a ser visto como agente colaborador na prestação dos serviços públicos, ou melhor, como agente que contribui na definição das diretrizes e do modo de prestação do serviço, no momento de sua regulação, e no controle e fiscalização das atividades do concessionário". PEREZ, Marcos Augusto. *O risco no contrato de concessão de serviço público*. Belo Horizonte: Fórum, 2006, pp. 84/85.

[467] A ANAC, por meio das Resoluções n. 3110, 3111 e 3112 de 28 de novembro de 2013, definiu as regras e diretrizes metodológicas para a Pesquisa de Satisfação dos Passageiros aplicada a partir do ano de 2014 para os aeroportos de Brasília, Guarulhos e Campinas, respectivamente. Disponível em http://www2.anac.gov.br/biblioteca/aeroportosInfraestrutura.asp. Acesso em 10 nov. 2015.

[468] Perguntas de pesquisa de satisfação dadas como exemplo no PEA de GIG/CNF: *Qualidade das informações: sinalização, informações de voo, sistema sonoro de aviso aos passageiros* (1. Qual nota você daria para: a visibilidade, facilidade de compreensão e ajuda das informações e sinalizações de direção?; 2. Qual nota você daria para: clareza e disponibilidade dos painéis de informação de voos?; 3. Qual nota você daria para a clareza e ajuda das outras informações fornecidas no aeroporto (isto é sistema sonoro de aviso aos passageiros, balcão de informações?); *Limpeza e disponibilidade de banheiros* (4. Qual nota você daria para a limpeza dos banheiros?; 5. Qual nota você daria para a

Não há previsão expressa de pesquisa de satisfação voltada às empresas aéreas nos aeroportos de ASGA/GRU/BSB/VCP, ficando restritas, aparentemente, aos usuários do transporte aéreo. Os contratos de GIG/CNF/POA/SSA/FLN/FOR alteraram essa situação, ampliando sua aplicação às empresas aéreas, a critério do concedente. É acertada a decisão, sendo relevante que as pesquisas de satisfação abarquem todas as categorias de usuários dos aeroportos.

Nesse aspecto, a critério da ANAC, seria acertada a extensão dessas pesquisas à totalidade dos operadores de aeronaves usuários dos demais aeroportos concedidos. Sem embargo, à semelhança do afirmado sobre outras exigências não previstas originalmente nos contratos, essa imposição poderá gerar eventual direito ao reequilíbrio das avenças desde que representem custos imprevistos.

Com aspecto final dessa passagem, segue-se a tema correlato à satisfação dos usuários, propriamente o dever de as concessionárias responsabilizarem-se perante danos causados.

Tal como à Infraero, é objetiva a responsabilidade das concessionárias em vista de danos causados por sua ação, nos termos do artigo 37, § 6º da Constituição Federal. Contudo, neste assunto, algumas especificidades devem ser apontadas em vista dos contratos de concessão.

Como precaução peculiar às concessionárias, é exigida a contratação e manutenção de apólices de seguros aptas a ressarcir eventuais

---

localização e disponibilidade dos banheiros?); *Conforto e disponibilidade de assentos no saguão de embarque e outras áreas públicas* (6. Qual nota você daria para a disponibilidade de assentos disponíveis no saguão de embarque?; 7. Qual nota você daria para o conforto dos assentos no saguão de embarque e das outras áreas do aeroporto?); *Limpeza geral do aeroporto* (8. Qual nota você daria para a o estado geral de limpeza do aeroporto?) *Cordialidade dos funcionários do aeroporto* (9. Qual nota você daria para a gentileza e auxílio dos funcionários que trabalham na segurança ou fornecem informações do aeroporto? (funcionários de *check-in*, carregadores, lojas e alimentação não são empregados do aeroporto)); *Disponibilidade de carrinhos de bagagem* (10. Qual nota você daria para a facilidade em achar carrinhos de bagagem?; 11. Qual nota você daria para a qualidade dos carrinhos de bagagem?); *Disponibilidade de vagas de estacionamento* (12. Qual nota você daria para a facilidade em achar vaga no estacionamento?).

CAPÍTULO VI – CONCESSÃO DE SERVIÇO PÚBLICO PARA...

danos morais e materiais passíveis de responsabilidade civil, seja em virtude da execução de obras ou prestação de serviços pelos administradores, empregados, prepostos ou delegados da concessionária.

Ao afirmar distinção potencial entre os frequentadores do aeroporto, usuários ou não do transporte aéreo, entende-se serem distintas as obrigações e responsabilidades das concessionárias em face de ocorrências ocasionadas nos estabelecimentos comerciais do sítio aeroportuário, seja integrante ou não do terminal. Tema que será retomado no tópico seguinte.

Caso o dano tenha por origem ação ou omissão ocorrida em ambiente comercial de terceira pessoa locada no complexo aeroportuário, a responsabilidade da concessionária será subjetiva, sendo pertinente a demonstração de culpa, seja pela eleição deficiente ou comprovada falta de fiscalização e vigilância do sujeito que causou o dano.

Dúvida residiria na hipótese de um sujeito não usuário do transporte aéreo sofrer algum dano no complexo aeroportuário por ação direta da concessionária. A ocorrência de dano no complexo aeroportuário nas circunstâncias mencionadas, ou seja, não vinculado ou decorrente da exploração de algum estabelecimento comercial, resultará na responsabilização objetiva das concessionárias, vez que, naquele momento, o sujeito é usuário da infraestrutura. Constitui-se uma posição jurídica peculiar, pois, apesar de não destinado ao transporte aéreo, estará usufruindo da infraestrutura disponível e não se relacionando com outro sujeito ou atividade presente no aeródromo.

6.3.4 Relação entre a concessionária e os operadores de aeronaves

Superados temas gerais sobre os usuários do transporte aéreo, resta atenção sobre os operadores de aeronaves, especialmente as empresas aéreas prestadoras de serviço de transporte regular.

A prestação dos serviços deve ser feita de forma isonômica, sem prestígio ou privilégios a qualquer usuário. As concessionárias deverão preservar a máxima isonomia entre as empresas aéreas na realização dos serviços aeroportuários ou na disponibilização dos espaços no complexo aeroportuário.

Rememora-se que, tal como ratificado pelo artigo 37 do CBA, os aeroportos poderão ser utilizados por quaisquer aeronaves, sem distinção de propriedade ou nacionalidade, salvo restrições operacionais ou segurança. Por sua vez, a distribuição de áreas operacionais, tal como será detalhado abaixo, segue o disposto nos contratos e nas normativas da ANAC, tendo como premissa a vedação de práticas discriminatórias ou abusivas às empresas aéreas.

Sob esses postulados a distinção da relação dessa categoria de usuários com as futuras concessionárias tem origem antecedente à celebração dos contratos de concessão, tendo sido tratada como tema fundamental nos procedimentos licitatórios.

A fim de afastar potenciais conflitos de interesses materializados em práticas anticompetitivas na prestação do serviço público, foi intensamente debatido o acerto da participação, direta ou indireta, das empresas aéreas como licitantes e futuras concessionárias dos aeroportos. A presença relevante dessas sociedades poderia resultar na verticalização no setor e em potenciais práticas contrárias aos princípios do serviço público e à liberdade de concorrência.

A decisão tomada foi pela restrição relevante de participação dessas sociedades em todos os editais de licitação. Foi definida participação residual às empresas aéreas, seja direta ou indiretamente, por meio de controladas, coligadas, controladoras, ou controladas e coligadas das controladoras. Essa participação variou de 2% (dois por cento) no caso de GRU/BSB/VCP/POA/SSA/FLN/FOR (ainda, para GRU/BSB/VCP, os percentuais poderiam ser alterados se a empresa aérea, direta ou indiretamente, fosse entidade de direito público brasileira ou de países com os quais a República Federativa do Brasil tenha assinado acordo de serviços aéreos, hipótese em que a participação poderia alcançar 20% [vinte por cento] do consórcio); a 4% (quatro por cento) no caso de GIG/CNF, salvo hipótese de ser operador aeroportuário; e a 10% (dez por cento) no caso de ASGA. Ainda que tenha participado sob as condições impostas no certame, será limitada a participação dessas empresas na administração do Acionista Privado e da concessionária, ficando

CAPÍTULO VI – CONCESSÃO DE SERVIÇO PÚBLICO PARA...

impossibilitada de eleger membros do Conselho de Administração ou das Diretorias.[469]

A decisão visou preservar a isonomia no tratamento das concessionárias com quaisquer empresas aéreas. Entretanto, essas medidas não impedem que ajustes comerciais futuros, não societários, venham a gerar efeitos similares. Para combater essa possibilidade, os contratos incluíram dispositivos e penalidades próprias em vista de eventual descumprimento dessa obrigação. Tais condutas poderão ser encaminhadas para o conhecimento das autoridades do Sistema Brasileiro de Defesa da Concorrência, submetendo a concessionária e a empresa aérea às sanções da Lei n. 12.529, de 30 de novembro de 2011.[470]

---

[469] A fim de ilustrar o descrito, o relatório constante do Acórdão n. 157/2012 – TCU, relatório Ministro Aroldo Cedraz, que analisou o 2º estágio das concessões dos aeroportos de GRU/VCP/BSB, assim expôs: "260. No âmbito da licitação sob retina, a Anac manifestou preocupação com a possível verticalização no setor de transporte aéreo, verificada no caso em que operador aeroportuário e empresa aérea integrem o mesmo grupo econômico, compartilhando interesse de se beneficiarem mutuamente, em detrimento do grau de competitividade do setor – é dizer, em prejuízo às demais empresas aéreas. *Prima facie*, tal causa realmente justifica a inserção de dispositivos que limitem a participação dessas empresas, uma vez que eventual prejuízo à competitividade no certame é fartamente compensado pela preservação da concorrência no setor, cujos prejuízos para os usuários resultariam intoleráveis. 261. Dessa forma, precatou-se a Agência ao inserir o item 3.16 no Edital Anac 2/2011, cuja redação corresponde à seguinte: 3.16 As Empresas aéreas, suas Controladoras, Controladas e Coligadas não poderão participar deste Leilão isoladamente, bem como as Controladas e Coligadas das Controladoras e das Controladas das Empresas Aéreas. 262. Ato contínuo, a agência reguladora percebeu a necessidade de excepcionar a proscrição absoluta instituída pelo comando acima, concorrendo, para tanto, dois motivos básicos: 1) a possibilidade de que potenciais interessados sejam excluídos do certame por deterem participações insignificantes em companhias aéreas, reduzindo-se, desnecessariamente a competitividade da licitação; e 2) a obrigatoriedade, imposta reflexamente pelo item 4.47 do Edital Anac 2/2011, de possibilitar a participação de operador aeroportuário estrangeiro na licitação. 263. Cada uma dessas legítimas preocupações deu origem a comandos específicos no edital – respectivamente, os itens 3.17 e 3.18 A forma deficiente com que foram formulados esses dois itens, contudo, demandou a elaboração de um adendo (Anexo II) à ata das respostas aos esclarecimentos prestados, mediante o qual a Agência busca elidir as ambiguidades inerentes à redação das citadas cláusulas, conforme doravante reportado".

[470] Sobre a preservação das atribuições do Sistema Brasileiro de Defesa da Concorrência, dispões a Lei n. 11.182/2005: "Art. 6º Com o objetivo de harmonizar

Dando sequência à análise minuciosa dos contratos e outras normas do sistema, constata-se que a prestação de serviços essenciais ao transporte aéreo é elemento fundamental da concessão. Sua regulamentação extrapola as disposições contratuais, abarcando os ditames regulamentares da ANAC, especialmente aos Regulamentos Brasileiros da Aviação Civil, e as imposições do COMAER e seus órgãos. O descumprimento dessas normativas ensejará prejuízo às concessionárias por interferir na avaliação de qualidade da prestação, além de resultar na aplicação de penalidades contratuais diversas, de multa à caducidade, a depender da conduta.

Além do campo dos serviços descritos quando da avaliação da Infraero, a cessão de áreas operacionais às empresas aéreas e a prestação de serviços auxiliares ao transporte aéreo é tema que exige detalhamento.

As empresas aéreas utilizam de variados espaços no complexo aeroportuário para realização do desenvolvimento do transporte aéreo. Essas áreas são operacionais, compreendendo, nos termos da Resolução ANAC n. 302/2014, espaços utilizados para o (i) despacho de aeronaves, passageiros e respectivas bagagens (*check-in*); (ii) recebimento e despacho de carga e de bens transportados por aeronaves; (iii) carga e descarga de aeronaves; (iv) manutenção de aeronaves e serviços correlatos; (v) abrigo de aeronaves e equipamentos de rampa; e (vi) instalação de escritório administrativo, além de outras pertinentes.

Algumas das áreas operacionais são destinadas aos denominados serviços auxiliares ao transporte aéreo, permitindo a realização de atividades conexas à infraestrutura e às agências de carga aérea, tais como: rampa e pista, orientação e organização, preparação e deslocamento de

---

suas ações institucionais na área da defesa e promoção da concorrência, a ANAC celebrará convênios com os órgãos e entidades do Governo Federal, competentes sobre a matéria. Parágrafo único. Quando, no exercício de suas atribuições, a ANAC tomar conhecimento de fato que configure ou possa configurar infração contra a ordem econômica, ou que comprometa a defesa e a promoção da concorrência, deverá comunicá-lo aos órgãos e entidades referidos no caput deste artigo, para que adotem as providências cabíveis".

CAPÍTULO VI – CONCESSÃO DE SERVIÇO PÚBLICO PARA...

aeronave em solo, abastecimento de combustível e lubrificantes, comissaria, limpeza de aeronave, dentre outros.[471]

Os serviços e respectivas áreas enquadradas sob esta categoria receberam tratamento especial nos contratos de concessão, minorando a liberdade de ação das concessionárias. Os contratos preveem o dever de as concessionárias assegurarem o livre acesso para que as empresas aéreas e terceiros atuem nesses serviços, mesmo que a concessionária também o faça. Em caso de falta de capacidade para atender à solicitação de todos os interessados, especialmente novos entrantes, as concessionárias deverão solicitar ao concedente a autorização para limitar o número de prestadores, cuja decisão dependerá da natureza do serviço.

As concessionárias poderão executar com exclusividade os serviços auxiliares ao transporte aéreo tão logo autorizado concedente. O deferimento desse pedido é condicionado à comprovação de que a divisão ou duplicação da infraestrutura é inviabilizada pela complexidade, conjunto de custos ou impacto ambiental, tornando antieconômica a atuação de mais de um prestador.

A despeito dos serviços auxiliares, cuja importância ao transporte exigiu atenção normativa, os contratos de concessão também vedaram qualquer prática discriminatória ou abusiva para a cessão de outras áreas operacionais às empresas aéreas.

Como regra geral, o regime da liberdade de preços para a cessão das áreas operacionais pauta a relação entre as concessionárias e as empresas aéreas. Contudo, em vista da importância dessas áreas para a realização do transporte aéreo, a Resolução ANAC n. 302/2014, aplicada à Infraero e aos contratos de concessão, estabeleceu a liberdade vigiada. A concessionária será livre enquanto sua atuação estiver condicionada à manutenção da razoabilidade e coerência com os preços praticados no mercado.

---

[471] A Resolução ANAC n. 116, de 20 de outubro de 2009 dispõe sobre os serviços auxiliares ao transporte aéreo. Disponível em http://www2.anac.gov.br/biblioteca/resolucao/RA2009-0116.pdf. Acesso em 10 nov. 2015.

Os contratos de GRU/BSB/VCP/GIG/CNF/POA/SSA/FLN/FOR atribuíram ao concedente o dever de monitorar os preços praticados pelas concessionárias na cessão de áreas operacionais. O concedente observará as práticas adotadas em aeroportos semelhantes, no Brasil ou exterior, a fim de verificar a correção da atuação das concessionárias.

Caso seja identificado descumprimento por parte da concessionária, o concedente poderá regular os preços instituindo tarifas-teto, receita máxima ou outro método a ser estabelecido em regulamentação específica após ampla discussão pública. Destarte o controle dos valores praticados para a cessão das áreas operacionais, as concessionárias terão os preços reduzidos e não farão jus ao reequilíbrio econômico-financeiro.

O exposto revela um regime híbrido entre a liberdade e o controle do concedente sobre ação essencial ao serviço público. A cessão de áreas operacionais é ato essencial ao usuário da infraestrutura aeroportuária, porém a liberdade na definição dos preços prevalece como premissa do modelo. Por outro lado, a fim de afastar potenciais conflitos ou pedidos de revisões extraordinárias dos contratos, foi mantida a competência do concedente para controlar a ação das concessionárias, interferindo diretamente sobre a liberdade atribuída. Constata-se, do exposto, que o prestígio à empresa aérea é imperativo ao interesse público.

Como aspecto adicional, coloca-se em debate a restrição ao reequilíbrio econômico-financeiro do contrato na hipótese de o concedente vir a restringir a liberdade e controlar os preços. Essa previsão deve ser interpretada restritivamente, vez limitar direito das concessionárias ao influir sobre aspectos definidores da remuneração estimada.

A limitação ao reequilíbrio deve restringir-se à causa contratual que conduziu a ação da ANAC. Ou seja, não será passível de reequilíbrio econômico-financeiro se a redução dos valores tenha como causa a comprovação de que a concessionária agiu de modo discriminatório ou abusivo. A motivação dessa decisão deverá revelar a base de apuração e as razões adotadas, cuja comprovação dar-se-á em comparação com aeroportos similares no Brasil e exterior. Esse cuidado atenderá ao contrato de concessão, afastando arbitrariedade potencial ou captura por parte das empresas aéreas.

CAPÍTULO VI – CONCESSÃO DE SERVIÇO PÚBLICO PARA...

Caso a ANAC, como agente regulador ou mesmo na função de concedente, passe a controlar os preços em vista de razão distinta, mesmo que fundamentada e legítima, entende-se que a restrição ao reequilíbrio não incidirá, sendo passível a sua exigência pelas concessionárias nos termos contratados. Se, além do pedido de ressarcimento por dano, essa medida for considerada arbitrária ou excessiva, sua invalidação poderá ser requerida pela concessionária atingida, seja diretamente ao concedente ou ao Judiciário.

Afora os contratos não preverem eventual escassez de áreas, na hipótese de sua ocorrência incidirá a aludida Resolução ANAC n. 302/2014.

Os contratos incentivam o acordo direto entre as empresas aéreas e as concessionárias para a satisfação dos interessados, afastando a escassez por decisão conjunta.[472] Inexistindo acordo, ficará configurada a escassez, devendo o operador, no prazo máximo definido pela ANAC, observar as imposições da referida Resolução para a realocação dessas áreas, sendo elas: (i) destinar, no mínimo, 10% (dez por cento) das áreas existentes para uso compartilhado entre as empresas aéreas; (ii) limitar alocação de áreas para utilização em exclusividade pela proporção entre a quantidade de passageiros movimentados pela empresa no aeroporto

---

[472] Tema interessante foi abordado por Carlos Ari Sundfeld e Jacintho Arruda Câmara em artigo acerca da interface entre regulação setorial e Direito da Concorrência. Para os autores, o contrato de concessão ou a Resolução n. 302/2014 dispuseram sobre o direto de acesso às áreas dos aeroportos, considerado o espaço físico situado no complexo do aeroporto, porém não o compartilhamento das instalações já construídas em certa área para a prestação dos serviços auxiliares. Explicam os autores: "Um exemplo ilustra bem a diferença. Quanto a regulação vigente (resolução e contrato) confere o direito ao acesso a áreas no aeroporto às empresas interessadas em disponibilizar "atendimento de clientes exclusivos (Áreas VIP)", está apenas disciplinando a relação dessa interessada com a concessionária do aeroporto. A concessionária está obrigada a, havendo espaço no aeroporto para tal fim, disponibilizá-lo a empresa interessada. Mas a resolução não impôs o direito de terceiros interessados em compartilharem o uso de Sala VIP já instalada no aeroporto, em área cedida anteriormente a outra empresa. A Sala VIP já instalada constitui *infraestrutura*; não é mera área, simples espaço dentro do aeroporto. E o compartilhamento de infraestrutura não foi regulado". CÂMARA, Jacintho Arruda; SUNDFELD, Carlos Ari. "Regulação e concorrência no acesso a áreas e no compartilhamento de instalações em aeroportos". *Revista de Direito Público da Economia – RDPE*. Belo Horizonte, n. 50, pp. 89-98, abr./jul. 2015.

e a quantidade total de passageiros ou cargas movimentadas no aeroporto por todas as empresas, no período de 6 (seis) ou 12 (doze) meses, respectivamente, que anteceder a solicitação da área para utilização em exclusividade; ou (iii) limitar a alocação de áreas para utilização em exclusividade, pela proporção entre a quantidade de pousos e decolagens da empresa no aeroporto e a quantidade total de pousos e decolagens no aeroporto por todas as empresas, no período de 12 (doze) meses que anteceder a solicitação da área para utilização em exclusividade.

Alguns aspectos da relação entre as empresas aéreas e as concessionárias escapam da situação jurídica de usuário, alterando o regime então regente. Os interesses econômicos das partes predominam, estando as concessionárias autorizadas a agirem em prestígio do incremento das receitas alternativas que comporão as remunerações.

Os contratos de GRU/BSB/VCP/GIG/CNF previram situação que excepciona, em certa medida, o dever de tratamento isonômico das empresas, visando maximizar eventual situação comercial. As concessionárias estão autorizadas a firmar contratos que confiram à empresa aérea o direito de construir, manter ou utilizar, *com exclusividade ou prioridade*, o terminal ou partes do terminal.

O contrato de ASGA não prevê esta hipótese. Caso a concessionária pretenda realizar atividade similar, deverá seguir o rito para autorização de receita acessória não prevista no PEA, a ser exposto no item seguinte deste capítulo. Sendo deferido, o regime será similar ao dos demais contratos, tal como segue.

A relação entre as partes, para alocação desses espaços, será diferenciada em vista do interesse da empresa aérea em investir e tornar o ambiente diferenciado à realização de suas atividades. De toda sorte, mesmo se tratando de relação comercial, pela relevância que poderá assumir no aeroporto, a ANAC, como concedente ou agente regulador, poderá estabelecer regulamentação própria para o desenvolvimento dessas relações, fixando premissas e finalidades que deverão ser observadas pelos envolvidos.

A despeito de haver regulamentação especial, restará ao concedente o dever de fiscalizar atentamente essas situações excepcionais. A situação comercial não poderá tomar proporção que impacte indevidamente a relação das concessionárias com as demais empresas aéreas, exclusivamente usuárias do aeroporto. Todo tratamento discriminatório adicional ao uso do espaço objeto do contrato, resultado da aproximação entre as partes, será inválido e poderá gerar punição às concessionárias. Como exposto acima, essa situação acabaria por conduzir, por caminhos distintos, a situação cujo edital de licitação tentou afastar ao vedar a participação expressiva, direta ou indiretamente, das empresas aéreas no certame e no controle das concessionárias.

Não obstante a existência de um terminal exclusivo ou prioritário resultado de ajuste comercial específico, entende-se que os serviços de administração e operação aeroportuária não serão transferidos à empresa aérea, sendo mantidos sob regência exclusiva da concessionária. A transferência parcial ou integral da prestação dos serviços de operação caracterizaria efetiva substituição do concessionário, subconcessão não prevista ou autorizada nos contratos. Ademais, essa atuação poderia desvirtuar, mesmo que parcialmente, o teor dos editais de licitação.

6.3.5 Relações jurídicas com os contratados da concessionária

Serão identificadas as regras aplicáveis às relações contratuais firmadas pela concessionária com terceiros e a repercussão dessas ações sobre o concedente e os usuários.

A exposição se repartirá em duas frentes, marcadas pela natureza do contrato e pela repercussão econômica para as concessionárias. Primeiro serão expostos os contratos voltados à execução do objeto da concessão, a cuja realização as concessionárias dispendem recursos – *contratos de serviços*; de outro, os contratos voltados à exploração de receitas acessórias, alternativas ou projetos associados, geradores de recursos que comporão a remuneração das concessionárias – *contratos de fins econômicos*.

Previamente ao tratamento das diferentes espécies, alguns temas comuns são expostos.

Em qualquer hipótese contratual o regime aplicado será o de direito privado, nos termos do artigo 25, § 2º, da Lei n. 8.987/95. Essa afirmação impacta sobre a forma de escolha, que dispensa qualquer procedimento concorrencial formal pela concessionária, bem como ao conteúdo jurídico da relação, que seguirá os postulados do direito civil, passando ao largo do regime jurídico-administrativo. Ademais, os contratos firmados pela concessionária não terão seus efeitos estendidos ao concedente. Essa disposição torna os terceiros alheios ao concedente, impedindo sua responsabilização em substituição às concessionárias.[473]

Por outro lado, a inexistência de relação jurídica não pode ser alegada para afastar a atuação do concedente sobre os terceiros enquanto atuantes no complexo aeroportuário. A ação do concedente sobre a execução da atividade poderá ocorrer, direta ou indiretamente, independentemente de aviso prévio às concessionárias, desde que para cumprimento de seu dever de impedir práticas ilegais, irregulares ou que coloquem em risco os usuários. Em situações menos urgentes, essa ação deveria dar-se mediante atuação junto às concessionárias, por ser o sujeito que detém relação com as diferentes partes.

Ao firmarem *contratos de serviço*, ou seja, vinculados à execução do objeto da concessão, os terceiros ficarão submetidos à fiscalização e terão de prestar informações sobre as atividades materiais, tal como se as concessionárias figurassem diretamente na realização. A fim de evitar conflitos, é pertinente que as concessionárias prescrevam essas situações peculiares nos contratos firmados, afastando o desconhecimento ou a adoção de medidas que visem evitar a ação do concedente.

Para eficácia do descrito, todos os contratos de concessão previram como conduta passível de aplicação de multa o não fornecimento ao concedente de documentos e informações pertinentes à concessão, dentre as quais se incluem os contratos e acordos de qualquer natureza firmados com terceiros, bem como as alterações desses instrumentos ao longo da concessão.

De toda sorte, a atuação do concedente não é ilimitada. Deve concentrar-se sobre o conteúdo atinente à execução do objeto da contratação,

---

[473] JUSTEN FILHO, Marçal. *Teoria geral das concessões de serviço público*. São Paulo: Dialética, 2003, pp. 521/522.

CAPÍTULO VI – CONCESSÃO DE SERVIÇO PÚBLICO PARA...

ou seja, não é autorizada a intervenção na seara comercial e econômica da relação ou outros assuntos distintos da prestação do objeto contratado. Essa afirmação merece ressalvas se os terceiros forem partes relacionadas do Acionista Privado ou se tais contratos gerarem recursos financeiros às concessionárias, sendo passíveis de auditoria sobre os preços e valores obtidos com a exploração da atividade econômica.

A alocação dos riscos sobre a realização do objeto da concessão, seja mediante ação direta ou indireta da concessionária, implicou na assunção integral de suas consequências em face do concedente ou de terceiros, usuários ou não.

A fim de afastar eventuais questionamentos acerca do alcance dessa responsabilidade, os contratos alocaram como riscos exclusivos das concessionárias (i) os prejuízos causados por qualquer pessoa física ou jurídica vinculada às concessionárias; (ii) greves realizadas pelas subcontratadas ou prestadoras de serviços às concessionárias; (iii) custos de ações judiciais de terceiros contra as concessionárias ou subcontratadas decorrentes da execução da concessão, salvo se por fato imputável ao concedente. A assunção desses riscos pelas concessionárias impôs o dever de indenizar os danos provocados pela ação ou omissão desses terceiros, tendo resultado, ou não, no descumprimento do contrato de concessão.

Os contratos impuseram que as concessionárias deverão ressarcir o concedente de quaisquer desembolsos decorrentes de imposições judiciais resultantes da satisfação de obrigação imputada originalmente às concessionárias, inclusive de natureza trabalhista.

O tema da responsabilidade diverge, em alguma medida, em vista da natureza do objeto contratado, se atividade inerente à concessão ou cessão de espaços ou outra atividade geradora de receita acessória.

Nos contratos de prestação de serviços ou execução de atividades inerentes à concessão, o terceiro contratado atua como se concessionária fosse, seja perante o concedente, os usuários ou terceiros. A responsabilidade da concessionária é integral perante o concedente, não podendo ser alegada a culpa de terceiro para afastar o seu dever de indenizar. Da mesma forma, perante o usuário do serviço a responsabilidade da concessionária é integral e objetiva, sendo vedada, da mesma forma, a alegação de o terceiro ser o responsável.

Este regime não impede que os contratos com terceiros contenham cláusula de ressarcimento de todos os custos incorridos pela concessionária na assunção dessa responsabilidade. Essa previsão revela maior importância em vista da vedação ao requerimento de eventual reequilíbrio econômico-financeiro perante o concedente, seja na hipótese de ocorrência desses riscos ou de consequente dever de ressarcimento imposto à concessionária.

A discussão é aparentemente mais complexa na exploração de atividades econômicas voltadas à obtenção de receitas acessórias, ou seja, nos *contratos de fins econômicos*, com especial destaque aos contratos de cessão de espaço do complexo aeroportuário.

As atividades praticadas nesses espaços e estabelecimentos são comerciais e escapam ao serviço público objeto da concessão. Porém, em face do concedente a distinção de atividades pouco ou nada influem para a responsabilização da concessionária. No caso de descumprimento contratual ou dano causado ao concedente, inclusive pela responsabilização de terceiro, a concessionária figurará como responsável.

Noutra mão, como mencionado acima, há o afastamento da responsabilidade objetiva da concessionária por eventual dano causado pelos terceiros quando da exploração da atividade econômica. Cumulado com a posição adotada no tópico antecedente, entende-se que a responsabilidade é subsidiária e subjetiva, vez que a natureza da relação comercial travada entre as partes (explorador do espaço e frequentador do aeroporto), que resultou no dano e no dever de responsabilização não é distinta de outras relações de consumo somente em função do local de ocorrência. Entretanto, a responsabilidade se estenderá à concessionária em vista do seu dever de fiscalizar e vigiar toda e qualquer conduta de agentes atuantes no complexo aeroportuário, mantendo seu dever de responder subsidiariamente.

Não obstante, os *contratos de fins econômicos* admitem cláusula de regresso, de sorte que, em qualquer hipótese de dano causado por ação

CAPÍTULO VI – CONCESSÃO DE SERVIÇO PÚBLICO PARA...

ou omissão da contratada, as concessionárias poderão exigir o ressarcimento nas bases contratualmente fixadas.

Como tema derradeiro, joga-se luz sobre as relações contratuais quando do término da concessão.

A extinção regular do contrato, com o término de seu prazo, afastará eventuais relações firmadas para a execução do objeto da concessão. Ressalvados certos *contratos de fins econômicos* que poderão assumir prazo superior, propriamente para exploração de espaços do complexo aeroportuário, todos os demais contratos, inclusive de prestação de serviço à concessionária, deverão ser extintos juntamente com a concessão, sem a previsão de qualquer espécie de indenização pelo concedente.

A regra exposta poderá ser alterada quando próximo do encerramento das concessões atuais, especialmente para os *contratos de serviço*, cujo objeto é determinante a sua prestação. Em prestígio à continuidade do serviço, a depender da transição prevista ao futuro prestador, será necessária eventual extensão dessas relações, devendo haver previsão de que a concessionária, quando do término na concessão, transferirá sua posição jurídica.

São diversas as consequências perante situações de extinção antecipada, a depender da causa que a conduziu.

Na hipótese de encampação, de anulação do contrato sem culpa ou participação das concessionárias ou na rescisão judicial motivada por culpa do concedente, a indenização devida pelo concedente ao concessionário deverá abarcar os custos de desmobilização, incluindo os encargos e ônus decorrentes de multas, rescisões ou indenizações de fornecedores e outros terceiros credores da concessionária, inclusive o saldo devedor de financiamentos.

Nas hipóteses de extinção por culpa das concessionárias, seja por caducidade ou anulação cuja causa abarque atuação do particular, o concedente não assumirá qualquer espécie de responsabilidade em relação a ônus, encargos, obrigações ou compromissos assumidos pelas concessionárias.

Em vista dessas premissas, segue-se a análise pontual dos *contratos de serviços* e *contratos de fins econômicos*.

6.3.5.1 Contratos de serviços

Muitas e diversificadas são as obrigações de um concessionário, exigindo o estabelecimento de frentes distintas com funções que exigem conhecimento e práticas específicas. A reunião de diferentes atividades não é tema exclusivo da concessão sob análise, porém, em vista da vastidão de atos que compõem a obrigação de prestação adequada dos serviços aeroportuários, é exemplo relevante.

Em vista dessa realidade, o artigo 25, § 2º da Lei n. 8.987/95 autoriza que as concessionárias realizem a contratação de atividades inerentes à concessão. Essa previsão, dada a eventual multiplicidade de frentes exigidas das concessionárias, fixa pressuposto pertinente ao cumprimento integral do objeto contratual.

A disposição legal torna desnecessária a previsão de permissão semelhante nos contratos de concessão, mas também gera dúvida acerca do eventual limite à subcontratação: (i) todo e qualquer aspecto do objeto concedido poderá ser executado por terceiros?; (ii) havendo autorização para subcontratar, a concessionária poderia fazer sobre a integralidade do objeto da concessão? São negativas as respostas para ambas as indagações.

No momento em que é realizado um procedimento licitatório no qual é exigido do futuro concessionário determinada *expertise* técnica sobre a prestação de um serviço, muitas das vezes com a exigência de apresentação de um responsável técnico pela execução do contrato, define-se que, no mínimo, esse serviço seja realizado diretamente pela concessionária.

Caso a licitação contenha exigência de natureza técnica que restrinja a participação de interessados, é relevante que o contrato de concessão exponha vedação pontual de subcontratação. Por outro lado, a vedação integral de subcontratação, por resultar em restrição de

CAPÍTULO VI – CONCESSÃO DE SERVIÇO PÚBLICO PARA...

interessados ou dificuldade equívoca para o atendimento do objeto da concessão, somente será válida se resultante de fundamentação sólida, exposta em procedimento administrativo específico que justifique a decisão contida na licitação.

A fim de afastar questionamentos, os contratos sob estudo previram a possibilidade de as concessionárias subcontratarem obras e serviços. Nos contratos de ASGA/GIG/CNF, essa autorização é limitada, sendo vedada a subcontratação da operação do aeroporto. Acredita-se que a lógica acerca da previsão de exigência técnica relevante acabou por conduzir a vedação a esta subcontratação.

Malgrado os contratos de GRU/BSB/VCP não preverem limitação à subcontratação, motivado, em certa medida, pela reduzida exigência de qualificação técnica e a presença do licitante como acionista da concessionária, não se pode afirmar inexistir qualquer limitação.

A subcontratação apresenta limites em vista do regime da concessão e a relevância da prestação do serviço público. A concessionária tem liberdade para melhor gestão da concessão, contudo resta sob sua ação direta, ao menos, parcela das atividades que compõem o núcleo central do serviço público objeto de outorga. Em vista do exposto, os atos e práticas inerentes à aptidão de um aeroporto para a realização do transporte aéreo não poderão, mesmo no caso de GRU/BSB/VCP, ser transferidos, em integralidade, à execução por terceiros.

A exposição formulada apresenta, ao menos, uma exceção contida nos contratos. Sendo autorizada a transferência do controle da concessionária aos seus financiadores, é certo que a manutenção e continuidade da prestação exigirá a subcontratação de sujeito apto a fazê-lo. Esta interpretação, em vista do dever de continuidade da prestação dos serviços, aplica-se mesmo aos contratos de ASGA/GIG/CNF/POA/SSA/FLN/FOR que apresentam vedação específica à essa contratação.

Em vista dos terceiros subcontratados, constata-se previsão autorizando que as concessionárias contratem partes relacionadas ao Acionista Privado para a execução de atividade inerente à concessão. Neste caso, motivada pela participação da Infraero no capital das concessionárias de

GRU/BSB/VCP/GIG/CNF, foi exigida a publicidade dessas contratações e a atenção às condições praticadas no mercado.

A despeito da regra abstrata, os contratos de GRU/BSB/VCP não previram qualquer procedimento para o cumprimento da obrigação de atendimento das condições de mercado, ficando a cargo dos agentes da Infraero precederem com a apuração exigida. Estas avenças apenas dispuseram que se apurada dissonância dos preços, a Infraero poderia vetar, justificadamente, a contratação, conforme previsto nos acordos de acionistas firmados entre os Acionistas Privados e a Infraero para GRU/BSB/VCP: "(...) celebração de qualquer contrato, acordo, arranjo ou compromisso com qualquer Parte Relacionada dos Acionistas do Acionista Privado, ou alteração ou aditamento de qualquer deles, salvo se em termos e condições de mercado".

Em vista da pouca eficiência resultante da falta de regras desses contratos, tal como exposto quando da avaliação do Acórdão TCU n. 548/2014 – Plenário,[474] as avenças seguintes, de GIG/CNF, passaram a exigir a prévia cotação de pessoas jurídicas idôneas e, se fosse o caso, a consulta aos cadastros oficiais de preços em entidades públicas ou privadas. Ainda neste sentido, a minuta de acordo de acionistas para GIG/CNF foi revista. O poder da Infraero foi além da mera possibilidade de veto. Foi exigido que a celebração, alteração ou aditamento desses contratos dependeriam, no mínimo, da realização das seguintes medidas:

> 1. a celebração por escrito, com especificação no respectivo instrumento, as suas principais características, especialmente a forma de contratação;

---

[474] Afirmou o Ministro Aroldo Cedraz, no Acórdão n. 284/2014 – TCU – Plenário, de auditoria operacional para avaliação do estágio atual dos contratos de concessão dos aeroportos de Brasília, Guarulhos e Viracopos: "45. O mais grave, no entanto, entendo que seja a constatação de que a Infraero possui limitações para verificar se os contratos assinados pelas concessionárias com partes relacionadas, que representam a grande maioria dos valores contratados, atendem a termos e condições de mercado. É de ser lembrado que, para a realização desses contratos, é necessário consentimento prévio e por escrito da Infraero, que pode vetar qualquer contrato com parte relacionada realizado em condições diversas às de mercado".

CAPÍTULO VI – CONCESSÃO DE SERVIÇO PÚBLICO PARA...

> 2. os preços, prazos, garantias de prazo de execução e de qualidade, impostos e taxas, as condições de subcontratação, direitos e responsabilidades;
>
> 3. as condições de mercado, acompanhada de solicitação de proposta de, pelo menos, três empresas com similar capacidade técnica ou, quando não haja parâmetro de mercado, de negociações assemelhadas anteriores;
>
> 4. observar as políticas definidas no plano estratégico da Concessionária e ser equivalente em relação à outra opção de contratação de mesma natureza, em termos de regime de contratação, alocação de riscos entre contratante e contratado, tempo, custo e qualidade.

Sem embargo da existência de previsão nas avenças, é imperativa a demonstração ao concedente de que os valores praticados são condizentes com a contratação, não configurando mecanismo destinado a dragar o resultado das concessionárias. Nesse sentido, os contratos de GRU/BSB/VCP estabeleceram que a ANAC poderia vetar quaisquer ajustes que não estivessem em condições de mercado. Independentemente de essa regra não figurar nos contratos de GIG/CNF, por ser dever da concessionária contratar em condições de mercado e, se demonstrado o não atendimento, sua conduta passa ser ilegítima, restando ao Acionista Privado encerrar a relação e/ou, se apurada a diferença praticada, ressarcir a concessionária para atendimento do identificado como adequado ao mercado.

Ainda que a regra relatada não constasse dos contratos, é certo que relações jurídicas estranhas às praticadas pelos particulares em condições similares, se potencialmente aptas a gerar prejuízo à concessão e comprometer indevidamente a situação econômica da concessionária, deflagrarão o dever da ação do concedente, interpelando as concessionárias para que demonstrem a correção do ato ou encerrem as situações que possam prejudicar a prestação dos serviços.

Quanto ao tema da publicidade dos contratos com partes relacionadas, tirante a imposição de sua ocorrência em GRU/BSB/VCP, a falta de precisão do modo de agir das concessionárias teve resultando semelhante ao controle dos valores praticados, ou seja, foi pouco eficiente. O mero registro dos contratos e a publicidade de alguns aspectos não se revelou suficiente ao TCU, nos termos do Acórdão n. 548/2014 – Plenário, pois seu conteúdo não foi aberto a quaisquer interessados. A mencionada decisão recomendou que a ANAC incrementasse os mecanismos de publicidade dos contratos com partes relacionadas do Acionista Privado.[475]

A reação da ANAC foi semelhante, com a revisão dos contratos de GIG/CNF/POA/SSA/FLN/FOR, inclusive para o cumprimento do disposto no artigo 247 da Lei n. 6.404/76, mediante "divulgação realizada por notas explicativas às demonstrações financeiras, respeitada a condição de fornecer detalhes suficientes para a identificação das Partes Relacionadas e de quaisquer condições essenciais inerentes às transações mencionadas", sendo capítulo específico no relatório de administração com relato sumário das contratações do exercício.

Em suma, apesar de a Infraero não mais figurar como acionista da futura concessionária, foram mantidas regras rígidas de exposição dos contratos com partes relacionadas para POA/SSA/FLN/FOR.

Para conclusão deste tópico, dois aspectos merecem destaque.

A situação da invalidade da cessão integral do objeto seria ainda agravada se realizada a único sujeito, independentemente do

---

[475] Afirmou o Ministro Aroldo Cedraz, no Acórdão n. 284/2014 – TCU – Plenário, de auditoria operacional para avaliação do estágio atual dos contratos de concessão dos aeroportos de Brasília, Guarulhos e Viracopos: "9.3 com fundamento no art. 250, inciso III, do Regimento Interno do TCU, recomendar à Agência Nacional de Aviação Civil (Anac) que: 9.3.1 avalie formas de aprimorar a publicidade dos contratos com partes relacionadas, prevista na Cláusula 3.1.33 dos contratos de concessão dos aeroportos de Guarulhos, Campinas e Brasília, considerando a possibilidade e conveniência de determinar a publicação da íntegra dos contratos no site das concessionárias ou, ao menos, que seja informado, nos respectivos sites e no da Agência, que esses contratos podem ser solicitados à Anac pelos interessados com base na Lei n. 12.527/2011 (Lei de Acesso à Informação) (parágrafo 172 e 259); 9.3.2 implemente mecanismos destinados a assegurar a publicidade e transparência das informações de interesse público relativas à execução dos contratos de concessão de infraestrutura aeroportuária, especialmente por meio de sua divulgação em página oficial na internet (parágrafo 175); (...)".

procedimento de escolha. A permissão à contratação de atividades inerentes e a previsão contratual devem ser interpretadas de modo sistemático, aderentes a outras regras e vedações. A contratação de terceiro para execução da totalidade do objeto concedido, especialmente do núcleo que compõe o serviço público outorgado, representa a transferência indireta da concessão ou mesmo de subconcessão disfarçada. A ocorrência de subconcessão deverá, se autorizada, seguir o rito normativo, não podendo ser realizada ao largo das normas.

Por fim, reitera-se a regra de responsabilidade dos terceiros contratados. Em se tratando de atividades inerentes ao objeto cuja execução foi outorgada às concessionárias, a decisão de contratar terceiros ao invés de executar diretamente não poderá gerar benefícios ou privilégios distintos perante o concedente ou os usuários, elidindo sua obrigação original. A realização direta ou por terceiros de obrigação exclusiva do concessionário não alterará sua posição jurídica, seja perante os usuários ou o concedente. Suas responsabilidades são mantidas inalteradas, bem como a obrigação de cumprimento da integralidade das disposições do contrato de concessão e normas incidentes. Qualquer descumprimento do terceiro será falta da concessionária, não sendo oponível sua relação contra o concedente ou o usuário.

Sendo esse o regime dos contratos de prestação de serviços que poderão ser firmados pelas concessionárias, segue-se com a exposição dos *contratos de fins econômicos*.

6.3.5.2 *Contratos de fins econômicos*

Os complexos aeroportuários cedidos compreendem, além do serviço público destinado à realização do transporte aéreo, espaços e atividades voltadas à comodidade daqueles que o utilizam, aliando atividades comerciais distintas. Sua realização representa um volume de recursos financeiros determinante ao equilíbrio entre a remuneração pretendida, os investimentos e custos relacionados às obrigações exigidas nas concessões.

A importância assumida por essas comodidades é tamanha perante a percepção de conforto dos serviços, proporcionando confusão entre a adequação da prestação do serviço público e a oferta dessas conveniências. Observada essa característica, os contratos de concessão previram regras e procedimentos próprios à concretização dessas relações.

Como primeiro aspecto relevante, constata-se que os contratos de GRU/BSB/VCP/GIG/CNF/POA/SSA/FLN/FOR, cuja operação era ativa quando de sua transferência, previram a manutenção das relações constituídas pela Infraero para exploração das atividades econômicas existentes. Determinou-se que as concessionárias se sub-rogariam nos direitos e deveres dos contratos comerciais vigentes que envolvessem a utilização de espaços no complexo aeroportuário. Isso significaria assumir as avenças com suas regras, receitas e obrigações.

Adotando esses contratos, inclusive com todas as disposições típicas aos contratos administrativos e estranhas aos privados, as regras de extinção antecipada ganharam importância, pois, caso assim desejasse a concessionária, sua ocorrência exigiria o eventual pagamento de indenização aos contratados nos parâmetros originalmente fixados.

A razão de inclusão dessa regra deriva de perspectivas distintas. Considerando que muitos desses contratos exigiam ou previam a realização de vultosos investimentos pelo particular para a viabilização do objeto contratual ou o prévio pagamento de outorga para ingresso no espaço, os prazos e regras de extinção considerariam esse dispêndio e o período para sua remuneração. Protegeu-se a estabilidade da relação, ou seja, prestigiou-se a segurança jurídica.

Noutra mão, a imposição do contrato a despeito do contratante resultaria da estabilidade potencial das receitas acessórias para as novas concessionárias, evitando possíveis fugas ou encerramentos antecipados que frustrariam eventuais expectativas aos estudos e planos de negócios dos licitantes.

Adicionalmente à sub-rogação dos contratos firmados e vigentes, os contratos de concessão regulamentaram a conduta das concessionárias para a execução de receitas acessórias, alternativas, ou projetos associados.

CAPÍTULO VI – CONCESSÃO DE SERVIÇO PÚBLICO PARA...

Sob a influência da realidade antecedente e visando atender às expectativas dos usuários, o PEA previamente autorizou a realização de diversas atividades econômicas voltadas à obtenção de receitas não-tarifárias. A título de exemplo, segue redação do contrato de CNF, cujo texto é semelhante aos demais:

> 5.1.1 Manuseio de solo (aeronaves, passageiros, carga e bagagem), catering, comissaria, limpeza, manutenção de aeronaves e abastecimento de aeronaves, veículos operacionais e equipamentos de rampa;
>
> 5.1.2 Varejo e alimentação: duty free, bancos, correios, lotéricas, restaurantes e bares, máquinas automáticas de vendas, entre outras lojas comerciais (souvenir, vestuário, livraria, joalheria etc.);
>
> 5.1.3 Áreas para escritórios, áreas para armazenagem de cargas, zona de processamento de exportação, hotéis e centros de convenção;
>
> 5.1.4 Outros serviços ao passageiro: locação de automóveis, estacionamento, cinema, salas de reunião e hotel de trânsito;
>
> 5.1.5 Outros: carregadores, transporte aeroporto-hotel, city tour, serviços de consultoria em aeroportos, telefonia, acesso à Internet, publicidade e propaganda, locação de áreas para escritórios.

Apesar da variedade de ações, seria equivocada a vedação abstrata de outras, sendo autorizada a exploração de empreendimentos diversos desde que previamente autorizados pelo concedente.

A formalização da relação entre a concessionária e terceiros se dará por contratos sob o regime de direito privado, cuja remuneração é livremente pactuada entre as partes. Isso significa que regras exorbitantes próprias aos contratos de administração não poderiam integrar os termos contratuais, vez que, se levadas à disputa judicial ou arbitral, poderiam ser consideradas abusivas em razão da posição do contratante.

A despeito da relação privada e o afastamento do concedente da relação, ao menos sob a perspectiva da responsabilização, determinadas regras devem constar dos termos, com destaque ao compromisso de pleno atendimento da qualidade e segurança exigidas para a concessão.

Pretendeu-se impedir que a execução de atividade econômica pudesse atentar contra o serviço público, porém, se o fizesse, seria passível de penalização pela concessionária, *v.g.*, execução de garantia de *performance*, se exigida.

Dentre essas regras de execução contratual, foi expressamente vedada a exploração econômica, inclusive a veiculação de publicidade, que infringisse a legislação, atentasse contra a moral e bons costumes, ou contivesse cunho político ou religioso. A amplitude da previsão contratual agregou aspectos subjetivos para a avaliação da concessionária ou das autoridades, permitindo abusos e arbitrariedades que poderão ser afastadas, em último caso, pelo Judiciário ou, se for o caso, por meio do mecanismo de solução de conflitos previsto contratualmente.

Como regra geral, as receitas acessórias, alternativas e projetos associados devem existir enquanto vigente a concessão. Essa regra foi aplicada aos contratos de ASGA/GRU/BSB/VCP, sendo definido que o prazo de contratação não poderia superar o prazo do contrato de concessão.

Todavia, em virtude de situações práticas enfrentadas pelas concessionárias, identificou-se que essa previsão é inadequada, uma vez que muitos empreendimentos rentáveis à concessão e positivos aos frequentadores dos aeroportos (*v.g.*, hotéis, centros de convenções etc.) exigem um tempo superior ao prazo de concessão para o alcance da remuneração definida pelo mercado como contrapartida suficiente aos investimentos exigidos para a sua viabilização. A restrição do prazo poderá impedir que as concessionárias promovam tais empreendimentos, vez afastar o interesse econômico de sua realização.

Impulsionados por essa constatação, os contratos de GIG/CNF contêm regramento diverso. Poderão ser firmadas avenças com prazo superior ao tempo original de concessão desde que respeitadas as seguintes premissas: (i) o prazo remanescente da concessão não seria suficiente para garantir a viabilidade econômica do empreendimento; (ii) haveria a prévia anuência da Infraero e autorização do MTAP (então SAC, ouvido o concedente, após a efetiva análise de conveniência e

CAPÍTULO VI – CONCESSÃO DE SERVIÇO PÚBLICO PARA...

oportunidade de sua realização; e (iii) não haveria antecipação, direta ou indireta, de valores de remuneração da concessionária em vista do tempo de contrato, com a previsão de remuneração periódica em parcelas iguais durante toda a vigência da relação.

Apesar do acerto da regra contratual, a previsão de critérios como *oportunidade* e *conveniência* pautando a análise da SAC não parecem condizentes com as razões para a qual foi autorizado o tempo adicional de contrato, qual seja, a busca pela viabilidade econômica do empreendimento em favor da concessão e da comodidade dos usuários do aeroporto.

Considerando a existência de métodos econômicos objetivos para a demonstração dessa viabilidade e a prévia autorização para a realização de certas atividades econômicas em favor das receitas não-tarifárias, e, ainda, considerando que essas receitas são pertinentes à adequação dos serviços e modicidade tarifária, uma decisão contrária que prejudique à concessão não seria válida, pois contrariaria o interesse público. Sob o entendimento de que a avaliação discricionária não é ilimitada, mas pautada pela norma jurídica, essa disposição contratual deve ser compreendida sob os limites da avaliação, se aderente ao interesse dos usuários do complexo aeroportuário.

Ainda neste tema, adicionalmente aos critérios questionados, os contratos de GIG/CNF estabeleceram que eventual negativa da análise de conveniência e oportunidade não ensejaria direito ao reequilíbrio econômico-financeiro da concessão. Essa previsão também deve ser interpretada com cautela. Caso a decisão venha a ser questionada, entende-se que a disposição contratual não incidirá, sendo devido o ressarcimento, no limite, do dano comprovado. No mais, caso a previsão acerca dos critérios aplicados pelo MTAP (então SAC) venha a ser questionado, declarado nula e retirado do contrato, essa disposição decorrente também deverá ser excluída.

Além das disposições obrigatórias dos contratos de exploração econômica de áreas do aeroporto, os contratos de concessão dispuseram sobre as prerrogativas para o concedente ter acesso, fiscalizar e, em casos específicos, exigir informações dos contratantes. Essas previsões revelam a submissão desses sujeitos a um regime jurídico híbrido, com a presença de normas de direito público, distinguindo essa avença de outras firmadas estritamente entre agentes privados.

Muitas das prerrogativas e medidas de controle atribuídas ao concedente visam garantir a máxima eficácia ao compartilhamento de parcela das receitas das concessionárias de GRU/BSB/VCP/GIG/CNF/POA/SSA/FLN/FOR com o concedente. Nesse sentido, para afastar medidas e atos que indevidamente impactem no compartilhamento de contribuição variável, é garantido ao concedente o acesso aos contratos, além de, mediante solicitação específica, a concessionária ou o concedente poderem consultar as demonstrações contábeis das contratadas, formatadas em apartado da contabilidade geral da sociedade exclusivamente para a atividade econômica explorada.

Não há previsão de proteção ou preservação de sigilo comercial em relação à ANAC, todavia é certo que as prerrogativas da concessão não autorizam a utilização indevida das informações obtidas, destinando ou relevando arbitrariamente tais dados.

Para concluir os influxos do regime peculiar dos contratos em virtude da natureza da relação e da incidência de normas de direito público, ressalvado o contrato de ASGA, os demais constam obrigação de as concessionárias incluírem previsão peculiar em vista das hipóteses de extinção da concessão.

Os contratos de GRU/BSB/VCP exigiram a inclusão de cláusula informando que, no caso de extinção antecipada da concessão, inclusive por caducidade e encampação, ficará permitido ao concedente ou ao novo operador, independente de indenização, denunciar os contratos celebrados envolvendo a utilização de espaços vinculados à concessão. Por sua vez, os contratos de GIG/CNF/POA/SSA/FLN/FOR previram que essa espécie de *contratos de fins econômicos* poderiam ser mantidos mesmo com a extinção da concessão na hipótese de o concedente ter expressamente aprovado a retirada da cláusula aludida.

A previsão exigida nos contratos de GRU/BSB/VCP resultará na assunção do risco de extinção antecipada imposto a essas contratantes

CAPÍTULO VI – CONCESSÃO DE SERVIÇO PÚBLICO PARA...

das concessionárias. Para afastar ou mitigar esse risco em prestígio aos investimentos, as concessionárias deverão assumir o ônus de eventuais indenizações, dispendendo recursos para contratação de seguros equivalentes; com a redução dos pagamentos que receberia; ou garantindo com capital próprio ou, no caso de efetivada a extinção, com parte daquilo que receber do concedente, a indenização futura.

A despeito de este tópico tratar da relação firmada entre as concessionárias e terceiros contratados, especificamente, neste caso, daqueles que explorarão atividades econômicas no sítio aeroportuário, deve-se mencionar que as concessionárias estão autorizadas a realizar diretamente essas atividades, posicionando-se como concorrentes dos demais prestadores.

É distinto o regime de atuação direta das concessionárias na exploração econômica dos contratos de concessão. No caso de ASGA/GRU/BSB/VCP, sem embargo da natureza da atividade econômica, as concessionárias somente poderão atuar mediante a constituição de subsidiária integral, ou seja, nova sociedade apartada composta com identidade societária, com contabilidade própria e separada para cada atividade. Essas subsidiárias não poderão integrar outras sociedades e serão constituídas com o fim específico de explorar a atividade econômica pretendida.

Os contratos de GIG/CNF/POA/SSA/FLN/FOR possuem redação diversa; neles a exigência de constituição de subsidiária incidirá somente quando da exploração de serviços auxiliares ao transporte aéreo. Entende-se que essa mudança resultou da experiência dos contratos anteriores, uma vez que a constituição de sociedades para cada atividade econômica passou a gerar custos desnecessários que impactaram na remuneração e consequente repasse da contribuição variável.

Seja pela concessionária ou por meio de subsidiária, a decisão de atuar diretamente criará nova posição jurídica para com os demais exploradores, seja de atividade econômica regular ou serviço auxiliar ao transporte aéreo.

Quanto às atividades ordinárias, a fiscalização do concedente deverá perseguir eventual abuso de poder econômico das concessionárias, pretendendo afastar arbitrariamente os concorrentes para a concentração de mercado. Sem a concorrência, as concessionárias poderão praticar preços descolados do mercado, prejudicando o consumidor. Além da fiscalização, aqueles que se sentirem prejudicados poderão recorrer aos órgãos de proteção da concorrência, além do próprio concedente.

Sobre os serviços auxiliares ao transporte aéreo, como mencionado acima, a regra contratual é mais rígida, sendo assegurado o livre acesso de terceiros e a possibilidade de o concedente intervir diretamente em face de práticas abusivas ou discriminatórias. A atuação exclusiva das concessionárias dependerá, sempre, de prévia anuência do concedente.

Apesar da permissão de execução da atividade diretamente ou por subsidiárias das concessionárias, todos os contratos foram expressos ao vedar a possibilidade de as partes relacionadas dos Acionistas Privados atuarem na exploração de atividades econômicas. Essa prática visa afastar eventuais mecanismos de fuga de rentabilidade do empreendimento, falseando a parcela de contribuição variável a ser compartilhada.[476]

Em síntese, estas são as disposições regentes das relações entre as concessionárias e terceiros contratados, sendo certo que o aperfeiçoamento poderá ocorrer mediante regulamentação do concedente. Se esses regulamentos criarem obrigações adicionais ou comprovadamente prejudicarem as relações comerciais, poderá ser exigida a revisão contratual para fins de seu reequilíbrio econômico-financeiro.

---

[476] CHAMBARELLI, Rafael Lopes. "A concessão da infraestrutura aeroportuária: construção de um modelo brasileiro". In: RIBEIRO, Leonardo Coelho; FEIGELSON, Bruno; FREITAS, Rafael Véras de (coords.). *A nova regulação da infraestrutura e da mineração*: portos; aeroportos; ferrovias e rodovias. Belo Horizonte: Fórum, 2015, p. 343.

Capítulo VII
SÍNTESE E CONCLUSÃO

Primeiramente, procurar-se-á, de modo bastante sintético, traçar um resumo das observações colhidas ao longo do exame deste trabalho para, em seguida, lançar algumas proposições finais e específicas.

7.1 Síntese

Os primeiros dois capítulos do trabalho foram dedicados à compreensão do setor, sendo imposta reflexão que permitisse identificar o objeto sobre o qual o estudo se referia.

A primeira dificuldade enfrentada foi a construção de uma noção útil para a expressão infraestrutura aeroportuária presente no texto constitucional. Sua identificação exigiu o prévio entendimento do vocábulo infraestrutura, vez inexistir consenso nas diversas áreas do conhecimento. Para fins deste trabalho, compreendeu-se infraestrutura como expressão representativa dos bens de capital em rede, físicos ou tecnológicos, materiais ou imateriais, contínuos ou não, essenciais ao desenvolvimento de certas atividades econômicas e sociais.

Na compreensão da noção jurídica dessa expressão, constatou-se que o texto constitucional a utiliza quando da atribuição de competências públicas, submetendo seu conteúdo, nessas circunstâncias, às finalidades impostas pelo regime jurídico-administrativo. Por consequência, foi alcançada a noção de infraestrutura pública, qual seja: os bens de capital em rede, físicos ou tecnológicos, materiais ou imateriais, contínuos ou não, essenciais ao desenvolvimento de políticas públicas e demais funções atribuídas ao Estado pela Constituição Federal ou pela lei, seja para sua execução direta ou por quem lhe faça as vezes.

Identificada que a infraestrutura aeroportuária é espécie de infraestrutura pública, a tese se voltou à construção de uma noção a partir da averiguação de sua finalidade, os impulsos de seu desenvolvimento, bem como de seus elementos técnicos essenciais.

Sob a premissa aludida, deu-se início à verificação das normas jurídicas incidentes, possibilitando afirmar que a infraestrutura aeroportuária representaria todo o aparato em rede pertinente à chegada, partida e movimentação de aeronave, incluindo os bens suficientes ao desenvolvimento das atividades essenciais às companhias aéreas e aos usuários do transporte aéreo.

Dada a diversidade de estruturas ou bens eventualmente destinados a fins similares, revelou-se oportuno compreender o conteúdo de aeroporto para o regime jurídico nacional.

Concluiu-se serem as instalações essenciais à promoção dos serviços aéreos especializados públicos e serviços de transporte aéreo público de passageiro, carga ou mala postal, regular ou não regular, doméstico ou internacional.

Por consequência, adotaram-se como sinônimas as expressões aeroporto e aeródromo público. Isso porque outros bens ou elementos que eventualmente diferenciariam tais estruturas, então denominados de facilidades pelo CBA, não seriam determinantes ao transporte aéreo, razão pela qual a distinção não possuiria qualquer função operacional.

Seguiu-se o levantamento e exposição cronológica da legislação incidente sobre a infraestrutura aeroportuária para uma visão ampla, histórica e atual do setor. A legislação sempre reputou a existência do

CAPÍTULO VII – SÍNTESE E CONCLUSÃO

aeroporto à existência do transporte aéreo, de modo que o desenvolvimento tecnológico e econômico da aviação conduziu, mesmo que a reboque, a evolução normativa.

No capítulo seguinte, concluiu-se que a exploração da infraestrutura aeroportuária é serviço público. A constatação resultou da percepção de aspectos fundamentais característicos da atividade. Por primeiro, a previsão constitucional atribuindo à União Federal a titularidade impositiva de sua realização, centralizada ou descentralizadamente, atraindo o regime de direito público; e o caráter prestacional de interesse público da atividade, vez a mera existência, gestão e disponibilidade de bens potencialmente aptos a receber o transporte aéreo não satisfaz o atendimento de atos impostos pelas normas jurídicas à operacionalização dos serviços aéreos.

A prestação do serviço público pode se dar pela União, inclusive por meio de entidade da Administração Indireta Federal; mediante os institutos da concessão e permissão; além da gestão associada, com a transferência, por convênio, de certas categorias de aeroportos aos Estados e Municípios.

Expostas as regras abstratas de exploração, seguiu-se à avaliação dos sujeitos, das normas e relações presentes na exploração dos aeroportos brasileiros.

Iniciou-se com a exploração realizada pela Infraero, cuja lei de criação, de 1972, foi recepcionada pela Constituição Federal de 1988, mantidos os atos constitutivos e sua função como prestadora de serviço público por delegação. Sua criação materializou o fenômeno da descentralização administrativa e, durante cerca de 40 anos, sob a tutela da União, foi a opção organizacional que abrangeu os principais aeroportos do Brasil.

A Infraero possui natureza jurídica de direito privado, contudo, por ser prestadora de serviço público, atrai o regime jurídico-administrativo. Os atos praticados pela Infraero estão submetidos aos diversos controles, internos e externos, inclusive com a submissão de suas contas e atos ao Tribunal de Contas da União. Seus bens e receitas são destinados ao exercício de função administrativa e, enquanto tal, são inalienáveis, impenhoráveis e imprescritíveis.

Seguindo à análise das relações jurídicas travadas pela Infraero, diversas são as conclusões alcançadas. Seja para avaliação da Infraero ou das concessionárias de serviço público, foram eleitas as relações firmadas com os órgãos e entidades da Administração Pública; os usuários do serviço público, ou seja, as companhias aéreas e os usuários do transporte aéreo; e as relações contratuais firmadas para a realização do serviço público (contratos de serviços) ou para obtenção de receitas (contratos com fins econômicos).

As relações com órgãos e entidades públicas decorrem da existência de competências relacionadas à infraestrutura aeroportuária ou ao transporte aéreo. Essas relações dependem de procedimento administrativo próprio, sendo exigida cessão de espaços pertinentes à sua realização a despeito da cobrança de valores voltados à sua remuneração, ressalvado montante suficiente ao ressarcimento dos variados custos incorridos.

A identificação dos usuários do serviço público resulta da verificação de quem fruirá do serviço público, cujas atividades materiais se destinam à viabilização do transporte aéreo. Conclui-se que os usuários da exploração da infraestrutura aeroportuária são os operadores de aeronaves, notadamente de serviço público regular de passageiros e cargas; e os usuários finais do transporte aéreo. Representam categorias distintas de sujeitos, dotados de necessidades e características peculiares que condicionam a relação com o operador aeroportuário.

Em complementação ao descrito, aspecto interessante deriva da presença de figuras distintas dos usuários nos complexos aeroportuários, formando uma categoria de frequentadores do sítio que objetivam exclusivamente usufruir do comércio e demais comodidades econômicas. Não sendo passível a diferenciação abstrata das figuras enquanto no aeroporto e considerando que a segurança de todos os frequentadores é objeto do serviço público, o sujeito assumirá posição jurídica peculiar enquanto utilizar o complexo aeroportuário, assemelhando-se ao usuário em geral.

CAPÍTULO VII – SÍNTESE E CONCLUSÃO

A Infraero, a despeito de quem seja o usuário, tem o dever de atendimento dos princípios do serviço público. Vai-se além, a Infraero tem o dever de executar o serviço público como se prestado pela União, ou seja, o atendimento da integralidade das normas, quaisquer que sejam e sem restrições ou eventuais pleitos visando à revisão das condições econômicas em favor da sociedade. Trata-se de aspecto diverso se comparado com o regime das concessionárias, cuja atuação, em larga medida, é delimitada pelas regras contratuais.

Considerando que, além dos usuários, as atuais estruturas atraem outros frequentadores interessados exclusivamente nas comodidades ofertadas no sítio aeroportuário, importante atentar-se ao tema da responsabilidade do prestador.

A responsabilidade da Infraero será objetiva quando ocorrido eventual dano ao usuário no uso de serviços inerentes à exploração da infraestrutura aeroportuária e essenciais ao transporte aéreo. Por sua vez, caso o dano decorra da utilização exclusiva de comodidades ofertadas no sítio, porém distintas da finalidade ou pertencentes ao serviço público, é afastada a responsabilidade objetiva da Infraero, permanecendo a responsabilidade subjetiva, pois decorrente da comprovação de eventual culpa na escolha ou fiscalização desse terceiro. De toda forma, neste caso, é passível de regresso da Infraero em face dos custos incorridos.

No caso das operadoras de aeronaves, o tema da responsabilidade é diverso. Este usuário requer a disponibilização de todos os bens e serviços necessários ao exercício de suas atividades, mantido apenas o regime de proteção dos usuários de serviço público, portanto de responsabilização objetiva.

A modicidade tarifária é outro tema peculiar na relação entre o operador aeroportuário e os prestadores de serviços regulares de transporte de passageiros e cargas. É mitigada a imposição de modicidade se considerada a capacidade de contribuição dessas empresas com o sistema, os vultosos dispêndios na prestação do serviço, bem como a liberdade de cobrança de seus serviços aos usuários do transporte. Contudo, a decisão sempre dependerá do constante balanço entre o atendimento das exigências da aviação civil e a busca pelo aumento ou manutenção do maior número de usuários.

Adicionalmente às atividades próprias ao operador da infraestrutura aeroportuária, a disponibilização de áreas e de serviços auxiliares é fator fundamental às companhias aéreas, revelando relação jurídica de natureza distinta entre esses sujeitos. A disponibilização dessas áreas será formalizada mediante contrato entre as partes, com a definição da remuneração devida e do prazo de cessão. A fixação do tempo de contrato dependerá do tipo de atividade e da eventual necessidade de amortização de investimentos realizados.

Essa relação, dada importância econômica às companhias aéreas, tem revelado conflitos perante a escassez de áreas. Havendo embate entre usuários, a disputa poderá ser resolvida entre as partes, afastando a ingerência do operador aeroportuário. Caso não seja alcançada resolução, o critério para alocação é formado em vista da relevância do operador aéreo para o aeroporto e para os usuários do transporte aéreo, guardado o compartilhamento mínimo de 10% (dez por cento) das áreas destinadas para despacho de aeronaves, passageiros e bagagens entre as companhias que atuem ou pretendam atuar no aeroporto.

Toda relação jurídica firmada pela Infraero deve ser precedida de procedimento licitatório, cujo detalhamento decorre de normas internas. Os contratos decorrentes são administrativos, ou seja, regidos, predominantemente, por regras de direito público. A realização do objeto contratado é amplamente fiscalizada pela Infraero e demais autoridades de controle. Em decorrência da natureza dos contratos, os vícios e defeitos devem ser apurados em procedimento administrativo próprio, respeitada a ampla defesa e o contraditório. Aplicada a punição, sua execução independe da intervenção de autoridade externa, pois os atos da Infraero são dotados de autoexecutoriedade.

Em prol dos serviços e de seus usuários, são verificados instrumentos de atuação direta das autoridades na gestão dos contratos de fins econômicos. Aspectos econômicos são conduzidos ou influenciados pela Infraero, tais como (i) o horário de funcionamento; (ii) horário de

CAPÍTULO VII – SÍNTESE E CONCLUSÃO

realização de atos operacionais; (iii) treinamento e conduta dos profissionais da empresa que atuarem junto ao público; e (iv) a veiculação de publicidade e uso de mídia. Em vista da importância desses contratos para o orçamento da Infraero, eventual influência indevida poderá prejudicar sua receita, além da responsabilidade na revisão das condições econômicas da relação.

A exploração por meio do instituto da concessão de serviço público exigiu a verificação dos atuais instrumentos de outorga firmados pela ANAC e relações jurídicas decorrentes.

O Decreto n. 7.624/2011 dispôs sobre as regras procedimentais e definições gerais aplicadas às autoridades incumbidas de outorgar a exploração da infraestrutura aeroportuária. Como ressalva, destacou-se a outorga de ASGA, cujo regime foi definido pelo Decreto n. 7.205/2010.

As outorgas de ASGA, GRU, BSB, VCP, GIG e CNF seguiram, com pequenas nuances, o rito de desestatização imposto pelo Programa Nacional de Desestatização, além das imposições da Lei n. 10.683/2003 e da Lei n. 11.182/2005.[477] Os ritos de outorga das concessões foram concluídos com as assinaturas dos instrumentos contratuais, dando início à fase de gestão, fiscalização e controle exercidos, destacadamente pela ANAC, SAC, Comando da Aeronáutica, Autoridades Aeroportuárias e pelo Tribunal de Contas da União.

O modelo de concessão de ASGA é distinto dos demais. As principais diferenças estão no estágio de operação, na formação da entidade concessionária e nas atribuições a ela conferida. A concessão de ASGA pretende a substituição do Aeroporto Augusto Severo, bem como o seu objeto contém a obrigação da concessionária de implantar, operar e manter os serviços de telecomunicações, auxílios à navegação aérea e demais instalações. Nas demais concessões, essa função foi mantida com o DECEA, exigindo relação contínua e relevante entre as partes.

Diferindo da formação da concessionária de ASGA, cuja sociedade empresária foi constituída exclusivamente por ações subscritas pelas

---

[477] Do mesmo modo seguirão as outorgas de POA/SSA/FLN/FOR.

empresas vencedoras da licitação, o modelo societário adotado aos aeroportos de GRU/BSB/VCP/CNF/GIG impôs a constituição de duas sociedades distintas: o Acionista Privado, somente com a participação das licitantes vencedoras; e outra, com a participação repartida com a Infraero. Trata-se de novidade do modelo jurídico adotado pela União, cujas reflexões geraram proposições expostas no tópico seguinte. Considerado eventual desacerto, para as outorgas de POA/SSA/FLN/FOR foi revista a presença da Infraero, não mais integrando a concessionária.

Os contratos de concessão impuseram, como pressuposto determinante à realização do transporte aéreo, a realização de vultosos investimentos e o incremento da prestação de serviços indispensáveis, tais como embarque, desembarque, pouso, permanência, armazenagem, capatazia, manutenção das instalações, bens, equipamentos, além da disponibilização aos usuários de toda a infraestrutura e apoio ao bom funcionamento do transporte aéreo.

Em contrapartida a essas atividades, as concessionárias se remuneram pela cobrança de variadas tarifas e outros valores provenientes da exploração de receitas alternativas, complementares, acessórias ou de projetos associados. Essas últimas receitas assumem importância determinante na viabilidade econômica dos contratos, além de representarem fonte de recursos importante para o FNAC, mediante compartilhamento dos resultados.

Conhecidas as fontes de remuneração, entende-se que o equilíbrio econômico-financeiro do contrato de concessão é definido perante o quadro de obrigações e riscos assumidos pelas partes. Sob essa constatação é possível afirmar que a ocorrência de qualquer risco não assumido expressamente pelo Poder Concedente impedirá a revisão das condições econômicas da relação, mesmo que impactados os custos ou receitas estimadas.

Como elemento de equilíbrio contínuo da avença, foi previsto o reajuste tarifário anual. As regras para os reajustes dos contratos analisados são peculiares, vez que, destarte pretender a recomposição financeira decorrente de eventuais perdas inflacionárias, foram adicionados mecanismos de função diversa, ora voltados à captura de parcela dos

CAPÍTULO VII – SÍNTESE E CONCLUSÃO

ganhos de eficiência e produtividade do particular para repartição com o Poder Concedente, por meio da aplicação do Fator X; ou à captura do desempenho do concessionário, em seu favor ou desfavor, por incidência do Fator Q.

As revisões ordinárias e extraordinárias dos contratos são os outros meios previstos para o restabelecimento e manutenção do equilíbrio econômico-financeiro das relações. A revisão ordinária, prevista para ocorrer a cada 5 (cinco) anos, visa efetivar ajustes pontuais em vista da experiência adquirida no período, promovendo a constante adequação dos serviços. A revisão extraordinária, por sua vez, é o instrumento previsto para a recomposição econômico-financeira dos contratos desde que ocorrida eventual situação ou circunstância que materialize risco não assumido pelas concessionárias.

A metodologia prevista no contrato para aferição de eventual desequilíbrio é a apuração do fluxo de caixa marginal. Por essa metodologia, em atendimento das regras contratadas e da Resolução ANAC n. 355/2015, é exigido das concessionárias a demonstração das razões de sua proposição, bem como do impacto financeiro.

Como forma para restabelecer o equilíbrio, os contratos previram meios específicos: (i) alteração das tarifas; (ii) alteração do prazo da concessão, com prorrogação limitada a 5 (cinco) anos; (iii) alteração das obrigações contratuais das concessionárias; e, apenas nos contratos de GIG/CNF, a revisão da contribuição fixa se aprovado pela SAC (ora MTAP). Ressalvado o contrato de ASGA, os demais estabeleceram a possibilidade de utilização de outras medidas, desde que definidas em comum acordo pelas partes e ratificada pela SAC (ora MTAP).

Observados aspectos peculiares ao sistema, seguiu-se a pesquisa com a verificação das regras e características das relações firmadas.

Dentre as relações com as entidades da Administração Pública, merece destaque o vínculo com a ANAC, ora Poder Concedente, ora autoridade reguladora, nos termos da Lei n. 11.182/2005.

A relação entre a ANAC e as concessionárias é diversa de qualquer outra relação com os demais entes públicos, notadamente pela função de concedente. Trata-se de relação de sujeição especial, autorizativa da imposição de condutas e interferência na atuação do particular de modo mais estreito e detalhado se comparado às relações convencionais. Como reflexo dessa situação jurídica, os contratos avaliados previram ampla obrigação de as concessionárias atenderem às imposições, inclusive regulamentares, provenientes da ANAC.

A despeito de a atuação da ANAC fundamentar-se numa ou noutra competência, sua conduta é limitada pelas normas jurídicas, com destaque às regras contratuais e o respeito ao equilíbrio econômico-financeiro da relação.

As demais relações com os órgãos ou entidades públicas resultam de imposição legal, regulamentar ou de regra contratual.

As atribuições legais impostas às diversas entidades da Administração Pública não são alteradas em vista da natureza do operador aeroportuário, razão pela qual aspectos gerais descritos em atenção à Infraero são extensíveis às concessionárias. Como ressalva, essas relações deverão ser regulamentadas por instrumento contratual, que demarcará as obrigações e direitos das partes. A despeito de eventual regra de dispensa, entende-se ser inexigível a licitação nestas hipóteses, haja vista a impossibilidade de competição.

Como tema próprio às concessionárias, conclui-se que eventuais decisões das entidades públicas poderão influir diretamente sobre o regime da concessão e resultar obrigação de a ANAC promover a revisão extraordinária dos contratos, desde que materializado risco não assumido pelas concessionárias.

Quanto aos usuários do serviço, a diferença marcante entre o regime da Infraero e das concessionárias está no detalhamento que os contratos de concessão conferem aos princípios do serviço público e demais normas pertinentes. Os instrumentos contratuais, diferentemente das regras abstratas impostas à Infraero, detalham a operação, as condutas e obrigações dos operadores aeroportuários em face dos diferentes usuários.

CAPÍTULO VII – SÍNTESE E CONCLUSÃO

Todos os contratos exigiram especial atenção com a transição entre operadores, motivados pelo dever de continuidade e adequação da prestação dos serviços. Ademais, o dever de planejamento e de eficiência são exigências determinantes às concessionárias, impondo-lhes a elaboração de planos diversos de ação, sob ampla fiscalização do concedente e demais autoridades aeroportuárias.

Todos os contratos preveem regras rígidas vedando a indisponibilidade ou penalizando a redução de qualidade na prestação dos serviços. Como mecanismos de controle da prestação, além do dever de informação aos usuários, a averiguação do desempenho e nível da prestação são contínuos, cujos resultados influenciarão diretamente a remuneração das concessionárias quando da apuração do Fator Q e o reajuste tarifário.

Outro elemento pertinente ao regime de serviço público comum à Infraero e às concessionárias é a imposição constitucional da responsabilidade objetiva dos prestadores em vista de danos causados por sua ação. Tal como exposto quando da verificação da Infraero, a responsabilidade será subjetiva na hipótese de o dano resultar de omissão das concessionárias.

Por sua vez, se o dano advir de ação ou omissão de terceiro prestador de atividade econômica, ou seja, de terceira pessoa locada no complexo aeroportuário, a responsabilidade da concessionária será subjetiva. Para responsabilização da concessionária, cumulado ao dano e ao nexo de causalidade, será exigida a demonstração de culpa, resultante da eleição deficiente ou de comprovada falta de fiscalização ou vigilância do sujeito que causou o dano.

A cessão de áreas operacionais às empresas aéreas e a prestação de serviços auxiliares ao transporte aéreo são temas que exigiram maior detalhamento, pois relevantes ao transporte aéreo. Foram asseguradas às companhias aéreas as áreas operacionais, mediante acordo e remuneração às concessionárias, restando ao concedente monitorar a prática dos preços praticados a fim de afastar atuação abusiva das concessionárias, sendo permitida a regulação sobre os valores praticados se constatada eventual irregularidade na prática de preços.

Para execução dos serviços auxiliares foi prevista a liberdade de ação de terceiros, mesmo que a concessionária o faça. A concorrência no setor é a regra a ser preservada. A limitação do número de prestadores dos serviços auxiliares exigiria prévia concordância da ANAC e dependeria de justificativa válida, diversa de mero interesse econômico das concessionárias.

Ao final, segue-se com a verificação das relações jurídicas entre as concessionárias e seus contratados.

As regras regentes dessas relações, inclusive quanto à escolha do contratado, são de direito privado. As relações contratuais e seus efeitos não são extensíveis ao Poder Concedente para fins de sua responsabilização, inclusive em vista de eventual descumprimento das concessionárias. Contudo, a situação contrária não é idêntica. O Poder Concedente poderá agir em face da contratada sempre que pertinente à proteção dos usuários ou para afastar práticas contrárias ao regime de prestação do serviço público.

O aludido implica na extensão ao dever de fiscalizar essas relações jurídicas e a permissão de exigências de informações variadas aos contratados, desde que pertinentes aos interesses perseguidos pelo Concedente. Aspectos pertinentes ao serviço público definem os limites à atuação do Poder Concedente, ou seja, temas distintos ao atendimento do objeto da concessão e proteção dos usuários balizam a atuação da ANAC.

Os contratos de concessão afastam do Poder Concedente e, portanto, da possibilidade de eventual requerimento de revisão extraordinária, os riscos relacionados às relações contratuais firmadas pelo concessionário. Os contratos impõem às concessionárias a responsabilidade por quaisquer danos causados por seus contratados, inclusive os custos incorridos pelo Poder Concedente em vista de eventual cobrança.

A legislação autoriza, em regra, a celebração de contratos dedicados ao atendimento da prestação de serviços relacionados à execução do objeto da concessão. No entanto, essa autorização não é absoluta, sendo relevante sua avaliação em vista das exigências de qualificação

CAPÍTULO VII – SÍNTESE E CONCLUSÃO

técnica requeridas aos licitantes como requisito para atendimento do edital, assim como a impossibilidade de cessão integral do objeto a um único sujeito.

Em atenção ao disposto, os contratos de ASGA/GIG/CNF/POA/SSA/FLN/FOR vedaram a possibilidade de subcontratação da operação do aeroporto. Por sua vez, a par de os contratos de GRU/BSB/VCP não preverem vedação similar, entende-se que eventual cessão de parcela relevante ou completude do objeto pode significar eventual burla ao procedimento licitatório.

Em complementação ao descrito, em vista da estrutura de repartição de receitas ou eficiência econômica com o Poder Concedente, é certo que os contratos com terceiros não poderão escapar às características e custos praticados no mercado, sendo pertinente a fiscalização constante da atuação da concessionária.

Nas concessões em que a Infraero é acionista da concessionária, há previsão de acesso pelo Poder Concedente dos valores praticados e preços firmados nos contratos de serviços firmados com as partes relacionadas ao Acionista Privado. Essa previsão evita afastar que eventual relação se revele mecanismo de fuga indevida de recursos das concessionárias. Em vista dessa precaução, observa-se ser vedado que as partes relacionadas firmem contratos para exploração de receitas acessórias.

Os contratos firmados para fins de exploração de receitas acessórias representam pilares importantes da remuneração das concessionárias. Ademais, em vista da diversidade de atividades econômicas desenvolvidas nos sítios aeroportuários, mesmo não compondo o serviço público, sua realização acaba por proporcionar aumento na satisfação dos usuários do aeroporto.

A despeito da importância para a remuneração das concessionárias e das regras contratuais serem de direito privado, o serviço público e o usuário não podem ser prejudicados pela execução dessas atividades econômicas. Como resultado e à semelhança dos demais contratos, previu-se a incidência de obrigações resultantes da posição jurídica da concessionária, permitindo que o Poder Concedente possa atuar para afastar ou interromper atos e ações que possam contrariar esse preceito.

Dessa sorte, a relação entre a concessionária e a contratada é permeada por imposições de acesso às informações operacionais e financeiras. Essas regras ganham relevância considerando que parcela de todas as receitas obtidas pelas concessionárias deve ser compartilhada com o Poder Concedente.

Concluída breve síntese do estudo, seguem-se as principais proposições da tese.

Conclusão

1. *Natureza da atividade e dever de exploração da infraestrutura aeroportuária*: identificada a natureza jurídica da exploração da infraestrutura aeroportuária como serviço público, o dever constitucional de a União prestá-lo, centralizada ou descentralizadamente, restará cumprido se as instalações aeroportuárias e serviços exigidos forem suficientes à promoção do transporte aéreo.

Noutras palavras, exclui-se da função administrativa a promoção de conveniências ou comodidades aos frequentadores dos aeroportos não relacionadas ao transporte aéreo. Por conseguinte, o regime de responsabilidade pela prestação do serviço público, seja pela Infraero ou pelas concessionárias, será distinto se resultante da prestação do serviço público ou ocorrência oriunda de atividades econômicas realizadas no sítio aeroportuário aos frequentadores dessas comodidades.

2. *Constatações e dificuldades enfrentadas pela Infraero na exploração da infraestrutura aeroportuária*: as principais dificuldades enfrentadas pela Infraero não resultam da incidência do regime jurídico-administrativo e suas potenciais amarras, mas de políticas públicas que pouco atentaram ao planejamento em vista da evolução da aviação civil e do mercado do transporte aéreo. Nesse sentido, apesar da existência de aeroportos com características distintas, superavitários e deficitários, não se identificou planejamento na aplicação das receitas ou recursos orçamentários destinados a essas diferentes estruturas.

CAPÍTULO VII – SÍNTESE E CONCLUSÃO

Por consequência, alterações normativas destinadas à mitigação da aplicação do regime jurídico-administrativo, como a constante do atual artigo 6º A da Lei n. 5.862/1972, que prevê a incidência de um regime licitatório simplificado a ser definido por Decreto pelo Presidente da República, não relevam soluções hábeis para redução das dificuldades enfrentadas pela Infraero, vez não corrigir as falhas de planejamento ou, no limite, de eficiência na execução de suas obrigações.

3. *Atuação da Infraero como exploradora de atividade econômica*: a fim de afastar conflitos quanto à incidência de regimes distintos sob a mesma pessoa jurídica, entende-se essencial a constituição de nova(s) pessoa(s) jurídica(s) distinta(s) da Infraero, ou seja, da prestadora de serviço público.

Essa medida visa atender à regra contida no artigo 173, § 1º da Constituição Federal, impedindo, por exemplo, que, enquanto exploradora de atividade econômica, venha a se beneficiar, direta ou indiretamente, da imunidade tributária reconhecida pelos Tribunais Superiores em função da prestação do serviço público; ou, enquanto prestadora de serviço público, venha a se utilizar de regime simplificado de contratações, em aderência ao regime próprio das entidades atuantes no mercado.

4. *Críticas à legislação. A definição do concedente*: a legislação definiu que a outorga do serviço público em destaque é ato composto. A SAC (ora MTAP) tem a competência de elaborar e aprovar os planos de outorga para exploração da infraestrutura aeroportuária, enquanto a ANAC deve figurar como concedente ou autorizatária da exploração da infraestrutura aeroportuária.

Ao concentrar na ANAC a função de agente regulador e de concedente da outorga de determinado serviço público, permitiu-se a existência de situações conflituosas a serem enfrentadas pela agência reguladora em face de ações que repercutam, simultaneamente, sobre ambas as atribuições. Apesar de a ANAC ter de cumprir a legislação, em situações cuja decisão pautar-se em aspectos técnicos, sua liberdade poderá estar comprometida, afastando-a da solução mais adequada.

No mais, a decisão legislativa materializa a perda do benefício potencial resultante da coexistência de duas autoridades distintas e aptas a atuar de modo complementar em favor do serviço público e de seus usuários. A mera potencialidade da existência desse conflito é prejudicial ao sistema, devendo ser revista a norma jurídica e as relações jurídicas consequentes.

5. *Acertos dos atuais modelos de concessão*:

(a) foram restringidas as participações diretas ou indiretas das companhias aéreas nos certames, ainda que sob condições distintas em cada edital, visando afastar que a presença verticalizada resultasse em condutas anticompetitivas e restrições indevidas aos concorrentes. Isso porque são usuárias do serviço público as companhias aéreas, exigindo de seu prestador, a despeito de quem seja, prestígio aos princípios do serviço público, notadamente da isonomia.

Não obstante o potencial acerto da restrição editalícia, é imperativa a manutenção da fiscalização, vez que consequência similar poderá resultar das relações contratuais diversas entre as concessionárias e as companhias aéreas. Nesse sentido, considerando que parte das receitas auferidas pelas operadoras aeroportuárias resulta da exploração de espaços comerciais ou da prestação de serviços auxiliares, caso seja constatada eventual irregularidade na prática adotada, entende-se pertinente, seja pelo concedente, regulador, ou entidade de integrante do Sistema Brasileiro de Defesa da Concorrência, nos termos da Lei n. 12.529/2011, a constante fiscalização da relação entre as operadoras aeroportuárias e as empresas aéreas.

(b) é acertada a decisão que retirou atividades aeronáuticas do objeto da concessão, tais como a operação da Estação Prestadora de Serviços de Telecomunicações e Tráfego Aéreo e auxílios à navegação aérea e demais instalações, em prestígio da competição entre as estruturas. Ressalvado o contrato de ASGA, cuja área de influência é reduzida se comparada aos demais aeroportos concedidos, essa função foi mantida com o DECEA nas demais concessões, exigindo relação contínua e relevante entre as partes.

CAPÍTULO VII – SÍNTESE E CONCLUSÃO

Não obstante, caso identificado que a atuação do DECEA esteja comprometendo a concorrência, as concessionárias poderão agir perante as autoridades competentes, bem como, se demonstrado constatado efetivo prejuízo, exigir o restabelecimento das condições econômicas das concessões.

6. *A equívoca participação da Infraero nas atuais concessionárias de serviço público*: a decisão da União de alterar de descentralização técnica para descentralização por colaboração condicionou a participação da Infraero nas concessões, pois deixaram de existir as razões que justificam atribuição de serviço público à empresa pública.

A Infraero presta serviço público por delegação legislativa, sob controle da União Federal. A decisão de outorgar os serviços aos particulares interessados resulta no entendimento de que, ao menos naqueles aeroportos, a Infraero deixou de figurar como instrumento de ação pública.

Dada essa decisão, se mantido algum interesse por parte da Infraero de seguir na prestação dos serviços nos aeroportos a serem concedidos, o interesse da Infraero se assemelharia ao de qualquer particular dotado de personalidade jurídica que pretenda exercer a atividade em nome próprio. Agindo como se particular fosse, é impositiva a incidência de regime próprio das empresas privadas, nos termos do artigo 173, § 1º, II, da Constituição Federal.

Se afastada a situação jurídica aludida, a verificação da motivação exposta pela ANAC ao TCU, ao justificar o modelo, revelou que o meio escolhido não foi apto para alcançar, ao menos até o presente momento, a finalidade pretendida de obtenção de recursos financeiros pela distribuição de dividendos das concessionárias.

A opção por um modelo licitatório visando à obtenção do maior volume de recursos ao FNAC, cumulado com a exigência de vultosos e imediatos investimentos, impôs relevantes dívidas à concessionária, reduzindo ou impedindo a realização de lucro. Noutras palavras, sem que a Infraero ou a própria ANAC tomassem conhecimento da seriedade do plano de negócios dos licitantes (vez não ser documento exigido na licitação), foi imposta à Infraero a assunção de 49% (quarenta e nove por cento) de todas as dívidas da futura concessionária, inclusive a própria outorga pela concessão, afastando o benefício financeiro ao menos para os primeiros anos do contrato.

Para o alcance da outra finalidade exposta pela União, de imersão na gestão corporativa e operacional dos particulares, o meio adotado parece ser demasiado oneroso pelas mesmas razões já expostas. A atuação da Infraero, aquém de promover a evolução em seus atos, se revelou distante do suficiente para proteção de seus recursos atuais. Para ilustrar o descrito, o TCU identificou a falta de meios da Infraero para atuação célere e eficaz face aos ajustes firmados entre a concessionária e entidades do grupo econômico do Acionista Privado – partes relacionadas.

Por fim, foi instalado novo ambiente de concorrência entre os prestadores, não obstante os aeroportos serem instalações cuja decisão de uso pode vir a ser condicionada, em certa medida, pela decisão das autoridades da aviação civil, seja por opção ou decisão de técnica/segurança. Nesse caso, entende-se a participação da Infraero como acionista de variadas concessionárias e operadora de outras infraestruturas, possibilitando-a utilizar de sua posição para prestigiar alguma das concessionárias ou a sua atuação isolada. A decisão pública dá margem à atuação contrária às normas, colocando a Infraero e seus dirigentes sob as consequências da legislação concorrencial e societária.

Modelos distintos, tal como a obrigação de exposição e compartilhamento de informações de governança com o concedente, inclusive com a participação ativa de representantes designados da Infraero, poderiam atender à necessidade de conhecimento e melhoria da gestão e operação aeroportuária. No mais, a ampliação da destinação de recursos ao FNAC e o seu direcionamento aos aeroportos deficitários geridos pela Infraero poderia afastar o receio da redução de receitas sem que tivessem sido atraídas dívidas relevantes à empresa pública.

Não obstante, se mantida a decisão de manutenção da Infraero como acionista minoritário das concessionárias, é certo que sua participação poderia ser em menor proporção, reduzindo os riscos inerentes

CAPÍTULO VII – SÍNTESE E CONCLUSÃO

aos negócios jurídicos firmados sem o devido conhecimento de suas bases fundamentais (v.g., o plano de negócios do sócio controlador) e das associações desprovidas de controle e direção dos negócios. Em última análise, mesmo que mantidas todas as opções, a mera imposição de assunção das dívidas oriundas da outorga ofertada na licitação e dos valores de investimentos iniciais obrigatórios ao Acionista Privado, seria medida apta a afastar parcela relevante da situação desfavorável enfrentada pela Infraero.

Por fim, tal foi o desacerto da opção de inclusão da Infraero como acionista da Concessionária dos aeroportos de GRU/BSB/VCP/GIG/CFN que o modelo jurídico pretendido aos aeroportos de POA/SSA/FLN/FOR não mais prevê tal situação jurídica. Por sua vez, visando socorrer economicamente a Infraero de maneira mais eficiente, foi estabelecido que a adjudicatária da infraestrutura, previamente à assinatura do contrato de concessão, deverá fazer repasses de suntuosos valores à Infraero referentes ao custeio de programas de adequação do efetivo.[478]

7. *Um novo modelo para a operação dos aeroportos*: a utilização da descentralização por colaboração revela-se como medida adequada para a obtenção de investimentos em prol da modernização dos aeroportos. A natureza da atividade aliada à análise dos atuais contratos demonstra, ao menos em tese, que a concessão é instrumento adequado à prestação do serviço público, vez promover a alocação imediata de investimentos e expansão da operação aeroportuária face ao retorno de longo prazo.

A exploração aeroportuária cumula a imperiosa gestão de estruturas e execução dos serviços com a máxima eficiência, com a mais atual

---

478 "6.2.3 A comprovação do pagamento, pela Adjudicatária, dos seguintes valores à Infraero, referente ao custeio de programas de adequação do efetivo:
(i) Aeroporto de Porto Alegre - Salgado Filho: valor de R$ 117.000.000,00 (cento e dezessete milhões de reais);
(ii) Aeroporto de Salvador – Deputado Luís Eduardo Magalhaes: valor de R$ 108.000.000,00 (cento e oito milhões de reais);
(iii) Aeroporto de Florianópolis – Hercílio Luz: valor de R$ 40.000.000,00 (quarenta milhões de reais);
(iv) Aeroporto de Fortaleza - Pinto Martins: valor de R$ 69.000.000,00 (sessenta e nove milhões de reais)".

criatividade própria da atividade econômica na obtenção de receitas diversas. Essa realidade, somada às exigências e sanções que acompanham esses contratos, aponta a concessão como meio de manutenção dos aeroportos sempre aderentes à velocidade de evolução da aviação civil e prestígio aos interesses dos usuários.

Nesse sentido, a atração de regras rígidas nos contratos e a previsão de sanções severas no seu descumprimento contribuem à melhor prestação, tornando-se meio mais eficiente se comparada com os instrumentos de controle e de exigências postas à Infraero.

Contudo, a adoção desse modelo não encerra potenciais benefícios nos aeroportos concedidos. Identificado que o sistema aeroportuário congrega instalações superavitárias e deficitárias, entende-se que as concessões poderão contribuir de variadas formas à manutenção do equilíbrio do setor.

Em muitos dos aeroportos superavitários, o uso do instrumento da concessão comum permitirá que o concessionário, além do cumprimento de suas obrigações, partilhe parcela das receitas obtidas para aplicação diretamente na atualização e expansão das estruturas deficitárias, mesmo que ainda sob gestão da Infraero. O desenvolvimento dessas estruturas poderá gerar um ciclo virtuoso, resultando na atração de novos recursos provenientes do aumento do interesse das empresas aéreas e, por sua vez, dos usuários, algo que, por consequência, atrairá as demais atividades econômicas geradoras de receitas extratarifárias.

Os temas abordados são instigantes e complexos. As transformações ocorridas na exploração da infraestrutura aeroportuária suscitam vários questionamentos e despertam o repensar de concepções assentadas. A reflexão é essencial para que aspectos jurídicos e institucionais relacionados à prestação do serviço público não prejudiquem os usuários, pois aquém da constante evolução do setor aéreo.

Em suma, pretendeu-se tratar de um tema pouco explorado pela perspectiva jurídica. Almeja-se que esta tese ganhe novas e contínuas reflexões, permitindo outras percepções e críticas deste conteúdo.

REFERÊNCIAS BIBLIOGRÁFICAS

AGUILLAR. Fernando Herren. *Serviços públicos*: doutrina, jurisprudência e legislação. São Paulo: Saraiva, 2011.

ALMEIDA, Guilherme Henrique de La Rocque; ZYMLER, Benjamin. *O controle externo das concessões de serviços públicos e das parcerias público-privadas*. Belo Horizonte, Fórum, 2008.

ALEXY, Robert. *Teoria dos direitos fundamentais*. 2ª ed. Tradução de Virgílio Afonso da Silva. São Paulo: Malheiros, 2014.

ALMEIDA, Fernando Dias Menezes de. *Contrato administrativo*. São Paulo: Quartier Latin, 2012.

AMARAL, Antônio Carlos Cintra do. *Concessão de Serviço Público*. 2ª ed. São Paulo: Malheiros Editores, 2002.

_____. *Concessões de serviços públicos*: novas tendências. São Paulo: Quartier Latin, 2012.

_____. *Direito dos serviços públicos*. 3ª ed. Rio de Janeiro: Forense, 2013.

ANDRADE, Letícia Queiroz de. "A experiência brasileira nas concessões de rodovias". *In:* SUNDFELD, Carlos Ari (coord.). *Parcerias público-privadas*. São Paulo: Malheiros, 2007, pp. 254-275.

_____. *Teoria das relações jurídicas*: prestação do serviço público sob regime de concessão. São Paulo: Malheiros, 2015.

Anuário do Transporte Aéreo 2013. Agência Nacional de Aviação Civil. Disponível em http://www2.anac.gov.br/estatistica/anuarios.asp. Acesso em 10 jan. 2016.

ARAGÃO, Alexandre Santos de. *Curso de direito administrativo*. 2ª ed. Rio de Janeiro: Forense, 2013.

_____. "Descentralização administrativa: sua evolução face às reformas à Constituição de 1988". *Revista de Direito Administrativo e Constitucional – A&C*. Belo Horizonte, n. 11, ano 3, pp. 125-155, jan./mar. 2003.

ARAÚJO, Edmir de. *Curso de direito administrativo*. São Paulo: Saraiva, 2015.

ATALIBA, Geraldo. "SABESP – Serviço público – Delegação a empresa estatal – Imunidade a impostos – Regime de taxas". *Revista de Direito Público*. São Paulo, n. 92, ano 22, out/dez. 1989, pp. 206-213.

ATALIBA, Geraldo. "Patrimônio administrativo – empresas estatais delegadas de serviço público – regime de seus bens – execução de suas dívidas". *Revista Trimestral de Direito Público*. São Paulo, n. 07, jul./set. 1994, pp. 97-103.

AURÉLIO, Bruno. *Atos administrativos ampliativos de direito:* revogação e invalidação. São Paulo: Malheiros, 2011.

_____. "Definições e parâmetros para a constituição das subsidiárias de sociedade de economia mista (Ação Direta de Inconstitucionalidade n. 1.649-1/DF)". *In:* PEREIRA, Flávio Henrique Unes *et al.* (coords.). *O direito administrativo na jurisprudência do STF e do STJ:* homenagem ao professor Celso Antônio Bandeira de Mello. Belo Horizonte: Fórum, 2014. pp. 83-90.

BACELLAR FILHO, Romeu. *Direito administrativo*. 3ª ed. São Paulo: Saraiva, 2007.

_____. *Reflexões sobre o direito administrativo*. São Paulo: Fórum, 2004.

BATISTA, Joana Paula. *Remuneração dos Serviços Públicos*. São Paulo: Malheiros, 2005.

BANDEIRA DE MELLO, Celso Antônio. *Curso de direito administrativo*. 32ª ed. São Paulo: Malheiros, 2015.

_____. "Natureza essencial das sociedades de economia mista e empresas públicas: consequências em seus regimes". *In:* BANDEIRA DE MELLO, Celso Antônio. *Grandes temas de direito administrativo*. São Paulo: Malheiros, 2009. pp. 330-358.

REFERÊNCIAS BIBLIOGRÁFICAS

BANDEIRA DE MELLO, Osvaldo Aranha. *Princípios gerais de direito administrativo*. Rio de Janeiro: Forense, 1969.

BARAT, Josef. "Notas sobre a modernização da infra-estrutura aeroportuária brasileira". *Revista de Administração Pública*, Rio de Janeiro, vol. 7, n. 4, pp. 55-72, jul./set., 1973.

BERCOVICI, Gilberto. "Inconstitucionalidade da restrição à participação de concessionários de serviços de infraestrutura aeroportuária em novas concessões de aeroportos". *Revista Brasileira de Infraestrutura* – RBINF. Belo Horizonte, n. 6, ano 3, pp. 205-228, jul./dez. 2014. Parecer.

_____. "Infraestrutura e desenvolvimento". *In:* BERCOVICI, Gilberto; VALIM, Rafael (coords.). *Elementos de direito da infraestrutura*. São Paulo: Contracorrente, 2015, pp. 17-27.

BIELSCHOWSKY, Pablo; CUSTÓDIO, Marcos da Cunha. "A evolução do setor de transporte aéreo brasileiro". *Revista Eletrônica Novo Enfoque*, vol. 13. n. 13, pp. 72-93, 2011. Disponível em <http://www.castelobranco.br/sistema/novoenfoque/files/13/artigos/7_Prof_Pablo_ Marcos_Art4_VF.pdf>. Acesso em 16 jan. 2016.

BURH, Walter. "What is infrastructure". *Discussion Paper n. 107-03*. University of Siegen, Germany. Disponível em http://www.wiwi.uni-siegen.de/vwl/research/diskussionsbeitraege/pdf/107-03.pdf. Acesso em 16 jan. 2016.

CÂMARA, Jacintho de Arruda. "A relevância da culpa na responsabilidade extracontratual do Estado". *In:* GUERRA, Alexandre Dartanhan de Mello; PIRES, Luis Manuel Fonseca; BENACCHIO, Marcelo. *Responsabilidade civil do Estado:* desafios contemporâneos. São Paulo: Quartier Latin, 2010.

_____. SUNDFELD, Carlos Ari. "Regulação e concorrência no acesso a áreas e no compartilhamento de instalações em aeroportos". *Revista de Direito Público da Economia* – RDPE. Belo Horizonte, n. 50, pp. 89-98, abr./jul, 2015.

_____. *Tarifa nas concessões*. São Paulo: Malheiros, 2009.

CARDOZO, José Eduardo Martins. "As empresas estatais que exploram atividades econômica e seu dever de licitar". *In:* FIGUEIREDO, Marcelo; PONTES FILHO, Valmir (coords.). *Estudos de Direito Público em Homenagem a Celso Antônio Bandeira de Mello*. São Paulo: Malheiros, 2006.

CARVALHAES NETO, Eduardo Hayden. "Serviço público no direito administrativo contemporâneo". *In:* DI PIETRO, Maria Sylvia; RIBEIRO, Carlos Vinicius Alves. *Supremacia do interesse público e outros temas relevantes do direito administrativo.* São Paulo: Atlas, 2010. pp. 363-380.

CARVALHO, André Castro. *Direito da infraestrutura*: perspectiva pública. São Paulo: Quartier Latin, 2014.

CARVALHO, Betânia Gonçalves de. *Uma metodologia para obtenção de um diagnóstico dos principais aeroportos do Brasil através da avaliação da relação demanda e capacidade.* 2006. 162 f. Dissertação (Mestrado em Engenharia de Infraestrutura Aeronáutica na Área de Transporte Aéreo e Aeroportos). Faculdade de Engenharia. Instituto Tecnológico de Aeronáutica – ITA, São José dos Campos, São Paulo, 2006.

CASTRO, Newton de; LAMY, Philippe. *A desregulamentação do setor de transporte*: o subsetor transporte aéreo de passageiros. Texto para discussão n. 319. Brasília: IPEA, out. 1993. Disponível em http://desafios2.ipea.gov.br/agencia/images/stories/PDFs/TDs/td_0319.pdf. Acesso em 16 jan. 2016.

CHAMBARELLI, Rafael Lopes. "A concessão da infraestrutura aeroportuária: construção de um modelo brasileiro". *In:* RIBEIRO, Leonardo Coelho; FEIGELSON, Bruno; FREITAS, Rafael Véras de (coords.). *A nova regulação da infraestrutura e da mineração:* portos; aeroportos; ferrovias e rodovias. Belo Horizonte: Fórum, 2015, pp. 315-348.

CONRADO, Regis da Silva. *Serviços Públicos à brasileira*: fundamentos jurídicos, definição e aplicação. São Paulo: Saraiva, 2013.

CRESPO, Antônio Márcio Ferreira. *Eficiência técnica de aeroportos*: uma abordagem focada na infraestrutura aeroportuária – Lado Ar. p. 103. Disponível em http://www.lbd.dcc.ufmg.br/colecoes/sbsi/2014/008.pdf. Acesso em 16 jan. 2016.

CRETELA JUNIOR, José. *Dos contratos administrativos.* Rio de Janeiro: Forense, 1997.

DAL POZZO, Augusto Neves. *Aspectos fundamentais do serviço público no direito brasileiro.* São Paulo: Malheiros, 2012.

REFERÊNCIAS BIBLIOGRÁFICAS

DEMANT, Marcos Alexandre Rauer. "Infraestrutura aeroportuária e o desenvolvimento do tráfego aéreo regional no Brasil". *Revista de Literatura dos Transportes*, vol. 5, n. 1, pp. 124-160, jan. 2011.

DEPINÉ, Flávia Dela Coletta. *Concessão de rodovias:* modalidades e formas de remuneração do concessionário. 2010. 184 f. Dissertação (Mestrado em Direito). Faculdade de Direito, Pontifícia Universidade Católica, São Paulo, 2010.

DERANI, Cristiane. *Privatização e Serviços Públicos:* as Ações do Estado na Produção Econômica. São Paulo: Max Limonad, 2002.

DIAS, Luís Fernando. *Avaliação da eficiência dos principais aeroportos brasileiros através da análise envoltória de dados (DEA)*. 2014. 53 f. Dissertação (Mestrado em Administração). Fundação Instituto Capixaba de Pesquisas em Contabilidade, Economia e Finanças – FUCAPE, Vitória, 2014. Disponível em http://www.fucape.br/_public/producao_cientifica/8/Disserta%C3%A7%C3%A3o%20Luis%20Fernando%20Dias.pdf. Acesso em 16 jan. 2016.

DI PIETRO, Maria Sylvia Zanella. *Direito administrativo*. 26ª ed. São Paulo: Atlas, 2013.

_____. *Parcerias na administração pública:* concessão, permissão, franquia, terceirização, parceria público-privada e outras formas. 10ª ed. São Paulo: Atlas, 2015.

_____. *Uso privativo de bem público por particular*. 3ª ed. São Paulo: Atlas, 2014.

Estudo do Setor de Transporte Aéreo do Brasil: relatório consolidado. Rio de Janeiro: McKinsey & Company, 2010.

ESTORNINHO, Maria João. *A fuga para o direito privado:* contributo para o estudo da atividade de direito privado da administração pública. Coimbra: Almedina, 2009.

FARIAS NETO, Joaquim Gonçalves. *Choque de gestão*: do voo 1907 ao apagão aéreo no Brasil. Rio de Janeiro: Ciência Moderna, 2007.

FERRAZ, Luciano; MARRARA, Thiago. "Direito administrativo dos bens e restrições estatais à propriedade privada". *In:* DI PIETRO, Maria Sylvia

Zanella (coord.). *Tratado de direito administrativo.* vol. 3. São Paulo: Revista dos Tribunais, 2014.

FERREIRA, Gláucio C. et al. *A gestão da infraestrutura aeroportuária brasileira e as dificuldades operacionais a serem vencidas na realização de grandes eventos.* In: The 4 internacional congresso on university – Industry, Taubaté, 2012. Disponível em http://www.unitau.br/unindu/artigos/pdf471.pdf. Acesso em 16 jan. 2016.

FERREIRA, Luiz Tarcísio Teixeira. *Parcerias público-privadas*: aspectos constitucionais. Belo Horizonte: Fórum, 2006.

FORTINI, Cristina. *Contratos administrativos:* franquia, concessão, permissão e PPP. 2ª ed. São Paulo: Atlas, 2009.

FRANCO, Denis Ribeiro. *Descentralização da infraestrutura aeroportuária:* interfaces com gestão; regulação e políticas públicas. 2011. 107 f. Dissertação (Mestrado em Direito). Faculdade de Direito, Universidade Cândido Mendes, Rio de Janeiro, 2011. Disponível em http://aneaa.aero/wp-content/uploads/2014/05/021.pdf. Acesso em 16 jan. 2016.

FRANZONI, Diego. "Transferência do poder de controle nas concessões". *Revista de Direito Administrativo Contemporâneo.* São Paulo, n. 11, pp. 77-95, 2014.

FREIRE, André Luiz. *O regime de direito público na prestação de serviços públicos por pessoas privadas.* São Paulo: Malheiros, 2014.

FREITAS, Juarez de. *O controle dos atos administrativos e os princípios fundamentais.* 5ª ed. São Paulo: Malheiros, 2013.

FIUZA, Eduardo P. S.; PIONER, Heleno M. *Estudo econômico sobre regulação e concorrência no setor de aeroportos.* Rio de Janeiro: Agência Nacional de Aviação Civil, 2009. Série de Estudos Regulatórios.

_____. *Governança, custos e subsídios cruzados no sistema Infraero.* Texto para discussão n. 1365. Rio de Janeiro: Instituto de Pesquisa Econômica Aplicada – IPEA, 2008.

FREIRE, André Luiz. *O regime de direito público na prestação de serviços públicos por pessoas privadas.* São Paulo: Malheiros, 2014.

REFERÊNCIAS BIBLIOGRÁFICAS

FRÓES, Fernando. "Infra-estrutura pública: conceitos básicos, importância e a intervenção governamental". *In:* CARDOSO, José Eduardo Martins *et al.* (coords.). *Curso de direito administrativo econômico.* vol. 2. São Paulo: Malheiros, 2006.

GARCIA, Flávio Amaral. *Regulação jurídica da rodovia concedida.* Rio de Janeiro: Lumen Juris, 2004.

_____; FREITAS, Rafael Véras de. "Concessão de aeroportos: desafios e perspectivas". *In:* RIBEIRO, Leonardo Coelho; FEIGELSON, Bruno; FREITAS, Rafael Véras de (coords.). *A nova regulação da infraestrutura e da mineração:* portos; aeroportos; ferrovias e rodovias. Belo Horizonte: Fórum, 2015, pp. 293-313.

GALLEGO ANABITARTE, Alfredo. "Las relaciones especiales de sujeición y ele princípio de la legalidade de la administración". *Revista de Administración Pública – RAP.* Espanha, n. 34. pp. 11-51, jan./abr., 1961.

GARÓFALO, Gilson Lima. *O mercado brasileiro de transporte aéreo nacional.* São Paulo: Instituto de Pesquisas Econômicas, 1982.

GASPARINI, Diógenes. *Direito administrativo.* 16ª ed. São Paulo: Saraiva, 2011.

GONÇALVES, Pedro. *A Concessão de Serviços Públicos*: uma aplicação da técnica concessória. Coimbra: Almedina, 1999.

GRAU, Eros Roberto. *A ordem econômica na Constituição de 1988.* 8ª ed. São Paulo: Malheiros, 2003.

GROTTI, Dinorá Adelaide Musetti. "A experiência brasileira nas concessões de serviço público". *In:* SUNDFELD, Carlos Ari. (coord.). *Parcerias público-privadas.* 2ª ed. São Paulo: Malheiros, 2011, pp. 180-198.

_____. "As Agências Reguladoras". *Revista Eletrônica de Direito Administrativo Econômico*, Salvador, n. 6, maio/jul. 2006. Disponível em http://www.direitodoestado.com/revista/REDAE-6-MAIO-2006-DINORA.pdf?q=reguladoras. Acesso em 16 nov. 2015.

_____. *O serviço público e a Constituição brasileira de 1988.* São Paulo: Malheiros, 2003.

GUIMARÃES, Fernando Vernalha. *Parcerias Público-Privadas.* São Paulo: Saraiva, 2012.

_____. *Concessão de Serviço Público*. São Paulo: Saraiva, 2012.

GUIMARÃES, Bernardo Strobel. "A participação de empresas estatais no capital de empresas controladas pela iniciativa privada: algumas reflexões". *In:* MARQUES NETO, Floriano de Azevedo; ALMEIDA, Fernando Dias Menezes de; NOHARA, Irene Patrícia; MARRARA, Thiago (coords.). *Direito e administração pública:* estudos em homenagem a Maria Sylvia Zanella Di Pietro. São Paulo: Atlas, 2013, pp. 374-389.

GURGEL, Marcus Vinicius do Amaral; COSTA, Maria Dionni dos Santos. *A evolução da regulação do transporte aéreo regular brasileiro*. 2007. 126 f. Monografia (Especialização em Gestão de Aviação Civil). Universidade de Brasília, Brasília, 2007.

HARB, Karina Houat. *A revisão na concessão comum de serviço público*. São Paulo: Malheiros, 2012.

HERRARTE, Iñaki Lasagabaster. *Las relaciones de sujeción especial*. Madri: Civitas, 1994.

JOCHIMSEN. Reimut. *Theorie der infrastruktur*: Grundlagen der marktwirtschaftlichen Entwicklung. Tubingen, 1966.

JUSTEN FILHO, Marçal. *Curso de direito administrativo*. 8ª ed. Belo Horizonte, Fórum, 2012.

_____. "Empresas estatais e a superação da dicotomia 'prestação de serviço público/exploração de atividade econômica". *In:* FIGUEIREDO, Marcelo; PONTES FILHO, Valmir (coords.). *Estudos de Direito Público em Homenagem a Celso Antônio Bandeira de Mello*. São Paulo: Malheiros, 2006.

_____. "Serviço público no Direito Brasileiro". *Revista de Direito Público da Economia – RDPE*, Belo Horizonte, n. 07, pp. 149- 169, jul/set. 2004.

_____. *Teoria geral das concessões de serviço público*. São Paulo: Dialética, 2003.

LEÃO E SILVA, Celso José. *Transporte aéreo, infraestrutura aeroportuária e controle urbano*: o estudo de caso do aeroporto internacional do Recife/Guararapes-Gilberto Freyre. 2010. 150 f. Dissertação (Mestrado em Engenharia Civil). Faculdade de Engenharia, Universidade Federal de Pernambuco, Recife, 2010.

LIMA, Ruy Cirne. *Princípios de direito administrativo*. 5ª ed. São Paulo: Revista dos Tribunais, 1982.

REFERÊNCIAS BIBLIOGRÁFICAS

LOPES, Kétnes Ermelinda de Guimarães. *Análise do modelo brasileiro de financiamento da infra-estrutura aeroportuária.* 2004. 128 f. Dissertação (Mestrado em Engenharia de Infra-estrutura Aeronáutica). Faculdade de Engenharia, Instituto de Tecnológico de Aeronáutica – ITA, São Paulo, 2004, p. 57 Disponível em http://www.bdita.bibl.ita.br/tesesdigitais/000522171.pdf. Acesso em 16 jan. 2016.

MARQUES NETO, Floriano de Azevedo. "A nova regulamentação dos serviços públicos". *Revista Eletrônica de Direito Administrativo Econômico – REDAE.* Salvador, fev/maio. 2005. Disponível em http://www.direitodoestado.com.br. Acesso em 18 jan. 2015.

_____. *Bens públicos:* função social e exploração econômica. O regime jurídico das utilidades públicas. Belo Horizonte: Fórum. 2009.

_____. "Algumas notas sobre a concessão de rodovias". vol. 4. *Boletim de Direito Administrativo* – BDA, São Paulo, pp. 245-257, 2001.

_____. *Concessões.* Belo Horizonte: Fórum, 2015.

_____. "Concessão de serviço público sem ônus para o usuário". *In:* WAGNER Jr, Luiz Guilherme da Costa (coord.). *Direito Público:* estudos em homenagem ao professor Adilson de Abreu Dallari. Belo Horizonte: Fórum, 2004, pp. 331-351.

_____. "Regime jurídico dos bens empregados na geração de energia elétrica". *Revista de Direito Constitucional e Internacional.* Rio de Janeiro, n. 50, pp. 75-97, jan./mar. 2005.

MARRARA, Thiago. *Bens públicos. Domínio urbano. Infra-estruturas.* Belo Horizonte: Fórum, 2007.

_____. "Regulação sustentável de infraestruturas". *Revista Brasileira de Infraestruturas* – RBINF, Belo Horizonte, n. 1, pp. 95-120, jan./jun. 2012, p. 95.

MASSONETO, Luís Fernando. "Aspectos macrojurídicos do financiamento da infraestrutura". *In:* BERCOVICI, Gilberto; VALIM, Rafael (coords.). *Elementos de direito da infraestrutura.* São Paulo: Contracorrente, 2015, p. 43.

MAXIMILIANO, Carlos. *Hermenêutica e aplicação do direito.* Rio de Janeiro: Forense, 1993.

MEDAUAR, Odete. *Direito administrativo moderno*. 13ª ed. São Paulo: Revista dos Tribunais, 2009.

MONCADA, Luís S. Cabral de. *A relação jurídica administrativa*: para um novo paradigma de compreensão da actividade, da organização e do contencioso administrativos. Coimbra: Coimbra Editores, 2009.

MODESTO, Paulo. "Reforma do estado, formas de prestação de serviços ao público e parcerias públicos-privadas: demarcando as fronteiras dos conceitos de serviço público, serviços de relevância pública e serviços de exploração econômica para as parcerias público-privadas". *Revista Eletrônica de Direito Administrativo Econômico – REDAE*. Salvador, maio/jul. 2005. Disponível em http://www.direitodoestado.com.br. Acesso em 18 jan. 2015.

MONTEIRO, Vera. *Concessão*. São Paulo: Malheiros. 2010.

MONTORO FILHO, André Franco. "A aviação no Brasil: estudo econômico da demanda de transporte aéreo para passageiros". *Revista Brasileira de Economia*, Rio de Janeiro, vol. 25, n. 2, pp. 39-74, abr./jun. 1971.

MOREIRA, Egon Bockmann. "Concessão de serviço público: breves notas sobre a atividade empresarial da concessionária". *Revista de Direito da Procuradoria Geral*, Rio de Janeiro, (edição especial), 2012. pp. 100-112. Disponível em http://download.rj.gov.br/documentos/10112/915066/DLFE-53908.pdf/REVISTAEDESP100.pdf. Acesso em 01 nov. 2015.

_____. *Direito das concessões de serviço público*: inteligência da lei 8.987/1995 (Parte Geral). São Paulo: Malheiros, 2010.

_____. *Princípios constitucionais e a Lei 9.784/1999*. 2ª ed. São Paulo: Malheiros, 2003.

MOREIRA NETO, Diogo de Figueiredo. "Administração Pública não-estatal e descentralização social". *In:* DIREITO, Carlos Alberto Menezes (coord.). *Estudos em homenagem ao Prof. Caio Tácito*. Rio de Janeiro: Renovar. 1997. pp. 183-194.

_____. "O futuro das cláusulas exorbitantes". *In:* ARAGÃO, Alexandre Santos de Aragão; MARQUES NETO, Floriano de Azevedo (coord.). *Direito administrativo e seus novos paradigmas*. Belo Horizonte: Fórum, 2008.

NÉBIAS, Diogo; WARDE Jr., Walfrido Jorge. "Breves notas sobre o *project finance* como técnica de financiamento da infraestrutura". *In:* BERCOVICI,

REFERÊNCIAS BIBLIOGRÁFICAS

Gilberto; VALIM, Rafael (coords.). *Elementos de direito da infraestrutura*. São Paulo: Contracorrente, 2015, pp. 53-86.

OLIVEIRA, Alessandro V. M. *A experiência brasileira na desregulamentação do transporte aéreo*: um balanço e propositura de diretrizes para novas políticas. Documento de Trabalho n. 45. Brasília: Secretaria de Acompanhamento Econômico/Ministério da Fazenda, 2007.

PACHECO, José da Silva. *Comentários ao Código Brasileiro de Aeronáutica:* leis n.s 7.565, de 19.12.1986, e 11.182, de 27.09.2005. Rio de Janeiro: Forense, 2006.

_____. PACHECO, José da Silva. "Do aeródromo privado e sua nítida distinção do aeródromo público". *Revista Brasileira de Direito Aeroespacial*. n. 96, dez. 2014. Disponível em http://www.sbda.org.br/revista/Anterior/1749.htm. Acesso em 27. Nov. 2015.

PAREJO ALFONSO, Luciano. "La categoría de las relaciones especiales de sujeción". *In*: MUÑOZ, Guillermo A.; SALOMONI, Jorge Luis. *Problemática de la Administración Contemporánea*: una comparación europea-argentina. Buenos Aires: Instituto de Derecho Administrativo, 1997.

PEREIRA, Cesar Guimarães. *Usuários de Serviços Públicos*. 2ª ed. São Paulo: Saraiva, 2008.

PEREZ, Marcos Augusto. *O Risco no Contrato de Concessão de Serviço Público*. Belo Horizonte: Fórum, 2006.

PINTO, Henrique Motta. *Empresa Estatal:* modelo jurídico em crise? 2010. 200 f. Dissertação (Mestrado em Direito do Estado). Faculdade de Direito, Pontifícia Universidade Católica, São Paulo, 2010.

PINTO JUNIOR, Mario Engler. *Empresas estatais*: função econômica e dilemas societários. 2ª ed. São Paulo: Atlas, 2013.

PINTO, Marcos Barbosa. "Repartição de riscos nas parcerias público-privadas". *Revista do BNDES*. Rio de Janeiro, vol. 13, n. 25, jun. 2006, pp. 155-182.

PINTO, Victor Carvalho. *O marco regulatório da aviação civil:* elementos para reforma do código brasileiro de aeronáutica. Texto para discussão n. 42. Brasília: Consultoria Legislativa do Senado Federal, 2008. Disponível em http://www12.senado.gov.br/publicacoes/estudos-legislativos/tipos-de-estudos/textos-para-discussao/td-42-o-marco-regulatorio-da-aviacaocivil-elementos-para-a-reforma-do-codigo-brasileiro-de-aeronautica. Acesso em 12 nov. 2015.

POMPEU, Cid Tomanik. *Autorização administrativa*. 2ª ed. São Paulo: Revista dos Tribunais, 2007.

PRADO, Lucas Navarro; RIBEIRO, Maurício Portugal. *Comentários à lei de PPP – parcerias público-privadas:* fundamentos Econômico-Jurídicos. São Paulo: Malheiros, 2010.

PRAZERES, D. L.; PECCI FILHO, R.; BARROS, A. G. "Desestatização de aeroportos: disposições legais". *In:* SIMPÓSIO DE TRANSPORTE AÉREO, 7, 2008, Rio de Janeiro. *Anais eletrônicos*. Rio de Janeiro: Sitraer, 2008. pp. 650-662. Disponível em http://www.tgl.ufrj.br/viisitraer/pdf/515.pdf. Acesso em 12 nov. 2015.

POSSAS, Paulo Henrique. *A associação entre o marco regulatório e a inovação:* um estudo exploratório sobre as operações de processamento de passageiros nos aeroportos brasileiros controlados pela Infraero. 2006. 53 f. Dissertação (Mestrado em Administração). Faculdade de Administração, Universidade Federal do Rio Grande do Sul. Porto Alegre, 2006. Disponível em http://www.lume.ufrgs.br/bitstream/handle/10183/8101/000567736.pdf?sequence=1. Acesso em 27 nov. 2015.

Relatório anual de Administração de 2014. Disponível em http://www.infraero.gov.br/images/stories/Infraero/Contas/Relatorios/relatorio2014.pdf. Acesso em 27 nov. 2015.

Relatório final da Comissão Parlamentar de Inquérito – Crise do Sistema de Tráfego Aéreo, instituída pelo Requerimento n. 001/2007 em menção a documento publicado pela ANAC: "Infra-estrutura Aeroportuária Brasileira – Capacidade *versus* Demanda e Estimativa de Investimentos Necessários no Curto Prazo". Brasília, out. 2007. Disponível em http://congressoemfoco.uol.com.br/UserFiles/Image/relatorio_CPI_Aerea.pdf. Acesso em 27 nov. 2015.

Report by the working teams to the Standing Group on Definition of "infrastructure". S.G. 68, Copy n. 24. 30 ago. 1950. Disponível em http://archives.nato.int/uploads/r/null/1/1/111610/SG_068_ENG_PDP.pdf. Acesso em 27. nov. 2015.

REFERÊNCIAS BIBLIOGRÁFICAS

RIBEIRO, Carlos Vinícios Alves. "Infraero: prestação de serviços ou exploração de bens". *In:* ARAGÃO, Alexandre Santos Aragão (coord.) *Empresas públicas e sociedades de economia mista.* Belo Horizonte: Fórum, 2015, pp. 131-143.

_____. "Infraestrutura aeroportuária brasileira e o 'monopólio' da Infraero". *In:* DI PIETRO, Maria Sylvia Zanella (coord.). *Direito privado administrativo.* São Paulo: Atlas, 2013, pp. 168-179.

RIBEIRO, Mauricio Portugal. *Concessões e ppps:* melhores práticas em licitações e contratos. São Paulo: Atlas, 2011.

RODRIGUES, Ana Carolina; DAUD, Felipe Taufik. "O Estado como acionista minoritário". *Revista de Direito Público da Economia – RDPE,* Belo Horizonte, n. 40, pp. 9-31, out./dez, 2012.

ROCHA, Sílvio Luis Ferreira da. "Breves considerações sobre a intervenção do Estado no domínio econômico e a distinção entre atividade econômica e serviço público". *In:* ADRI, Renata Porto; SPARAPANI, Priscila (coords.). *Intervenção do Estado no Domínio Econômico e no Domínio Social:* homenagem ao Professor Celso Antônio Bandeira de Mello. Belo Horizonte: Fórum, 2010.

SADDY, André; MARTÍNEZ, Aurilivi Linares (coords.). *Direito das infraestruturas:* um estudo dos distintos mercados regulados. Rio de Janeiro: Lumen Juris, 2011.

SANTOS, Alexandre Hamilton Oliveira. *Desregulamentação do mercado de transporte aéreo e decisões estratégicas:* o caso Varig. 1999. 149 f. Dissertação. (Mestrado em Administração). Faculdade de Administração. Universidade do Paraná. Curitiba, 1999.

SANTOS NETO, João Antunes dos. *Da anulação ex officio do ato administrativo.* 2ª ed. Belo Horizonte: Fórum, 2006.

SECRETARIA DE AVIAÇÃO CIVIL. *Infraero: 40 anos serviços pessoas, empresas e o Brasil,* 2013. Disponível em http://www.infraero.gov.br/images/stories/Infraero/INFRAERO40ANOS.pdf. Acesso em 16 jan. 2016.

SERRANO, Pedro Estevam Alves Pinto. *Região metropolitana e seu regime constitucional.* São Paulo: Verbatim, 2009.

SCHIRATO, Vitor Rhein. *Livre iniciativa nos serviços públicos*. Belo Horizonte, Fórum, 2012.

SCHWIND, Rafael Wallbach. *Participação estatal em empresas privadas*: as "empresas público-privadas". 2014. f 385. Tese (Doutorado em Direito). Faculdade de Direito, Universidade de São Paulo, 2014.

_____. *Remuneração do concessionário*:concessões comuns e parcerias público-privadas. Belo Horizonte: Fórum, 2010.

SILVA, Clarissa. *Limites à invalidação dos atos administrativos*. São Paulo: Max Limonad, 2001.

SOUTELINO, André Luís Dias. *A regulação para introduzir a competição no setor aeroportuário*. 2009. 178 f. Dissertação (Mestrado em Direito Econômico e Desenvolvimento). Faculdade de Direito, Universidade Candido Mendes, Rio de Janeiro, 2009.

SOUTO, Marcos Juruena Villela. "Propostas legislativas de novo marco regulatório do pré-sal". *Revista de Direito da Procuradoria Geral*, Rio de Janeiro (edição especial), 2012, pp. 263-297. Disponível em http://download.rj.gov.br/documentos/10112/915066/DLFE-53915.pdf/REVISTAEDESP263.pdf. Acesso em 31 out. 2015.

SUNDFELD, Carlos Ari. "A regulação de preços e tarifas dos serviços públicos de telecomunicação". *In:* SUNDFELD, Carlos Ari (coord.). *Direito administrativo econômico*. São Paulo: Malheiros, 2006, pp. 317-328.

_____. "A transferibilidade como elemento essencial da concessão: pareceres". *Direito Administrativo Contratual*. São Paulo: Revista dos Tribunais, 2013.

_____. "A submissão das empresas estatais ao direito privado: uma definição histórica do STF". *Boletim de Direito Administrativo*, São Paulo, n. 5. pp. 286-290, 1995.

_____. SOUZA, Rodrigo Pagani de; PINTO, Henrique Motta. "Empresas semiestatais". *Revista de Direito Público da Economia* – RDPE, Belo Horizonte, n. 36, pp. 75-99, out./dez., 2011.

_____. *Licitação e contrato administrativo de acordo com as Leis 8.666/93 e 8.883/94*. 2ª ed. São Paulo: Malheiros, 1995.

REFERÊNCIAS BIBLIOGRÁFICAS

TACITO, Caio. "A configuração jurídico do serviço público". *Revista de Direito Administrativo*, Rio de Janeiro, n. 233, pp. 373-376, jul./set., 2003.

TORRISI, Gianpiero. *Public infrastructure:* definition, classication and measurement issues. Paper n. 12990, 25 jan. 2009. Disponível em http://mpra.ub.uni-muenchen.de/12990/MPRA. Acesso em 16 jan. 2016.

TRIBUNAL DE CONTAS DA UNIÃO. *Convênios e outros repasses.* 5ª ed. Brasília: Secretaria-Geral de Controle Externo, 2014. p. 13. Disponível em https://portal.convenios.gov.br/documents/10180/43156/2675299.PDF/3e74a38f-61be-416e-94f1-5d3a81493e40. Acesso em 10 nov. 2015.

VALENTE, Patrícia Rodrigues Pessoa. *A qualidade da regulação estatal no Brasil:* uma análise a partir de indicadores de qualidade. 2015. 313 f. Tese. (Doutorado em Direito). Faculdade de Direito, Universidade do São Paulo, São Paulo, 2015.

VALIM, Rafael. *O princípio da segurança jurídica no direito administrativo brasileiro.* São Paulo: Malheiros, 2010.

ZANCANER, Weida. *Da convalidação e da invalidação dos atos administrativos.* 3ª ed. São Paulo: Malheiros, 2008.

_____. "Responsabilidade do Estado, serviço público e os direitos dos usuários". *In:* FREITAS, Juarez (coord.). *Responsabilidade Civil do Estado.* São Paulo: Malheiros, 2006.

NOTAS

NOTAS

A Editora Contracorrente se preocupa com todos os detalhes de suas obras! Aos curiosos, informamos que esse livro foi impresso no mês de Abril de 2017, em papel Polén Soft, pela Gráfica R.R. Donelley.